孟國棟 著

墓誌的生成及其
在唐代的衍變研究

玉麟 題

浙江大學出版社
ZHEJIANG UNIVERSITY PRESS

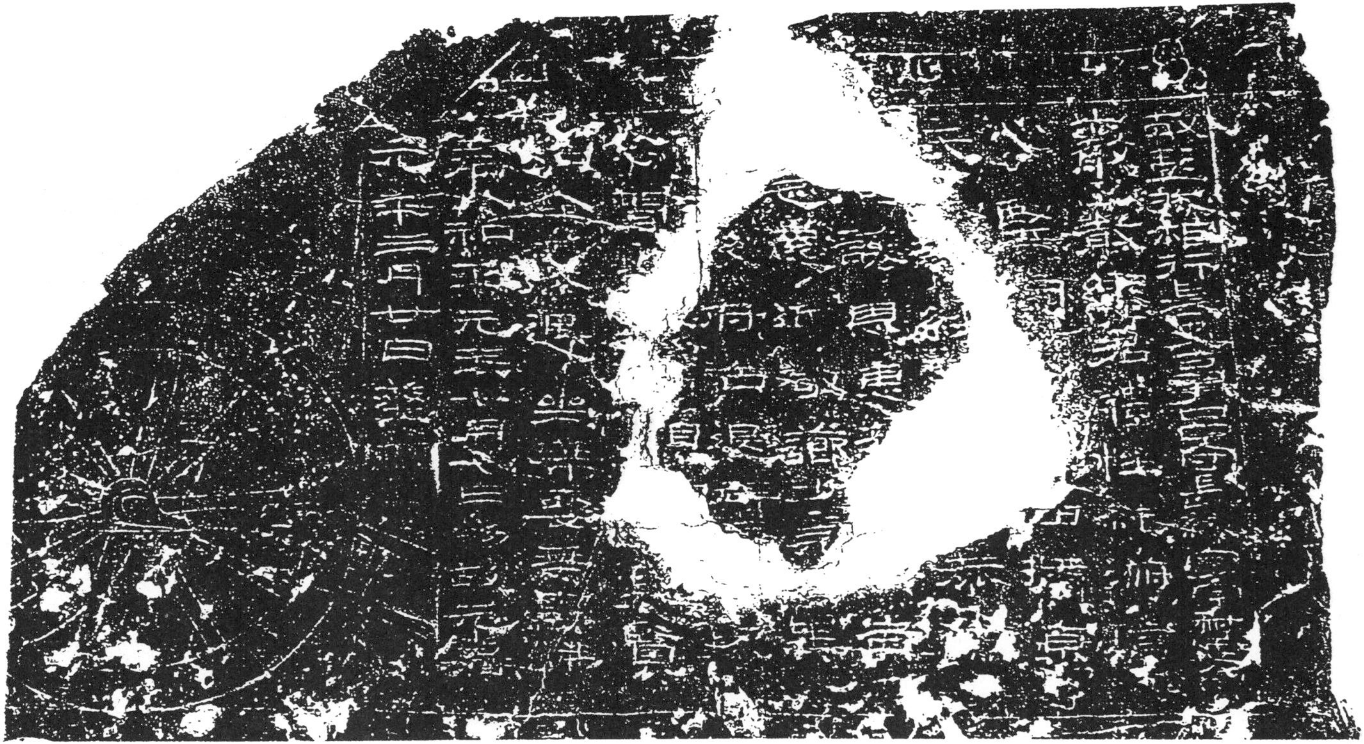

彩圖一　繆宇墓誌

彩圖二　張洪妻焦氏墓表

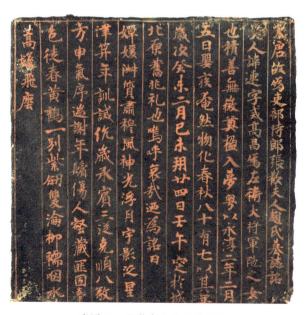

彩圖三　張歡夫人麴氏墓誌銘

彩圖四　唐憧海妻王氏木表

彩圖五　虞希喬墓誌

彩圖六　虞照乘墓誌

彩圖七　羅府君妻沈氏墓誌罐

彩圖八　晉東南出土某墓誌蓋

彩圖九　大唐故李府君夫人墓誌蓋

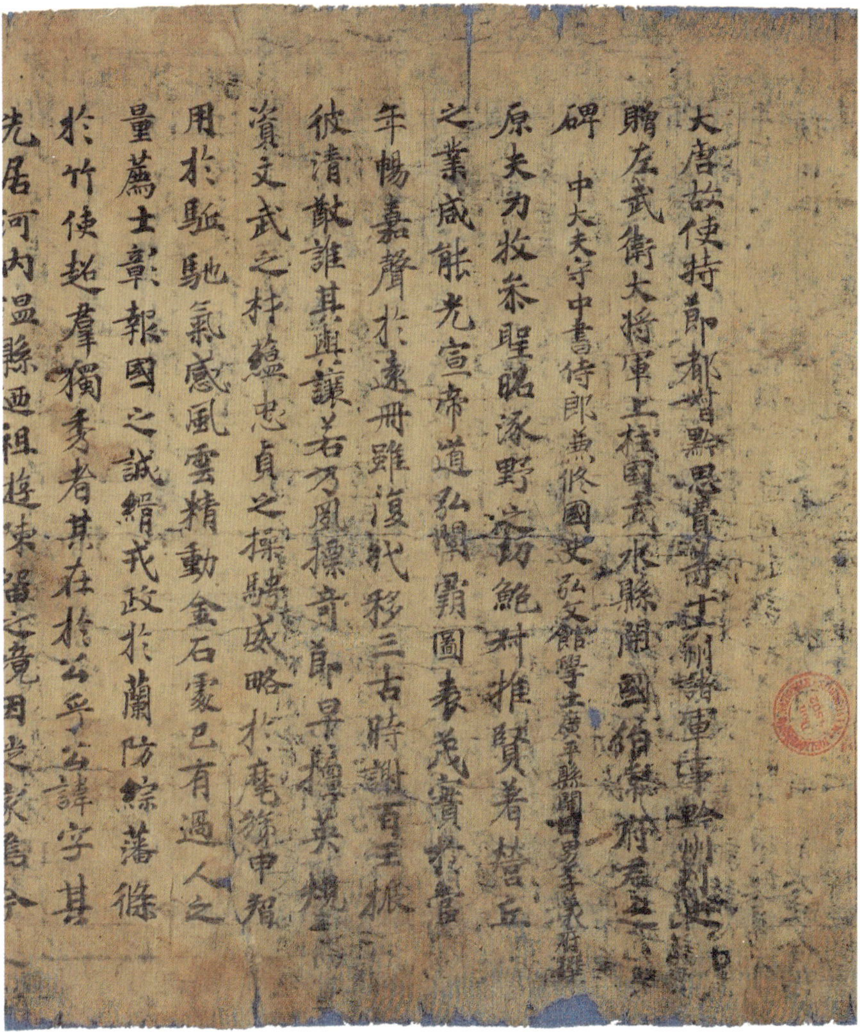

大唐故使持節都督黔思費夷□□諸軍事黔州刺史□□□

贈左武衛大將軍上柱國武水縣開國伯常府君□□

碑　中大夫守中書侍郎兼脩國史弘文館學士雍五縣開國□□□□□撰

原夫扚牧奉聖照涿野之□鮑叔推賢者譽丘

之業咸胲光宣帝道弘闡覇圖表氏實於當

年暢嘉聲於遠冊復我彩三古時謝百王振

彼清歈誰其遄讓若乃凰標奇節是擢英規□

資文武之材蘊忠貞之操驍威略於鷹𤣥申朝

用於驅馳氣感風雲精動金石霙已有過人之

量薦士彰報國之誠綔戎政於蘭防綜藩條

於竹使起聲獨秀者其在於□乎公諱字其

先居河內溫縣西祖遷東留之竟因号家焉今

彩圖十　常何墓碑寫本（P.2640）局部

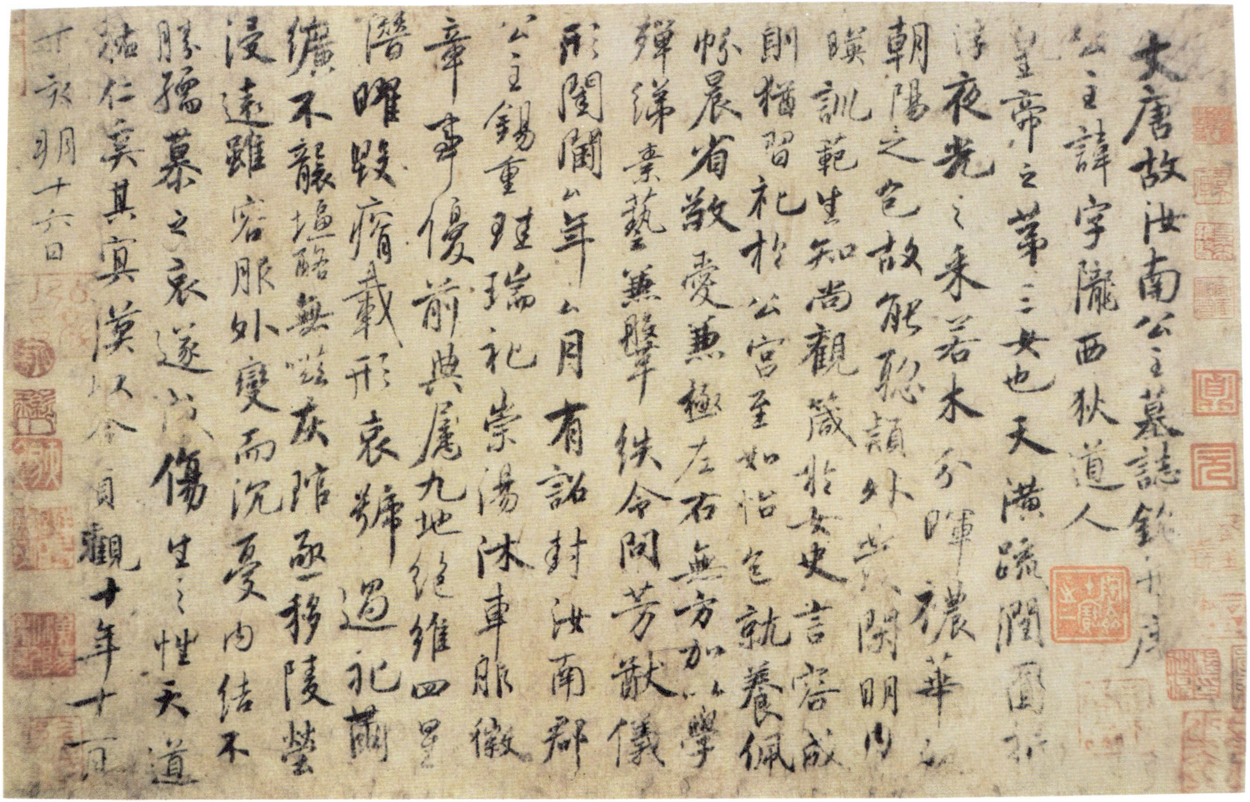

彩圖十一　大唐故汝南公主墓誌銘

序　一

本書是孟國棟教授以其博士學位論文《新出石刻與唐文創作研究》爲基礎，增訂而成。他的論文指導老師是胡可先教授，我既參加了審查，又應邀到杭州參加了他的論文答辯。在此過程中，我看到了他的努力與才分，在他提出希望到復旦大學繼續博士後研究時，我當即允諾與支持。在博士後期間，我希望他從傳記文學的立場研究唐代墓誌銘，並向他介紹了中國傳統傳記與西方傳記文學，在文獻取捨、傳主生平還原及真相揭示方面之種種不同，也向他介紹本師朱東潤先生的見解，特別是在《八代傳叙文學述論》中，對魏晋雜傳與北朝碑誌的不同評價，作爲他研究唐代墓誌銘文學屬性之參考。同時，我也建議他做墓誌文學研究的同時，多多關注墓誌銘及其所涉誌主與其家族之個案研究。他的研究工作很順利，兩年準時出站，成績優異。出站報告三年前以《石上人生：傳記文學視域下的唐代墓誌銘研究》爲書名，由浙江古籍出版社出版。當時方值癘疫橫行，彼此來往都不方便，書出後我方見到。各方都有好評，國棟也因此被武漢大學引進，開始人生一段新的征程。我曾在

《朱東潤先生在 1939 年》一文中，説到在武漢大學因抗戰西遷
樂山的艱苦歲月中，朱東潤先生開始中國傳記文學研究，同時
開始嘗試採取西方傳記文學的立場與方法，寫中國古代政治與
文學人物的傳記，《張居正大傳》尤負盛名。從朱先生晚年所寫
自傳，以及齊邦媛教授《巨流河》中對戰時武漢大學的描述可
知，那時的武漢大學就是中國最好的公立大學。前些年我曾整
理朱先生的《中國文學批評史大綱》，有幸見到他二十世紀三十
年代在武漢大學授課時所印講義，四版全部是鉛排綫裝書，避
地樂山期間也是如此。國棟現在站上當年朱東潤先生曾任職
的講席，前輩對學術、對教學的莊嚴博偉，相信可以鼓舞國棟努
力達到更高的人生境界，並取得新的成就。

　　我雖曾參與國棟博士學位論文的評議和答辯，但理解畢竟
尚淺，並非爲本書撰序的最佳人選。國棟認準要我來寫，我也
無以推辭。最近困於《唐五代詩全編》的閱校寫訂，也沒有精力
仔細讀書，更遑論查閱與國棟研究相關的文獻。他的博論原
文，我是有保存的，但一時無法找到。所幸找到當年對他論文
的評語，且論文成就與存在問題都説到了，恰可對照現在的新
本，做更深一層的評述。

　　我在對博論的基本評價中寫道：“最近百年唐代墓誌出土
數量鉅大，引起中外學者的廣泛關注，從文學立場上來進行研
究也已多有所見。本文特別關注新出墓誌與文學創作的研究，
且努力在前人研究範圍外拓展新的論題。論題較有學術意義，
所分六個章節也基本覆蓋了唐代墓誌文創作的重要方面，達到
較好的學術水平。”現在全書增加到八章，書名的改換也使全稿

增加了更强烈的學術前沿色彩。"墓誌的生成"是一個大題目，即其中包含文本、書法、採石、摹刻以及與喪葬有關的家族、儀禮等衆多問題。我曾長期感到困惑，熱於北魏而盛於隋唐的埋銘習俗，究竟是如何形成的，圍繞埋銘究竟形成了怎樣的社會産業鏈。我們現在讀到的墓誌銘是據歷代典籍保存，以及考古或盜墓所得，就當年來説，則是以喪家爲中心，是喪儀活動中一項核心的準備，其中包含撰文者、書丹者以及鎸刻者，更前期一些則有誌石的採運與磨礱，以及與此關聯的商業與手工業生産。國棟在本書中解讀了與文學部分相關的生成過程，其他部分我想他也希望展開論述，可惜有關記載實在太少。這讓我想到一個特殊的案例。三峽航運是漢唐以來中國經濟的命脈，有關記載不可謂不多，沿江東下當然可以體會"輕舟直下"的痛快，但上航的船是需要無數纎夫一步一步拖上去，没有任何文獻關注纎夫的生活。在三峽大壩堵水以前，有好事者駕小船沿江——記録千年航運留下來的纎椿，纜讓我們看到史家長期忽略的下層民間的真相。國棟提出了很好的課題，出色完成了其中一部分，我希望有關研究還能繼續下去。

關於博論創新部分的評價，我當年寫了一大段話，也全録於下："本論文有許多創新見解，因爲曾廣泛閲讀墓誌文本，故結論大多翔實可信。我以爲可以特別指出以下諸點：一、關於碑誌之體性異同，從外在表現、功用差別和行文方式三方面説明，尤其關注在行文語言和事件記載方面的區别。二、關於墓誌銘中誌序和銘文相互關係的具體考察，顧及其行文特點和彼此照應關係，並舉出一些特例。三、關於合撰研究，本節曾刊於

《唐研究》近期,對六朝以來的碑誌合撰現象有較詳盡的考察,
有關作者協作方式的論述也較細緻。四、關於墓誌銘的題署情
況,雖然屬於墓誌銘的外在形式,但當代史學很重視文本的程
式化研究,並在具體解讀中揭示其價值。論文在這部分鋪排雖
然略顯枝蔓,論證方式也不算複雜,但結論還是可靠的。五、關
於石刻文本創作程式化的研究,我認爲是整部論文中最好的部
分,能夠注意到墓誌文本雷同化的情況,在文本上做了充分的
比較,並說明在唐詩寫作中也有類似現象。這一發明很重要,
我特別建議今後更多地積累有關案例,以便能就此形成專著。
六、關於石刻與唐文創作中駢散化趨勢的比較研究,十年前我
曾撰《新出石刻與唐代文學研究》一文加以論列。看到本文對
此有詳細敘述,並從古文衰落和駢文復興的立場看唐後期墓誌
的狀況。七、關於集本與石本的關係問題,以前劉真倫教授撰
《韓文石本考》,考述尤細。本文分析了許多個案,說明石本的
價值以及其自身的局限,可謂妥當而深入的見解。"十多年後重
新閱讀當年的評價,雖然沒有考慮到會發表,但表彰的分寸拿
捏還算妥當。現在的書稿又經過反覆打磨提高,我當年稍含批
評的讚譽與現在的書稿已很難對應。我稍作翻檢,覺得在在處
處都有新允的見解,對墓誌銘的涉獵及對古今人論著的參考商
榷也更爲充分而平和。比方第一章討論墓誌起源與文體的成
立,前提是界定何爲墓誌?秦刑徒磚雖然很早,但僅記姓名,間
載里貫,當然還不能算。東漢中期的墓記載及死者的職官、姓
名和葬年,具備了成熟墓誌的雛形,但還沒形成固定的文法。
國棟認爲徐州出土的元嘉元年(151)《繆宇墓誌》"對誌主姓名、

職官和卒葬情形的記載更爲詳細，而且增加了對繆宇生平事迹的介紹，個別地方還使用了略帶修飾性的語句”，“完全具備了墓誌在功用和形式方面的要求，可以看作墓誌起源的標誌”。這樣的結論是有説服力的。談神道碑與墓誌之不同功用，是很有意思的話題，一般人認識都局限在高官方可於神道立碑，國棟更關心二者的體性差異，包括外在表現、具體功用和行文方式上的差異，更選取各有神道碑和墓誌存世的特殊人物的例子來加以探討，就顯示出彼此的分工不同。第三章從墓誌的生成地域談不同墓誌的文化内涵，包括吐魯番的磚誌、江南的瓷墓誌，以及晋東南出土墓誌蓋上的題詩等，都是具有鮮明地方文化特色的案例。我還可以補充説明的是，就我所見，陝西最北端統萬城遺址出土的墓誌，似乎都由石面很粗糙的沙石刻鏤而成；河北三鎮出土的墓誌，喜用行書，且墓誌形制及叙事風格也多與中原有别。而墓誌蓋題詩，目前得見者皆出澤潞地區，大約從唐文宗、武宗以後，延續到宋真宗時期，我所見詩已經達到六七十首，其中引用最多的是于鵠的一首挽歌詞，所見已有三四十首，文本也極盡各種變化，可以相信在兩百多年時間内，這個地區的墓誌製作是按照這樣的範式在運作，但没有影響到他地，自身也執著不移地傳承了七八代人，是很特殊的文化現象。

其他各章也多有新見，這裏不一一叙述。

博論審閲還有套色化的部分，即要評閲者指出論文存在的問題及修改建議，雖然我深切認識到作爲序文提出專著的不足不太合適，但我作爲曾經的合作導師，也特别欣喜地看到國棟十多年來，堅定而執著的發展節律，也還覺得有必要將當年看到的問題寫出。至少在我的立場，我覺得與國棟雖爲師生，但始終不願步隨互相吹捧的俗趣，以道義學術互勉，做人與做學問一樣，不願太姑息苟且。這部分可談三點。

"本論文對於石刻與文學的許多問題展開論述，但似乎没有特別關注碑誌作爲傳記文學的一種特殊形式，其在人物形象、人生經歷或事功等方面的成就。關於駢散化的趨勢，也應看到後期碑誌與前期碑誌在趨駢形式上的顯著差異。"這裏提到兩個問題，一是强調對碑誌應作傳記文學的研究，國棟在博士後期間致力於此，前已述。二則因我曾編纂《全唐文補編》，近年更校定全部唐詩，對唐五代詩歌、文章的變化，有强烈的感受。就詩歌言，唐初百年的詩歌幾乎可以説都在《文選》和庾信爲代表的駢儷文風和以文藻典故代替口頭叙述的氛圍中；而唐文也嚴守文筆之分，除時間與歷官以外的部分，都以駢偶出之。我曾校録過昭陵所有的殘碑，在一大片缺泐中居然大多能爲之斷句，主要依靠對駢文格式化文風的理解。晚唐雖有温李爲代表的駢文重燃，科場上的律賦也有嚴格的規定，但形式皆是駢文，句式變化與駢散互參，已與唐初完全不同。本書第七章講"唐代墓誌銘的文體新變"，保持了原來的框架，但分析和見解則更爲仔細圓融，讀者當可仔細體會。

"關於唐代墓誌寫作的程式化情況，前人在研究敦煌邈真贊時已有較多揭示，本論文所舉諸多例證更爲明顯。但在説明某墓誌與某墓誌内容互見時，行文中經常出現如某墓誌抄襲某墓誌的推斷；在説到唐詩創作中的程式化現象時，也有類似的表達，如説幾種墓誌中'看花落淚，聽鳥驚心'句式，'都是由《李

夫人墓誌銘》删削而成'。似乎不錯,但不夠精密圓融。我建議
將此類現象,與唐人的書儀類著作結合起來加以研究。書儀是
提供作者寫作書信的程式化文本,墓誌應該也有類似的參考
書,衹是可惜没有文本保存下來。此外,還要考慮到民間流行
的特殊情況,若大隱小隱與生作人傑之類,指出文人因襲前人
套語是對的,但不要説就是依據我們現在看到的文本。"這裏説
得有些複雜,且似乎與前述"整部論文中最好的部分"的評價有
些衝突,其實是希望學生在走向學術前沿的道路上,始終保持
學術話語的分寸與細節準確。我近十多年因爲處理唐詩文本,
對詩意雷同甚至句式因襲,都有不少全新的認識。蓋一流詩人
能備讀群書,成一家之言,其才分表現在如何吸取前代詩文之
已有表達,窮極變化,以爲自己之成就。才分稍弱者,則出語稍
呆板,抒情亦較循套路。而在社會下層群體中,是没有著作權
或獨創性意識的,敦煌大量詩鈔,鈔者大多不在乎作者是誰。
而在彼此贈答者,則常不免將名家詩作鈔來作爲自己的作品。
敦煌的學郎或寫經僧,長沙窑的製器工匠,乃至中日間的渡海
商人,都有這些情況。

　"關於墓誌銘文中的騷體銘文,不要僅憑唐墓誌就輕率得
出文體變化的結論,應該看到唐前碑誌就多有此體。另外,唐
人墓誌中多用五七言齊言而類詩之銘文,也是值得注意的現
象。"我寫下此節文字,其實是比較草率的。晚近有不少學者呼
籲,應該將漢魏以來文人所作的贊、頌、銘等一類韻文,當作詩
歌來看,追溯到《詩三百》時期風、雅、頌的傳統,這一見解是不
錯的。問題是六朝時期文體論的分野,論述者眾多,將此部分

作品視爲文而非詩,已幾乎成爲公論。創説容易,實踐很難。已經有了《全唐詩》和《全唐文》,我們還有必要將《全唐文》及其成書後新見到的兩萬多篇文字,作爲詩來編校一次嗎?然而敦煌文本中所包含的數量可觀的俗賦、俗頌、俗銘,幾乎全篇押韻,與一般詩歌並無不同,似乎其間的界限很難完全劃定。國棟十分關注墓誌銘文中除規範四言以外各體銘文的變化,是很有意思的觀察。我注意到韓愈有多篇碑誌末附之銘文,徑稱爲詩,而《柳州羅池廟碑》末所附韻文,朱東潤先生曾在《中國歷代文學作品選》中稱爲屈宋以後最好的騷體歌詩。我在近輯唐詩中,也發現墓誌銘文中不僅有五七言絕句,甚至還有成熟的律詩,不過尺度很難把握,只能放棄。述此供國棟斟酌。

中國是文化禮制高度發達的文明古國。人生什麼問題最大?肯定是生與死。厚生薄葬雖然曾爲許多有識之士所提倡,但中古以降,中國的喪挽文化與文學空前發達。劉勰《文心雕龍》中僅《誄碑》《哀吊》兩篇,與喪事有關。稍晚二十來年的《文選》,涉及哀挽者就有誄、哀、碑文、墓誌、行狀、吊文、祭文等七體,宋初所編《文苑英華》一千卷,哀挽文學佔了其中的一百六十六卷,約爲全書的六分之一。《文選》收墓誌僅一篇,當然與南朝禁止埋銘的環境有關。《文苑英華》收碑九十一卷,誌三十五卷,説明在典範爲文方面,時人仍認爲碑比誌來得更爲重要。但就今可見文本而言,則墓誌數量遠遠超過墓碑。喪挽文學是一個很大的課題,可惜今人展開研究畢竟還不多,我在最初涉及時,也對此有很大的警覺。墓誌的書寫、刊刻、埋瘞,嚴格地説都是個人書寫,但無論就家族或親人來説,則涉及對亡者的紀念與評價，既要存其大節，頌其事功，記錄喪挽，表達感情，是極其不容易寫好的重要文字。曾鞏請歐陽修爲其父撰文章，認爲歐陽"蓄道德而能文章"，所述可以取信於世人。三十多年前讀章培恒先生談《辨奸論》之長文，他特別強調請名家撰文還有另一目的，即名家文集可以傳之久遠，碑誌所述先人之事迹也因此獲得永傳後世的機緣。我讀罷國棟的這部據博士論文增訂而成的專著，不能不感歎唐代墓誌研究雖然可以追溯到歐陽修、趙明誠的時代，但古人的題跋類研究大多就具體碑誌展開議論，缺乏對此一文學現象的系統論述。清人是有碑誌釋例一類從寫作方法上分析的專著，在文章學研究來説仍屬邊緣。近百年來碑誌文獻出土數量巨大，爲中古文史研究注入了新的活力。從文學立場，研究文體作法、文本生成，乃至體制之變化、情感之宣洩、事功之弘頌、道德之表彰、家族之傳續、婦行之頌揚，在在都有值得學者關心探討的内容。與文史個案的廣泛充分探討相比較，站在文學本位與文章作法的立場來研究墓誌銘，雖也有過多種專著，但還遠未充分展開。就此而言，國棟的書自有其成立的意義。

　　以上夾叙夾議，有贊有商，信筆寫來，不成系統，權且爲序吧，不當處國棟與讀者諸君諒之。

癸卯冬，陳尚君於復旦大學光華樓

序　二

　　墓誌起源於東漢，發展於六朝，繁盛於隋唐。作爲喪葬文化的組成部分，墓誌具有考古學、歷史學與文學研究的多重價值，因此歷來受到學者們的重視。宋代就有歐陽修的《集古録跋尾》、趙明誠的《金石録》等著作，開金石學之先河；明清更有王昶的《金石萃編》、陸增祥的《八瓊室金石補正》等，集金石學之大成。但在古代，關注墓誌者多是金石學家，近來考古學興起，關注墓誌者多是考古學家與歷史學家。直至二十世紀末葉，墓誌的文學研究也還處於邊緣狀態。進入二十一世紀，隨著文學研究的多元化發展和多層面拓開，作爲個人傳記的墓誌逐漸受到文學研究者的重視，並被用來研究傳記文學、家族文學、性別文學等等，墓誌的文學研究也由邊緣向中心轉變。國棟博士從 2008 年開始墓誌研究，正是經歷了這一轉變的過程。其著作《墓誌的生成及其在唐代的衍變研究》出版，是對文學研究空間的新開拓。
　　墓誌由多重載體構成，有文本載體，刻在石上的文本有序有銘，記録墓主的行事，評價墓主的功績；有文字載體，墓誌需要刻石,刻石之前需要書家書寫,然後還要刻工刻字,爲墓誌書丹者很多是著名的書法家;有實物載體,墓誌的文本和文字都要刻在石上,埋入墓中。對於文學研究而言,墓誌的核心信息與價值在於文體學研究。國棟博士這部著作的學術貢獻正是揭示墓誌的文體學價值:第一,論述墓誌文體的成立,認爲墓誌的起源雖早,但作爲文體形態的墓誌銘則産生於魏晋之際,南北朝時期,墓誌文體得到了較快發展;第二,論述墓誌銘的合作撰文方式,這是六朝到隋唐墓誌銘創作中的特殊現象,而且集中在唐高宗末期到唐玄宗開元天寶年間;第三,論述唐代墓誌銘從内容到形式的新變化,其行文方式和文體形式漸臻完善,並爲後世作者所接受與模仿;第四,論述墓誌銘創作的程式化現象,在反思與批判傳統研究的基礎上,闡述墓誌銘程式化的特點及其獨特的文獻價值和文學意義。

章學誠在《校讎通義序》中説:"校讎之義,蓋自劉向父子部次條别,將以辨章學術,考鏡源流。非深明於道術精微、群言得失之故者,不足與此。"國棟博士研究墓誌銘,所採用的方法和追求的目標就是"辨章學術,考鏡源流",而且在兩個方面作出了重要貢獻:一是墓誌的起源研究,對於墓誌的起源,前人已經多所致力,但在時代的認定與劃分方面仍然存在著很大的分歧,國棟博士將這些分歧作爲自己研究的起點,從"墓誌"一詞的最早用例與墓誌的基本功用入手,確定作爲實物的墓誌起源於東漢中後期,刻於元嘉元年的《繆宇墓誌》可以看作墓誌起源的標誌,而由唐人的記載和繆襲、傅玄等人的創作情況可以看出,符合文體意義上的墓誌文在魏晋之際已然出現。二是墓誌銘的衍變研究,作者不用"演變"而用"衍變",因爲演變是一個較爲泛化抽象的語辭,而衍變則更聚焦於特殊現象的研究和特定方式的探討。比如有關唐代墓誌文體的新變,就闡述了三個問題,即騷體滲入與唐代前期墓誌銘創作的轉軌,古文運動的興起與唐代中期墓誌銘創作的遷革,駢文復興與唐代後期墓誌銘創作的復古。起源的探討和衍變的梳理,使得墓誌銘的生成、發展與變化非常清晰地呈現出來。

　　國棟的這部著作集中於新出墓誌銘的研究,挖掘新出墓誌銘的特殊性,揭示新出墓誌銘的多元化,從而彰顯墓誌銘的生成特點和演變過程。比如新出墓誌銘與傳世文獻最大的不同在於題署詳備,本書就將題署研究獨立成章,探討中國古代石刻題署風氣之生成特點以及唐代墓誌銘題署的形式、内容與價值等問題。新出墓誌銘與傳世文獻的不同還在於有刻石流佈,而石本文字更具有獨特的價值。本書也專章探討唐代墓誌銘的撰寫、刻石與流傳,集本與石本異文的考察,石刻文獻的優勢與缺陷等問題。對於前人所説的碑誌一體論,國棟博士也做了詳細的辨析,認爲墓碑文和墓誌銘無論是外在表現、具體功用還是行文方式都有著較大的差異。就外在表現而言,墓碑立於地上,墓誌埋於墓中,墓碑的碑額、碑身、碑座連爲一體,墓誌的誌蓋、誌石分爲兩塊;就具體功用而言,同樣是頌揚墓主,墓碑重在呈現品行,墓誌重在標識墓地;就行文方式而言,墓碑文和墓誌銘分屬兩種文體,其出現順序是碑先誌後,墓碑文詳贍宏富,文采斐然,墓誌銘質樸簡略,隱晦哀怨。

　　國棟博士 2002 年進入浙江大學漢語言文學專業學習,對於中國古代文學具有極大的興趣，閱讀了大量唐代文學原典著作，並在我的指導下完成了本科畢業論文。隨後又連續考取我的碩士和博士研究生。碩士階段，在專人專書研究方面得到了良好的訓練，完成了《許渾研究》的學位論文；博士階段，致力於出土墓誌銘的研究，完成了《新出石刻與唐文創作研究》的學位論文。這一著作，就是在博士論文的基礎上修訂而成的。博士畢業以後，又進入復旦大學中國語言文學博士後流動站工作，合作導師爲陳尚君教授，研究空間得以進一步拓展，研究境界更是進一步提升。出站以後，先後任教於浙江師範大學人文學院、武漢大學文學院。

　　國棟博士在浙江大學面壁十年，辛苦垂成，又經十年，出版了這一重要著作。我與國棟博士，師生之誼十年，師友之誼二十年，其間每著書撰文，都相互切磋，得教學相長之益，對其學術進境、方法探索都深爲洞悉，故樂爲之序。

胡可先

癸卯秋日寫於浙江大學文學院

目　録

緒論 二十世紀以來六朝隋唐墓誌出土與研究現狀

中國的墓誌起源很早，記墓傳統在先秦時期即已出現，到東漢晚期，墓誌銘的體式已與後世成熟的墓誌文體較爲接近。魏晉南北朝時期，國家碑禁政策的推行，爲墓誌銘的發展和變化帶來了新的機遇。墓誌銘作爲一種文體漸趨成熟，與早期的一些簡單題刻有了較大差異。作爲喪葬文化的重要組成部分，唐代的墓誌銘創作達到了新的高峰。隨著文學觀念的變化和文體革新的展開，漢唐之間墓誌文體也經歷了一系列變革，成爲能夠展現社會風尚和文學形態外化特徵的重要標誌。

一、考古發現與六朝隋唐墓誌的研究價值

自宋代開始，墓誌銘就爲金石學家所鍾愛，墓誌銘對於歐陽修、趙明誠等一大批金石學名家的出現也有促成之功。明清時期，受乾嘉學派影響，墓誌銘作爲中國古代文章學的重要組成部分，更是成爲學者極爲關心的話題和學術研究的熱點。但是這一研究的發展進程，却在"五四"時期遭遇了沉重打擊。

"五四"對中國古代文學發展造成的不利影響,王水照、朱剛兩位先生曾總結爲三個"遮蔽",其中第二個"遮蔽"尤其值得注意:"'雜文學'觀念被'純文學'觀念所代替,無法真正把握中國文學史的民族特點,滿足中國文學史主體性的追求。"①此後,隨著"純文學"觀念的盛行,在中國古代石刻中佔據絕對優勢的墓誌銘,因被視作"雜文學"而被擯棄在學術研究範疇之外。就二十世紀的整體情況來説,六朝隋唐墓誌銘的集中出土與寥若晨星的墓誌文體研究之間形成了巨大反差。就考古發現層面來看,被譽爲二十世紀"四大考古發現"的殷墟甲骨文、敦煌寫經和古文書、漢晋簡牘文書以及明清内閣大庫檔案,都受到文史研究者的青睞。然而時過境遷,上述四類材料中的絕大多數已發掘殆盡,僅簡牘尚有零星出土。而新出墓誌,却與各項工程建設和科考工作進程相始終,呈現出一枝獨秀的狀態,日漸成爲學界關注的焦點。故饒宗頤先生曾説:"向來談文獻學者,輒舉甲骨、簡牘、敦煌寫卷、檔案四者爲新出史料之淵藪。余謂宜增入碑誌爲五大類。"②榮新江先生也認爲從文書到碑誌是今後中古史研究的趨向之一。③ 應該説,這些看法都非常符合二十世紀以來考古發現的實際情況。

新出土的墓誌銘,唐代最多,六朝次之,兼具物質性和文學性,用以研究六朝隋唐文學,既是實物形態,也是文獻依據,更

---

① 王水照、朱剛:《三個遮蔽:中國古代文章學遭遇"五四"》,《文學評論》,2010年第 4 期,第 20 頁。
② 饒宗頤編著:《唐宋墓誌:遠東學院藏拓片圖録·引言》,香港:香港中文大學出版社,1981 年版,第 3 頁。
③ 榮新江主編:《唐研究》第十七卷,北京:北京大學出版社,2011 年版,第 1 頁。

是文學載體。本書將論題定位爲"墓誌的生成及其在唐代的衍變研究",儘量依據考古發現新獲得的實物資料從本源上考察墓誌的起源以及墓誌文體成立以後的發展變化情況。墓誌銘的生成是一項系統而複雜的工程,除了一般文體研究所必備的文體文風之外,就體制而言,有撰書者的題署需要考慮;就作者而言,有誌銘分撰等現象需要揭示;就傳播而言,有刻石流佈等環節需要考察。綜合起來看,墓誌銘的書丹者、篆額者、刻石者對於文章形制的生成和流佈過程都有不同程度的影響。因此,本書將致力於以下兩個方面:第一,以新出石刻爲基礎,參證傳世文獻,將墓誌文體生成和衍變的各個環節作爲一個動態的系統工程進行綜合考察和分析。第二,研究過程中較多關注前人容易忽視的領域,致力於對影響墓誌銘形制、風格形成等新因素的揭示,同時將"純文學"意義上的文體和文風研究作爲對比性的參照。在六朝隋唐文章學的研究框架內,力求填補空白,補闕勘誤,儘量以具體問題切入,從微觀和宏觀兩個層面展開論述。

　　墓誌的生成及其在唐代的衍變研究這一特定的選題與相關定位,也決定了本書的研究重點集中在以下兩個方面:一是問題導向。在分析論證中,一方面努力研究藉由石刻文獻的新出方能集中展現的墓誌文體要素,如墓誌銘的合撰現象、墓誌銘的題署情況等;另一方面對於前人有所論及的問題進行辨證和補充,如墓誌的起源與文體成立問題,墓碑文和墓誌銘的文體異同問題,等等。二是材料實證。本書不僅僅局限於對原始材料的爬梳整理,還希望在材料與材料的聯繫中尋找彼此的勾連與影響,再通過材料提供的信息引出問題。材料的來源則以考古發現的新材料爲主,兼及傳世文獻和域外文獻,試圖把研究結論建立在扎實的材料基礎之上。正因如此,本書雖然在章節安排上各部分均獨立成章,每章也各有側重,但所討論的問題則都致力於集中展現墓誌銘生成與發展衍變過程中值得關注的文學現象。

二、六朝隋唐墓誌銘的整理與刊佈

自二十世紀初開始,大量掩埋於地下的墓誌銘陸續出土和刊佈,源源不斷地爲六朝隋唐文學研究提供著新材料,使得這塊已經被前輩學者耕耘過千百度的文學園地始終保持著繁盛局面。對於六朝隋唐文學研究而言,新出墓誌銘的整理與刊佈是學者極爲關注的話題之一。二十世紀八十年代以來,在各類墓誌銘陸續出土的同時,一些大型的彙輯也相繼出版,從整理方式看來,主要可分爲三類。

（一）偏重録文的整理

此類代表性成果有《漢魏南北朝墓誌彙編》①《新出魏晉南北朝墓誌疏證》②《南北朝墓誌集成》③《全三國兩晉南朝文補

---

① 趙超:《漢魏南北朝墓誌彙編》,天津:天津古籍出版社,1992年初版;北京:中華書局,2021年修訂版。
② 羅新、葉煒:《新出魏晉南北朝墓誌疏證》,北京:中華書局,2005年初版,2016年修訂版。
③ 王連龍編撰:《南北朝墓誌集成》,上海:上海人民出版社,2021年版。

遺》①《全北魏東魏西魏文補遺》②《全北齊北周文補遺》③《全隋文補遺》④《貞石可憑：新見隋代墓誌銘疏證》⑤《唐代墓誌彙編》⑥《唐代墓誌彙編續集》⑦《全唐文補遺》⑧以及《全唐文補編》⑨等。趙超、周紹良主編的幾部著作意在搜集六朝隋唐時期的墓誌銘，重在録文，不收拓片。吳鋼主編的《全唐文補遺》，體例與清人所編《全唐文》以及《唐代墓誌彙編》略有不同，收録範圍較廣，舉凡石刻詔書、信札、碑文、墓誌銘、經幢、敦煌寫卷等等，均在收録之列，但仍然以新出土的墓誌銘爲主。該書自1994年起陸續出版，總共出版了九輯，另有《全唐文補遺·千唐誌齋新藏專輯》，共十輯。之後又出版了總目索引一册，可以説是目前爲止收録唐代墓誌文字最多的著作。《全唐文補遺》對於兩京新出石刻作了廣泛的搜集，尤其是在陝西新出墓誌的搜集方面，具有較高的權威性。可惜此後新出土的墓誌銘尚無人作全面的輯録，仍處於散亂狀態，檢閱不易。陳尚君先生輯校的《全唐文補編》，充分利用了現代考古工作的成果，收録範圍遍及四部典籍、敦煌遺書、金石碑刻、地方文獻、釋道二藏、域

① 韓理洲等輯校編年：《全三國兩晋南朝文補遺》，西安：三秦出版社，2013年版。
② 韓理洲等輯校編年：《全北魏東魏西魏文補遺》，西安：三秦出版社，2010年版。
③ 韓理洲等輯校編年：《全北齊北周文補遺》，西安：三秦出版社，2008年版。
④ 韓理洲輯校編年：《全隋文補遺》，西安：三秦出版社，2004年版。
⑤ 周曉薇、王其禕：《貞石可憑：新見隋代墓誌銘疏證》，北京：科學出版社，2019年版。
⑥ 周紹良主編：《唐代墓誌彙編》，上海：上海古籍出版社，1992年版。
⑦ 周紹良、趙超主編：《唐代墓誌彙編續集》，上海：上海古籍出版社，2001年版。
⑧ 吳鋼主編：《全唐文補遺》，西安：三秦出版社，1994—2007年陸續出版。
⑨ 陳尚君輯校：《全唐文補編》，北京：中華書局，2005年版。

外漢籍等等，不僅對於新出墓誌銘給予了特別的關照，墓誌銘之外的各類石刻也搜羅得較爲齊備。在此之前，學界多偏向於墓誌銘的整理，很少將研究視野拓展到新出土的碑刻、題名、造像記等領域。但這些文體與墓誌銘有很大的相似之處，對於研究墓誌文體的發展演變也有較高的參考價值，不應該被摒棄在我們的研究視野之外。《全唐文補編》由此前偏重墓誌銘的整理擴展爲重視石刻文獻的全部，對出土文獻中的唐文進行了徹底的梳理，在偏重録文整理的著作中視野最爲宏通。①

（二）注重拓片的彙輯

此類標誌性論著有《千唐誌齋藏誌》②《北京圖書館藏中國歷代石刻拓本彙編》③《隋唐五代墓誌匯編》④《河洛墓刻拾零》⑤《秦晋豫新出墓誌蒐佚》⑥《秦晋豫新出墓誌蒐佚續編》⑦《秦晋

---

① 參胡可先：《新世紀中國大陸出土文獻與唐代文學研究概述》，臺灣《中國唐代學會會刊》第 18 期，臺北：樂學書局，2011 年版。
② 河南省文物研究所、河南省洛陽地區文管處編：《千唐誌齋藏誌》，北京：文物出版社，1984 年版。
③ 北京圖書館金石組編：《北京圖書館藏中國歷代石刻拓本彙編》，鄭州：中州古籍出版社，1989 年版。
④ 《隋唐五代墓誌匯編》共收拓片五千餘種，按收藏地分爲《洛陽卷》《河南卷》《陝西卷》《北京卷》（附《遼寧卷》）《北京大學卷》《河北卷》《山西卷》《江蘇山東卷》《新疆卷》，共九卷三十册。天津：天津古籍出版社，1991 年版。
⑤ 趙君平、趙文成編：《河洛墓刻拾零》，北京：北京圖書館出版社，2007 年版。
⑥ 趙君平、趙文成編：《秦晋豫新出墓誌蒐佚》，北京：國家圖書館出版社，2012 年版。
⑦ 趙文成、趙君平編：《秦晋豫新出墓誌蒐佚續編》，北京：國家圖書館出版社，2015 年版。

豫新出墓誌蒐佚三編》①等。這類著作更加突出對原始材料的刊佈,多根據舊拓②或新出石刻拓片彙編而成,將原石刻中的行款字數、神韻風貌以及殘損情況真實地展現在世人面前,其目的在於如實地再現各種石刻的原貌。這些書籍往往於每方拓片之下,標明墓誌的出土時地,撰、書、篆、刻者的信息與原石的收藏情況等,但不對墓誌全文進行校錄。不僅避免了錄文過程中因諸種緣由而造成的錯誤,也爲讀者留下了釋讀和闡發的空間,但同時也不利於讀者獲取其中的有效信息,爲利用和研究增加了難度。此外,《曲石精廬藏唐墓誌》③《隋唐墓誌百種》④《邙洛碑誌三百種》⑤《故宮博物院藏歷代墓誌彙編》⑥《新出唐墓誌百種》⑦《洛陽新見墓誌》⑧《洛陽新獲墓誌·二〇一五》⑨等均屬此類。

（三）錄文與拓片並重

代表性的成果有《漢魏六朝碑刻校注》⑩《墨香閣藏北朝墓

---

① 張永華、趙文成、趙君平編:《秦晋豫新出墓誌蒐佚三編》,北京:國家圖書館出版社,2020 年版。

② 如《千唐誌齋藏誌》即根據郭玉堂家舊藏拓片編纂而成。

③ 李希泌編:《曲石精廬藏唐墓誌》,濟南:齊魯書社,1986 年版。

④ 許寶馴選編:《隋唐墓誌百種》,上海:上海書畫出版社,1994 年版。

⑤ 趙君平編:《邙洛碑誌三百種》,北京:中華書局,2004 年版。

⑥ 故宮博物院編:《故宮博物院藏歷代墓誌彙編》,北京:紫禁城出版社,2010 年版。

⑦ 趙文成、趙君平編選:《新出唐墓誌百種》,杭州:西泠印社出版社,2010 年版。

⑧ 齊淵編:《洛陽新見墓誌》,上海:上海古籍出版社,2011 年版。

⑨ 齊運通、楊建鋒編:《洛陽新獲墓誌·二〇一五》,北京:中華書局,2017 年版。

⑩ 毛遠明:《漢魏六朝碑刻校注》,北京:綫裝書局,2008 年版。

誌》①《中國歷代墓誌全集·北魏卷》②《陝西新見隋朝墓誌》③《陝西新見唐朝墓誌》④《唐代墓誌銘彙編附考》⑤《洛陽新獲墓誌》⑥及《洛陽新獲墓誌續編》⑦《大唐西市博物館藏墓誌》⑧《新中國出土墓誌》⑨《珍稀墓誌百品》⑩《洛陽流散唐代墓誌彙編》⑪

---

① 葉煒、劉秀峰主編：《墨香閣藏北朝墓誌》，上海：上海古籍出版社，2016 年版。
② 余扶危、郭茂育主編：《中國歷代墓誌全集·北魏卷》，鄭州：中州古籍出版社，2019 年版。
③ 劉文編著：《陝西新見隋朝墓誌》，西安：三秦出版社，2018 年版。
④ 劉文、杜鎮編著：《陝西新見唐朝墓誌》，西安：三秦出版社，2022 年版。
⑤ 毛漢光：《唐代墓誌銘彙編附考》，臺北："中研院"歷史語言研究所，1984—1994 年陸續出版。
⑥ 李獻奇、郭引強編著：《洛陽新獲墓誌》，北京：文物出版社，1996 年版。
⑦ 洛陽市第二文物工作隊、喬棟、李獻奇、史家珍編著：《洛陽新獲墓誌續編》，北京：科學出版社，2008 年版。
⑧ 胡戟、榮新江：《大唐西市博物館藏墓誌》，北京：北京大學出版社，2012 年版。
⑨ 由中國文物研究所等編的《新中國出土墓誌》是近年來對新出墓誌的一次較大規模的清理。現在已經出版了《新中國出土墓誌·河南［壹］》，北京：文物出版社，1994 年版；《新中國出土墓誌·陝西［壹］》，北京：文物出版社，2000 年版；《新中國出土墓誌·重慶》，北京：文物出版社，2002 年版；《新中國出土墓誌·河南［貳］》，北京：文物出版社，2002 年版；《新中國出土墓誌·北京［壹］》，北京：文物出版社，2003 年版；《新中國出土墓誌·陝西［貳］》，北京：文物出版社，2003 年版；《新中國出土墓誌·河北［壹］》，北京：文物出版社，2004 年版；《新中國出土墓誌·江蘇［壹］常熟》，北京：文物出版社，2006 年版；《新中國出土墓誌·河南［叄］千唐誌齋［壹］》，北京：文物出版社，2008 年版；《新中國出土墓誌·上海 天津》，北京：文物出版社，2009 年版；新中國出土墓誌·江蘇［貳］南京》，北京：文物出版社，2014 年版；《新中國出土墓誌·陝西［叄］》，北京：文物出版社，2015 年版；《新中國出土墓誌·陝西［肆］》，北京：文物出版社，2021 年版。
⑩ 胡戟：《珍稀墓誌百品》，西安：陝西師範大學出版總社有限公司，2016 年版。
⑪ 毛陽光、余扶危主編：《洛陽流散唐代墓誌彙編》，北京：國家圖書館出版社，2013 年版。

《洛陽流散唐代墓誌彙編續集》①等。就前面兩類著作和彙輯而言，僅重録文或僅重拓片都有一定的弊端，前者錯誤較多、核查不便，後者閱讀難度較大，比較妥善的辦法是將兩者有機結合。《大唐西市博物館藏墓誌》《洛陽新獲墓誌》及《續編》《新中國出土墓誌》等就很好地做到了這一點。《西安碑林博物館新藏墓誌彙編》②《西安碑林博物館新藏墓誌續編》③《長安新出墓誌》④《長安高陽原新出土隋唐墓誌》⑤《陝西省考古研究院新入藏墓誌》⑥等也是如此。《洛陽新出土墓誌釋録》⑦則將拓片圖版、録文和研究有機結合，爲讀者參考利用這些材料提供了極大的便利。毛漢光先生主編的《唐代墓誌銘彙編附考》則在拓本和録文之外，撰有附記或考釋，對墓誌來源、誌主世系、拓片形制以及同一石刻的不同拓本情況有所交代，並對前人的釋文和相關的文獻記載進行校訂，其體例在同類著作中最爲完備，且所據版本亦較精審，是録文和拓片並重書籍中之優勝者。

---

①　毛陽光主編：《洛陽流散唐代墓誌彙編續集》，北京：國家圖書館出版社，2018年版。

②　西安碑林博物館編：《西安碑林博物館新藏墓誌彙編》，北京：綫裝書局，2007年版。

③　趙力光主編：《西安碑林博物館新藏墓誌續編》，西安：陝西師範大學出版總社有限公司，2014年版。

④　西安市長安博物館編：《長安新出墓誌》，北京：文物出版社，2011年版。

⑤　陝西省考古研究院編，李明、劉呆運、李舉綱主編：《長安高陽原新出土隋唐墓誌》，北京：文物出版社，2016年版。

⑥　陝西省考古研究院編：《陝西省考古研究院新入藏墓誌》，上海：上海古籍出版社，2019年版。

⑦　楊作龍、趙水森等編著：《洛陽新出土墓誌釋録》，北京：北京圖書館出版社，2004年版。

　　此外,還有許多工具書陸續編製和出版,如《洛陽出土墓誌目録》①《洛陽出土墓誌卒葬地資料彙編》②《漢魏六朝隋碑誌索引》③《新編唐代墓誌所在總合目録》④《唐五代文作者索引》⑤等,也使人易於對六朝隋唐時期墓誌銘的全貌有直觀的把握和認識。而網絡技術的發達和數據化時代的到來,更是爲出土墓誌的研究帶來了新的契機。中國國家圖書館"碑帖菁華"⑥收録有各類拓片影像資料 3.1 萬餘幅,浙江大學圖書館"中國歷代墓誌數據庫"⑦也收録有漢魏六朝時期的墓誌拓片 1.1 萬餘件。兩者所收拓片圖版中不乏近年新徵集到、尚未公開影印出版者,頗具研究價值。而高等學校中英文圖書數字化國際合作計劃的開展,特别是一些數據庫的開發,如データベース⑧等,更是使得對拓本文字的檢索成爲可能。所有這些,都爲新出墓誌的檢索和使用帶來了極大的便利,新一輪六朝隋唐文學研究高潮的到來指日可待。

三、六朝隋唐墓誌研究的現實困境

　　六朝隋唐時期墓誌銘的具體數量尚難以精確統計,但保守

---

① 洛陽市文物管理局、洛陽市文物工作隊編:《洛陽出土墓誌目録》,北京:朝華出版社,2001 年版。
② 余扶危、張劍主編:《洛陽出土墓誌卒葬地資料彙編》,北京:北京圖書館出版社,2002 年版。
③ 劉琴麗編著:《漢魏六朝隋碑誌索引》,北京:中國社會科學出版社,2019 年版。
④ 氣賀澤保規:《新編唐代墓誌所在總合目録》,東京都:汲古書院,2017 年版。
⑤ 陳尚君編:《唐五代文作者索引》,北京:中華書局,2010 年版。
⑥ 網址如下:http://read. nlc. cn/allSearch/searchList? searchType = 34&showType=1&pageNo=1。
⑦ 網址如下:http://csid. zju. edu. cn/tomb/stone。
⑧ 網址如下:http://coe21. zinbun. kyoto－u. ac. jp/djvuchar。

估計,總數應當不下一萬七千篇。① 如此衆多的文學作品被重新發現,不僅開拓了人們的學術視野,加深了學界對整個六朝隋唐文學創作情形的認識,也從多個方面改變著中國古代文學的研究面貌和格局。

　　新發現的墓誌銘中有很多是著名文士、官僚和刻工撰、書、篆、刻的作品甚或他們本人的墓誌銘,從二十世紀初即引起關注的《王之渙墓誌銘》到近年出土的《劉憲墓誌銘》《姚合墓誌銘》《韋應物墓誌銘》《李益墓誌銘》《韋渠牟墓誌銘》《第五琦墓誌銘》《耿湋墓誌銘》《李華墓誌銘》等等,使今人對他們的生平事迹和文學創作有更加清楚的了解。不僅如此,由於墓誌銘本身即屬文學作品,相當一部分具有較強的文學性,可以看成同類文章中的典範之作。然而學界在新出墓誌銘的利用方面尚存在一定不足,尤其是在基礎研究相對薄弱的六朝隋唐文研究領域,存在著諸多偏頗之處,主要表現在以下兩個方面。

---

① 　統計依據爲氣賀澤保規《新編唐代墓誌所在總合目錄》共收錄唐代墓誌 12043 方(另有誌蓋 480 方),《漢魏南北朝墓誌彙編》和《新出魏晋南北朝墓誌疏證》共收錄魏晋南北朝墓誌 1000 餘方。《墨香閣藏北朝墓誌》共收錄北朝墓誌銘 150 餘方。《隋代墓誌銘彙考》《陝西新見隋朝墓誌》共收錄隋代墓誌近 700 方。再益之以上述諸書遺漏的墓誌,以及 2016 年以後新出版、氣賀澤保規未及使用的《洛陽流散唐代墓誌彙編續集》《洛陽新獲墓誌·二〇一五》《西南大學新藏墓誌集釋》《陝西歷史博物館藏墓誌萃編》《長安高陽原新出土隋唐墓誌》《珍稀墓誌百品》《陝西省考古研究院新入藏墓誌》《陝西新見唐朝墓誌》《新中國出土墓誌·陝西[肆]》等。外加散見於各報刊以及流落在海外或民間的單方墓誌(如美國紐約大都會藝術博物館藏《徐德潤墓誌銘》、日本和泉市久保惣紀念美術館藏《大唐故陸妃墓誌之銘》以及三十多年前臺灣大學葉國良教授在臺北一家古玩店中發現的《兔園策府》作者杜嗣先的墓誌銘、王勝明在洛陽市孟津縣農家訪得的《李益墓誌銘》,即是其顯例)。

（一）對新出石刻的關注依然不足

　　儘管從文體上來説，新出石刻中的絕大多數文章都可以歸入"文"的範疇，但學界對於六朝隋唐時期文章作者、作品的研究，仍然以傳世典籍爲立論的出發點，未能將傳世文獻和新出石刻結合起來進行系統研究。如徐海容《唐代碑誌文研究》①在傳世墓碑文和墓誌銘的利用方面用力甚勤，然對新出土的石刻資料利用較少。林大志《蘇頲張説研究》對代表蘇、張文章創作最高成就的墓碑文和墓誌銘有過比較："蘇頲現無墓誌存世，僅張説有撰，現存二十四則。"②完全忽略了新出石刻中的相關資料。實際上，蘇頲所撰的墓誌銘自二十世紀初即陸續出土，迄今已發現近十篇。③ 若僅以傳世文獻爲依據來探討蘇、張墓誌銘創作成就的高下，自然不能準確反映二人創作

---

① 徐海容：《唐代碑誌文研究》，北京：中華書局，2018 年版。
② 林大志：《蘇頲張説研究》，濟南：齊魯書社，2007 年版，第 261 頁。
③ 如《全唐文補遺》第五輯所收《唐故司農寺主簿崔君（日新）墓誌銘》（第 25 頁）；第七輯所收《唐故贈太子少保管國公武府君（嗣宗）墓誌銘》（第 25 頁）；《全唐文補遺・千唐誌齋新藏專輯》所收《大唐故仙州刺史衡府君（守直）墓誌銘》（第 135 頁）；《唐代墓誌彙編》所收《大周故朝請大夫行鼎州三原縣令盧府君（行毅）墓誌銘》（第 989 頁）；《唐代墓誌彙編續集》所收《大唐故懷州刺史贈特進郕國公武府君（懿宗）墓誌之銘》（第 416 頁）以及《洛陽流散唐代墓誌彙編續集》所收《周故地官侍郎上柱國何公（彥先）墓誌銘》（第 130 頁）等均有撰者蘇頲題署，當是其所撰無疑。《全唐文補遺》第七輯所收《大周洛陽縣尉爾朱公（杲）夫人韋氏墓誌銘》（第 23 頁）和《唐研究》第十九卷所收《大唐故使持節集州刺史上柱國清河丁公（元裕）誌石文》（第 602 頁）的銘文均爲蘇頲所撰。此外，《唐代墓誌彙編》所收《大周故京兆男子杜并墓誌銘》（第 994 頁）雖無撰者題署，但參合傳世文獻的記載，亦可證定爲蘇頲所撰，參胡可先：《杜甫叔父杜并墓誌銘箋證》，《杜甫研究學刊》，2001 年第 2 期，第 35—44 頁。

的真實面貌。又如權德輿所撰《吳尊師畢原露仙館詩序》，原石
2000 年出土於陝西西安，池田溫在《唐長安畢原露仙館略考》
中已公佈其拓片，並進行了釋文，對石本與集本的 16 處異文作
了校勘。① 但 2008 年出版的《權德輿詩文集》仍然僅據《文苑英
華》卷七一六收錄，②而未能參照新出石刻及池田溫的相關研究
作進一步校理。

（二）多數文章仍局限於單篇墓誌的考證

著名金石學家葉國良教授曾指出："考證之學，今人可以邁
越古人者亦有二：一曰影印術發達，公私收藏化身千萬，此資料
收集較古人爲易而多也。二曰除作一碑一誌之'點狀'考釋外，
統合一類石刻或一代碑誌作'面狀'或'立體'之研究，不僅可以
訂補前代括例之作，取與史傳相補正，成果必較前代豐碩，此治
學方法優於古人者也。"③然而遺憾的是，三十多年過去了，葉先
生所倡導的"面狀"與"立體"的研究成果仍然爲數不多，學界對
新出墓誌的利用仍多集中在個案研究和單篇碑誌的考證詮釋
方面。

佔新出石刻絕大多數的是墓誌銘，雖然從文體上説，略顯
單一；但從作者的角度看，六朝隋唐時期的許多著名文士都曾
熱衷於此，庾信、魏收、許敬宗、韋承慶、盧藏用、張説、蘇頲、賀

---

① 臺灣敦煌學會編：《敦煌學》第二十五輯，臺北：樂學書局有限公司，2004 年
　版，第 135—158 頁。
② 權德輿：《權德輿詩文集·輯遺》，上海：上海古籍出版社，2008 年版，第
　812—813 頁。
③ 葉國良：《石學蠡探·序》，臺北：大安出版社，1989 年版，第 2—3 頁。

知章、張九齡、徐浩、顏真卿、權德輿、獨孤及、丘丹、韓愈、柳宗元、李頎、韋應物、盧綸、元稹、李紳、令狐楚、白居易、李商隱等人所撰的墓誌銘都有發現。而一些著名文士和政治家如裴寂、徐嶠、薛元超、張説、張九齡、劉復、竇牟、廖有方、耿湋、姚合、李益、韋應物、顧師閔、第五琦、陳希烈、高力士、崔郾、楊漢公等人的墓誌銘甫一出土，即引起了學界極高的重視，由此産生了多篇針對單方墓誌的考證研究文章，①對於進一步釐清他們的姓名字號、生平事迹、仕宦經過、創作歷程以及與六朝隋唐文學相關的政治、文化環境，都是有所助益且頗爲必要的。

---

① 如樊英峰：《唐薛元超墓誌考述》，《人文雜誌》，1995 年第 3 期，第 88—91 頁；趙振華：《唐徐嶠墓誌與徐嶠妻王琳墓誌初探》，杜文玉主編：《唐史論叢》第九輯，西安：三秦出版社，2007 年版，第 239—252 頁；李獻奇：《唐張説墓誌考釋》，《文物》，2000 年第 10 期，第 91—96 頁；胡可先：《新出土唐代詩人廖有方墓誌考論》，《中山大學學報》（社會科學版），2009 年第 5 期，第 37—44 頁；朱關田：《姚合、盧綺夫婦墓誌題記》，《書法叢刊》，2009 年第 1 期，第 28—33 頁；朱關田：《〈李益誌〉淺釋》，《書法叢刊》，2009 年第 5 期，第 32—38 頁；陶敏：《韋應物生平再考》，《文學遺産》，2010 年第 1 期，第 136—138 頁；吳敏霞：《唐陳希烈墓誌考釋》，西安碑林博物館編：《碑林集刊》第六輯，西安：陝西人民美術出版社，2000 年版，第 55—58 頁；牛致功：《有關高力士的幾個問題——讀高力士的〈神道碑〉及〈墓誌銘〉》，《史學月刊》，2003 年第 4 期，第 43—47 頁；郭宏濤、鄧洪彬：《唐顧師閔墓誌考釋》，《中原文物》，2010 年第 2 期，第 88—90 頁；陶敏：《唐顧師閔墓誌補釋》，《中原文物》，2011 年第 3 期，第 67—69 頁；李舉綱、王亮亮：《西安新見〈唐第五琦墓誌〉考疏》，《書法叢刊》，2010 年第 5 期，第 18—21 頁；毛陽光：《唐崔郾墓誌考釋》，《四川文物》，2011 年第 4 期，第 68—74 頁；李獻奇、周錚：《唐楊漢公及妻鄭本柔繼室韋媛墓誌綜考》，西安碑林博物館編：《碑林集刊》第九輯，西安：陝西人民美術出版社，2003 年版，第 27—35 頁；武伯綸：《白敏中墓誌跋》，《文博》，1990 年第 2 期，第 82—83 頁；胡可先：《新出土"大曆十才子"耿湋墓誌及其學術價值》，《文學遺産》，2018 年第 6 期，第 60—70 頁。

然而，對於六朝隋唐文學特別是文章學的研究而言，僅有單篇墓誌銘的考證還是遠遠不夠的。新出石刻中反映出了許多前人較少措意的文學現象，諸如六朝隋唐時期文章創作中的特殊形式與歷史淵源，不同文體之間以及同一文體內部各組成部分的相互關係，墓誌題署的產生以及在後世的衍變，等等，都需要綜合運用眾多墓誌銘提供的材料方能進行集中闡釋。

四、本書的總體目標與主要内容

文章學的研究是中國古代文學研究中的薄弱環節，詩歌創作最爲繁盛的六朝隋唐時期尤其明顯。古往今來，人們對六朝隋唐文學的研究多側重於詩歌，對該時段文章的研究則較爲有限。這固然跟中國古代文章的特性有關，但也與能夠展現中國古代文章學原生狀態文獻的長期缺失有很大關係。二十世紀是出土文獻最爲繁盛的時代，以此爲基礎從事中國古代文史的研究已成爲最新的潮流，對簡帛的研究甚至使得中國學術史在某些方面產生了革命性的轉變。從文書到碑誌，也被認爲是今後中古史研究的基本趨向。相對而言，新出土墓誌銘與六朝隋唐文學，尤其是文章學的研究，還顯得較爲薄弱。故而將傳世文獻與新出石刻互相參證，撰寫一部能反映墓誌產生及流變原生狀態的研究性著作，已是文章學研究的當務之急。

六朝隋唐時期是中國古代文章學發展的重要時段之一，後世的文章類型在此時都已大致齊備，但由於散文和駢文的冷熱不均，歷來對六朝隋唐文的研究多集中於駢、散之爭和古文運動這一狹小的空間之內。加以"五四"以後文章學研究在某些方面受到了影響，六朝隋唐文章學發展進程中的不少重要現象均遭到了"遮蔽"。然而，二十世紀八十年代以來，墓誌銘的大量出土和刊佈，爲六朝隋唐文章學的研究提供了千載難逢的契機。在披覽了大量新出土六朝隋唐時期的墓誌銘以後，筆者意識到其中包含了許多前人措意較少，但又關乎六朝隋唐文章學生成與演進的新材料，這對於我們揭示六朝隋唐時期文章的原生狀態有極大的幫助。因而，通過新出材料研究墓誌文體的生成和發展演變，是一個頗具學術前瞻性的研究課題。在將新出土墓誌銘與傳世文獻進行比勘的前提之下，對墓誌銘創作過程中諸多值得關注的文學現象及其淵源作系統的整合和梳理，重新展現近代以來遭到遮蔽的六朝隋唐文章學生成、演變的具體過程，爲推進中國古代文章學的研究盡一份力量，是本書所要努力達到的目標。

新出石刻中雖然也有一些經典性的文體，但總體數量並不多，主要是一些較爲實用的應用性文章，碑、誌、銘、贊即是典型，其中尤以墓誌銘爲最。這與歷代學者較爲重視的唐宋八大家散文的狀況很不一致，因而本書正可以從另外一個側面展示六朝隋唐時期文章發展演變的進程。在厚葬風氣盛行的唐代，墓誌銘是受到社會各個階層重視的，也是我們要傾大力氣進行研究的。本書既選擇了這樣一個特定的研究對象，又有新出土材料爲主要支撐，在充分把握六朝隋唐文章學研究現狀的基礎上，以新出土墓誌銘爲主要依據，參合傳世文獻進行對比研究，從而對六朝隋唐文章學的内涵展開深入挖掘，再利用文章學領域已有的理論成果進行拓展研究,不僅對於墓誌文體的研究是一種有益的嘗試,而且可以爲其他朝代墓誌銘與文學關係的研究乃至整個中國文章學的研究提供一個範本,對於六朝隋唐文學研究的整體深化也有一定的促進作用。具體而言,本書的開拓主要集中於以下八個方面。

(一)墓誌的起源與墓誌文體的成立

中國古代墓誌的起源和文體的成立是學界較爲關注的話題,但迄今爲止仍然没有形成一致意見。考察墓誌的起源,不僅要確定"墓誌"一詞最早的用例,還要考察墓誌的基本功用。本書以新出土石刻資料爲依托,參合傳世文獻中的相關記載,對墓誌的起源和文體成立作了全新的考察,認爲墓誌應當起源於東漢中後期。由唐人的記載和繆襲、傅玄等人的創作情況也可以看出,符合文體意義上的墓誌銘在魏晋之際已經出現。南北朝時期,墓誌文體得到較快發展,從内容到形式都出現了許多新的變化,行文方式和文體形式漸趨完善。本書還對南北朝時期墓誌文體的演變進行了系統的論述,以期全面展現墓誌文體早期的發展演變歷程。

(二)碑誌一體論與誌銘相似論考辨

作爲新出石刻中最爲常見的兩種文體,墓碑文和墓誌銘之間存在著一定的承繼關係,二者在物理形態和具體功用方面又具有較大的相似性,故而前人多持碑、誌一體論,常常將兩者混稱"碑誌"而未能對其差異進行闡述。實際上,墓碑和墓誌無論是外在表現、具體功用還是行文方式都有著較大的差異,故而本書論述的重點之一就是考察墓誌文體的源流及其與碑文的體性異同。對於墓誌銘文體內部的誌文和銘文,本書也根據新出土墓誌銘中所記載的當時人的看法,對它們的功用特質以及關係進行了歸納和總結,希望可以澄清誌文和銘文在文體意義上的區別與聯繫,以便重新審視魏晉南北朝以後的文筆分野,及其在唐代發生融合和疏離的複雜情況。

(三)唐代墓誌形制與內涵生成的地域因緣

魏晉南北朝以後,墓誌銘得到了較爲廣泛的使用,受自然條件和喪葬習俗的影響,不同地域的墓誌銘在形制上出現了較大差異,除了最爲常見的石質墓誌以外,吐魯番地區以磚誌爲主,製瓷業發達的江南一帶出現了數量不少的瓷質墓誌。即使是石質墓誌,不同地區也呈現出一定的地域差異,如晉東南出土的墓誌,誌蓋上大都刻有鋪首、挽歌或八卦符號,陝西新出的部分魏晉南北朝時期的墓誌則在墓誌蓋上刻有凹槽,與誌石本身能嚴密地扣在一起,更加符合墓誌以"合"爲單位的概念。墓誌銘外在形制上的差異對墓誌文體、文學和文化內涵都有很大的影響。受載體的限制,磚質和瓷質墓誌銘的記事功能雖然有所缺失,但也有特殊的文化意義;晉東南出土墓誌蓋上的題詩,則在一定程度上拓展了墓誌的文學內涵。

(四)唐代墓誌題署現象研究

就文體形式而言,新出墓誌與傳世文獻最大的不同,莫過於新出土墓誌銘中多有傳世典籍皆不具備的撰、書、篆、刻以及排字、檢校者的題署。從新出石刻中可以發現,早期的石刻即有撰、書人的題署,只是位置具有較大的隨意性。到了唐代,題署位置漸趨固定,多置於文章的標題之下。① 題署位置的變化和題署內容的多寡都與題署風氣的形成關聯甚巨,故而本書分三個階段對墓誌銘題署風氣的形成與演變作了總體考察,對不同時期題署位置和題署名目的變化也進行了細緻分析。本書還對題署風氣的起源,題署的名目及形式,題署的內容及功用進行了系統的整合研究,以期能夠全面展現新出土墓誌銘在文體形式方面的優長。

(五)唐代墓誌銘中的合撰方式研究

一般而言,古人的文章都是獨立撰寫完成的。但六朝隋唐時期的一些應用性文體,特別是墓誌銘的創作,却存在著二人合作撰文的情況,這是六朝隋唐時期墓誌文體創作中的一種特殊現象,而且在某些時段內表現得尤爲顯著。這種情況的產生,主要是由於墓誌銘的誌文和銘文是相對獨立的兩部分,每位撰者可以分別撰寫其中的一部分,從而合成一篇完整的文章。墓誌銘之外,合作撰文的方式還擴展到其他一些應用性文體當中,從而在整個社會上形成了一種較爲獨特的文化現象。本書從對傳世文獻,特別是文人別集中大量存在的一些僅有誌文而無銘文或僅有銘文而無誌文現象的反思入手,參合新出石刻中的近四十方明確標作二人合撰的墓誌銘,對六朝隋唐時期

---

① 柯昌泗云:"石刻題撰書人名,漢晉六朝初無定式。或在文中,柳敏碑是也。或在文末,武班碑是也。或在夾注中,衡方碑是也。或在碑陰,西狹頌是也。或在碑側,北齊西門豹祠是也。或另刻於下方,劉平國造烏壘城記是也。至唐,始以分列標題之下,爲通行之式,以至近代。其有不用此式者,則爲異製。"見葉昌熾撰,柯昌泗評:《語石‧語石異同評》卷六,北京:中華書局,1994 年版,第 421 頁。

墓誌銘創作中的合撰現象作了全面考察，並對這種現象集中出現在唐高宗末期至唐玄宗天寶年間的原因，進行了必要的探討。

（六）唐代墓誌銘創作的程式化模式研究

墓誌銘是受到社會廣泛關注的應用性文體，流風所及，難免出現程式化傾向。錢鍾書已經注意到了這一現象，他曾批評庾信創作的墓碑文和墓誌銘不僅“造語謀篇，自相蹈襲”，甚至連男與女都到了撲朔迷離的地步。現在看來，錢先生的批評未免嚴苛，庾信創作的碑、誌文雖然帶有程式化傾向，但程度並不算太高，新出土墓誌銘中還有很多更爲極端的例證，有些墓誌銘除了作者姓名和喪葬時間以外，其餘內容全部雷同。本書對六朝隋唐時期墓誌銘創作中的程式化現象進行了梳理，認爲這種程式化創作模式也不必一概否定，其本身具有一定的文獻價值和文學史意義。就文獻價值而言，用相同或相近的“範本”寫成的程式化文章，其中多有雷同語句，爲補足相關石刻的闕文和檢視前人錄文的失誤提供了可靠依據。就文學史意義而言，唐人在形容文章主人公才高位下或隱居不仕時，往往以前代名士的身世和經歷作比，並逐漸成爲唐人作文時常用的一種程式，這爲考察他們在後世的接受情況提供了全新的視角。唐代墓誌銘特別是銘文創作中的程式化現象，對我們研究唐詩創作中的套用和點化現象也有所幫助。我們應當對唐代詩文創作中程式化創作模式的特殊意義和價值進行恰當的評估。

（七）唐代墓誌銘的文體新變

初唐時期的墓誌銘，上承六朝文學之餘緒，整篇文章中充

斥著駢詞儷句和用典對偶。與此同時，文體變革的聲音也持續
加強，初唐四傑和陳子昂等人已經在努力擺脫前人的影響，騷
體句法的滲入，使墓誌銘的撰寫方式有了較大變化。陳子昂更
是其中的踐行者，在此基礎上進一步提出了詩文革新理論，從
而最終完成了唐代詩風和文風的轉軌，奠定了唐代文體的基本
面貌。中唐以後，隨著古文運動的全面鋪開，墓誌文體變化更
爲明顯，散體句法和平白語言的使用日漸增多，墓誌銘中的銘
文部分，字數持續縮減，以韓、柳爲代表的文人所撰寫的墓誌
銘，有的銘文僅有寥寥數語，幾乎變成了誌文的附庸。銘文的
句式也變得更加複雜，以四言爲主的格局被徹底打破，而三言、
七言和雜言漸趨增多，大中年間甚至出現了寶塔式銘文。晚唐
時期，隨著古文運動的迅速衰落和駢文的再度復興，文壇又被
形式華美的四六文所主導。與之相適應，墓誌銘的創作又重新
回歸到了初盛唐時期的寫作傳統上去。不過晚唐墓誌銘在形
制方面也有所變化，最明顯的莫過於許多與聲律有關的旁注和
頂針格式銘文的出現，這種現象乃墓誌形制和文體交互影響、
互爲表裏的綜合映現。

（八）唐代墓誌銘的刻石流佈及其校勘價值

在印刷術尚未普及的唐代，抄寫成了文章傳播的主要手
段，墓誌銘的傳播還有其特殊之處——可依靠拓印提升傳播的
速度和廣度。對於整方墓誌的鑿製和墓誌銘的流傳而言，文本
的撰寫只是前提，從創作到刻石再到傳播，中間還有許多環節，
諸如書寫、刻字、篆蓋等。而書丹前的選石、篆刻後的檢校與其
後的拓印，對於墓誌銘的傳播效果起著非常重要的作用。本書

對前人論及較少但又極爲唐人看重的選石、檢校和拓印等環節
予以充分的關照，以便讀者能夠對墓誌銘刻石傳播的整個過程
有更加直觀和全面的認識。同時，由於墓誌銘長期深埋地下，
沒有經過後人的刪削和妄改，傳世文本在流傳過程中因種種原
因造成的異文也可避免。因此墓誌銘拓本，特別是新出誌石及
其拓片，對於傳世典籍的校勘有著極大的幫助。本書從石本、
集本並見的墓誌銘入手，對其校勘價值作了示例性的説明，對
異文的類型、成因以及運用新出石刻對傳世典籍進行校勘時應
注意的問題作了系統的論述，對於準確展現唐代墓誌銘的原始
形態及其在後世流傳過程中產生的差異也有一定幫助。

第一章　墓誌的起源與墓誌文體的成立

　　墓誌銘是中國古代石刻文獻中數量十分龐大的類別，不僅是傳記文學的大宗，而且可以爲多種門類的學術研究提供第一手素材。就傳世文獻而言，墓誌銘往往是古人文集當中收録較多的文章類別；就出土文獻而言，墓誌銘更是考古發現中數量最多的文獻種類。正因爲如此，古代的墓誌銘，尤其是近百年來新出土者，日益受到現代研究者的重視。但對於墓誌的起源和墓誌文體的成立，迄今爲止學界依然未能取得一致意見。關於墓誌的起源，海内外學者多有論述，中國學者如熊基權、趙超、程章燦、黄金明、朱智武，日本學者如日比野丈夫、水野清一、窪添慶文等已多有論述。然而隨著越來越多的墓誌實物和拓片相繼出土和公佈，加以文體研究的日益興盛，前人的結論不斷受到來自出土文獻和文體演變兩方面新成果的挑戰。目前學界對於墓誌銘文體的研究，仍存在一些不足，主要體現在對墓誌的實物形態和文字形態缺乏綜合全面的考察。故而從墓誌的物質形態出發，結合相關文字記載，進行系統研究，就是非常重要的途徑。基於此，有關墓誌的起源和墓誌文體的成立問題,就有重新進行探討的必要。

第一節　中國古代墓誌的起源

　　前人對於墓誌起源問題的説法主要有周漢説、戰國説、秦代説、西漢説、東漢説、魏晉説、南朝説等七種,[①]可謂衆説紛紜,莫衷一是。仔細分析可以發現,他們的研究可概括爲兩類:一是將墓誌的起源與誌墓風氣[②]混爲一談;二是將墓誌的起源與成熟時期的墓誌文體等同劃一。這兩種説法均未能準確反映墓誌起源的真實情形。任何事物的産生都會經由量變到質變的過程,墓誌亦然。我們既不能將處於量變階段的銘旌和刑徒瓦誌當作其起源的標誌,更不能等到成熟的墓誌文體出現時才給它定名、定性。要考察墓誌的起源,還得從其基本功用入手。

　　顧名思義,墓誌乃是記載了誌主的姓名、生平和卒葬信息,埋設於墓中,且具有一定形制的誌石或誌磚。古人埋設墓誌的最初目的是用來標識墓地,因此只要是具備此種功能和形制的誌石和誌磚,縱然不以"墓誌"命名,仍可看作是墓誌的最初形

① 朱智武在《中國古代墓誌起源新論——兼評諸種舊説》(《安徽史學》,2008年第 3 期,第 33—38 頁)一文中對這七種觀點作了詳細的梳理,可參看。
② 中國古代誌墓的風氣起源甚早。周必大《跋王獻之保母墓碑》云:"銘墓,三代已有之。薛尚功《鐘鼎款識》第十六卷載唐開元四年偃師耕者得比干墓銅槃,篆文云:'右林左泉,後岡前道。萬世之寧,兹焉是寶。'"(見曾棗莊、劉琳主編:《全宋文》第 231 册,上海、合肥:上海辭書出版社、安徽教育出版社,2006 年版,第 45 頁)《禮記》《儀禮》等書中關於銘旌的記載均可看作誌墓習俗的早期形態。

態。循此觀點,在整合新出土文獻的基礎上,我們可以重新探討中國古代墓誌的起源問題。

一、"墓誌"最早的用例

要確認墓誌的起源,首先要找到"墓誌"一詞最早的用例,大多數學者對此均無異議。但對墓誌最早用例的確定和具體論證過程,他們的意見却有較大分歧,歸納起來主要有三種。

一是北魏説。代表人物爲熊基權,他認爲:"'墓誌'的稱謂到北魏才有,見之著録最早的是《司馬元興墓誌銘》(永平四年十月十一日,即公元 512 年),兩晋以前没有'墓誌'之稱。"[①]

二是劉宋説。代表人物爲柯昌泗、程章燦,柯昌泗認爲:"此諸石文字,從不見有墓誌銘等字。但云某某之墓,或云某某之柩,或竟不用標題,知當時尚無墓誌之名也。劉宋劉懷民,後魏南安王楨,始以爲標題。後魏齊郡王簡,始有篆蓋,於是墓誌之名實體用咸備。"[②]程章燦認爲:"就我們現在所掌握的材料來

① 熊基權:《墓誌起源新説》,《文物春秋》,1994 年第 1 期,第 67 頁。
② 葉昌熾撰,柯昌泗評:《語石·語石異同評》卷四,第 239 頁。趙超亦認爲:"以宋大明三年劉懷民墓誌爲代表,墓誌的名稱正式出現。"(趙超:《漢魏南北朝墓誌彙編·前言》,第 8 頁)按:據《北京圖書館藏中國歷代石刻拓本彙編》所載《劉懷民墓誌》拓片可知劉懷民卒於大明七年(463),葬於大明八年(464),趙氏所謂大明三年(459),乃是對誌石的誤讀。

看,《謝珫墓誌》乃是最早的以墓誌爲標題的。"①可見,他們雖都支持劉宋説,然所秉持的具體例證也不相同。

三是魏晋以後説。代表人物爲黄金明,他認爲:"魏晋,受碑文的影響,墓中銘刻變得活躍起來,並受到人們的關注。但即使是那些藏於墓中的碑,題名不一,寫法不一,不僅没有出現墓誌這一名稱,也没有形成一種人們確認的形制。"②黄氏雖然對於墓誌起源的時間斷限提出了自己的看法,却没有列舉具體用例作爲立論的依據。

驗之出土文獻,對三説進行檢討,都有值得商榷之處。總體上講,他們對於"墓誌"最早用例的時代確認都較遲。實際上,"墓誌"二字首次出現在漢和帝永元四年(92)所刻的一塊刑徒磚誌上。王佑曾捐獻其先人所藏的一批墓磚拓片,其中一方文字爲:"永元四年九月十四日無任陳留高安髡鉗朱敬墓誌。"③當然,比照同時期出土的其他同類型的墓磚,這方墓磚雖然使

---

① 程章燦:《墓誌文體起源新論》,《學術研究》,2005 年第 6 期,第 140 頁。持此觀點的還有朱智武,他認爲:"從文獻記載和出土實物資料來看,'墓誌'這一稱謂是到南北朝時期才出現的……再爬梳文獻,'墓誌'概念的産生也許更早……可見,至劉宋元嘉七年(430)時,'墓誌'的概念已經産生並爲世人所接受。而 1984—1987 年間南京出土的南朝劉宋永初二年(421)《謝珫墓誌》,及 1965 年在遼寧朝陽市出土的北魏承平元年至和平六年(452—465)《劉賢墓誌》,則是目前發現較早的明確稱爲'墓誌'的實例,更是將'墓誌'這一概念的出現時間向前推進了。"(朱智武:《中國古代墓誌起源新論——兼評諸種舊説》,第 36—37 頁)

② 黄金明:《漢魏晋南北朝誄碑文研究》,北京:人民文學出版社,2005 年版,第 283—284 頁。

③ 詳參黄士斌:《漢魏洛陽城刑徒墳場調查記》,《考古通訊》,1958 年第 6 期,第 43 頁。

用了"墓誌"這一稱謂,但其實物形態仍是刑徒瓦誌,其性質和我們所定義的墓誌還有所不同。可見即便使用了"墓誌"一詞,也不一定就是真正意義上的墓誌。

二、具備墓誌功能誌石的產生

山東日照出土的《高彥墓磚》記載:"琅琊郡左尉高君,諱彥,始建國天鳳五年三月廿日物故。"① 該墓磚刻於天鳳五年(18),記載了誌主的姓名、職官和卒日,已具備了墓誌的基本功用,唯形制與後世的石質墓誌略有出入。②

而新出土的三塊刻於東漢時期的墓磚在內容和形制上已與後世的墓誌較爲接近,可以看作是墓誌的雛形。1990 年河南偃師出土的《姚孝經墓磚》,刻於永平十六年(73)。該磚擺放在前室入口處,形制規整,呈方形,正面磨光,背面平整無紋,高、寬均爲 40 釐米,厚 5 釐米。③ 雖然從記載的內容來看,這塊墓磚依然屬於買地券,不過已經兼有墓誌的功能,並且從墓磚的形制和擺放位置來看,它也與後世的墓誌十分相似。刻於元初二年(115)的《張盛墓記》爲方形,高、寬均爲 40 釐米,全文如下:"故左郎中鄧里亭侯沛國豐張盛之墓。元初二年記。"④ 此誌記載了誌主的職官、姓名和葬年,形制、內容都與成熟的墓誌形

① 毛遠明編著:《漢魏六朝碑刻校注》第 1 冊,第 27 頁。
② 石長 30.5 釐米,寬 22.5 釐米,長、寬比例與後世的墓磚有所差異。
③ 偃師商城博物館:《河南偃師東漢姚孝經墓》,《考古》,1992 年第 3 期,第 227—231 頁。
④ 北京圖書館金石組編:《北京圖書館藏中國歷代石刻拓本彙編》第 1 冊,第 39 頁。

態接近。刻於光和四年(181)的《崔顯人墓磚》云:"彭城水丞崔顯人,光龢四年五月八日葬,千秋不發。"①該磚亦爲方形,長、寬均爲 33 釐米。不僅在形制和内容方面都符合墓誌的基本格式,其中"千秋不發"一句更可看作是後世墓誌銘中時常出現的讖詞之源頭。

綜合來看,筆者以爲刻於元嘉元年(151)的《繆宇墓誌》(彩圖一)可以看作是墓誌起源的標誌。其文云:

> 故彭城相行長史事吕守長繆宇,字叔冀。巖巖繆君,禮性純淑,信心堅明,□□□備。脩京氏《易經》□□□。恭儉禮讓,恩惠□□。□□告□,[念]遠近敬藕。少秉□里□□府召,退辟□□,執念閭巷。□相□□,□賢知命。復遇坐席,要舞黑緋。君以和平元年七月七日物故。元嘉元年,三月廿日葬。②

該石 1980 年被發現於江蘇省徐州市邳縣西北青龍山南麓的繆宇墓中,文字刊刻於墓内後室的横額之上。與上文所列的幾塊墓磚相比,該誌對誌主姓名、職官和卒葬情形的記載更爲詳細,而且增加了對繆宇生平事迹的介紹,個别地方還使用了略帶修飾性的語句。其形制和行文方式都已與秦代的刑徒瓦誌、西漢的告地券有了很大區别,具有了後世成熟墓誌的基本特徵。因此可以説,《繆宇墓誌》完全具備了墓誌在功用和形式方面的要求,可以看作墓誌起源的標誌。刻於延熹六年(163)

---

① 毛遠明編著:《漢魏六朝碑刻校注》第 2 册,第 33 頁。
② 毛遠明編著:《漢魏六朝碑刻校注》第 1 册,第 172 頁。

的《□通封記》亦被認爲是墓誌銘的早期形態。柯昌泗指出：
"山東圖書館藏延熹六年子臨爲父通本作□封記，名曰□封，亦
壙中之石。石方而平，與後代墓誌之廣狹厚薄相若矣。漢石惟
此二者（按：另一爲《馬姜墓記》），可列於墓誌。"①要之，墓誌起
源於東漢中後期，殆無疑問。

第二節　墓誌文體的成立

　　墓誌兼具物質屬性和文本屬性，二者有機統一且相對穩定
才是成熟的墓誌所應有的基本形態。在墓誌的文本屬性中，文
體特徵是可以單獨進行討論的。隨著時代的變遷，墓誌文體也
呈現出不同的狀態，在墓誌的物質屬性不斷發展變化的同時，
其文體特徵也逐漸成熟和定型。早期墓誌的文字較爲簡略，僅
具備一般應用文的基本特點和功能，還不能看作是文體意義上
的墓誌銘。作爲一種文體，墓誌銘的成熟遠在東漢之後。

一、形名一致墓誌銘的出現

　　程章燦在評價杜子夏自作墓誌文時説："杜鄴臨終自撰的
這篇文字確實像一篇墓誌，其臨終自叙生平還開創了後代自撰
墓誌之例，可惜他沒有使用‘墓誌’這個名稱，當然也還不是名
符其實的墓誌文。"②接下來又説："繆襲爲改葬其父母而製‘墓
下題版文’，就其功能而言，應屬墓誌一類，但其文體究竟如何，

---

① 　葉昌熾撰，柯昌泗評：《語石·語石異同評》卷四，第 239 頁。
② 　程章燦：《墓誌文體起源新論》，第 138 頁。

因原作無存而不能確定。從王儉的記叙來看,此文只是題刻於石版並埋於墓下而已,並没有標題爲‘墓誌’,因此也還不是名符其實的墓誌文。"①由此看來,要確定墓誌文體的成立,首先需要認定形名一致的墓誌銘的出現時間。

程章燦之所以將《謝珫墓誌》看作墓誌文體成立的標誌,很大程度上是因爲他認爲該墓誌"乃是最早的以墓誌爲標題的",首次做到了形名一致。實際不然,我們可以在出土文獻中找到早於《謝珫墓誌》的實例。曹魏景元三年(262)入葬的《陳蘊山墓誌》,誌題已明確記作"大魏故陳公墓誌",其全文爲:"公諱□,字蘊山,洛陽人也。於景元二年五月朔一日遘疾而殞。越明年辛巳,秋九月朔六日葬於邙麓之側,先人□□是以誌之。"②《陳蘊山墓誌》長 36 釐米,寬 32 釐米,長、寬比例與後世成熟的墓誌十分接近。其内容雖然簡單,但已經記載了誌主的名諱、鄉邑、卒葬時地、刻誌緣由等基本信息。可見,《陳蘊山墓誌》既已經具備了最基本的誌墓功能,又符合墓誌在形制方面的要求,説明真正意義上形名一致的墓誌在三國末年即已出現。

雖然《朱敬墓誌》和《陳蘊山墓誌》都在標題中使用了"墓誌"一詞,《陳蘊山墓誌》也做到了形名一致,但顯然它們與成熟的墓誌銘還有較大差距。徐師曾在總結墓誌銘的文體特徵時,曾列舉了二十種不同説法:"至論其題,則有曰墓誌銘……曰墓

---

① 程章燦:《墓誌文體起源新論》,第 138 頁。

② 按:該墓誌《漢魏南北朝墓誌彙編》《新出魏晉南北朝墓誌疏證》均未收録,此處録文乃是據《北京圖書館藏中國歷代石刻拓本彙編》第 2 册第 19 頁所載拓片過録而來。

誌銘并序……曰墓誌……曰墓銘……曰權厝誌，曰誌某……曰
續誌，曰後誌……曰歸祔誌……曰遷祔誌……曰蓋石文……曰
墓磚記，曰墓磚銘……曰墳版文，曰墓版文，又有曰葬誌，曰誌
文，曰墳記，曰壙誌，曰壙銘，曰槨銘，曰埋銘。其在釋氏則有曰
塔銘，曰塔記。凡二十題，或有誌無誌，或有銘無銘，皆誌銘之
別題也。"①其中以"墓誌"命名者只有三種，但不可否認，其餘十
七種大都可以看成是真正的墓誌銘。而從新出土文獻來看，遲
至唐代，仍有不少墓誌銘尚無標題，但其內容與同時代成熟的
墓誌銘並無二致。可見，不能僅僅以形名是否一致來判斷一篇
文章是不是真正的墓誌銘。杜子夏自作墓誌和繆襲爲改葬其
父母而製的"墓下題版文"之所以不能稱爲成熟的墓誌文，不是
因爲其標題中沒有使用"墓誌"一詞，而是由於它們不符合墓誌
文體成立的基本條件。

二、墓誌文體成立的條件

　　一種文體之所以能夠出現，背後有著複雜的社會背景和原
因。"文體的形成及演變既有其自身的規律，又是特定社會文
化的產物，故文體的研究既要關注文體作爲語言形式，其特徵
及形成演變的歷史，又要考察研究文體形成的社會文化機制及
文體所具有的特定的文化內涵。"②墓誌文體的成立是多種因素
綜合作用的結果，深刻的社會環境和文體演進的內在規律是其
中最爲重要的兩個條件。

---

① 　徐師曾：《文體明辨序説》，北京：人民文學出版社，1962年版，第149頁。
② 　黃金明：《漢魏晉南北朝誄碑文研究》，第8頁。

（一）社會環境

東漢後期政局混亂，群雄割據，加上漢末至晋初禁碑令的實施，客觀上促進了墓誌的興盛，並最終促成了墓誌文體的形成，可以説墓誌文體的生成乃是社會需要的結果。

墓誌的起源可以追溯到東漢中後期，但當時只是偶一爲之，尚不多見，真正大量出現乃是魏晋時期。東漢末年，黄巾起義引發了群雄混戰的局勢，社會生産遭到嚴重破壞，一度還出現了"白骨露於野，千里無雞鳴"[①]的慘烈景象。漢魏時期，碑屬於奢侈品，立碑需要大量的人力和物力，在經濟凋敝、民不聊生的情況下，人們已無力爲其親屬豎立墓碑。再加上當時盜墓風氣盛行，漢代的皇陵都被盜掘殆盡，這時樹碑無疑會招致盜墓賊的到來，人們避之唯恐不及。上述諸種因素都使得立碑稱頌的風氣有所收斂。經濟的凋敝也引起了統治者的重視，他們一再强調禁止厚葬，嚴禁立碑。

禁碑的風氣始於曹操，漢獻帝建安十年（205），曹操"以天下雕弊，下令不得厚葬，又禁立碑"。[②] 整個曹魏統治期間，碑禁政策都嚴格實行，《宋書·禮志》載："魏高貴鄉公甘露二年，大將軍參軍太原王倫卒，倫兄俊作《表德論》，以述倫遺美，云'祇畏王典，不得爲銘，乃撰録行事，就刊於墓之陰云爾'。此則碑禁尚嚴也。"[③]這種情形一直持續到西晋初期，咸寧四年（278）司

---

① 曹操：《蒿里》，見曹操著，中華書局編輯部編：《曹操集》，北京：中華書局，1959 年版，第 4 頁。

② 沈約：《宋書》卷一五，北京：中華書局，1974 年版，第 407 頁。

③ 沈約：《宋書》卷一五，第 407 頁。

馬炎也下令禁碑："此石獸碑表，既私褒美，興長虛僞，傷財害人，莫大於此，一禁斷之。其犯者雖會赦令，皆當毀壞。"①此處司馬炎又點出了碑文自身的缺陷——"既私褒美，興長虛僞"又"傷財害人"。正如後人所説："生時中庸之人耳，及其死也，碑文墓誌莫不窮天地之大德，盡生民之能事，爲君共堯舜連衡，爲臣與伊皋等跡。牧民之官，浮虎慕其清塵；執法之吏，埋輪謝其梗直。所謂生爲盜跖，死爲夷齊，佞言傷正，華辭損實。"②國家實行禁碑政策，外加碑文的弱點漸爲人們覺察，碑文創作在漢末逐漸衰落下去。但是兩漢時期設立墓碑的風氣已深入人心，人們對於突如其來的變化感到難以適應，勢必要尋求新的替代物。於是，魏晋時人們又開始"撰録行事，就刊於墓之陰"。此前已經産生的墓誌得到了較快的發展，墓誌文體也漸趨成立。

（二）文體演進

東漢時期的墓誌和墓磚，如《朱敬墓誌》《繆宇墓誌》《張盛墓記》等，文字簡單質樸，僅僅交代了誌主的姓名、職官和卒葬時地等最基本的信息，並没有過多的文學修飾，對誌主的德行、設立墓誌的宗旨也没有描述，它們所起到的作用僅是記事和標識墓地。而這些文章的行文方式尚無固定體式，均帶有一定的隨意性。《陳蕴山墓誌》雖然在誌主的姓名、鄉邑和卒葬信息的記載方面與後世的墓誌略同，但仍未能擺脱早期墓誌普遍具有的簡單記事性質，而且這些墓誌均無銘辭的特點也是較爲突出

---

① 沈約：《宋書》卷一五，第 407 頁。
② 楊衒之撰，周祖謨校釋：《洛陽伽藍記校釋》卷二，北京：中華書局，2010 年版，第 66 頁。

的。因此,無論從具體內容還是行文方式上來講,都不能將它們看作成熟的墓誌銘。

墓誌從最早的僅僅用來簡單記事和標識墓地的實用工具發展演變成爲一種紀實、頌美兼備的文體,必然受到當時已經存在的各種文體,特別是與它功能相近的文體的影響。以往學者在論述這一問題時,多認爲墓誌銘是由墓碑文演化而來,有人甚至認爲墓誌銘就是墓碑文的縮寫,因此他們都強調碑文對墓誌文體成立的影響。這與他們將墓誌起源認定的過晚有關。碑文體式形成於東漢中葉,墓誌亦起源於東漢,因此要考察墓誌文體的形成,不能只考慮碑文的因素。筆者以爲,秦漢時期的刻石記事文、西漢以來較爲繁盛的賦體和碑文都對墓誌文體的形成產生了重要影響。最早的墓誌和墓磚僅有少量記事性的文字,顯然是受到了秦漢銘刻記事文和刑徒磚誌的影響。崔瑞德曾指出:

> 在官修的正史或以正史爲模式的著作中,傳記被列入"傳"或"列傳"欄目內。此詞——即整個傳記寫作——的使用發凡於司馬遷的《史記》。在此之前這方面是一片空白。可是我們多少有些理由相信,司馬遷也不是首先發現此詞的人。到公元一世紀當大量信實的碑銘這種獨立的傳記體裁和其殘篇尚有流傳至今的"別傳"出現的時候,這種形式已經定型。在漢代,不大可能設想,著書於秘閣所成的《史記》會在中國廣泛流行,甚至也不會流行於學者階級中間。這個廣大的學者階級的寫作源泉不是《史記》,而是另有淵源,即可能與氏族崇祀之文有關。但是不管這種

寫作的形式如何，它不僅已澌滅無餘，甚至在《漢書》的"藝文志"中也無一著録。我懷疑在今天的知識範圍内能解決這個疑團，但可以肯定地説，某些這種形式的傳記應該是司馬遷"列傳"形式的來源，也是早期碑銘和個别傳記的來源。①

崔瑞德認爲《史記》中的列傳和墓碑文、墓誌銘應該有著共同的淵源，這個淵源應該就是秦漢時期的刻石記事文。秦國廣泛流行的刻石記事傳統對後世影響深遠，現存的《治河刻石》《魯孝王刻石》《揚量買山刻石》均爲西漢中晚期的記事石刻。而從漢代墓葬中經常使用的墳壇刻字和鎮墓文可知，這一記事傳統也被應用到了人們身後事宜的安排上，這也可以用來解釋爲什麽連當時的刑徒都有磚誌來記録其姓名和去世時間了。從已經發現的刑徒磚誌來看，其上所刻的文字確實與早期的墓記有類似之處，如刻於元和三年（86）的一方刑徒磚云："元和三年□月七日弘農盧氏完城旦史仲死在此下。"②（圖一）記事石、鎮墓文和刑徒磚誌可能都對墓誌銘的形成起到了一定的推動作用。尤其是墓碑文中的修飾性語句對墓誌銘體式的最終定型有著重要影響。《繆宇墓誌》《□通封記》之前，墓碑文體已較爲完善，並出現了《景君碑》《孟孝琚碑》等有名的碑文。這些碑文不僅記載了傳主的名諱、官職與卒葬時地，還對亡者的生平事迹和功業德行進行了介紹和頌美，由此可以看出樹碑頌德在

---

① 崔瑞德撰，張書生譯，王毓銓校：《中國的傳記寫作》，《史學史研究》，1985 年第 3 期，第 72—73 頁。
② 黄士斌：《漢魏洛陽城刑徒墳場調查記》，第 42 頁。

圖一　史仲葬磚

東漢已經成了飾終的禮典。這種寫作手法漸爲當時的墓誌銘
採納，《繆宇墓誌》《□通封記》中的一些略帶文學修飾和頌美的
内容當模仿碑文而成。除了内容，在形式方面，墓碑文也對墓
誌銘的定型起到了很大影響。東漢後期的《鮮于璜碑》《鄭固
碑》等已經有了相對穩定的行文格式，即在碑文中叙墓主的名
字、世系、爵里、行治、壽年和卒葬情況，同時還會對其子嗣或故
吏門人的哀悼之情和刊石立碑目的進行記載，最後接以銘辭，
以頌揚墓主的高尚德行。

　　綜上所述，墓誌文體成立的條件可歸納如下：就社會環境
而言，因爲群雄混戰帶來的經濟凋敝引發了禁碑令的實施，客
觀上使墓誌成了最合適的替代物，爲墓誌的獨立發展創造了條

件；就文體形態而言，墓誌銘不僅要對誌主的名字、世系、職官、壽年和卒葬年月有大致介紹，而且要有相對固定的行文方式，這一行文方式還要經過文人的潤色或再創作，進一步爲社會接受。基於這樣的條件，我們再來考察墓誌文體的成立時間問題，就會有的放矢了。

三、墓誌文體的成立時間

墓誌文體的成立時間，是學術界頗爲關注的話題，黃金明說：“有理由相信，墓誌這一文體的創立始於顏延之《王球墓誌》。”[①]程章燦在《墓誌起源考》[②]中也曾將《王球墓誌》作爲墓誌文體之起源，後來修正舊説，認爲：“作爲有一定行文格式的墓誌，是一種起於江左的文體，其出現時間應在晋宋之際。”[③]

但我們披閲出土文獻，却發現魏晋時期的一些石刻，無論是形制上還是内容上已經與後世的墓誌銘非常接近。除前述《陳藴山墓誌》以外，刻於正始二年（241）的《大儒管夫子碑》就是典型例證。該文雖題爲碑，但行文格式與墓碑有所不同。特別是碑文的結尾説：“惟望門墻，哭泣銘之。”此前墓碑無有如此行文者。其形制也較爲獨特，原石拓本長 48 釐米，寬 49 釐米，與碑迥然不同而與墓誌頗爲接近。前文曾提及，魏晋時期，曹操、司馬炎先後下過禁碑令。正始年間，正是禁碑令甚嚴的時期。因此在這樣的政治背景之下，就很難出現立於墓前之碑。

---

① 黃金明：《漢魏晋南北朝誄碑文研究》，第 285 頁。
② 載《石學論叢》，臺北：大安出版社，1999 年版。
③ 程章燦：《墓誌文體起源新論》，第 136 頁。

《大儒管夫子碑》雖以碑名，但應該也是埋於墓中的，故其形體近於誌而異於碑，《北京圖書館藏中國歷代石刻拓本彙編》徑直定名爲"管寧墓誌"，也是將其作爲墓誌的別體看待的。因此我們有理由把墓誌文體成立的時間鎖定在魏晉時期。

墓誌文體起源於魏晉，還可以從傳世文獻和新出石刻中找到實證。據記載，曹魏時期的文學家繆襲（186—245）即曾創作過墓誌銘。《封氏聞見記·石誌》中引録王儉《喪禮》説："魏侍中繆襲改葬父母，製墓下題版文。原此旨，將以千載之後，陵谷遷變，欲後人有所聞知。其人若無殊才異德者，但紀姓名、歷官、祖父、姻媾而已。若有德業，則爲銘文。"①不僅如此，繆襲還曾親自爲其兒子撰寫過墓誌銘，新出土《唐故東海徐府君（及）夫人彭城劉氏合祔銘》中記載："古之葬者無銘誌，起自魏時。繆襲乃施之嗣子。"②可見，自唐代開始，在普通讀書人的心目中，繆襲是被當作墓誌銘創作鼻祖的。可惜的是，這些墓誌銘均未能保留至今，其行文格式是否符合墓誌銘的規範亦不得而知。但西晉初年的傅玄（217—278）撰有《太尉楊彪銘》《江夏任君墓銘》等，是目前已知最早由文人創作的墓誌銘。《江夏任君墓銘》云：

> 君諱倧，承洪苗之高胄，禀岐嶷之上姿。質美珪璋，志邈雲霄。景行足以作儀範，柱石足以慮安危。弱冠而英名播乎遐邇。拜江夏太守。内平五教，外運六奇，邦國乂安，

---

① 封演撰，趙貞信校注：《封氏聞見記校注》卷六，北京：中華書局，2005 年版，第 56 頁。

② 周紹良主編：《唐代墓誌彙編》，第 2164 頁。

飄塵不作。銘曰：

> 峩峩任君，應和秀生。如山之峙，如海之淳。才行闓
> 茂，文武是經。群后利德，泊然弗營。宜享景福，光輔上
> 京。如何夙逝，不延百齡。[①]

這篇墓銘文字雖然不多，但墓誌文體所需要的主體條件都已蘊涵其中。綜合《陳蘊山墓誌》《大儒管夫子碑》《江夏任君墓銘》三文和《徐及劉氏合祔銘》的記載可以判定，符合文體意義上的墓誌銘在魏晉之際已然出現。

第三節　墓誌文體的早期演進

魏晉之際的墓誌，雖然就文體要素來看，已經成爲一種獨立的體裁，但充其量也只是墓誌文體的初步形態，顯得扼要簡略又缺乏文采，還要經歷較長時間的發展才能走向成熟和繁榮。故而我們進一步梳理墓誌成立之初，特別是在魏晉南北朝時期的演進情況，可以加深對墓誌興起和文體獨立的進一步理解。總體上看，符合文體意義上的墓誌銘自魏晉之際出現以後，在兩晉時期發展得較爲緩慢。就出土實物來看，兩晉時期僅有一些身份高貴的人物才會在卒後埋設墓誌，如立於西晉太

---

① 嚴可均校輯：《全上古三代秦漢三國六朝文・全晉文》卷四六，北京：中華書局，1958 年版，第 1726 頁。按：傅玄此文乃輯自《藝文類聚》。按照歐陽詢錄文的慣例，他並沒有將整篇墓誌銘全部收錄，而是重在突出其銘辭，標題也僅錄作《江夏任君銘》，從而造成了缺少誌主卒葬信息的情況。

康四年（283）的《司馬馗妻王氏墓誌》①和立於東晋咸和四年（329）的《温嶠墓誌》②等均是如此。就文體形式而言，這一時期的墓誌銘與魏晋之際相比並没有太明顯的變化。這無疑也與當時的禁碑令有關，因爲禁碑令而使得墓誌代替碑版，但這一代替的初期過程是較爲漫長的。故而在兩晋時期，埋設墓誌也不是普遍現象，只有貴族、高級官僚才會具有這樣的條件，撰寫墓誌銘的文士也不多。

進入南北朝時期，由於墓誌使用的普遍化，墓誌文體也得到了較快發展，但地域性十分明顯，其緣由主要在於當時南北對峙，北方統治者對於墓誌撰寫有所提倡，而南方的統治者依然限制，故出現了不平衡的局面。但較兩晋時期，墓誌銘在南北朝還是得到了發展的機緣，產生了新的變化，在北朝甚至漸趨繁盛，成爲北方文學最重要的樣式之一。南北朝時期墓誌文體的演進主要體現爲内容和形式兩方面的新拓展。

一、内容方面的新變

南北朝時期的墓誌銘在内容上產生了許多新變化，主要表現在記事和頌美兩方面功能的同步强化。墓誌銘的記事功能主要由誌文來承擔，頌美功能主要由銘文來體現。就南北朝時期誌文的記事功能而言，不僅墓誌銘所要求的"十三事"都已大備，並且逐漸飽滿起來。除了誌主自身的姓名、籍貫、仕歷等信

---

① 司馬馗乃司馬懿之弟，隴西王司馬泰之父。
② 温嶠曾擁立晋元帝即位，並平定王敦、蘇峻之亂，對東晋王朝的建立和穩固作出了巨大貢獻，故有"功格宇宙，勳著八表"之譽。

息變得更爲詳盡以外,這時的墓誌銘還加强了對誌主祖輩、父輩情況的介紹,如新出土《宋故員外散騎侍郎明府君(曇憘)墓誌銘》云:

> 祖儼,州别駕,東海太守。夫人清河崔氏,父逞,度支尚書。父歆之,州别駕,撫軍武陵王行參軍、槍梧太守。夫人平原劉氏,父奉伯,北海太守。後夫人平原杜氏,父融。伯恬之,齊郡太守。夫人清河崔氏,父丕,州治中。後夫人勃海封氏,父懍。第三叔善蓋,州秀才、奉朝請。夫人清河崔氏,父模,員外郎。第四叔怵之,員外郎、東安東莞二郡太守。夫人清河崔氏,父諲,右將軍、冀州刺史。[①]

這段文字除記載了明曇憘祖、父的仕宦情形以外,更加注重對其家族世系信息的梳理,甚至還介紹了其叔父的情況。尤其值得注意的是,這篇墓誌還透露出另外一個重要信息:即此時的墓誌銘不僅注重對男性的介紹,還對女性的籍貫和族出都有較詳細交代。如該墓誌銘不僅對明曇憘祖母、母親以及叔母的情況加以介紹,還對其兩任夫人的籍貫及其父輩的仕宦情況作了説明:"夫人平原劉氏,父乘民,冠軍將軍、冀州刺史。後夫人略陽垣氏,父闓,樂安太守。"由此進一步考察,我們可以發現在墓誌銘中記載女性信息,《明曇憘墓誌銘》並非孤例,而是東晉、南朝墓誌銘中逐漸增多且普遍存在的現象。刻於東晉太和三年(368)的《王企之墓誌》亦云:"所生母夏氏,妻曹氏,息女字

---

① 毛遠明編著:《漢魏六朝碑刻校注》第3册,第124頁。

媚榮,適盧江何粹,字祖慶。"①這種内容的擴充不僅反映出兩晋南朝時期女性地位的提高,②也體現出墓誌銘記事功能的拓展。至於此時的墓誌銘中對所涉及人物的籍貫和仕宦情况都有較詳細的記載,當是魏晋至南朝前期整個社會注重門第觀念的反映。

南朝後期,隨著門閥制度的變化,墓誌的記事重點也發生了轉移,這就是對女性情况的記載絶少,即使是對男性的門第和世系的介紹也大爲削减,如梁代的《程虔墓誌》③、陳代的《衛和墓誌銘》④等等。北朝的情况更是如此,即使是高官顯宦和元魏宗室的墓誌銘亦不例外,如北魏早期的《元楨墓誌》⑤即是明證。再如常景在《元鷙墓誌》中介紹誌主世系時僅云:"祖陵,散騎常侍、征虜將軍、并州刺史。父肱,散騎常侍、撫軍將、冀州刺史。"⑥與後世的墓誌銘已無二致,也就是說後世墓誌銘對誌主世系的記載主要是承襲了北朝的做法。

就具有頌美功用的銘文而言,其寫作力度在兩晋南北朝時期更是得到了加强。這時的多數墓誌銘都有銘文,即使是個別

---

① 毛遠明編著:《漢魏六朝碑刻校注》第 3 册,第 12 頁。
② 范曄在《後漢書》中首次專設"列女傳"而爲女性立傳,與墓誌銘中突出女性信息、注重女性社會地位的情况適相一致。
③ 毛遠明編著:《漢魏六朝碑刻校注》第 3 册,第 203 頁。
④ 毛遠明編著:《漢魏六朝碑刻校注》第 3 册,第 212 頁。
⑤ 韓理洲等輯校編年:《全北魏東魏西魏文補遺》,第 84—85 頁。
⑥ 韓理洲等輯校編年:《全北魏東魏西魏文補遺》,第 23 頁。

誌題明確標作"某某墓誌"者亦不例外。① 整個社會對銘文的創作都很重視,這可以從誌、銘次序和《藝文類聚》的編撰體例中得到反映。南朝的部分墓誌銘採用了先銘後序的寫作順序,將銘文放在更加突出的位置,新出土《宋故建威將軍、齊北海二郡太守、笠鄉侯、東陽城主劉府君(懷民)墓誌銘》即於誌題後先列銘文,然後才介紹劉懷民的里貫、卒葬、婚媾、仕歷等情況。② 而歐陽詢在《藝文類聚》中更是保存了大量銘文,如謝莊所撰《豫章長公主墓誌銘》③、徐陵所撰《司空章昭達墓誌銘》④等等,不僅反映了南北朝時期銘文創作的興盛,其僅摘錄銘文而忽略誌文的做法也恰恰體現出了當時重視銘文的社會風氣,而這種風氣一直延續到了唐代。

因爲墓誌銘的誌文和銘文是一篇文章中密切相關的兩個部分,故而這時的墓誌銘也不是誌文記事、銘文頌美截然分開的。實際上,誌文在重記事的同時,也兼有頌美成分;銘文在重頌美的同時,也兼有隸事功能。

就前者而言,主要是因爲南北朝時期的不少墓誌銘文字數量都有所增加,北朝甚至出現千字以上的長文,本身即需要一定的文學修飾。加之受當時注重辭藻聲律的文學風氣影響,誌

---

① 如新出土《韓顯宗墓誌》,誌題雖作"魏故著作郎韓君墓誌",但不僅有銘辭,且銘辭佔整篇文章的比重較大。錄文見韓理洲等輯校編年:《全北魏東魏西魏文補遺》,第 87 頁;拓片載北京圖書館金石組編:《北京圖書館藏中國歷代石刻拓本彙編》第 3 冊,第 44 頁。

② 毛遠明編著:《漢魏六朝碑刻校注》第 3 冊,第 119 頁。

③ 歐陽詢:《藝文類聚》卷一六,上海:上海古籍出版社,1965 年版,第 306—307 頁。

④ 歐陽詢:《藝文類聚》卷四七,第 844 頁。

文中也掺入了不少帶有頌美功用的駢詞驪句,如南北朝時期的一些墓誌銘在介紹誌主的世系、官職時往往引古人事迹作比,朱彝尊云:"嘗怪六朝文士,爲人作碑表誌狀,每于官閥之下,輒爲對偶聲律,引他人事比擬。"①以往的學者包括朱彝尊本人對此舉多有非議。實際上,這些文字也可以看成是出於頌美的需要而作,與墓誌銘創作的初衷頗吻合。

就後者而言,此時墓誌銘銘文的内容,則常以隸事爲能。不僅文辭典麗,加强對誌主嘉言懿行的頌美,而字數亦較前代有大幅擴充,銘文在整篇文章中所佔的比重高出後代的墓誌銘不少,多數文章銘文和誌文的比例達到了 1 比 3 甚至 1 比 2,四言長銘更是常常見諸新出石刻。更有甚者,整篇墓誌銘除了誌主的姓名、仕歷或喪葬年月等難以用韻文概括的文字外,其他内容均用四言韻文寫成,誌文和銘文有機地揉合在了一起。如新出土《大魏故持節龍驤將軍定州刺史趙郡趙謐墓誌銘》云:

> 遠源洪休,與嬴分流。族興夏商,錫氏隆周。日維漢魏,名哲繼進。行義則恭,履仁必信。篤生君侯,體苞玉潤。文以表華,質以居鎮。含素育志,非道弗崇。聲貞琁響,迹馥蘭風。貴閑養樸,去競違豐。形屈百里,情寄丘中。報善芒昧,仁壽多蹇。辭光白日,掩駕松山。深燈滅彩,壟草將繁。德儀永往,清塵空傳。魏景明二年歲次辛巳十月壬戌朔廿四日乙酉造。②

① 朱彝尊:《曝書亭全集》卷四七,長春:吉林文史出版社,2009 年版,第 509 頁。
② 羅新、葉煒:《新出魏晉南北朝墓誌疏證》,第54 頁。

該文除了誌題和寫刻年月以外，其他内容均用四言韻語寫成，既囊括了誌主的世系、仕歷、喪葬情形等信息，也蘊含著作者的哀悼之情和褒揚之意。類似的墓誌銘還有很多，如北魏的《元榮宗墓誌》①《元定墓誌》②《慕容纂墓誌銘》③等。誌文銘文合而爲一的情形既體現了南北朝時期對銘文的重視，也是墓誌銘文體發展過程中出現的新變化。

二、形式方面的完善

墓誌文體在魏晉之際成立以後，歷經兩晉南北朝時期，在形式方面也得到了進一步完善。

首先，墓誌的行文方式漸趨穩固。墓誌文體成立以後，各項内容的順序已條理有序並逐漸固定下來，這在兩晉時期雖有所體現，但因還在發展初期，墓誌的整體篇幅還是受到了限制。到了南北朝時期，則有了較大改觀。尤其是六世紀前後的北朝墓誌，不僅數量很多，篇幅較長，行文方式也形成了大體一致的格式。如作於太和二十三年（499）的《元弼墓誌》④，即按照誌題、諱、字、鄉邑、世系、行治、履歷、壽年、卒葬信息等次序進行書寫。作於景明四年（503）的《張整墓誌》⑤、正始二年（505）的

---

① 羅新、葉煒：《新出魏晉南北朝墓誌疏證》，第 52 頁。
② 毛遠明編著：《漢魏六朝碑刻校注》第 3 册，第 337 頁。
③ 陶鈞：《北魏〈慕容纂墓誌銘〉考釋》，《東方藝術》，2006 年第 8 期，第 122—123 頁。
④ 韓理洲等輯校編年：《全北魏東魏西魏文補遺》，第 26 頁。
⑤ 毛遠明編著：《漢魏六朝碑刻校注》第 4 册，第 9 頁。

《崔隆墓誌》①等也都遵循這樣的敘事順序。這種順序,恰恰逐漸成了後來墓誌銘創作的常態。②

其次,墓誌的文體格式更加完備。這種情況突出表現在誌題內涵的擴充和題署方式的新變上。就誌題內涵的擴充而言,到了六世紀,不僅多數墓誌銘已經有了誌題,其內容也較以往更加豐富,誌主的姓名、官職、身份等往往在誌題中同時出現。有的墓誌銘還在誌題後加"并序"二小字,如陳太建二年(570)的《衛和墓誌銘》誌題即署作"陳故衛將軍墓誌銘并序"③。這種體式,逐漸成爲後世墓誌銘的通用形式。就題署方式的新變而言,漢魏時期墓誌的題署方式尚不完備,多數文章没有作者題署,書者和刻字者的題署偶有出現,且多置於文末。到了南北朝時期,不僅撰、書人同時題署的墓誌多了起來,④而且還出現了撰、書人題署列在題後文前的新題署形式,這是墓誌題署形式格式化和固定化的標誌。刻於北涼承平三年(445)的《沮渠安周造像記》首行題爲"中書郎中夏侯粲作"⑤,是這一題署方式

---

① 毛遠明編著:《漢魏六朝碑刻校注》第 4 册,第 42 頁。

② 就整個中古時期而言,除中唐古文運動興盛的一段時間,墓誌銘的書寫順序有很大變更以外,其他時段的墓誌銘大多按這種順序撰寫。

③ 毛遠明編著:《漢魏六朝碑刻校注》第 4 册,第 211 頁。王芑孫曾云:"墓誌銘題下加'并序'二小字……如今式者,起於隋《姚辯墓誌》。"不確。見王芑孫:《碑版文廣例》卷七,載朱記榮輯:《金石全例》下册,北京:北京圖書館出版社,2008 年版,第 416 頁。

④ 如作於北魏正光五年(524)的《魏故比丘尼統慈慶墓誌銘》文末署:"征虜將軍、中散大夫、領中書舍人常景文,李寧民書。"錄文見《全北魏東魏西魏文補遺》,第 23 頁;拓片載《北京圖書館藏中國歷代石刻拓本彙編》第 4 册,第 163 頁。

⑤ 毛遠明編著:《漢魏六朝碑刻校注》第 3 册,第 90 頁。

的濫觴。① 這種方式一經出現，即受到題署者的青睞而逐漸流行開來。以梁代爲例，除《瘞鶴銘》外，還有刻於天監十三年（514）的《梁桂陽國太妃墓誌銘》，該誌於誌題下署："吏部尚書領國子祭酒王暕造。"②刻於普通元年（520）的《故侍中、司空、永陽昭王（蕭敷）墓誌銘》題後署："尚書右僕射、太子詹事臣徐勉奉敕撰。"③其夫人王氏的墓誌銘亦採用這種題署方式。在當時多數墓誌銘尚無題署或者即使有題署也多位於文末的情況下，可以看出梁代士人對該題署方式的喜愛程度。究其緣由，題署中往往表明題署人的身份地位，誌主家屬和撰者雙方均可以借重對方以擡高自己的聲望。又因這種方式將題署人的信息置於最爲醒目的位置，也是題署者所樂於採用的。該方式逐漸演變爲後世石刻文獻最爲常用的題署形式，影響較爲深遠，以至於葉昌熾認爲唐代以後石刻文獻的題署，"其有不用此式者，則爲異製"④。

　　最後，墓誌中一些誌文和銘文分撰的文章也體現出了南北朝時期墓誌文體在形式方面的新變。所謂的誌、銘分撰，就是誌文和銘文分別由兩位作者承擔，最後合成一篇完整墓誌銘的特殊情形。這類文章在南北朝時期開始出現，一些著名文人如任昉、蕭繹、魏收等，更是其中的積極參與者。撰於永熙二年（533）的《魏故假節督南青州諸軍事征虜將軍南青州刺史鄭使

---

① 　王芑孫認爲此種方式始於梁天監十三年（514）所刻之《瘞鶴銘》，實際上並不準確。

② 　毛遠明編著：《漢魏六朝碑刻校注》第 3 册，第 155 頁。

③ 　毛遠明編著：《漢魏六朝碑刻校注》第 3 册，第 167 頁。

④ 　葉昌熾撰，柯昌泗評：《語石·語石異同評》卷六，第 421 頁。

君夫人李氏（暉儀）墓誌銘》即爲魏收與鄭伯猷合撰而成，誌文末云：“哀嗣伯猷等擗摽永慕，窮叫靡追，貪及餘喘，略撰遺行，然書不盡言，無能萬一。友人中書侍郎鉅鹿魏收，雖年在雁行，而義均同志，後來之美，領袖辭人，託其爲銘，式傳不朽。”①對分撰的情形作了説明。魏收等人的切身實踐，使得這一撰文形式逐漸流行開來，以致許多下層文士在撰寫墓誌銘時亦受其影響，偶或採用誌、銘分撰的形式。誌文和銘文分撰的具體情況比較複雜，除了鄭伯猷所指出的想借重名家之筆來頌美其先人以外，也與部分誌文作者才力不足，難以擔任銘文的撰寫任務有關，即如《朱岱林墓誌》誌文的作者朱敬修所説：“第四子敬修……式序徽猷，思與泣俱，文兼涕落。先言多不備述，往行盡是闕如，良由才非作者，情限蕪次。從父兄敬範，史君伯第三子，脫略榮華，不應徵聘，沉深好古，尤工摛屬，勒銘黃壤，以播清風。”②這段文字所表述出的亡者家屬對銘文寫作的鄭重態度，正體現出了當時創作觀念的變化，而觀念的改變則是推動墓誌文體形式產生新變的重要因素。從此以後，誌、銘分撰成了文人撰寫墓誌銘時偶或採用的一種創作形式。到了唐代，這種較爲獨特的創作形式不僅在墓誌銘中繼續存在並不斷翻新，還推廣到了性質相近的其他應用性文體之中。

綜上所述，經過兩百多年的發展，至公元六世紀前後，產生

① 羅新：《跋北魏鄭平城妻李暉儀墓誌》，《中國歷史文物》，2005年第6期，第45—46頁。
② 該誌明末出土於山東省壽光縣（今壽光市）田劉村，原石現已不存，國家圖書館藏有其拓本。又見嘯滄編：《北齊朱岱林墓誌》，北京：人民美術出版社，2004年版。

於魏晋之際的墓誌文體終於逐漸穩固了下來,行文方式和文體
格式也不斷完善並爲後世作者所接受與模仿。隋唐以後墓誌
銘中的諸多名目,在六世紀前後都已經出現,説明六世紀是墓
誌文體穩固定型的關鍵時期。其後墓誌銘創作中的一些變化
主要表現爲各名目下具體内涵的增删,而體式方面已難以越出
南北朝時期業已固化的墓誌文體範式。

第二章　碑誌一體論與誌銘相似論考辨

　　隨著墓誌文體的漸趨成立和名家的日益介入，南北朝時期的墓誌銘創作開始呈現出蓬勃發展的狀態。許多文學名家在創作墓碑文的同時，也大量撰寫墓誌銘，使得墓碑文在墓誌文體定型過程中，扮演了重要角色。這也造成了墓誌銘與墓碑文之間的承繼關係逐漸強化。再加之墓碑與墓誌在物理形態和具體功用方面都有較大的相似性，因此人們很容易將兩者混淆。從宋代開始，持"碑誌"一體論的人有日漸增多之勢。而具體到墓誌文體內部，誌文和銘文之間的關係，也非常複雜，相關論説歧義迭出。清代的梁玉繩甚至主張："誌即是銘，銘即是誌。"①但實際上，誌文和銘文在特點和功用方面各自不同，它們之間的關係還有待進一步梳理。

第一節　墓碑與墓誌的體性異同

　　墓碑與墓誌在物理形態和具體功用方面的相似性較大，出

---

① 　梁玉繩：《誌銘廣例》卷一，見朱記榮輯：《金石全例》上冊，第 463 頁。

現時間也較爲接近,這導致後來的學者對它們多不作區分,統稱"碑誌"。碑、誌之間本來就存在一定的承繼關係和近似性,兩者並稱似也無可厚非。但墓碑和墓誌畢竟是兩種不同的物體,墓碑文和墓誌銘更是兩類不同的文體,嚴格來講,在許多方面都有較大差異。不僅以往的學者很少對它們進行差異區分,多持"碑誌"一體論,而且現代學者亦多未能指出它們的差異所在及其混同的根源。在文體研究日益繁盛的當下,墓碑、墓誌和墓碑文、墓誌銘之間的關係需要進行深入辨析。

一、"碑誌"相似現象梳理

魏晉南北朝時期,文體繁盛,人們將墓碑文與墓誌銘視爲不同的文體,區別對待。比如陸機在《文賦》中首次將碑文當作獨立的文體提出,認爲碑是與詩、賦、銘、誄並列的文體。他說:"詩緣情而綺靡,賦體物而瀏亮。碑披文以相質,誄纏綿而悽愴。銘博約而溫潤,箴頓挫而清壯。"①與之相似,蕭統也將碑文和墓誌銘視作兩種不同的文體,他在《文選》中將碑文與墓誌銘單獨歸類。《北齊書·魏收傳》說:"收以温子昇全不作賦,邢雖有一兩首,又非所長,常云:'會須作賦,始成大才士。唯以章表碑誌自許,此外更同兒戲。'"②《北史·崔贍傳》中說崔贍:"與河南元善……河間劉炫相善,每因休假,清談竟日。所著詞、賦、

---

① 陸機著,張少康集釋:《文賦集釋》,北京:人民文學出版社,2002年版,第99頁。
② 李百藥:《北齊書》卷三七,北京:中華書局,1972年版,第492頁。

碑、誌十餘萬言。"①無論是"章表碑誌",抑或"詞、賦、碑、誌",
碑、誌都是與章、表、詞、賦並列的文體,尚未混同。可見一直到
唐代早期,碑文與墓誌銘的異同還是很明晰的。但是宋代以
來,這種區分逐渐爲人忽略。

《太平寰宇記》"梓潼縣·五婦山"條:"《漢書·地理志》云:
'梓潼五婦山。'碑誌存,有五婦山神廟。"②"碑誌存"三字頗可玩
味,廟前樹碑,本是慣例,但廟中立誌,則屬奇聞。由此推知,此
處的"碑誌"當專指碑文。宋代以來,人們開始將碑文和墓誌銘
混同,雖然偶有學者意識到它們在文辭方面的差異,但畢竟是
少數。③"碑誌"混同的説法,也從此蔓延開來,一直延續到有清
一代,甚至當下。清代許多著名金石學家多持"碑誌"一體論,
對墓碑與墓誌不作區分。如孫星衍即將墓碑與墓誌一律視爲
碑,《寰宇訪碑録》《再續寰宇訪碑録》中收録的石刻大多爲墓誌
銘,却冠以"訪碑録"的名義。劉聲木在《再續寰宇訪碑録校勘
記》中對此已有辯駁,許多碑刻的標題之後都加有他的按語,標
明該文屬於碑文還是誌文,如《穎州別駕元英墓誌》後有按語
云:"碑文後有銘文,實爲墓誌銘。"④至於當代學者仍將墓碑、墓
誌混爲一談,多半是承襲了清人的看法。

---

① 李延壽:《北史》卷八八,北京:中華書局,1974 年版,第 2914 頁。

② 樂史:《太平寰宇記》卷八四,北京:中華書局,2007 年版,第 1678 頁。

③ 如元代潘昂霄説:"墓誌、墓碑,文辭各異。"(潘昂霄:《金石例》卷一,新文豐
出版公司編輯部編:《石刻史料新編》第 3 輯第 39 册,臺北:新文豐出版公
司,1986 年版,第 516 頁)但他對兩者的區分僅停留在表面,並未展開深入
論證,終不爲其他學者所重視。

④ 劉聲木:《再續寰宇訪碑録校勘記》,新文豐出版公司編輯部編:《石刻史料新
編》第 1 輯第 27 册,臺北:新文豐出版公司,1977 年版,第 20463 頁。

　　前人將墓碑與墓誌混稱的主要原因在於它們在實物形態、記載内容和具體功用上都較爲接近。從實物形態上講,墓碑與墓誌極其類似:一、兩者的載體是相同的。一般來説,碑文大都刻於石碑之上;早期的墓誌雖部分刻於磚上,但磚誌只佔古代墓誌中很少的一部分,大多數墓誌都是石質的。二、就外形而言,早期的不少墓誌均模仿碑的形狀而成。魏晋時期,碑禁森嚴,人們不得不將碑縮小埋入墓中。此後相當長的時間内,小碑型墓誌流行一時,不僅外形與墓碑相似,而且"配備"了篆額,個別的甚至還有"穿"。墓誌的形制漸趨固定大約是在南北朝時期。彼時墓誌多採用正方形的石板,並帶有墓誌蓋,但與此同時,碑型墓誌並未銷聲匿迹,北朝和唐代墓誌中採用此種形制者仍時有所見,《大唐故朝散大夫金州西城縣令息梁君(嘉運)墓誌》《大唐故御史杜君(秀)墓誌之銘》等不僅都爲碑型墓誌,且都有額而無誌題。

　　墓碑、墓誌所載内容相近,是人們極易將兩者混淆的重要原因。墓碑的内容,歷來並無統一説法。毛遠明認爲:"墓碑銘刻内容一般都要刻寫墓主的姓名、世系、生平事迹,對死者的評價、贊頌,以及表達對死者的哀思和紀念等,類似於一篇簡要的人物傳記或者悼詞。"還説:"墓碑除了姓名、職官、卒葬之外,還有生平事迹,世系宗支和贊頌辭。"①至於墓誌需要記載的内容,前人的論述比較豐富,比如徐師曾即認爲墓誌銘"蓋於葬時述其人世系、名字、爵里、行治、壽年、卒葬年月,與其子孫之大

---

① 　毛遠明:《碑刻文獻學通論》,北京:中華書局,2009 年版,第 192 頁。

略”。① 王行提出：“凡墓誌銘書法有例，其大要十有三事焉：曰諱、曰字、曰姓氏、曰鄉邑、曰族出、曰行治、曰履歷、曰卒日、曰壽年、曰妻、曰子、曰葬日、曰葬地，其序如此。”②雖然其他説法還有很多，但都與王行概括的十三事出入不大。墓誌中的十三事同樣適用於墓碑，只是不同的墓碑中可能略有差異。比對新出土《唐盧國公程知節碑》③和《大唐故驃騎大將軍盧國公程使君（知節）墓誌》④可知，程知節墓碑中記載了他的名字、姓氏、鄉邑、世系、仕歷、履歷、卒葬時日、葬地與子嗣，共十一事。⑤ 墓誌中則記載程知節的名字、姓氏、鄉邑、世系、仕歷、履歷、壽年、卒葬時地及婚姻情況，共十二事，與碑文所載之要素相差無幾，具體内容上也區別不大。

墓碑與墓誌的相似性，還體現在設置目的與具體功能上。兩者均是墓主逝世後，用來標識墓地及傳遞哀情的實物載體。無論樹碑還是立誌，其意均在歌功頌德、飾終禮典。墓碑和墓誌，尤其是其銘辭，自產生之刻起，即肩負著“稱揚其先祖之美，而明著之後世”“稱美而不稱惡”的使命，並且逐漸爲大衆所接受，成爲社會共識，乃至文化定制。⑥《楊氏墓誌銘》記載楊氏孤子苗讓等雖“力微於朝，財薄於家”，却仍堅持“須存製度，抑哀

---

① 徐師曾：《文體明辨序説》，第 148 頁。
② 王行：《墓銘舉例》卷一，見朱記榮輯：《金石全例》上册，第 257 頁。
③ 陳尚君輯校：《全唐文補編》卷一三，第 159—160 頁。
④ 周紹良、趙超主編：《唐代墓誌彙編續集》，第 151—152 頁。
⑤ 該碑殘泐嚴重，多有闕略，疑闕文之中亦記載了他的壽年。
⑥ 白居易即認爲：“王建侯，侯建廟，廟有器，器有銘。所以論譔先德，明著後代，或書于鼎，或文于碑。古今之通制也。”白居易著，朱金城箋校：《白居易集箋校》卷七一，上海：上海古籍出版社，1988 年版，第 3790 頁。

盡禮"①,主張爲其母楊氏撰寫銘辭、製作墓誌。而其所記、所表之内容也不過是墓誌中常見的"勒徽猷於琬琰,庶流芳於永年"②"仰述美績,鐫銘記德"③等。至於設碑目的,主要也在於頌美,與墓誌較爲接近。毛遠明曾論及:"到了東漢,國家相對穩定,經濟一度出現繁榮景象,爲碑刻的發展準備了物質條件。經過西漢'廢黜百家,獨尊儒術',儒家思想取得獨尊地位,儒家提倡孝道,助長了厚葬之風,建立墓碑、建築石祠堂以紀念親人,顯揚親人的輝光,成了孝道的重要體現。"④

由於墓碑與墓誌在上述幾方面極爲類似,人們容易將其混同也就不難理解了。至於它們的界限爲什麼會在宋以來逐漸消弭模糊,致使樂史等將兩者混稱,還與墓誌形制的演變有關。

時移事易,人們對墓誌銘的要求日益提高,所欲傳遞的信息也越來越多,所以墓誌銘的容量呈現出水漲船高之勢。柯昌泗認爲:"歷代誌文由簡而繁,蓋自東魏北齊始。其時文體自南而北,洛陽之後魏元彧、元延明誌,已較尋常爲冗長……若蕭正表、徐之才等,皆在千言以外,與碑文不能區別。唐初四傑因其餘習。"⑤進入宋代,這種變化顯得更加突出,"王蘭泉言,唐以前誌文尚簡,北宋蘇氏弟兄出,遂有至四五千字者,難置墓中。故

①　周紹良主編:《唐代墓誌彙編》,第 1970 頁。誌題原闕,此據内容擬定。
②　《洛陽陽翟縣俎君(威)墓誌》,見周紹良、趙超主編:《唐代墓誌彙編續集》,第 232 頁。
③　《王司徒(真保)墓誌》,見趙超:《漢魏南北朝墓誌彙編》,第 273 頁。
④　毛遠明:《碑刻文獻學通論》,第 15—16 頁。
⑤　葉昌熾撰,柯昌泗評:《語石・語石異同評》卷四,第 247 頁。

碑誌爲二蘇所撰，無出土者。即今所見諸誌，亦無冗長如蘇文者"①。實際上，蘇軾兄弟並非將誌文寫得冗長的始作俑者。在此之前，歐陽修撰寫的部分墓誌銘早已顯露冗長迹象。韓維所撰《富弼墓誌銘》②更是長達 6400 餘字，與二蘇所撰諸誌相較，實在長得過分。長達四五千言的墓誌銘，在體量上已與當時的碑文不相上下，有的甚至還令碑文望塵莫及。文字數量的劇增，意味著要用更大的誌石來承載，造成很多墓誌難以置於靈柩之内，只好如同墓碑一樣矗立墳前："至其言難以刻置墓中，或當時刻之壙外云云者，良爲宋誌之異式。近來宋石出土日多，北宋正定之劉廣、南宋階州之吳玠（藝風堂著録），以及《萃編》之楊從儀，《攈古》之李之英，皆大書深刻，立於壙外，儼然豐碑巨碣，而皆題爲墓誌。"③尤爲獨特的是，不僅墓誌多立於墳前，個別的還有篆額："劉吳二誌且有篆額，此與晋之成晃、張朗諸石，名實適相反矣。"④如此一來，就使得墓誌在外觀上與墓碑更加相近，並最終導致人們將兩者混爲一談，由是出現了若干碑誌一體的實物，如周堯卿墓碑（誌）等。

歐陽修曾爲周堯卿撰寫墓表，題爲《太常博士周君墓表》⑤。陸增祥《八瓊室金石補正》卷九九收録了《太常博士周堯卿墓碑》，並對其形制和書丹情況有細緻記録："高五尺六寸，廣二尺

① 葉昌熾撰，柯昌泗評：《語石·語石異同評》卷四，第 247 頁。
② 韓文見《南陽集》卷二九，題爲《富文忠公墓誌銘》，實物近來亦出土於洛陽。
③ 葉昌熾撰，柯昌泗評：《語石·語石異同評》卷四，第 247 頁。
④ 葉昌熾撰，柯昌泗評：《語石·語石異同評》卷四，第 247 頁。
⑤ 歐陽修著，洪本健校箋：《歐陽修詩文集校箋·居士集》卷二五，上海：上海古籍出版社，2009 年版，第 691 頁。

九寸,十八行,行四十字,字徑寸許。正書,在永明。"陸氏應當
見過原碑或其拓片。該墓碑的内容雖與《太常博士周君墓表》
極爲接近,標題却書作"宋故進士累官至太常博士歷連衡二州
司理參軍桂州司録知高安□化二縣事通判饒州贈金紫光禄大
夫周公諱堯卿府君神道并墓誌文",且標題後還署"嘉祐三年翰
林院侍讀學士知制誥史館脩撰歐陽修□譔書,屯田員外郎弟燮
立"。① 周氏設立的石刻,以"神道并墓誌文"爲題,明明是碑却
兼題曰誌,此爲首見。這説明墓碑和墓誌的界限在當時人們的
眼中已經不是那麽嚴格了,而這勢必會影響後人對其關係的認
識,從而進一步造成兩者的混同。

二、"碑誌"的體性差異

墓碑與墓誌在實物形態、記載内容和具體功用方面有很大
的相似性,所以人們常將其混同,宋人在此過程中的標新立異
也在一定程度上起到了推波助瀾的作用。不過,細加辨析,我
們還是可以發現,墓碑與墓誌在外在形式、具體功用及行文方
式等方面也存在諸多區別,只是日久年深,這些區別在宋以後
漸爲世人忽略。

(一)外在表現差異

從物理形態方面看,墓碑和墓誌雖然相似,在外觀上却大
爲不同:碑都是長方形的,有碑額與底座,最早的墓碑還有碑穿
和碑暈。墓誌多爲正方形,且無底座,但大部分有墓誌蓋。特

---

① 陸增祥:《八瓊室金石補正》卷九九,《續修四庫全書》第 898 册,上海:上海古
籍出版社,2002 年版,第 158 頁。

別是定型以後的墓誌更是如此。早期的墓誌雖然有時也採用長方形甚至小碑型樣式，但從北魏開始，正方形誌石漸趨流行，數量激增，並且逐步演化爲有墓誌蓋的形式，[①]這種形式一直沿用至晚近。

從形式方面看，墓碑有碑額，且與碑身連爲一體，而墓誌有墓誌蓋，但墓誌蓋是覆蓋在誌石上的，可以單獨移動，這是墓碑與墓誌的重要差異。除了形式上的差別，它們在題刻内容及功用方面的區別也較大。比如，墓誌蓋四周可以刻圖案或題字，從四神圖、十二生肖圖，到挽詩、識詞，不一而足，而且墓誌蓋設置的一個重要目的就是保護誌石上的文字，這些特點都是碑額不具備的。

另外，放置地點的不同，也是墓碑與墓誌在形式方面的主要區別。碑立於墓前，碑陰與碑側多有題刻或者圖案。這些題刻或圖案，可與碑上的文字同時刻成，内容相關；也可由後人續刻、題名甚至改刻。與此不同，墓誌多平放在墓道之中。因爲誌石的背部與墓道接觸，所以很少刻字。唯有在少數情況下才有例外，若誌文寫得過長，導致誌石難以容納所有文字，才會在石側或墓誌蓋的背面續刻少量文字。因誌主下葬以後，墓道隨即封死，所以在沒有發生遷祔的情況下，石側和墓誌蓋背面的文字只能與誌文一併刻成，不存在後人續刻的可能。

（二）具體功用差異

因爲墓碑和墓誌設立之目的並不完全相同，所以在具體功

---

① 至於其成因，可參看劉鳳君：《南北朝石刻墓誌形制探源》，《中原文物》，1988年第 2 期。

用方面，它們也有較大差異。墓碑和墓誌雖同爲飾終禮典，均有頌美與志哀的功用，但在具體表現上還是各有偏重。樹碑的旨歸乃是頌揚亡者的品行，加之墓碑需要樹立於地面，所以，頌美之意越突出越好。由此我們常會看到，碑文的結尾處往往充斥著宏闊、華麗的語句，如“表謚定號，垂之億載，以示昆苗。其頌曰……”①“國人僉歎，刊勒斯石，表示無窮。其辭曰……”②“□和祈福，佈之兆民。刻石昭音，揚君靈譽。其辭曰……”③等等，以概括樹碑的宗旨。

　　墓碑設在墳墓之外，固然能夠起到及時傳達墓主信息、頌美嘉德的功能，但時移事易，各種人爲的災禍或者自然侵襲、甚至地貌變遷，都令多數墓碑毀於一旦。樹碑者希望借墓碑來“垂之億載”“垂示無窮”的願望也就落空了。與之不同，墓誌因埋於地下，受到外力損壞的概率大大減少。雖然墓誌銘的誌文也兼具表德功能，但這並非人們設立墓誌銘的最主要目的。設置墓誌銘的初衷即如吳訥所説：“墓誌，則直述世系、歲月、名字、爵里，用防陵谷遷改。”④徐師曾也説：“勒石加蓋，埋於壙前三尺之地，以爲異時陵谷變遷之防。”⑤我們參照其他墓誌銘中的相關記載，不難推知古人埋設墓誌的最重要意圖在於記墓，防止桑田滄海以後，陵墓難以找尋。然後才是記錄誌主的行迹

---

① 《鮮于璜碑》，見高文：《漢碑集釋》，開封：河南大學出版社，1997 年版，第285 頁。
② 《耿勳碑》，見高文：《漢碑集釋》，第 403 頁。
③ 《唐公房碑》，見高文：《漢碑集釋》，第 504 頁。
④ 吳訥：《文章辨體序説》，北京：人民文學出版社，1962 年版，第 53 頁。
⑤ 徐師曾：《文體明辨序説》，第 148 頁。

以及頌揚他們的品行，也就是唐代墓誌中常見的"恐海田貿黄壤，陵谷改玄扃""乃顧狂簡，直書其事，雖文野而質勝，貴詞約而義實"等。自南北朝以來，世人已逐漸意識到墓碑保存不易的問題，如《魏故太原太守穆公(子巖)墓誌》在提及埋設墓誌的緣由時説："斧柯潛壞，桑田屢改，松柏爲薪，碑表非固，敬刊幽石，永置窮泉。"①由於認識到"碑表非固"，易損易毁，所以喪家才想到埋設墓誌。大多數唐墓之中都埋有墓誌，原因正是唐人意識到深埋壙中的墓誌，可以傳諸久遠，能夠有效起到標識墓地的作用。《魏書》中記載："(吳)悉達後欲改葬，亡失墳墓，推尋弗獲，號哭之聲晝夜不止，叫訴神祇。忽於悉達足下地陷，得父銘記。因遷葬曾祖已下三世九喪，傾盡資業。"②由此可見，自晉代開始，但凡經濟條件允許，不少墓葬都採取碑、誌共用的方式，以期能夠真正實現"以貽永久"之目的，如王獻之保母李意如就既有墓碑，又有壙誌。③ 而且在兩者不能兼設的情況下，墓誌會被優先設立，這一點不僅在很多新出石刻和傳世典籍都可以得到印證，而且通過觀察現存墓誌和墓碑的數量也能證實。較之墓碑，墓誌確實更易流傳後世、傳諸久遠。因此孝子賢孫們設立墓誌的初衷也就在較大程度上實現了。

(三)行文方式差異

我們分析墓碑與墓誌的差異，它們的實物形態和具體功用

---

① 趙超:《漢魏南北朝墓誌彙編》，第382頁。
② 魏收:《魏書》卷八六，北京:中華書局，1974年版，第1885頁。
③ 周必大有《跋王獻之保母壙誌》和《跋王獻之保母墓碑》記之，分別見曾棗莊、劉琳主編:《全宋文》第230册，第376頁和第231册，第45頁。

僅是一方面,更爲重要的一方面是需要考辨墓碑文和墓誌銘在
文體上的異同。

　　首先,從南北朝時期的一些記載就能夠看出,自産生時起,
墓碑文和墓誌銘就是兩種不同的文體。它們出現的時間也有
先後之別。碑文出現較早,東漢中葉已經有成熟的墓碑文問
世,而墓誌銘則在魏晉之際成熟,時間較遲。從語辭上來看,兩
者也有諸多不同。概而言之,碑文詳贍、文采豐富,遣詞造句喜
用宏大、莊嚴字眼,而誌文多簡略且質樸,隱晦、哀怨之語多。
很多詞彙,如壙、藏、幽、重泉、黃壤等,不能用於墓碑文,只適用
於墓誌銘。部分語句也不通用,所以潘昂霄説:"墓碑、墓誌,文
辭各異。如云:'千歲之後,陵谷變遷,知其爲良吏之壙,其勿毀
焉。'又云:'兩嬪雁行,同域也而不同藏'之類,止可施于墓内,
不可作碑用。如文詞有可通用,則或爲墓誌,或爲墓道之碑,亦
可也。但碑上不言'誌'字,止曰'某官某人墓碑',或云'墓
碣'。"①

　　第二,行文方式上的差別,也有助於我們區分墓碑文和墓
誌銘。到南北朝,碑、誌並用之風大盛,不少人既有墓碑存世,
又有墓誌出土,將這些新材料與傳世文獻中的有關記載相參
證,我們能夠更好地將兩者進行區分。比如,新出土文獻中《賈
思伯碑》與《賈思伯墓誌銘》、《程知節碑》與《程知節墓誌銘》、
《高力士神道碑》與《高力士墓誌銘》、《張九齡碑》與《張九齡墓
誌銘》、《姚懿碑》與《姚懿墓誌銘》,均體現了墓碑文和墓誌銘在

---

① 潘昂霄:《金石例》卷一,新文豐出版公司編輯部編:《石刻史料新編》第 3 輯
　　第 39 册,第 516 頁。

行文方式上的區别。

　　一般来説,同一人的墓碑文與墓誌銘多爲不同作者所作,但也有例外,高力士的墓碑文與墓誌銘即均爲潘炎一人奉敕所撰。① 分析兩文在行文方式和記録同一事件上的差異,我們能够看出潘炎對墓碑文與墓誌銘的寫作態度,以便更好地區隔二者。

　　在行文格式方面,《高力士神道碑》以叙開篇,先將馮氏家世的顯貴及其遷移至嶺表的經過概述一番,然後簡要介紹高力士的族出和入宫情形。《高力士墓誌銘》則在叙述高力士的姓名與世系之前,先發議論,講述事君之難和爲臣不易,實際上是爲了引出對高力士的褒揚,因爲他“恭而不勞,親而不黷。諫而不忤,久而不厭”,故而才“美暢於中,聲聞於外”。

　　碑文與墓誌銘在同一事件的記載方面,差異更爲明顯,主要表現在以下幾方面。

1. 墓碑文和墓誌銘在詞彙和語言方面的差異

　　對高力士入宫以後情況的記載,墓碑文中説:“年在童齔,入侍玉階。則天矜其覆巢,知必成器,選内官而母之,命近侍以□之。錫之以嘉名,教之以美藝。業且將就,乃遷厥宫。”而墓誌銘則作:“年未十歲,入於宫闈。武后期壯而將之,别令女徒

---

① 高力士墓碑文題作《唐故開府儀同三司兼内侍監贈揚州大都督葬泰陵高公神道碑》,見收於《全唐文補編》卷四七,第568—569頁。墓誌銘題作《大唐故開府儀同三司兼内侍監上柱國齊國公贈揚州大都督高公墓誌銘》,見收於吳鋼主編:《全唐文補遺》第七輯,西安:三秦出版社,2000年版,第58—60頁。

鞠育。將復公侯之慶，俾加括羽之深。令受教於内翰林。學業日就，文武不墜，必也射乎。"内容雖然差別不大，都試圖講清武則天對高力士如何賞識，如何想讓他成爲自己的親信，給他厚待，並讓他兼修文武，但在詞彙和語言方面卻有明顯差異。如碑文中使用的語句——"年在童齔""入侍玉階""錫之以嘉名，教之以美藝"等極爲正式，有助於顯示碑文的莊嚴。相形之下，墓誌銘用語則偏於口語、風格樸實，言其"年未十歲""入於宫闈""受教於内翰林"等。

2. 墓碑文和墓誌銘在具體事件的記載上各有側重

在記事方面，墓碑文多宏觀叙述，少細節描寫；墓誌銘則詳於記事，注重對細節的記述。

高力士經歷過玄宗朝的幾次重大歷史事件，如平定韋氏之亂、幫助玄宗登基，平定王鉷之亂和南營叛變以及長安失守後隨玄宗入蜀，等等。碑文和誌文對這些事件雖都有記載，但對他的功勞和所獲封賞的説明，採用的手法卻迥異。同樣是講述平定韋氏之亂，墓碑文中説："公實勇進□□，□龍上天，扶皇運之中興，佐大人之利見。自是之後，恩遇特崇。"將記述重點放在高力士平韋氏之亂、助玄宗登基過程中的主動性上，而對他事後的封賞僅用"恩遇特崇"四字一筆帶過。墓誌銘卻只説高力士不過參與其事，至於其在平叛中的功績似不過爾爾，整個事件的主導權其實仍在唐玄宗："孝和忽其升遐，韋氏紛以干命。玄宗至道大聖皇帝中夜提劍，遲明登天。斗杓未移，沴氣如掃。攀龍附鳳，公實親焉。録其翼戴之勳，遂有驟遷之命。特加朝散大夫、内給事，充内弓箭庫使。尋遷内常侍、兼三宫使,又加雲麾將軍、右監門衛大將軍。"此外,更爲關鍵的是,誌文還對高力士以後的仕歷遷轉進行了詳細記述,突出了誌文重於翔實的叙事特點,可補碑文叙事過簡之不足。

關於高力士平定王鉷之亂和南營叛變一事,墓碑文云:"京有王鉷之亂,蜀有南營之叛,倉卒起變,削而平之。臨大事而有功,皆此類也。"僅僅點明高力士曾參與此事但未詳述其經歷,對其功績也僅以"臨事而有功"簡單帶過。墓誌銘的記載要詳盡得多,不僅細數叛亂帶來的危害,還詳述高力士平叛的計謀與言論:"王鉷之亂,輦轂震驚。禁軍一舉,玉石同碎。公親執枹鼓,令於顔行曰:斬級者無戰功,擒生者受上賞。俶擾之際,人無橫酷者,由公一言也。"將軍振臂一呼、士卒奮勇向前的圖像,活生生地展現在了讀者面前。

對高力士孝行的描述,碑文和誌文也表現出了類似差異。墓碑文云:"公弱冠之日,太夫人□滯于南,荒服遐陬,晨昏問絶,折葼之教,□而無及。嚙指之感,遠而遂通,自神而發於人。欲養而其親、承初升輿,萬里而至,稱觴拜慶。兄弟雁行,自閩徼而就養王城,當代罕有。"因爲碑文重在表現高力士的孝心,所以整個記述綫條很粗,僅從宏觀角度描述萬里迎親一事,而没有記録具體過程,給人的印象較爲籠統。但是墓誌銘中却對高力士"萬里"迎母的經過予以了詳細記叙:"公艱疢之歲,太夫人在堂。夫人麥氏,宿國猛公之曾孫也。覆巢之下,陪巟無從。寒泉切莫慰之心,永初無隨子之賦。德均聖善,孝感神明。瘴海炎山,不爲疵癘。板輿萬里,來就高堂。歡甚如初,和樂且孺。兄元璡、元珪等,雁行而至,當代榮之。"不僅交代了其母親的世系與兄弟的姓名,還著重介紹了見面時的愉快場面,給讀者的印象更爲直觀。

3. 墓碑文和墓誌銘的避諱程度有輕重之別

鑒於先秦以來流行的"爲長者諱""爲尊者諱"的觀念,碑文和誌文多運用曲筆和隱諱等寫作手法,兩者在詳略程度上却大不相同。高力士的墓碑文與墓誌銘都提到了安史之亂,墓碑文中僅用"從蒙塵幸□梁□□法駕歸長安"一句簡略帶過,語氣委婉。墓誌銘中不僅數次提到此事,所用語句雖然也包含曲筆成分,如"文明武德皇帝再造區夏,奉迎皇輿。太上高居,復歸于鎬""屬胡羯僭逆,天王居于成都"等,但在詞彙的運用方面,明顯比墓碑文更加具有傾向性。

對高力士遭謗被貶和去世的情形,碑文與誌文出入較大。碑文中用曲筆:"上□初避□請出□□。"前兩處缺文當爲"元"與"謗",將被貶之事説成是高力士主動提出的。其實不然,安史之亂平定以後,玄宗失勢,雖被尊爲太上皇,但已無實權。高力士却依然擁戴玄宗,最終引起了把持朝政的李輔國的嫉恨,李輔國便勾結張良娣私下詔書,貶高力士出京。《舊唐書·高力士傳》記載:"上元元年八月,上皇移居西内甘露殿,力士與内官王承恩、魏悦等,因侍上皇登長慶樓,爲李輔國所構,配流黔中道。"①《新唐書·高力士傳》也説:"上皇徙西内,居十日,爲李輔國所誣,除籍,長流巫州。"②《太平廣記》更是詳細記載了此事的前因後果:"玄宗爲太上皇,在興慶宮居。久雨初晴,幸勤政

① 劉昫等:《舊唐書》卷一八四,北京:中華書局,1975 年版,第 4759 頁。
② 歐陽修、宋祁:《新唐書》卷二〇七,北京:中華書局,1975 年版,第 5860 頁。

樓。樓下市人及街中往來者，喜且泫然曰：'不期今日再得見太平天子。'傳呼萬歲，聲動天地。時肅宗不豫，李輔國誣奏云：'此皆九仙媛、高力士、陳玄禮之異謀也。'下矯詔遷太上皇於西內，給其扈從部曲，不過老弱三二十人。及中逵，攢刃曜日，輔國統之，太上皇驚，欲墜馬數四，賴左右扶持乃上。高力士躍馬而前，厲聲曰：'五十年太平天子，李輔國汝舊臣，不宜無禮，李輔國下馬！'輔國不覺失轡而下。宣太上皇誥曰：'將士各得好生。'於是輔國令兵士咸韜刃於鞘中，齊聲云：'太上皇萬福。'一時拜舞。力士又曰：'李輔國攏馬。'輔國遂著靴，出行攏馬，與兵士等護侍太上皇，平安到西內。輔國領眾既退，太上皇泣持力士手曰：'微將軍，阿瞞已爲兵死鬼矣！'既而九仙媛、力士、玄禮，長流遠惡處，此皆輔國之矯詔也。"①相比之下，墓誌銘中說"上元初，遭謗遷謫，安置巫州"，更貼近事實的真相。

4. 墓碑文和墓誌銘的銘辭差異較大

高力士的墓碑文與墓誌的銘辭也存在較大差異。不僅表現在內容上，也同樣體現在形式上。墓碑碑銘的寫作傳統可以上溯到漢代，其基本內容乃是對碑文的復述與概括。形式上則採用四言體式，用韻嚴整，語辭宏闊，形成莊嚴、肅穆之感。相對而言，墓誌銘的銘辭以簡練爲特徵，用七言寫就，用語多哀傷，志哀的意圖明顯。銘辭雖用七言，氣勢上卻不如碑文磅礴，內容也不是對誌文的簡單重複，而是對其進行了深度再加工，營造出一種挽歌詞的感覺。

---

① 李昉等編：《太平廣記》卷一八八，北京：中華書局，1961 年版，第 1409 頁。

　　質言之，墓碑因豎立在墓外，所以行文多掩飾，對墓主之過失閃爍其詞，而墓誌銘則因置於墓道之中，少爲人見，故可直書其事，表現得並不像墓碑文那樣含糊其辭，其"貴在詳實"的特點得到了較爲明顯的體現，這正是碑、誌在文體上的最大不同點。

　　墓碑文和墓誌銘自産生時就是兩種不同的文體，各有其特殊的文體特點與行文體式，這從南北朝時期的論述中可以看得比較明顯。但因在實物形態、具體功能以及記載內容上有較大的相似性，導致了人們易將兩者混淆。特別是宋代以來，很多人已經不對它們進行區分了，文體意義上的碑文和誌文也在稱謂上出現了混亂。墓碑多立於墳前，碑文喜用宏壯的語言，以更好地實現頌美之目的；墓誌需埋於墓內，不易損毀，故誌文注重細節描寫，具有記事和防止陵遷的功用。加之埋設墓誌銘的初衷就是記墓，故而不少墓誌銘也僅僅"粗陳實録，志意荒僻，言無詮次，遺烈餘風，百不書一"[1]，"題序德音，期於指實。不敢外煩洪筆，輒以俯竭愚心。荒喘窮迷，萬不存一"[2]。凡此種種，均使墓誌銘的文體特徵日漸凸顯，與碑文的差異也逐漸顯現。所以，不僅墓碑與墓誌在實物形態和具體功用方面有較大區別，連同墓碑文和墓誌銘也有很大不同，是截然不同的兩種文體，不能混爲一談。

---

[1]　吳鋼主編：《全唐文補遺》第三輯，西安：三秦出版社，1996年版，第22頁。
[2]　吳鋼主編：《全唐文補遺》第二輯，西安：三秦出版社，1995年版，第8頁。

第二節　誌文與銘文的功用特質

　　墓誌銘是用於誌墓的一種文體,通常由前後兩部分構成,前一部分爲誌文,古人習慣稱"序";後一部分爲銘文,古人一般稱"銘",故大多數墓誌銘的誌題往往以"墓誌銘并序"標示。這兩部分內容既有區別又有聯繫,古今學人常各執一詞。明代徐師曾認爲:"然云誌銘而或有誌無銘,或有銘無誌者,則別體也。曰墓誌,則有誌而無銘。曰墓銘,則有銘而無誌。然亦有單云誌而却有銘,單云銘而却有誌者,有題云誌而却是銘,題云銘而却是誌者,皆別體也。"[①]徐氏以所謂"正體""別體"展開論述,點明區別,足見他嚴於辨體。然而誌文和銘文有著不同的行文特點和具體功用,不會因爲標題的變化而相互混淆。清代梁玉繩在《誌銘廣例》中説:"誌即是銘,銘即是誌。"並舉例稱:"《柳河東集》中諸誌皆有銘辭,而題止稱誌。白香山《范陽張公仲方墓誌》亦然。《文選》任彦升《劉先生夫人墓誌》,無誌但銘,而題獨稱誌。蘇文忠《李太師墓誌》《朱亥墓誌》亦然,是銘即誌也。"[②]僅籠統地將誌文和銘文等同化,而未曾論及各自的特點。故時至今日,學術界對於墓誌銘這一文體內部誌文與銘文各自的特點、功用及相互關係,仍然沒有辨析清楚。新出土墓誌的不斷增加,尤其是堪稱繁盛、成熟的唐代墓誌不斷出土和刊佈,爲我們研究誌文和銘文的特點和關係提供了更多文本依據。基於

---

① 徐師曾:《文體明辨序説》,第149頁。
② 梁玉繩:《誌銘廣例》卷一,見朱記榮輯:《金石全例》上册,第463—464頁。

此,本節以新出土唐代墓誌銘爲考察中心,①對墓誌銘中誌文和銘文各自的行文特點、具體功用及其相互關係作一系統論述。

一、墓誌銘創作的主要意圖

墓誌銘是具有悼念和哀挽性質的一種文體,這種文體的形成,與古代的誌墓風氣密切相關。東漢時的墓葬,往往在墓前立石,簡單記載墓主情況,性質類似於墓誌。西晉時刻石更加繁盛,文末還附有銘辭。這種文體,後世習慣稱爲"墓誌銘",主要功能即傳遞悼念和哀挽之情。誌墓風氣一經形成,人人爭效,子孫後代在先人們去世以後,總要爲其樹碑立傳。之所以這樣做,一方面是受整個社會風氣的影響,另一方面後人也希望藉此來彰顯先祖們的宏才令德,並使其流傳久遠、光耀來世。宋代的古文大家歐陽修就反復強調這一點,他在《與杜訢論祁公墓誌書》中説:"平生知己,先相公最深,別無報答,只有文字是本職,固不辭,雖足下不見命,亦自當作。然須慎重,要傳久遠,不關速也……緣修文字簡略,止記大節,期於久遠,恐難滿孝子意。"②在《再與杜訢論祁公墓誌書》中又説:"或擇一真楷書而字畫不怪者書之,亦所以傳世易曉之意也。"③歐陽修從撰文、

---

① 墓誌銘到唐代已達到了成熟的境地,文體上走過了由萌芽、發展到定型的過程;同時唐代墓誌銘的數量衆多,遠非前朝和後代可比,"唐代墓誌至少在萬種左右,宋代墓誌不及唐誌十之一,元又不及宋之半,明清雖又略多,但其史料、書法價值均遠不如北朝及隋唐墓誌"。見徐自强、吳夢麟:《古代石刻通論》,北京:紫禁城出版社,2003年版,第114頁。
② 歐陽修著,洪本健校箋:《歐陽修詩文集校箋·外集》卷一九,第1842頁。
③ 歐陽修著,洪本健校箋:《歐陽修詩文集校箋·外集》卷一九,第1844頁。

書丹兩方面指出了使墓誌流傳久遠應當注意的細節。至於墓誌銘應有的頌美之意,韓醇在爲韓愈《故貝州司法參軍李君(楚金)墓誌銘》所作的注釋中説得很清楚:"'參軍',李翱習之之祖。習之嘗自爲其皇祖《實録》……翱之《實録》終曰:'……翱欲傳,懼文章不足以稱頌道德,光耀來世;是以頓首欲假辭於執事者……'意翱乞公銘之辭也。"①作爲中唐時期的古文名家,李翱尚懼怕不能稱頌其先祖之德業而假手韓愈,足見唐人對墓誌銘頌美功能的重視。宋代的曾鞏在《寄歐陽舍人書》中也表達了對墓誌銘主要功能的看法:"夫銘誌之著于世,義近於史,而亦有與史異者。蓋史之於善惡無所不書,而銘者,蓋古之人有功德材行志義之美者,懼後世之不知,則必銘而見之。或納于廟,或存于墓,一也。苟其人之惡,則於銘乎何有?此其所以與史異也。其辭之作,所以使死者無有所憾,生者得致其嚴。"②

　　歐陽修、曾鞏等人的觀點,都充分説明了古人對於墓誌銘創作的重視。墓誌銘的寫作也正是本著"使死者無有所憾,生者得致其嚴"的原則進行。大部分作者都會在誌文末尾點明創作的主要意圖,以表現誌主家屬對逝者的哀悼和思念。新出土的唐代墓誌銘,更是真實地體現了古人最初的創作理念,兹舉數例以窺其一斑:

　　　　《唐故清河張府君(暉)隴西牛夫人合祔墓誌銘》:"然

---

① 韓愈撰,馬其昶校注:《韓昌黎文集校注》卷七,上海:上海古籍出版社,1986年版,第550頁。
② 曾鞏:《曾鞏集》卷一六,北京:中華書局,1984年版,第253頁。

恐世易人變，即楓樹摧移，不銘其詞，無以表德。"①

《大唐吳國公府記室參軍故劉君（粲）墓之銘》："恐海田貿黃壤，陵谷改玄扃，篆徽猷於湮礎，誌清德於佳城。"②

《□□□國洛州長史金鄉縣開國公楊府君（敏）墓誌銘》："若夫傳徽刊美，先賢成製，銘景行於泉門，庶垂芳於來裔。"③

《唐故朝議大夫同州長史騎都尉賜紫金魚袋天水趙公（晏）墓誌銘》："紀先人之德行，見託斯文；議陵谷之遷圮，乃刊貞石。"④

《大周故朝散郎檢校潞州司戶參軍琅琊王君（紹文）墓誌銘》："將恐德音交喪，旋征下客之詞；陵谷代遷，思勒窮泉之石。"⑤

《大唐故宗府君（惟政）墓誌銘》："或恐節同時異，物是人非，采片石於他山，旌九泉於長夜。"⑥

《故蒲州河東縣令李府君（徹）墓誌銘》："居諸不駐，玉響易彫，露往霜來，金聲難固，寄之玄石，永絕芳音。"⑦

《唐故隋高陽令趙君夫人姚氏（潔）墓誌銘》："但以陵谷遷變，天地久長，石堅金固，菊茂蘭芳，憑茲雕篆，誌此玄

① 周紹良、趙超主編：《唐代墓誌彙編續集》，第 862 頁。
② 周紹良主編：《唐代墓誌彙編》，第 11 頁。
③ 周紹良主編：《唐代墓誌彙編》，第 12 頁。
④ 周紹良、趙超主編：《唐代墓誌彙編續集》，第 824 頁。
⑤ 按：此據原石拓片圖版過錄，見《書法叢刊》，2008 年第 3 期，第 54—55 頁。
⑥ 周紹良、趙超主編：《唐代墓誌彙編續集》，第 830 頁。
⑦ 周紹良主編：《唐代墓誌彙編》，第 20 頁。

房。庶千秋之萬歲，唯英聲之不忘。"①

《大唐故通議大夫使持節興州諸軍事興州刺史上柱國劉府君(寂)墓誌銘》："子通等，烝烝孝心，哀哀孺慕，懼陵谷之遷變，懿金石之永存，思銘景行，垂之不朽，乃顧狂簡，直書其事。雖文野而質勝，貴詞約而義實。"②

《唐故泉州仙遊縣長官張府君(進)及鉅鹿魏氏夫人祔葬墓誌》："凡葬必誌其墓，懼陵谷之變也。後代相習，撰録其行，以文於石。惟小子不造……公之喪不果奔命。歲月不久，不敢以其所不知託文於他人也，故止於録其系緒，謹其日時，以爲誌而已。"③

《唐故淄州兵馬使(靳朝俊)墓誌銘》："悲夫千載，陵谷更遷，乃纂其盛事，勒諸堅石，訴昊天之心，狀不朽之迹，亦孝子之情也。"④

綜合歐陽修、曾鞏等人的言論及新出土墓誌銘中的資料可以發現，古人埋設墓誌的主要意圖有二：一是記事，防止陵谷遷變，使誌主的事迹能夠傳諸久遠；二是頌美，對誌主生前的嘉言懿行進行歌頌。雖然這兩個目的要通過同一篇文章來實現，但由於誌文和銘文在行文特點和具體功用方面的差異，對於絕大多數墓誌銘而言，記事和頌美功能却是由兩者分別來承擔的。

---

① 周紹良主編：《唐代墓誌彙編》，第 154 頁。
② 周紹良主編：《唐代墓誌彙編》，第 1070 頁。
③ 周紹良主編：《唐代墓誌彙編》，第 2362 頁。
④ 周紹良、趙超主編：《唐代墓誌彙編續集》，第 790 頁。

二、誌文與銘文各自的特點

從文體辨析方面考察墓誌銘，其誌文和銘文具有各自的特點、功用，這方面古人也曾經述及。如徐師曾在《文體明辨序說》中云：

> 誌者，記也；銘者，名也。古之人有德善功烈可名於世，歿則後人爲之鑄器以銘，而俾傳於無窮……蓋於葬時述其人世系、名字、爵里、行治、壽年、卒葬年月，與其子孫之大略，勒石加蓋，埋於壙前三尺之地，以爲異時陵谷變遷之防，而謂之誌銘；其用意深遠，而於古意無害也。迨夫末流，乃有假手文士，以謂可以信今傳後，而潤飾太過者，亦往往有之，則其文雖同，而意斯異矣。[1]

徐師曾的這段評論雖然對誌文和銘文的特點、功用有所涉及，但並不全面，也欠精確。他主要偏重於設立墓誌銘和誌文功用的描述，認爲誌文的主要作用在於記載誌主的世系、壽年、卒葬時地等信息，却没有相應地對銘文的功用以及誌文和銘文各自的特點進行歸納和總結。加之他所處的時代已距唐代有數百年之久，大量唐人墓誌尚深埋地下，他的看法能不能準確反映唐代的真實情況，也值得我們注意。有鑒於此，我們有必要從新發現的墓誌銘中去找尋若干材料，考察當時人對這一問題的真實看法，以使我們的結論更加接近事情的原貌。

在討論墓誌誌文和銘文各自的行文特點時，我們以新出土

---

[1]　徐師曾：《文體明辨序說》，第 148 頁。

《馮君衡墓誌銘》爲例進行分析：

> 公諱君衡，字正平，廣管高州人也。昔畢萬苗裔，邑于
> 馮城，因以爲氏。其適南越者，則袁宏《過江録》所載長樂
> 馮祖恩之後也。遠居偏地，代爲右族。帶甲千人，擬四豪
> 之公子；田洞百里，齊萬戶之封君。祖盎，持節總管高州都
> 督、耿國公，薨，贈左驍衛大將軍、荆州大都督。恩命分府
> 爲三州，授君之三子。子智歲，高州刺史；子智堡，恩州刺
> 史；猶子子游，潘州刺史。公荆州之孫，恩州之子。量包山
> 海，氣逸風雲。陰德以濟物，力行以遊道。散岸從心，乘化
> 而没。斯實一方超邁全真之士也。夫人南海郡太夫人麥
> 氏，誕媛勳門，作嬪傑室，初執冀妻之禮，終抗梁寡之行，即
> 大將軍宿國猛公鐵杖之曾孫女也。夫人有三子一女，同歸
> 上京。長子元璡，左衛中侯；次子元珪，左領軍衛郎將；少
> 子力士，右監門大將軍。以將軍小養於高氏，故舉家從其
> 姓焉。夫德厚者福長，先否者終泰，天之報應，豈虛也哉！
> 大將軍所以雲漢奮飛，忠孝至感聖善於炎海，展三牲之色
> 養，狀友于於荒徼，會四鳥之嚶鳴。搢紳美談，簪黻傾慕。
> 是知敬仲羈旅，將育于齊，孟軻儒藝，成名此母。信瑰才之
> 特達，亦餘慶之助成乎？夫人享年八十七，開元十七年五
> 月十二日薨於西京來庭里。粵八月廿六日安厝於長樂原
> 之新域。憫將軍之純至，嘉先士之晦名。恩詔追贈潘州刺
> 史，招魂而合葬焉。蓋殊常之禮也。若夫慈以遺後，孝以
> 揚親，忠能合聖，惠足昭仁，嗟馮氏之子，總此四美。鏤石
> 垂文，爲不朽矣。銘曰：

　　潘州違世，滅迹沉彩。詔贈本邦，光爍南海。其孤永慕，昊天不待。夫人處順，奄背榮胤。悲離兩鄉，魂合雙櫬。孝心可贖，百身匪悏。天日蒼蒼，玉壟茫茫。地名長樂，人樂無長。郭門之外，愁生白楊。[1]

　　這方墓誌銘原題爲《故潘州馮府君墓誌銘》，題署："特進、尚書右丞相、集賢院學士、修國史、上柱國、燕國公張説撰。"可見是出自當時被譽爲"燕許大手筆"之一的張説之手，因而就很具備典型意義和示範作用。

　　唐代以前的墓誌銘，大多講求駢偶和對仗，因此誌文往往用駢儷的四六句式寫成，初唐時期的墓誌銘創作仍然延續了這一傳統。但至武周時，隨著詩文革新的興起和古文運動的發軔，越來越多的文章摻入了散體或騷體句式，誌文中的駢偶之風漸趨衰弱，散化傾向不斷加強。如吳少微、富嘉謨二人合作撰寫的《有唐朝散大夫守汝州長史上柱國安平縣開國男贈衛尉少卿崔公(暟)墓誌》，"雖還有一些駢文的句子，而總體上已經散化，可見，吳、富二人在文體上的變革，魄力是相當大的"[2]。張説與吳、富二人生活的時代相當，《馮君衡墓誌銘》也已經表現出這種散化的特徵，誌文中雖還保留有一部分駢詞儷句，如"慈以遺後，孝以揚親，忠能合聖，惠足昭仁"等，但畢竟所佔比

①　周紹良、趙超主編：《唐代墓誌彙編續集》，第 516—517 頁。錄文訛奪之處已據《隋唐五代墓誌匯編》所載拓片校改，見王仁波主編：《隋唐五代墓誌匯編·陝西卷》第 1 册，天津：天津古籍出版社，1991 年版，第 111 頁。
②　胡可先：《出土文獻與中古文學研究》，《浙江大學學報》(人文社會科學版)，2012 年第 4 期，第 175 頁。

重不大，較之魏晋南北朝時期踵事增華、講究駢偶的墓誌銘，已有了很大變化。而從内容上來看，這篇墓誌銘對誌主及其夫人的基本信息如得姓之由、名字、家世、婚媾、子嗣、壽年、卒葬、追贈等情况都一一予以介紹，對其一生的立身行事進行了較爲詳盡的勾勒，以期能夠傳諸久遠。這些都符合墓誌銘要記載誌主"十三事"的要求。不僅該文如此，唐代的許多墓誌銘確實也達到了"貞石購詞，貴於詳實"①的自我期許和要求，這些現象都反映出誌文重在記事，不求虛美的特點。

銘文與誌文具有明顯的不同，首先是四言體的古代銘文章法與誌文自由的叙事風格並不一致。儘管早期墓誌銘中的銘文也多用駢體寫成，講求屬對的工整和用韻的嚴密，這種風氣直到初唐仍有所保留。雖然從武周時期起，一些墓誌銘的銘文寫作形式開始變得多樣化，但四言體依然是唐代銘文的主體句法。張説撰寫的這篇墓誌銘，銘文即是四言韻文，而且三句一轉韻，"悲離兩鄉，魂合雙櫬"，構詞嚴整，對偶精工。"天日蒼蒼，玉璽茫茫"，既切埋幽之情境，讀來亦朗朗上口。銘文内容既突出了馮君衡家世的顯赫，又交代了夫妻二人去世和合葬的情况，並傳達出子嗣的思念和悲痛心理。整首銘辭既有頌美之意，又有哀悼之情，乃是對誌文的概括和總結，這是墓誌銘寫作中的常見手法，體現出銘文重在誌哀和頌美的雙重特點。無論句式結構，還是情感表現，誌文和銘文都有所區别。

銘文與誌文的不同，還表現在文體形式上，誌文突出於文的特點，而銘文則與詩相接近。誌文的一個重要内容就是要儘

---

① 周紹良主編：《唐代墓誌彙編》，第 1620 頁。

量詳細地記載誌主的姓名、籍貫以及喪葬情況等基本信息。而
這些信息往往很難全部用駢四儷六的句式表達出來，因此文體
獨立以後的墓誌銘，誌文中雖然仍存在一些散體句子，但爲數
不多，大多數文字還是用駢偶的形式寫成，這種風氣一直持續
到初唐時期。盛唐以後，隨著文體的變革，復古思潮使得文士
們追求先秦兩漢的文章精神和做法，散文章法逐漸增多。但無
論是駢體還是散體，都明顯地突出了文的特徵。至於銘文，魏
晉南北朝時期的墓誌銘，銘文多爲四言韻文，絕少例外。銘文
具有詩的特點，其以四言爲主體的句式，實際上是沿襲了古代
銘辭和《詩經》的體式。唐代以後，銘文體式日益多樣化，三言、
四言、五言、六言、七言、雜言等句法紛紛出現，且有的銘文對仗
工整，用韻謹嚴，以至與詩歌別無二致，這是受了唐詩的影響。
如《唐騎都尉郭君故夫人楊氏墓誌銘》銘文云："桂浦驚華浪，桃
源韻早風。未移臺上月，奄落雲間虹。"①《貝州青河郡崔府君諱
禮弟進葬誌銘》銘文亦作："墳埋荒草裏，月照獨危俄。兒孫腸
斷處，流淚血相和。"②這兩篇銘文就是兩首五言詩。不僅如此，
唐代的一些著名詩人也徑直將其詩歌當作銘文寫進墓誌銘中，
如白居易即將以前所作之《興果上人歿時題此決別兼簡二林僧
社》詩充當《唐江州興果寺律大德湊公塔碣銘》的銘文。他曾在
文中自陳緣由："及遷化時，予又題一四句詩爲別，蓋欲會前心，
集後緣也。不能改作，因取爲銘曰：本結菩提香火社，共嫌煩惱

---

① 周紹良主編：《唐代墓誌彙編》，第 452 頁。
② 周紹良主編：《唐代墓誌彙編》，第 1827 頁。

電泡身。不須戀戀從師去，先請西方作主人。"①白居易徑取七
言佛理詩用作塔碣銘的銘辭，足可反映出他對詩歌與銘辭關係
的認識，兩者實在是難以區分。另有一些墓誌銘的銘文更是直
接襲用前人詩句。如《大唐故樊府君（覽）墓誌銘》的銘文："哀
哀父母，生我劬勞，欲報之恩，昊天罔極。"②《唐故魏州貴鄉縣尉
隴西李府君（戀）墓誌銘》的銘文亦云："哀哀父母，生我劬勞，長
我育我，興言號咷。"③兩篇銘文中的"哀哀父母，生我劬勞"，出
自《詩經·小雅·蓼莪》，這就可以證定一些中下層文士有時也
是將銘文當作詩歌來處理的。銘文的這種詩性特徵在誌文中
是極爲罕見的。唐代墓誌銘的銘文還有一個重要變化，就是以
騷體詩的形式來表現。自初唐起，墓誌銘的寫作手法開始發生
變化，騷體句式逐漸滲透到銘文中來，陳子昂、蘇頲等人所撰墓
誌銘的銘文中經常出現"兮"字句等典型的騷體句法。如"泱泱
大風，其太公兮。穆穆君子，紹厥宗兮"（《故宣議郎騎都尉行曹
州離狐縣丞高府君墓誌銘》）④、"御溝水兮章臺街，有此送兮無
還期"（《唐故贈太子少保管國公武府君（嗣宗）墓誌銘》）⑤等。
這些騷體句法的形式也是多種多樣的，有"三兮三式""四兮四
式""四兮三式""三兮四式"。但凡楚辭體中存在的句式，都在
唐代墓誌銘中得到了運用。更有甚者，有些墓誌銘的銘辭通篇
採用騷體寫成，如泉隱所撰《唐故宣德郎驍騎尉淄川縣開國子

---

① 白居易著，朱金城箋校：《白居易集箋校》卷四一，第 2702 頁。
② 周紹良主編：《唐代墓誌彙編》，第 1244 頁。
③ 李希泌編：《曲石精廬藏唐墓誌》，第 73 頁。
④ 陳子昂：《陳子昂集》卷六，北京：中華書局，1960 年版，第 127 頁。
⑤ 吳鋼主編：《全唐文補遺》第七輯，第 26 頁。

泉君(毖)誌銘》銘文云:"天之蒼蒼兮其色正耶? 人之悠悠兮其能久耶? 蠢茲萬類兮生老病死,悟彼百齡兮今也已矣。生於氣兮立於空,倏而見兮忽而終,何賦命之飄索,知造化之無窮。重曰:梁木其壞兮太山其頹,哲人一去兮不復再來! 幽扃永閟兮邙山之隈,萬古千秋兮嗚呼哀哉!"①該銘文不僅在句式上採用騷體,文末所附"重曰"的體式,更是直接模仿了屈原《遠遊》的篇章結構。

三、誌文與銘文各自的功用

因爲墓誌銘的誌文和銘文不僅具有不同的特點,而且兩者的功用也是有所差異的,功用的差異與特點的不同還有著密切關係,故而我們在討論了墓誌銘誌文和銘文的特點之後,進一步討論各自的實際功用。在新出石刻中,我們可以看到許多文人都對誌文和銘文的功用提出了自己的看法,值得認真加以審視。

　　蔡德章《唐故朝議郎前行宣州南陵縣尉柱國張府君(師儒)墓誌銘》:"夫銘者稱其美也,記歷年代,載標行德,因夫子讖秦始皇後必開發吾墓,顏回已下乃誌讖詞於墓內,使始皇見之,知我先師聖焉。又至後漢滕公夏侯嬰將葬佳城,駟馬不進而鳴,乃掘其下,遇有穴室中得石記,亦有讖文。是以先王製禮,勒石于泉,慮陵谷有遷,以明柩之德位也。"②

---

① 周紹良主編:《唐代墓誌彙編》,第 1418 頁。
② 周紹良主編:《唐代墓誌彙編》,第 2502 頁。

鄭馥《唐故處士賈公（季卿）墓誌文》："馥與李昂□子
之曩，凄凉厚夜，慟哭寢門，特撰銘以銘德，謹勒序以
序行。"①

鄭嗣恭《唐故盧氏夫人墓誌銘》："誌所以紀年月也，銘
所以贊德行也，故請述作者若不以文業光稱，則以能彰美
叙事者爲之。"②

無論是鄭嗣恭所説的"紀年月"、蔡德章所説的"記歷年
代"，還是鄭馥所説的"序行"，强調的都是誌文主記事的功能。
而銘文的功能則在於"贊德行""載標行德""銘德"，亦即銘文意
在頌美。在墓誌銘創作最爲繁盛的唐代，誌文主記事、銘文主
頌美的功能得到了極大的强化。

墓誌銘誌文和銘文之所以具有不同的功用，首先與兩者各
自的淵源有關。從墓誌銘的演進過程來看，誌文部分主要是受
史傳文學的影響。因爲中國的史傳文學自先秦到南北朝已經
得到了長足的發展，出現了《史記》《漢書》《後漢書》《三國志》等
重要著作，對傳記文學的影響和滲透至爲深入，魏晉南北朝的
志人小説《世説新語》自不待言，各種碑文和誌文也是在史傳的
影響下勃興的。銘文則不然，自來就有頌美之意，可追溯到上
古時期的鐘鼎銘。《禮記·祭統》云："夫鼎有銘，銘者，自名也，
自名以稱揚其先祖之美，而明著之後世者也。爲先祖者，莫不
有美焉，莫不有惡焉。銘之義，稱美而不稱惡，此孝子孝孫之心
也，唯賢者能之。銘者，論譔其先祖之有德善、功烈、勳勞、慶

---

① 吳鋼主編：《全唐文補遺》第八輯，西安：三秦出版社，2005 年版，第 23 頁。
② 周紹良主編：《唐代墓誌彙編》，第 2328 頁。

賞、聲名，列於天下，而酌之祭器，自成其名焉，以祀其先祖者
也……夫銘者，壹稱而上下皆得焉耳矣。是故君子之觀於銘
也，既美其所稱，又美其所爲。爲之者，明足以見之，仁足以與
之，知足以利之，可謂賢矣。賢而勿伐，可謂恭矣。"①又説："古
之君子，論譔其先祖之美，而明著之後世者也，以比其身，以重
其國家如此。子孫之守宗廟社稷者，其先祖無美而稱之，是誣
也；有善而弗知，不明也；知而弗傳，不仁也。此三者，君子之所
恥也。"②再三强調子孫要彰明先祖之"美"，既要美其所稱，又要
美其所爲，若先祖之嘉言懿行不能流傳後世，子孫即要背負不
孝的惡名，爲士人所不齒。雖然後世的墓碑和墓誌的銘文在規
制、行文方式等方面與鐘鼎銘大異其趣，但是鐘鼎銘文頌美的
功用，還是在碑、誌文的銘文中繼承下來，甚至發揚光大。白居
易在《淮南節度使檢校尚書右僕射趙郡李公（紳）家廟碑銘》中
指出："王建侯，侯建廟，廟有器，器有銘。所以論譔先德，明著
後代，或書于鼎，或文于碑。古今之通制也。"③爲了更好地體現
其頌美功能，唐代墓誌銘中的部分銘文開始嘗試改變以四言爲
主的格局，採用三言、五言、六言、七言、雜言、騷體甚至散體，形
式不拘一格。在用韻方面，銘文也較鐘鼎銘文更加靈活。曾國
藩在評價韓愈所撰《乳母墓銘》時説："銘者，自銘也。自述先祖
之德善行誼，刻之金石，長垂令名，故字從'金'從'名'……總

---

① 　鄭玄注，孔穎達正義：《禮記正義》卷五七，上海：上海古籍出版社，2008年
　　版，第1891頁。
② 　鄭玄注，孔穎達正義：《禮記正義》卷五七，第1893頁。
③ 　白居易著，朱金城箋校：《白居易集箋校》卷七一，第3790頁。

之,銘也者,垂後著名之通稱,不分詞之有韻無韻,亦不分文之爲頌爲箴也。"①不僅如此,有的墓誌銘甚至還採用了重銘或後贊②的形式,也是爲了突出銘文在歌功頌德方面的意義。墓誌文體至唐代已經發展得相當成熟,以往墓誌銘的創作傳統在唐代也得到了繼承與發揚,誌文的功用主要在於叙事紀實,銘文的功用主要在於銘功頌德的分工也進一步凸顯,兩者在功能方面的差異是非常明顯的。

　　誌文與銘文功用的不同,還與其撰寫目的相關。古人設置墓誌銘的目的之一是防止陵谷變遷、用以標識墓地,這一目標主要靠誌文來實現,正如唐人李再所云:"夫誌者記也,懼陵谷變遷。"③除此以外,誌文的記事功能還體現在記載誌主的生平事迹,並使之流傳後世,即如唐人程恭己所云:"夫誌諸記也,不唯記墓,蓋記其行事,播於無窮。"④雖然徐師曾認爲一些墓誌文有潤飾太過之嫌,不少學者也認爲墓誌銘的創作中存在著"諛墓"現象,但按照唐人的觀念,大多數人却認爲他們所作之墓誌銘"可以信今傳後",故其重在紀實而一般不作虛美誇飾之辭,不僅"詞不假人,貴傳實録,忍哀紀事,豈曰言文"⑤"銜哀泣血,謹書其事,直紀年代,故不敢文"⑥等言語屢見於各誌文中,新出

---

①　韓愈撰,馬其昶校注:《韓昌黎文集校注》卷七,第 563—564 頁。

②　詳參本書第五章第三節"唐人合作撰文的協作形式"。

③　李再:《大唐故徵君史府君(光)墓誌銘》,見周紹良、趙超主編:《唐代墓誌彙編續集》,第 807—808 頁。

④　程恭己:《唐隴西李公故夫人瑯琊王氏墓誌銘》,見周紹良、趙超主編:《唐代墓誌彙編續集》,第 851 頁。

⑤　周紹良主編:《唐代墓誌彙編》,第 1682 頁。

⑥　周紹良主編:《唐代墓誌彙編》,第 2488 頁。

土《唐故京兆韋氏（鍊）權厝墓記》更是指出不爲虚誇之辭乃韋氏祖訓①。雖然誌文和銘文都含有褒美亡者的意圖，但同樣是褒美，體現在誌文與銘文中的比重是不一樣的。銘文的目的本來即以褒美爲主，是站在撰寫者立場對誌主的直接評價和頌美。故而唐人對於銘文的重視程度要高於誌文，大多數墓誌銘的題名有"墓誌銘并序"字樣。這種將"并序"用小字標出的形式，也從側面反映出誌、銘的功用是不能完全等同的。

正因爲墓誌銘的誌文和銘文具有不同的特點與功用，故而可以由不同的作者分别撰寫，這就是中古時期墓誌銘創作中時常出現的二人合作撰文現象。對此，本書第五章將作專門討論，此不贅。

四、誌文與銘文的相互關係

雖然誌文和銘文有著不同的特點和功用，但多數墓誌銘的誌文和銘文依然聯繫緊密，故而合之統稱爲"墓誌銘"。兩者之間的關係較爲複雜，可從多個層面展開論述，主要體現爲以下四個方面。

（一）銘文是誌文的重複或縮寫

有一類墓誌銘，誌主的生平經歷已悉數展現於誌文中，可供銘文發揮的空間極爲有限，故而銘文通常都很簡短，内容也僅是對誌文的簡單歸納或重複。如《唐陸君故夫人富春孫氏墓

---

① 該文文末云："懼陵谷遷變，故直書即事，用題年代。亦遵公之九世遺訓，不以文字虚飾之詞爲誌也。"見吴鋼主編：《全唐文補遺・千唐誌齋新藏專輯》，西安：三秦出版社，2006年版，第394頁。

誌銘》誌文中記載誌主孫氏的婦德和因病喪亡的情形時說："令
淑有聞，名傳四德……以大中四年遇疾，百藥無徵，□靈靡究，
即是歲仲夏月三日而終。"銘文則云："穆穆夫人，名傳四德，染
疾不愈，殁歸泉路。蒼芒山谷，冥冥九泉，恐年月□，誌銘列
塼。"①兩者表達的意思一致，細微差別不過在於銘文點明孫氏
乃因病不治而亡。其中"染疾不愈，殁歸泉路"對應誌文中的
"百藥無徵，□靈靡究"，而"名傳四德"更是直接襲用了誌文中
的成句，未作修改。更有甚者，整篇銘文完全脫胎於誌文，如
《慕容夫人（稚英）墓誌銘》誌文云："祖英，泉石怡神，煙霞養性，
無爲自樂，每暢春臺之懷；有待都捐，且安秋水之致。父遠，銅
駝人物，金谷英靈。"銘文第二章說："銅駝人物，金谷英賢。無
爲自樂，有待都捐。泉石怡抱，煙霞養年。"②幾乎全部襲自誌
文，僅個別字詞爲求押韻而有所改動。

　　當然，出現這種現象既與銘文作者的才力不足有關，也與
應用性文體的特徵相聯。墓誌銘與其他文體有所不同，它以飾
終頌德爲主要使命，同時要刻之於石，故而字數和内容都受到
一定限制。另外，無論是誌文還是銘文，都有既定的套路，前者
主要交代誌主的人生事迹，而後者則在交代事迹的同時兼有致
哀之意。不過，同爲事迹的交代，誌文重在叙述，銘文多爲概
括。陳尚君先生指出："應用文體必然有其程式化的特徵，碑誌
在這方面尤爲顯著……唐代新出墓誌顯示，因爲社會需求量太
大，在書儀一類應用文體範本著作通行的同時，碑誌也有一定

① 周紹良主編:《唐代墓誌彙編》，第 2278 頁。
② 周紹良主編:《唐代墓誌彙編》，第 791 頁。

的範本爲一般作者所參考,唐墓誌甚至出現過多次不同誌主的墓誌,而誌文大致相同,僅姓名生平稍有差別。"①當然這種情況通常只存在於下層文士爲普通人撰寫的墓誌銘當中,筆力雄健的大家,如韓愈、柳宗元等人創作的銘文,便很少襲用誌文中的成句。新出土韓愈所撰《大唐故盧夫人(子玉)墓誌銘》,誌文先介紹了盧子玉的世系、籍貫和婚姻狀況,接著説她"事舅姑苟有三善":"其一也:冬温暑清,晨興宵寐。其二也:有疾必嘗藥專侍,憂不頃離。其三也:精乎珍饌,能調烹飪。"爲人處事有四德:"恭順娣姒,謙敬親疏,育下寬平,寡言務簡。"而銘文中開頭四句云:"盧氏之女,朱公之妻,有四德矣,又三善兮。"並非對誌文的簡單重複,而是作了高度提煉和概括,接下來幾句,如"獨鶴哀唳,孤鸞悲棲""邙山壘壘,野雲凄凄"②等,更是傳遞出了作者對誌主去世的哀悼之情。

(二)銘文是誌文的補充

部分墓誌銘並未在誌文中將誌主的全部信息交代完整,因此需要在銘文中作進一步的申述與補充。唯有將誌文和銘文合而觀之,才是對誌主一生的完整記載和評價。韓愈所撰《河南府法曹參軍盧府君夫人苗氏墓誌銘》誌文即未對苗夫人的世系進行介紹,而是在銘文中作了補充:"赫赫苗宗,族茂位尊;或毗于王,或貳于藩。"又説:"爰初在家,孝友惠純。乃及于行,克媲德門。"不僅贊揚了她的德行,還附帶説明了其後代的情形,

---

① 　陳尚君:《新出石刻與唐代文學研究》,逢甲大學中國文學系主編:《六朝隋唐學術研討會論文集》,臺北:文史哲出版社,2004年版,第711頁。
② 　周紹良主編:《唐代墓誌彙編》,第2307頁。

進一步補充完善誌文中没有提及的信息。該誌誌文較爲簡略，銘文却頗爲翔實，以至於方苞得出了"韓公于婦人皆略于誌而詳于銘，可爲典則"①的結論。《唐故蓬州安固縣令孫君（建）墓誌之銘》的誌文僅交代了孫建的族出、仕歷和卒葬情况，其餘信息皆未言及，故而銘文又用"翰苑怡神，詞林賞趣，學優登仕，膺時濟務"②等語句對他的文學才華、科第情况和道德情操進行了補充説明。

（三）誌文與銘文各有側重

這是墓誌銘創作中最常見的情况，即誌文和銘文各自遵循其應有的特點和功用來撰寫，但相互之間仍有著重要的關聯。新出土《唐衛州新鄉縣人王君（僧）墓誌》，誌文詳於對王僧世系、行迹和卒葬情况的記載，而銘文則在抒發悲痛和惋惜之情方面不遺餘力："玉輪荆色，珠沉漢光。菊銷秋氣，蘭委春芳。墨池波冷，琴臺罷張……俄歸長夜，忽奄玄堂。千春萬古，記此封疆。"③《大唐鄧公（明）之墓誌》，誌文重點記叙他的族系、文采、爲人處事和喪葬情况，而銘文則著力凸顯傷逝之情："馬起扶桑，兔飢竄穴。海變成田，時遷改節。殘塋悲漢，高臺泣薛。隴劍徘徊，松風鯁咽。彼蒼者天，殲我良人。白駒疊疊，黄鳥繽繽。佳城授地，菖靈禭新。鐫硋砆而記德，彰令問於千春。"④將此類墓誌銘的誌文和銘文進行對比，我們可以發現，誌文中所

---

① 韓愈撰，馬其昶校注：《韓昌黎文集校注》卷七，第 549 頁。
② 周紹良、趙超主編：《唐代墓誌彙編續集》，第 190 頁。
③ 周紹良、趙超主編：《唐代墓誌彙編續集》，第 206 頁。
④ 周紹良、趙超主編：《唐代墓誌彙編續集》，第 221 頁。

述及誌主的世系、仕宦、婚姻、科第等個人信息，銘文中均不再提及，而是只對誌主的德行進行歌頌，並抒發對其逝去的哀悼之情。作者之所以採用這種寫法，是爲了凸顯誌文和銘文在文體分工和具體功用方面的不同。但兩者合在一起，才能全面地表現出誌主的人生經歷和作者對誌主的評價。

（四）誌文和銘文渾然一體

我們從新出石刻中還注意到，有一類墓誌銘的誌文和銘文關係較爲特殊。這些墓誌銘並没有清晰地分爲誌文和銘文兩個部分，故而兩者之間的界限模糊不清。一般情況下，這些墓誌銘通篇均採用四言或七言韻文寫成，無論在形式上還是功能上，誌文和銘文都有機地融合在了一起。就時代而言，無論在北朝還是唐代，都有這樣的實例出現，如北魏的《元定墓誌銘》《慕容纂墓誌銘》，唐代的《王氏殤女墓銘》等。但總體而言，這類墓誌銘不算太多，通盤考察六朝隋唐墓誌以後，更能將這類特殊的墓誌銘交代清楚。先來看《魏故使持節安北將軍恒州刺史墓誌銘》：

綿枝遼右，世董番邦。埋根百刃，抽幹雲峰。敷仁累葉，修德遐蹤。式遵兩儀，氏曰慕容。爲燕文明，六世大宗。膺圖納璽，受曆黄龍。鸞飛幽岳，鳳起山東。追堯盛軌，慕舜成功。淳風遠洽，九土咸同。五運中移，寶祚遷政。符瑞有歸，本枝猶盛。中山廣固，再隆大命。五世始安，弼燕廓定。導以六德，華夷改聽。如伊在殷，明超水鏡。如旦翼周，民慕其行。入秦作輔，移魏加敬。高祖章武，道風遐映。避難密謀，歸誠改姓。入列三槐，出鎮作

屏。恩齊冬日，威踰霜勁。唯機其神，獨播斯令。君稟三
祖，承茲重列。岐嶷體仁，唯明唯哲。如金百練，如玉不
涅。寬以懷衆，廉以自潔。寒松等操，霜柏並節。景行是
崇，敦義是悦。生知者鮮，猶君不絶。如泉自湧，豈云有
竭。大夏之材，待時而設。解素登朝，人務其桀。歟舜五
臣，嗟堯兩八。舒卷從時，不要顯拔。積智猶江，隨人堰
決。入侍盡忠，歷奉三主。推生遠使，積年寒暑。出内唯
允，恕效奇武。冀康四海，掃清九寓。思酬中興，刻石梁
甫。大功未登，奄焉淪緒。層峰落岫，良木安所。高堂晝
密，泉臺通宇。卜遠有期，桂酒空貯。修哉昊旻，綿矣莨
岨。眇邈坤官，永言誰與。人百可贖，悼此良輔。

　　君諱蓁，字承伯，河南洛陽人也。

　　大魏永安二年歲次己酉二月癸未朔十四日丙申。①

　　該文既不像尋常的墓誌銘那樣區分誌文和銘文，更没有明
顯的誌文和銘文的句式差異，與南北朝時期絶大多數墓誌銘的
寫法迥異。主體部分均用四言韻文寫成，兼具記事和致哀的功
能，只有誌題和最後一段用散體寫成，介紹誌主的諱字、籍貫和
喪葬時間。墓誌銘最基本的功能便是誌墓，但作者難以將誌主
的名字、籍貫等基本信息用韻文概括出來，所以才在文末添加
了簡短的説明性文字。

　　在這一點上，唐人顯然技高一籌，他們能夠將誌主的姓名、

_____

① 郭宏濤、趙振華、董炳磊：《偃師新出北魏慕容蓁墓誌及其書藝》，《書法叢
　刊》，2008 年第 3 期，第 34 頁。原録文中之串行和訛誤之處已據該刊第
　38—39 頁所載拓片校改。

世系、喪葬時地等全部概括進韻文之中，融入銘辭之內，最有代表性的乃《王氏殤女（容）墓銘》（圖二），該文不但沒有標題，而且最後也缺少《慕容蓁墓誌銘》那樣的説明性文字，通篇採用七言韻文寫成，以至於陳尚君先生徑直將其作爲詩歌收入《全唐詩補編》中。該文云：

> 王氏殤女其名容，名由儀範三德充，誦詩閲史慕古風。卑盈樂善正養蒙，是宜百祥期無窮，奈何美疢剿其躬。芳年奄謝午咸通，季夏二十三遘凶，翌月十八即幽宫。壽逾既笄三而終，晋陽之胄冠諸宗，厥考長仁命不融。外族清河武城東，中外輝焯爲世雄，今已矣夫石窆封。仲父刻銘藏户中，以紓臨穴嫂哀恫，古往今來萬化同。高高誰爲問圓穹，姑安是兮龜筮從，竢吉良兮從乃公。①

陳先生云："此方墓誌無序，銘文通篇爲七言韻文，與詩無異。在唐誌中頗罕見，故録出之。作者爲死者王容之仲父，'午咸通'即咸通三年壬午歲。"②由拓片可知，該墓誌銘僅在墓誌蓋上題有"唐故太原王氏女墓銘"字樣，誌石上則全爲七言韻文而無其他枝蔓文字。此種情形，也偶見於傳世墓誌銘中，如柳宗元所撰《趙秀才群墓誌》，全文亦用七言韻文寫就："嬰臼死信孤

---

① 周紹良主編：《唐代墓誌彙編》，第 2391 頁。按：此詩周紹良、陳尚君兩位先生録文各有錯誤。如："季夏"周本誤作"秀夏"，"仲父"誤作"仲文"。此兩處文字陳本雖然校録無誤，却將"既笄"誤作"及笄"，"哀恫"誤作"悲恫"。此處録文乃據丁念先藏拓本重新校録一過。
② 見陳尚君輯校：《全唐詩補編・全唐詩續拾》卷三一，北京：中華書局，1992年版，第 1152 頁。

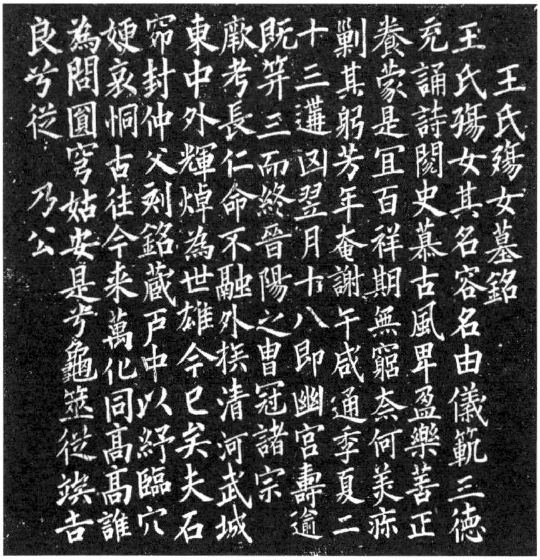

圖二　王氏殤女（容）墓銘

乃立，王侯世家天水邑，群字容成系是襲。祖某父某仕相及，嗟然秀才胡伋伋？體貌之恭藝始習。娶於赤水禮猶執，南浮合浦遽遠集，元和庚寅神永戢。問年二紀益以十，僕夫返柩當啓蟄，瀟湘之交瘞原隰。稚妻號叫幼女泣，和者淒欷行路悒，追初憫夭銘茲什。"①可見一些功力深厚的唐代詩人，不僅能將誌文和銘文融爲一體，還可以將其用詩的形式加以呈現，文學表現力已超邁前輩作家。

　　雖然絕大多數墓誌銘都是由誌文和銘文兩部分組成的，但其特點和功用顯著不同，正是這種不同導致了兩者在行文方式

---

① 柳宗元：《柳宗元集·外集》卷上，北京：中華書局，1979 年版，第 1348—1349 頁。

和語言形式上的差異。本節從上述幾個方面展開論述，説明誌文和銘文在文體意義上的區別與聯繫，不僅有助於學界深化對墓誌文體内部結構的認識，而且對於重新審視魏晋南北朝以後的文筆分野在唐代的離合情形也有一定的參考意義。

第三章　唐代墓誌生成的地域因緣及其文化内涵

　　地域文學的研究,是中國古代文學研究領域中一個極富開創性的選題。僅就唐代文學而言,近年即有相當一批代表性成果問世,如戴偉華先生的《地域文化與唐代詩歌》①、李浩先生的《唐代三大地域文學士族研究》②和業師胡可先先生的《唐詩發展的地域因緣和空間形態》③等。唐代文學之所以呈現出異彩紛呈的局面,與不同地域的自然風貌、社會習俗均有某種關聯。上述著作從不同側面對唐代文學生成和發展的地域因緣進行了多方位的展示。墓誌作爲新出土的重要文學載體,不同地區出土的墓誌銘在材質、形制與文化内涵等方面都或多或少帶有地域色彩,本章將選取幾類地域色彩濃厚的墓誌銘,專門加以

---

① 戴偉華:《地域文化與唐代詩歌》,北京:中華書局,2006年版。後經增訂,易名《地域文化與唐詩之路》,2022年仍由中華書局推出。

② 李浩:《唐代三大地域文學士族研究》,北京:中華書局,2002年初版,2008年增訂版。2022年陝西人民出版社三版。

③ 胡可先:《唐詩發展的地域因緣和空間形態》,北京:中國社會科學出版社,2010年版。後經修訂,易名《唐詩之路與文學空間研究》,2023年由中華書局推出。

論述，以期能夠更好地展現墓誌生成背後的地域因緣。

第一節　唐代墓誌的地域差異

古人設置墓誌銘的目的之一就是使誌主的事迹能夠傳諸久遠，垂示將來，墓誌的載體、形制等並没有一定之規，這也使得很多地區的墓誌可以因地取材，在載體和形制上帶有明顯的地域色彩。

一、地域對墓誌載體的影響

雖然我們今天所能見到的絶大多數唐代墓誌都是石質的，尤以質地精良的青石居多。但根據新出土的墓誌實物，我們可以確認，六朝隋唐時期墓誌的載體絶非只有石質一種，磚質、木質甚至泥質、瓷質的墓誌均在不同的地域範圍内得到了一定程度的使用。

石質墓誌是唐代墓誌的大宗，在印刷術尚未普及的時代，人們非常重視墓誌銘的記事功能，往往會對石材進行精心選擇。王芑孫自謂"嘗騎行燕趙間，睹道旁碑漫漶無字，疑其古碑。下馬視之，乃乾隆間刻耳。遇有摩挲積久，光澤如鏡而筆畫仍在者，必唐以前物。若《攝山明僧紹碑》《虎邱經幢》是也。唐人亦重其事，故魯公至載石以行，今則其傳絶矣。雖精擇撰人、書人，匪久旋滅，所賴獨其人文集流行天地間耳"①。他根據自己的親身經歷，將"唐以前物"和乾隆年間的石刻進行了比

---

① 　王芑孫：《碑版文廣例》卷三，見朱記榮輯：《金石全例》下册，第 191 頁。

較,認爲唐代的很多文章,特別是顏真卿一類名家的文章,多靠刻石得以廣爲流傳;而清代的許多石刻,縱然是由名家撰書者,也很快即湮滅無存。其中一個較爲重要的原因就在於漢唐時代和明清以後石刻的材質有著很大差異。

葉昌熾也曾經將唐及後代石材的優劣作過一番對比,[①]發現石材質地的優劣不僅直接關係文字的書、刻效果,還與碑石的生命力息息相關,進而影響到所刻文字的保存與流傳。緣此,漢唐時期人們才會極其重視石材的選擇,王芑孫就曾明確指出"古人重選石,故石能久存"。他還以漢代的武梁祠堂碑爲例,指出此碑雖然"累經桑海,而所刻至今可辨"[②]。刻於普通三年(522)的《梁故侍中司徒驃騎將軍始興忠武王(蕭憺)之碑》甚至在撰、書、刻字者之外,專門增列選石人的題署,以示對選石事宜的重視和負責:"侍中、尚書右僕射、宣惠將軍東海徐勉造。前正員將軍吳郡張□明監作。吳興貝義淵書,丹楊□賢明刻字。防閣吳興部元明石。"[③]因此,除非經過人爲破壞,六朝隋唐時期的很多墓誌乃至碑文雖歷千年而磨損較小,大部分文字尚能準確辨識。唐宋時期的儒家經典刻石有的至今仍保存得較爲完整,亦與所選石材質地精良有很大關係。

––––––––––––

① 他説:"余奉命度隴,道出西安,詣郡學碑林。見唐初刻石如廟堂、聖教諸碑,皆黝然作淡碧色,光如點漆,可鑑毫髮,扣之清越作磬聲,真良材也。吳越間古碑絕少,唐以後碑雖有存者,亦多淺蝕。若無屋覆,露處田野,其久也馴至漫漶無一字。燕趙間遼金幢多黃沙石,坳突不平。揭出之後,疣瘤遍體。石質尤脆者,歷年稍久,字面一層劃然蛇蛻,拂而去之,片片落如拉朽。"葉昌熾撰,柯昌泗評:《語石·語石異同評》卷六,第418頁。
② 王芑孫:《碑版文廣例》卷三,見朱記榮輯:《金石全例》下册,第191頁。
③ 毛遠明編著:《漢魏六朝碑刻校注》第3册,第181頁。

　　受地域因素的影響,除了石質墓誌以外,在常年乾旱少雨的吐魯番地區,磚誌得到了較多使用。據侯燦先生統計,二十世紀吐魯番地區共出土磚誌 328 方,二十一世紀以後又有少量發表,總數在 340 方以上。從製作時間上講,這些磚誌絕大多數都是麴氏高昌和唐西州時期的。"磚誌的製作方法,一般都經燒製成正方形或長方形,在其磚面上塗抹一層灰色、黑色、藍色或粉白色泥衣,然後在上面朱書、白粉書,更多的是墨書,有的是在刻劃界格後刻字,在刻字中填朱。這些磚誌資料能夠保存下來,主要得益於吐魯番盆地獨特的乾旱氣候和地理環境。"①磚誌表層所附的泥衣,出土後受到外界環境影響,極易龜裂起甲、脫落殘損;有的在出土前遭到水浸,一旦龜裂模糊、脫落殘壞,磚面文字就無法保留或辨認。現存吐魯番地區的磚誌,之所以大部分文字都能辨識,主要得益於該地區乾燥的氣候和地理環境。除了磚誌以外,泥質甚至木質的墓誌銘在吐魯番地區也曾有發現。②

　　唐代以後,江南地區較少使用磚誌,泥質和木質的墓誌銘更是難以想象,這也是由江南潮濕多雨的自然環境決定的。但除了通行的石質墓誌以外,在製瓷業發達的江南地區,還出現了另外一種質地特殊的墓誌——瓷墓誌。江南的幾個製瓷業發達的地區,如寧波、龍泉、景德鎮等地都曾出土過瓷墓誌,從時間上講,則跨越了從唐代到民國這一漫長的歷史時段。但就

<hr/>

① 侯燦、吳美琳:《吐魯番出土磚誌集注·前言》,成都:巴蜀書社,2003 年版,第 1 頁。
② 詳參中村不折:《禹域出土墨寶書法源流考》,北京:中華書局,2003 年版。

目前掌握的資料來看,瓷墓誌使用最爲集中的區域乃是浙江慈溪、餘姚兩市交界處的上林湖一帶。① 自二十世紀初至今,陸續出土了百餘件唐五代時期的瓷墓誌。② 瓷墓誌在上林湖地區得到了廣泛使用,形成了獨特的喪葬習俗,有的家庭還專門從事瓷墓誌的製作。如大中十一年(857)所立《任榮墓誌》即明確交代是任榮家屬親自燒製的:"然丘谷雖固,人世何常,自燒瓷器,

---

① 晚唐五代時期,慈溪和餘姚兩縣的管轄範圍出現過幾次大的變動。出土瓷墓誌最爲集中的幾個鄉,如上林鄉、梅川鄉即曾由慈溪劃歸餘姚。如乾化元年(911)去世的羅素,其墓誌銘結尾對上林鄉的變動情況有詳細記載:"去天祐四年歲次丁卯改爲梁朝開元元年。至戊辰(按:即開平二年,公元 908 年)改當鄉(按:即上林鄉)歸餘姚縣管係。"(慈溪市文物管理委員會辦公室、寧波市江北區文物管理所編:《慈溪碑碣墓誌彙編》,杭州:浙江古籍出版社,2017 年版,第 71 頁)但無論行政區劃如何改變,這幾個鄉都位於以上林湖、杜湖和梅湖爲中心的窯址群所覆蓋的範圍内,尤以上林湖周邊爲最。爲行文方便,本書均以上林湖地區統稱之。參屬祖浩編著:《越窯瓷墓誌》,上海:上海古籍出版社,2013 年版,第 22 頁。
② 隨著瓷墓誌的陸續出土,已有不少學者對新出土的部分瓷墓誌進行過專門的研究,如章均立:《上林湖地區出土兩件唐代瓷刻墓誌》,《文物》,1988 年第 12 期,第 90—91 頁;阮平爾:《唐光啓三年瓷質罐形墓誌及相關問題討論》,《東南文化》,1989 年第 2 期,第 172—175 頁;魯怒放:《餘姚出土一件唐代墓誌罐》,《文物》,1997 年第 10 期,第 83—84 頁。胡耀飛《姓望與家庭:瓷墓誌所見晚唐至宋初上林湖地區中下層社會研究》(王剛主編:《珞珈史苑·2014 年卷》,武漢:武漢大學出版社,2015 年版,第 100 頁)和屬祖浩《越窯瓷墓誌·前言》對先期的研究成果梳理甚詳,可參看。胡耀飛另有《晚唐五代浙東出土墓誌罐輯考》(黎小龍主編:《長江文明》,第 16 輯,重慶:重慶出版社,2014 年版,第 18—40 頁)一文,因撰於《越窯瓷墓誌》出版之前,故文中僅對之《上林湖越窯》所附之 10 件罐狀墓誌進行過輯録和研究。這些研究成果或偏重於瓷墓誌文獻的揭載,或側重於對誌主社會地位的分析,對我們了解瓷墓誌生成的背景有很大幫助。但從内容上對這百餘件瓷墓誌進行系統研究的論著尚付闕如。

兀而誌之,並爲劫終而不朽。"①而上林湖地區的大姓羅氏家族中甚至有多人擔任過瓷窑務作頭、都作頭等職務,直接管理當地的各類窑作坊。厲祖浩先生指出:"(他們)必定對製瓷、燒窑工藝非常熟悉,很可能他們本來就是技藝超群的窑工……所以這個羅氏家族應是製瓷世家,中晚唐時便從事窑業,至五代吴越時除擔任瓷窑務作頭、都作頭外,必定還有不少是普通窑工。"②上林湖地區新發現的一百多件瓷墓誌中,羅氏一姓就佔了10件,與這一家族長期從事瓷作坊的經營管理工作是密不可分的。單純從内容來看,這些瓷墓誌與中原地區的石質墓誌並無太大區別,但載體和形制却截然不同。

二、地域與墓誌形制的差異

墓誌載體的不同,也引發了墓誌形制的差異。吐魯番地區出土的磚誌和江南的瓷墓誌呈現出與一般石質墓誌不同的外形。由出土的實物來看,雖然大部分磚誌也燒製成方形或長方形,但製作較爲粗糙,既没有石質墓誌所配備的墓誌蓋,磚的四周通常也無紋飾。而磚誌上所塗的灰色、黑色、藍色或粉白色的泥衣則是石質墓誌不具備的。這些細節都造成了磚質與石質墓誌在外觀上的差異。

除了外觀,石質墓誌與磚質墓誌的寫刻方式也有很大區別。石質墓誌在選石以後還要經過一系列程序,如書丹、排字、刻字等,爲了防止出現錯誤,一些有條件的家庭還會專門請人

---

① 厲祖浩編著:《越窑瓷墓誌》,第98頁。
② 厲祖浩編著:《越窑瓷墓誌》,第25—26頁。

進行檢校。吐魯番地區出土的磚誌,正式一點的也往往先書丹後刻字,與石質墓誌的程序類似(彩圖二),更多的則是直接用漆書寫在墓磚上(彩圖三),有的甚至寫在泥磚或木板上(彩圖四),給人一種倉促成文之感。

江南地區出土的瓷墓誌,最初深受石質墓誌影響,呈方形或長方形樣式。目前所知最早的瓷墓誌,爲唐代證聖元年(695)的《虞希喬墓誌》(彩圖五),該誌大致仿照漢晋時期墓碑的形制,碑首、底座乃至碑穿等一應俱全。碑穿的左右兩側還分別題有"虞君""墓記"四字;碑之底部甚至還有榫,安插在龜趺座之上。而稍晚於此誌的《虞照乘墓誌》(彩圖六),酷似石質墓誌,文字刻於一塊方形瓷板之上,長、寬均 39 釐米。這兩方墓誌都劃有明顯的界格,文字用雙刀刻製而成,應該是先用瓷土製成泥板,然後再書丹、刻字並入窯燒製。這是當地居民利用先進的製瓷工藝創造的新型墓誌載體。由這兩個實例可以看出,最初的瓷墓誌都是在努力模仿石質墓誌,做成小碑形或方形的樣式,但很快即被罐狀墓誌取代,瓷墓誌也隨之進入了一個新的發展階段。

罐狀的瓷質墓誌,至遲在開成年間就趨於成熟,撰於開成二年(837)的《羅府君妻沈氏墓誌》(彩圖七)即刻在了一隻方口圓底的瓷罐上,並有近似方形的蓋子,蓋子四周還有裝飾性的花紋圖案。這一樣式在當時得到了較爲廣泛的運用,如開成四年(839)所立《羅倩妻王氏墓誌》與會昌三年(843)所立《羅阡妻范氏墓誌》,均採用了這種形式。除了方口圓底的瓷罐以外,墓誌罐還有圓形、方形、六棱形、八棱形、多棱形等多種形狀,並且多角瓶、雙系罐等也多用作墓誌載體。[①] 瓷墓誌的寫刻方式也與石質墓誌和吐魯番磚誌有所不同,乃是事先在半乾的泥胎上刻好墓誌銘的內容,再入窯燒製。這樣燒製出來的文字,筆畫清楚,易於辨認。隨著製瓷工藝的發展,到中晚唐時期,人們開始對瓷墓誌上釉,更加利於文字的保存,整個瓷器也歷經千年依然觸手如新。

即使同爲石質墓誌,不同地域出土的墓誌銘,其形制也不盡相同,某些地區的墓誌甚至帶有極爲濃郁的地域特徵。我們此處舉晉東南出土的一批墓誌銘爲例加以説明。西安碑林博物館和河北正定施榮珍女士均藏有一批長治、晉中一帶出土的唐代墓誌,雖然從材質上來講,這些墓誌與其他地區出土者無異,均爲石質,形制却較爲獨特:有的在墓誌蓋四周刻有挽詩,有的在墓誌蓋正中帶有凸出的浮雕或者刻有鋪首圖案。

墓誌蓋正中雕刻異形圖案的做法出現時間很早,北魏時期即有用例。高浮雕異獸,至遲在隋代開皇四年(584)也已出現(彩圖八)。山西襄垣出土的大業三年(607)《浩喆墓誌》,誌蓋正中則有一高浮雕異獸。自此以後,這一做法逐漸在晉東南地區流行起來,自唐代初年到晚唐五代時期均有用例。[②] 筆者近來得到幾方山西高平市出土的武周時期的墓誌拓片,均在墓誌蓋正中刻有凸出的鋪首。墓誌蓋題刻挽詩也是澤潞地區出土

---

① 厲祖浩編著:《越窯瓷墓誌》,第 3 頁。
② 有學者認爲山西澤潞地區墓誌蓋雕刻鋪首是中晚唐時期才出現的特殊現象,並將其出現的原因歸結爲武宗滅佛之後,部分流落到澤潞地區的道士將道教的知識與技術帶到了民間,不確。

墓誌中所獨有的現象。據梁海燕統計,這批詩歌總共有 24 首,①均刻在墓誌蓋四周,呈環形分佈,中間題刻墓誌標題(彩圖九)。墓誌蓋題詩現象不僅從唐初一直持續到晚唐五代時期,甚至延續到了宋初,筆者藏有多方晋東南出土的宋代墓誌拓片,墓誌蓋上依然刻有挽詩。

三、地域與墓誌的文化内涵

墓誌所要表達的文化内涵也與墓誌的形制息息相關。受到載體的局限,磚質和瓷質墓誌上的文字多較爲簡短,兩者均長於記事而略於抒情。特別是吐魯番地區出土的磚誌,就内容而言,相當一部分與秦漢時期的刑徒瓦誌頗爲接近,僅能起到誌墓作用,文學屬性受到了較大影響。但有限的文字之中却包含著某一區域獨特的文化内涵。

首先,可以揭示不同地區的喪葬習俗。

墓誌本來就是喪葬禮典中的重要環節,一個地區的喪葬習俗往往能夠通過墓誌的記載得到反映。查閱新出土的吐魯番磚誌可以發現,該地區大多數人從喪亡到埋葬的時間間隔極短,長的不過十餘日,短的只有幾天甚至更少。如作於乾封二年(667)的《王歡悦夫人麴氏墓誌》記載誌主:"乾封二年十二月九日卒於私第,春秋七十,即以其年其月十一日,葬於斯墓。"②麴氏去世後的第三天即下葬,在如此短的時間内,像中原地區

---

① 梁海燕:《唐人墓誌蓋題詩考論》,《中國典籍與文化》,2011 年第 4 期,第 9—11 頁。
② 侯燦、吳美琳:《吐魯番出土磚誌集注》,第 536 頁。

那樣經過嚴格的選石、撰文、書丹、刻字等程式製作規整的石質墓誌，幾乎是不可能的。這也從客觀上要求她的墓誌只能簡單化處理——直接用朱筆書寫在墓磚上。吐魯番地區甚至有去世當天即馬上入葬者，如作於龍朔二年（663）的《氾武歡墓誌》記載氾武歡於龍朔二年十二月二十九日去世，又云："即以其日葬於斯墓也。"①由這些記載也可以看出吐魯番地區講求速葬的風俗應該較爲流行，這也是造成該地區的墓誌銘多直接在燒製好的墓磚上書寫的重要因素。由此，也促使吐魯番地區出現了衆多形制特殊的墓磚。

　　晋東南新出土墓誌蓋上所刻的八卦符號、鋪首和墓誌蓋題詩均爲唐代澤潞地區特有的現象，也具有較爲獨特的文化内涵。這些題刻反映出唐代澤潞地區的宗教信仰和喪葬習俗。王慶衛等人認爲墓誌蓋上的鋪首紋飾是胡漢溝通、宗教圓融的結果："在特定的地域文化中，融合不同的知識信仰的元素發展而成的。把與不同宗教相關的圖像安排在一件葬具上，既反映了墓主、家屬或設計者宗教信仰的多元化，同時還體現出這樣一種喪葬信仰：即對死者來説，不論是神仙道教的仙界洞天，佛教的極樂世界，還是祆教的光明天堂，同樣都是令人嚮往的樂土。"②劉天琪認爲晋東南出土的刻有挽歌、鋪首等形制特殊的墓誌銘，受地域喪葬習俗的影響較爲明顯："從誌文上分析，墓主身份等級都不高，没有顯赫家世和官職，男女都有，表明這些

---

① 　侯燦、吳美琳：《吐魯番出土磚誌集注》，第 506 頁。
② 　王慶衛、韓釗、傅清音：《唐代墓誌誌蓋鋪首紋飾之文化意藴探析——以碑林新藏墓誌爲例》，《文博》，2012 年第 5 期，第 31 頁。

特色墓誌僅爲個體作坊所爲,僅爲地域風格,没有普遍意義,與誌主的性別、身份也無關聯,喪家之所以樂於接受,只能與地域喪葬習俗傳統相關。"①梁海燕也認爲晋東南出土墓誌蓋上題刻的挽詩與當地的喪葬習俗密切相關:"24 首唐人墓誌蓋題詩,準確地説,乃是唐五代時期在潞州地區(或稱上黨郡)流傳的與當地民間的喪葬禮俗相結合的哀祭挽詩,是唐五代民間詩歌文化的珍貴標本。""出土於潞州、上黨地區的唐人墓誌蓋哀挽詩歌則體現了與該地區喪葬禮俗結合的詩歌文化形態。"②上述學者均從不同角度對墓誌蓋上的這些題刻與喪葬習俗的關係進行了探討。從時間上來講,這一喪葬習俗在澤潞地區應該得到了很好的保護和傳承,故而墓誌蓋上的鋪首和題詩能夠在整個隋唐五代直至北宋初期的墓誌銘中都有發現。

其次,可以考察新出墓誌特殊的隸事功能。

浙江新出土的瓷墓誌,雖然多數文字也較爲簡短,在記事方面却有其獨特的價值,絶大多數瓷墓誌對瓷誌的由來、墓地的四至以及買賣情況等,都有所反映。作於唐光化三年(900)的《王弘達妻馬氏墓誌》即對墓地的買賣情形有著詳細記載:"其墓地,夫主王弘達去中和五年十月十三日,於馬氏堂弟馬弁邊買得當湖北山保内荒廢桑園,用爲墓田。"同時還交代了墓地的四至:"東至湖,南至舊屋基塒,西至橫古路及馬申塚科泥涂,

---

① 劉天琪:《挽歌、鋪首、八卦符號與墓誌蓋題銘——以新發現的晋東南地區唐代墓誌紋飾爲研究重點》,《美術學報》,2011 年第 5 期,第 59 頁。
② 梁海燕:《唐人墓誌蓋題詩考論》,第 14 頁。

東西直出至湖，北至湖及馬三叔塚。"①作於大中十一年(857)的
《陸府君妻宋氏墓誌》也對墓地的由來和四至進行了詳細記錄：
"定於明州慈溪縣上林鄉石仁里馬家嶼買得楊貞退桑園，永充
墓田。東至馮玩墓，向南取馬舉界直出至溪；西至欑樹，直上山
取北界馬及山養際杉樹爲界，從欑樹直出向南取溪邊樧盂柿樹
爲界；南至溪；北至馬及杉樹山養墩際，橫過向東至翁殷母塚後
步數外至馮玩墓爲界。寢内有翁殷母塚一所，東至馮玩墓，西
從翁殷母塚心量取三丈七尺，南從塚中心向南取三丈，北至從
塚後取一丈八尺爲界。有件三至，各從小尺，並是翁殷母塚。"②
幾乎所有的瓷墓誌都對此有或詳或略的記載，即便是一些文字
極爲簡短的墓誌銘，也會用相當長的篇幅交代墓地的四至。如
作於貞元十八年(802)的《錢羅侯墓誌銘》，全文僅九十六字，但
仍用了六分之一的文字記載墓地的四至："東至大溪，西至嶺，
南至嶺，北至范昌墓。"③寧波地區出土的其他部分石質和磚質
墓誌中對此也有反映，④由此可見，交代墓地買賣詳情以及墓地
的四至，是上林湖地區的主要葬俗之一，尤以瓷墓誌中體現得

---

① 厲祖浩編著：《越窯瓷墓誌》，第 142 頁。

② 厲祖浩編著：《越窯瓷墓誌》，第 96 頁。

③ 厲祖浩編著：《越窯瓷墓誌》，第 50 頁。

④ 如開成五年(840)的《姚姿墓誌銘》文末即交代了墓地的由來和四至："其地
於劉興邊買淂，東至魏期，西至坑北，從檀石取南六十八大步。"(章國慶編
著：《寧波歷代碑碣墓誌彙編》，上海：上海古籍出版社，2012 年版，第 26 頁)
開成元年(836)的《丁廣訓墓誌銘》文末對其墓地的四至也有明確交代："東
至浦，西至路，南橫塘，北藕池。至内長史手植松柏八十株，水田二十畝。"
(章國慶編著：《寧波歷代碑碣墓誌彙編》，第 21 頁)由此可見當時墓園的佔
地面積還是相當大的，故而喪家都會極爲鄭重地在墓誌銘中交代其來源和
四至，成爲當地的喪俗之一。

最爲明顯。

最後，可以闡述新出墓誌銘的文學内涵。

浙江新出土的瓷墓誌，在文學性上雖仍遜於石質墓誌，但要比吐魯番地區出土的磚誌略强，大多數墓誌都有用以誌哀的銘辭，有的還不止一首。大和六年（832）《羅韋伍及妻沈氏墓誌》的銘辭寫得淒婉動人，極具文學色彩："維岳降神，生甫及申。江嶺峻秀，曷無其人。渤澥矗雲，隈嶼岩巒。九原荒隴，萬歲長寒。悲潸浩浩，喬木漫漫。芳蘭灰燼，玉貌無還。男女號慟，翠竹成斑。"[①] 作於開成三年（838）的《羅清湛墓誌銘》與龍德二年（922）的《卓從墓誌》，均有兩首銘辭。後唐《楊從魯墓誌銘》的銘辭，更是多達五首，可以説將墓誌銘的哀挽功能發揮到了極致。

毫無疑問，晋東南新出土墓誌蓋上的題詩，不僅同樣凸顯了墓誌的哀挽性質，對於墓誌誌哀功能的拓展也有重要意義。自《西安碑林博物館藏碑刻總目提要》[②]出版以來，學界已有多篇論文專門研究墓誌蓋上的題詩，先後輯得佚詩 24 首。[③]此後，

---

① 厲祖浩編著：《越窑瓷墓誌》，第 58 頁。

② 陳忠凱等編著：《西安碑林博物館藏碑刻總目提要》，北京：綫裝書局，2006年版。

③ 輯錄較早者有金程宇和陳忠凱，然最初所録僅有五首。金程宇《新見唐五代出土文物所載詩歌輯校》原爲提交浙江工商大學舉辦的"東亞文化交流的源流"會議論文（2007 年 9 月，杭州），後收入氏著《稀見唐宋文獻叢考》，北京：中華書局，2009 年版，第 204 頁。陳忠凱、張婷：《西安碑林新藏唐—宋墓誌蓋上的挽歌》，《出土文獻研究》，第 8 輯，上海：上海古籍出版社，2008 年版，第 292—302 頁。其後胡可先、王慶衛、梁海燕等均續有所得，其中尤以梁海燕所得爲最，共輯録唐代墓誌蓋題詩 24 首，爲討論方便起見，先將這批詩歌按時間順序校録如下：

筆者也寓目過多首。通過比較，我們可以發現很多詩歌都按程
式化的套路寫成，如"劍鏡匣晴春""陰風吹黃蒿""篆石纘文清"

1.劍鏡匣晴(一作情)春，哀歌踏路塵。名鐫秋(一作金)石上，夜月照孤墳。

2.明神無所鑒，貞良命不延。送終從此隔，號慟別墳前。

3.陰風吹黃蒿，蒼蒼渡春水。貫哭慟哀聲，孤墳月裏。

4.陰風吹白陽(楊)，蒼蒼度秋水。冠哭送泉聲，孤墳月明裏。

5.篆石纘文清，悲風(一作凉)落淚盈。禮泉彰孝道，幽壤萬年名。

6.兒女□(慟)聲哀，玄堂更不開。秋風悲壟樹，明月照墳臺。

7.陰風吹殘陽，蒼蒼度秋水。車馬却歸城，孤墳月明裏。

8.灑淚別離居，孤墳恨有餘。銘松春石上，殘葉半凋疏。

9.篆石記文清，悲風落淚溢(盈)。哀哀傳孝道，故顯萬年名。

10.人生渝若風，暫有的歸空。生死罕相逢，苦月夜朦朧。

11.冥寞夫人路，哀哥(歌)是宋鐘(送終)。目玄(眩)寒樹影，聲散叫長空。

12.陰風吹黃蒿，挽歌渡西(溪)水。車馬却歸城，孤墳月明里。

13.兩劍匣青春，哀歌踏路塵。風悲隴頭樹，月吊(一作照)下泉人。

14.片玉琢瓊文，用旌亡者神。雲埋千陌塚，松鎖九泉人。

15.墳樹草欺(萋)斜日落，斷洪(鴻)飛處西風愁。雲連樂慘哀聲發，苦痛人和潾淚流。

16.三代幽兒(?)葬此園，神靈潛隱車光煙(?)。□□□流黃泉下，萬古千秋□□墳。

17.殘月照幽墳，愁凝翠岱雲。淚流何是痛，腸斷復銷魂。

18.父子恩情重，念汝少年傾。一送交(郊)荒外，何時再睹形。

19.逝水東流急，星飛電忽光。奄喪悲年早，永別與天長。

20.松柏韻增哀，煙雲愁自結。靈車逝不回，泣慕徒嗚咽。

21.白玉奄(掩)泉臺，千秋無復開。魂名何處去，空遣後人哀。

22.生前名行契，歿後與誰論。一劍歸長夜，人間去主(住)分。

23.杳杳歸長夜，冥冥□壟丘。德風雕萬載，松柏對千秋。

24.嶺上卷舒雲勢捴，橋邊嗚咽水聲愁。人生到此渾如夢，一掩泉臺萬事休。

按：由於同一首詩歌會在多方墓誌蓋上反復出現，所以實際刻有挽詩的墓誌蓋遠遠超過24方，已經多達70餘塊，從中也可看出墓誌蓋題詩在澤潞地區使用範圍之廣泛。

等幾首，都曾在多塊墓誌蓋中反復出現，只不過隨著埋葬時令以及景物的變化，替換了若干典型意象。這類詩歌的内容與誌文本身並無多大關聯，或許僅僅是刻工遵循當地墓誌蓋製作的慣例加以雕刻，起到裝飾或哀挽的功用而已。但也有些墓誌蓋題詩與誌文内容聯繫較爲緊密，應當是作者刻意爲之的結果。如貞元十五年（799）《郭遠墓誌銘》墓誌蓋題詩云："明神無所鑒，貞良命不延。送終從此隔，號慟別墳前。"而誌文中説："遂感鄉城哀慟，鄰里悲號。嗣子……等，神受忠良，天滋仁孝。生盡其養，没盡其哀。"銘文中也有"秋風明月墳邊照，一閉松門經幾春""一死長往，士庶哀哉"①等語句，極力營造一種悽楚感傷的氛圍。墓誌蓋題詩中的部分語彙，如"貞良""號慟"等也化用了墓誌銘中的相關内容。"兒女□（慟）聲哀"一首，也與《孫昊及妻關氏墓誌銘》的内容極爲契合。該墓誌銘是孫昊夫婦的遷葬誌，孫昊於大中七年（853）先行去世，關氏去世於咸通十一年（870），墓誌銘中記載其子孫："哀感四鄰，供崇葬事。今尅用咸通十一年九月廿一日再發靈魂，遷窆於府城西。"②墓誌蓋題詩中所説"兒女□（慟）聲哀，玄堂更不開"完全是根據墓誌銘的内容凝煉而成。在全部 24 首墓誌蓋題詩中也未找到與它們雷同或相似的詩歌。由此亦可推測郭遠和孫昊夫婦墓誌蓋上的題詩乃是作者根據墓誌銘的内容精心結撰而成，使得墓誌蓋題詩與墓誌銘正文密切相關，不僅從客觀上强化了墓誌銘的誌哀功能，同時也拓展了墓誌銘文學内涵的表達空間。

---

① 西安碑林博物館編：《西安碑林博物館新藏墓誌彙編》，第 595 頁。
② 西安碑林博物館編：《西安碑林博物館新藏墓誌彙編》，第 844 頁。

四、結　語

近年來,新出墓誌銘的研究雖然較爲興盛,但學者關注的多是文字本身,對於墓誌形制以及特殊形制的墓誌所透露出的地域文化、民俗、宗教等方面的價值探討較少。本節即以吐魯番、晉東南和浙江上林湖地區出土墓誌的差異爲切入點,對這一特殊現象進行了初步考察,以期能夠引起相關學者的重視。

人們最初設置墓誌銘的目的很簡單,主要是標識墓地,起到防止陵谷遷變的作用,對於墓誌銘的材質、行文方式以及外在形制等方面並沒有特別的規定。然而,作爲六朝隋唐時期極爲盛行的飾終禮典,墓誌銘在傳播流佈過程中,受到了不同地區的自然環境、喪葬習俗以及宗教信仰等因素的影響,很多地區的墓誌銘無論是材質、形制還是内容都呈現出明顯的地域特徵,與其他地區的墓誌迥異。

通過考察地域因素對墓誌形制的影響,我們不僅可以了解到這些特殊墓誌形成的基本要素,還可以進一步揭示它們在其他方面的價值。吐魯番地區的墓誌有相當一部分均直接書寫在墓磚上,這一形式爲我們考察當時的民間書法提供了更加直觀的書證。中村不折《禹域出土墨寶書法源流考》在介紹西域出土的《崔瑛墓誌銘》時說:"玄宗開元十七年寫。長一尺五分,寬一尺。灰白色磚面有漆書。共十六行,行十七字。隸書。"隨後又對其書風給予了極高的評價:"書風秀潤雄渾,頗存古意,有六朝人之筆風。若不是有明確記載的年號,不論何人,都會將其認作六朝人之書。"①江南地區的瓷墓誌雖然保留了寫刻形式,但是與一般的石質墓誌相比,還是有很大不同,瓷質墓誌大多是用硬筆直接在半乾的泥坯上刻字,較之先書丹後雕刻的石質墓誌,更多地保留了當時民間書法的原始形態。因此吐魯番磚誌和江南瓷墓誌還具有較高的書法史方面的意義。

第二節　浙江出土瓷墓誌生成的地域因緣與文化内涵

自二十世紀初期至今,作爲瓷墓誌使用最爲集中的區域,浙江慈溪、餘姚兩市交界處的上林湖地區先後出土了百餘種唐五代時期的瓷墓誌。這批瓷墓誌的發現,不僅有助於我們進一步認識古代墓誌銘生成的地域因緣,也爲我們了解其文本特徵以及當地的喪葬習俗,提供了非常珍貴的樣本,因而具有豐富的文學和文化内涵。

一、上林湖地區新出瓷墓誌生成的地域因緣

瓷墓誌在上林湖地區集中出現,與當地缺乏優質的石材和製瓷業的高度發達都有密切關係。江南地區濕潤多雨,土質也較潮濕,並且大多屬於酸性的黏壤土,非常容易起腐蝕作用。加之江浙一帶本來即缺乏質地優良的青石,所以"今所見大多數墓誌爲石灰巖,長期侵蝕,字迹剥落,漫漶不清,甚至誌文全不可見。這些墓誌放在墓内,發現時往往被誤作石板或石案,

---

① 　中村不折:《禹域出土墨寶書法源流考》卷下,第 111 頁。

而不知爲墓誌"①。雖然羅先生論述的主要是六朝墓誌的情形，而唐代亦基本如此：其一，南方出土的墓誌數量非常少，無法與中原地區，特别是河南、陝西、山西等省相媲美；其二，出土的石質墓誌雖然較六朝爲多，然被腐蝕的痕迹明顯，漫漶不清之處俯拾即是。石材的匱乏也迫使一些下層民衆就地取材，上林湖一帶新出土的瓷墓誌就可以視作這方面的代表。

上林湖地區新出土的瓷墓誌，目前所能見到者，約有一百零四件。② 這一帶是唐宋時期越窯的核心産區，現已發現的越窯遺址，即多達一百七十餘處。瓷墓誌之所以會在這一帶得到廣泛使用，與當地製瓷業的高度發達密不可分。這可以從誌主的歸葬地與身份兩個方面得到印證。

據厲祖浩統計，《越窯瓷墓誌》所收録的九十三件瓷墓誌中，六十三件有明確的出土地或埋葬地，其中有六十件位於以上林湖爲中心的鳴鶴鄉、上林鄉、梅川鄉和龍泉鄉。③ 而《慈溪碑碣墓誌彙編》一書中新披露的十一件瓷墓誌則全部位於上林鄉（七件）和鳴鶴鄉（四件）境内。現存的一百七十餘處窯址也全位於上林、鳴鶴和龍泉三鄉。可見誌主的歸葬地與越窯遺址的分佈情況高度吻合。筆者還發現有二十八件瓷墓誌明確記載了墓地的四至（見表 3-1）。因上林湖一帶於二十世紀五十年代建成上林湖水庫，周邊的自然環境已然發生巨大的改變，否則借助發達的現代技術手段定位墓誌中所載的墳墓四至，我們

① 羅宗真：《魏晉南北朝考古》，北京：文物出版社，2001 年版，第 149 頁。
② 《越窯瓷墓誌》公佈 93 件，《慈溪碑碣墓誌彙編》新公佈 11 件。
③ 厲祖浩編著：《越窯瓷墓誌》，第 21 頁。

或許可以找到這些墓葬的確切位置。

　　部分誌主的身份也直接或間接地透露出上林湖一帶瓷墓誌的集中出現,與當地發達的製瓷業有非常直接的關聯。相當一部分誌主本人或者家族成員都是熟練的窯工,本身就能夠燒製瓷器,他們去世後,也基本上由家人親自爲其燒製墓誌。如作於大中十一年(857)的《任榮墓誌》,即在文末明確交代該墓誌罐乃是由家屬燒製而成:"然丘谷雖固,人世何常,自燒瓷器,兀而誌之,並爲劫終而不朽。"①上林湖地區的大姓羅氏一族中有多人均曾擔任過瓷窯務作頭與都作頭等職務,直接管理當地的窯業作坊。如作於宋開寶七年(974)的《羅坦墓誌》就明確記載:"羅三十七郎諱坦,父諱受。父是太粗肇啓,毀家爲國之時,立肱股於上林,與陸相公同置窯務。造梁皇太廟,紺宇周圓。建西院□□□林,殿堂儼偹。粗朝納職拜十將階其□作頭。羅三十七郎資次承廈,同心共贊邦家,□省作頭,轉同散將。五朝爲國,□今□十□年。"②上林湖地區新發現的一百零四件瓷墓誌中,羅氏一姓即佔了十件,恐怕與羅氏家族長期從事瓷作坊之經營與管理密不可分。他們"必定對製瓷、燒窯工藝非常熟悉,很可能他們本來就是技藝超群的窯工……所以這個羅氏家族應是製瓷世家,中晚唐時便從事窯業,至五代吳越時除擔任瓷窯務作頭、都作頭外,必定還有不少人是普通窯工"③。因此,羅氏家族成員的墓誌多燒製成瓷質墓誌罐自然也就不足爲奇了。

---

① 厲祖浩編著:《越窯瓷墓誌》,第 98 頁。

② 厲祖浩編著:《越窯瓷墓誌》,第 196 頁。

③ 厲祖浩編著:《越窯瓷墓誌》,第 25—26 頁。

　　與羅氏家族類似的還有俞氏家族，新近出土的《大吳國會稽府餘姚縣故俞氏府君勾押墓銘》即記載其曾祖、祖、父三代都曾"效省瓷窑之職"，而誌主也得以"充省瓷窑都勾押之行首也"，其次子從皓亦"充瓷窑勾押"。① 從墓誌的記載來看，俞氏祖孫五代都擔任瓷窑勾押的職務，因此他們去世之後，家屬爲其燒製瓷質墓誌，也有諸多便利。更有甚者，且詮於咸通七年（866）去世之後，其家屬竟然將幾乎完全相同的誌文，刻在兩件造型不同的墓誌罐上，更是凸顯出了製瓷業的發達給當地人燒製瓷墓誌帶來的便利。

二、上林湖地區新出瓷墓誌之特殊形制

　　上林湖新出土的這批瓷墓誌，在形制上與中原地區的石質墓誌有很大差異。只有少數幾件模仿中原地區的石質墓誌，燒製成小碑形或方形，個別的則燒製成方形瓷磚或長形瓷瓦等較爲實用的樣式；而絕大多數則呈糧罌狀或罐狀，也有一些被燒製成四方塔形或經幢，均與石質墓誌迥異。

　　由於石材的不足與製瓷業的發達，上林湖一帶的居民往往就地取材，通過燒製瓷板來彌補石材的不足。也有不少人在去世之後，家屬擔心"地改人移"，也很願意"託誌記於瓷器"。② 實際上，最初的瓷墓誌受北方石質墓誌影響比較大，多燒製成方形或長方形的樣式。目前所見最早的瓷墓誌，爲唐代證聖元年

---

①　厲祖浩編著：《越窑瓷墓誌》，第 192 頁。

②　新出土《余行周墓誌》，載慈溪市文物管理委員會辦公室、寧波市江北區文物管理所編：《慈溪碑碣墓誌彙編》，第 64 頁。

(695)的《虞希喬墓誌》，該誌基本上仿照墓碑的形狀，有碑首、底座與碑穿。而碑穿的兩側，分題"虞君""墓記"；碑的底部則有榫，安插在龜趺座之上。時間略晚的《虞照乘墓誌》酷似石質墓誌，碑文刻於一塊長、寬均爲 39 釐米的方形瓷板之上。兩方墓誌均有明顯的界格，文字則是用雙刀刻製，應該是先用瓷土製成泥板，然後再書丹、刻字，入窯燒製。這是當地居民利用先進的製瓷工藝創造的新型墓誌載體。

這兩方墓誌均刻於初唐，無論是外在形制、行文方式，還是内容、結構都酷似北方的石質墓誌。可見，早期的瓷墓誌基本上是在模仿中原地區的石質墓誌。此後百餘年間，上林湖地區瓷墓誌的内容雖然較前期有所變化，但外在形制還是以方形或長方形爲主，依然可以看作是對北方石質墓誌的模仿。貞元至大和年間的墓誌多燒製成方形瓷磚或長形瓷瓦等較爲實用的樣式。如作於元和三年(808)的《沈莊妻俞氏墓誌》、作於大和六年(832)的《羅希攜妻沈氏墓誌》與《羅韋伍及妻沈氏墓誌》都燒製成近似方形的瓷磚，"尺寸與同時期的粘土磚墓誌相近，也與小規格的石質墓誌相近"[1]。同樣作於大和六年的《王妃墓誌》，則被燒製成瓷瓦的樣式，且文末也有比較明確的交代："王氏亡天，倉(創)是瓷瓦。"[2]形制上已與最早的瓷墓誌有了一定區別。

---

[1] 厲祖浩編著：《越窯瓷墓誌》，第 6 頁。
[2] 厲祖浩編著：《越窯瓷墓誌》，第 60 頁。

　　上林湖地區有著長期生產瓶、罐、壺等罐狀器皿的歷史，[①]從大和年間起，窯工們逐漸捨棄方形或長方形瓷板式的墓誌，開始燒製罐狀瓷墓誌。雖然罐狀墓誌的燒製工序遠比瓷板複雜，但因其可以利用殘破的坯件進行再加工，[②]且有更大的自由發揮空間，故日益受到窯工和喪家的追捧，瓷墓誌也隨之進入了一個新的發展時期。

　　中國古代鑄器以紀功的傳統非常早，上古時期的鐘鼎文即是代表。《禮記·祭統》中説："夫鼎有銘，銘者，自名也，自名以稱揚其先祖之美，而明著之後世者也。爲先祖者，莫不有美焉，莫不有惡焉。銘之義，稱美而不稱惡，此孝子孝孫之心也，唯賢者能之。銘者，論譔其先祖之有德善、功烈、勳勞、慶賞、聲名，列於天下，而酌之祭器，自成其名焉，以祀其先祖者也……夫銘者，壹稱而上下皆得焉耳矣。是故君子之觀於銘也，既美其所稱，又美其所爲。"[③]又説："古之君子，論譔其先祖之美，而明著之後世者也，以比其身，以重其國家如此。子孫之守宗廟社稷

---

① 越窯產品的樣式繁多，無論是早期的鐘（酒器）、五管瓶、堆塑罐，還是直到唐代都產量較多的罍、碗、罐、鉢、瓶、雞首壺等均爲罐狀，具體可參考章金焕編著：《瓷之魂——越瓷瑰寶》，杭州：浙江大學出版社，2009 年版。唐人對於越窯產品的題詠也多爲甌、瓶等罐狀瓷，如皮日休在《太湖詩·以毛公泉一瓶獻上諫議因寄》中説："素綆絲不短，越甌腹甚便。"曹寅等編：《全唐詩》卷六一〇，上海：上海古籍出版社，1986 年版，第 1545 頁。許渾在《晨起二首》中云："蘄簟曙香冷，越瓶秋水澄。"曹寅等編：《全唐詩》卷五二八，第 1388 頁。

② 如會昌五年（845）的《包氏夫人墓誌》爲執壺狀，但"壺嘴已脱，頸部以上被截去，似乎是將殘破的執壺坯件加以廢物利用"。厲祖浩編著：《越窯瓷墓誌》，第 14 頁。

③ 鄭玄注，孔穎達正義：《禮記正義》卷五七，第 1891 頁。

者,其先祖無美而稱之,是誣也;有善而弗知,不明也;知而弗傳,不仁也。此三者,君子之所耻也。"①再三强調子孫要鑄器以彰明其先祖之功業、德行,既要美其所稱,又要美其所爲。假如先祖之嘉言懿行不能傳諸後世,子孫就要背負不仁的惡名,而爲人所耻笑。雖然鑄器銘功現象在後世有所減少,但鐘鼎銘文頌美的功用却在墓碑文和墓誌銘中延續了下來,白居易在《淮南節度使檢校尚書右僕射趙郡李公(紳)家廟碑》中即持這樣的看法。② 罐狀瓷墓誌的出現,仍可以看作對古代鑄器銘功這一傳統的繼承。不少罐狀瓷墓誌都燒製得較爲精美,不僅有底座和蓋子,蓋子周圍還有裝飾性的花紋。在已出土的八十四件罐狀瓷墓誌(糧罌類和執壺類亦均是圓罐形狀),没有任何兩件是完全重複的,也可從側面證明窰工家屬在燒製墓誌罐時,在造型方面頗爲用心。罐狀瓷墓誌的製作工藝,至遲在開成年間就已經趨於成熟,撰於開成二年(837)的《羅府君妻沈氏墓誌》即刻在了一隻方口圓底的瓷罐上,並有近似方形的蓋子,蓋子四周還有裝飾性的花紋圖案。這一樣式在當時得到了較爲廣泛的運用,作於開成四年(839)的《羅倩妻王氏墓誌》與作於會昌三年(843)的《羅阡妻范氏墓誌》,均採用了這種形式。除了方口圓底的瓷罐以外,墓誌罐還有圓形、方形、多棱形、六棱形、八棱形等多種形狀,多角瓶、雙系罐等甚至也被用來當作墓誌的載體。③

---

① 鄭玄注,孔穎達正義:《禮記正義》卷五七,第 1893 頁。
② 白居易說:"王建侯,侯建廟,廟有器,器有銘。所以論譔先德,明著後代,或書于鼎,或文于碑。古今之通制也。"見白居易著,朱金城箋校:《白居易集箋校》卷七一,第 3790 頁。
③ 厲祖浩編著:《越窰瓷墓誌》,第 3 頁。

瓷墓誌的寫刻方法也與石質墓誌和吐魯番地區出土的磚誌有所不同，多是先將墓誌銘的內容刻在半乾的泥胎上，再入窯燒製。這樣燒製出來的文字，筆畫清晰，易於辨認。隨著製瓷工藝的發展，從中唐時起，人們開始對瓷墓誌進行上釉，不僅使整個墓誌罐歷經千年依然觸手如新，也更加利於文字的保存與辨識。

三、上林湖地區新出瓷墓誌的文本特徵

與外在形制相比，上林湖地區新出土的瓷墓誌，與中原地區的石質墓誌在文本方面的差異並不明顯。石質墓誌所帶有的文體特徵，如墓誌文體所必備的十三事以及程式化的創作模式等，在這批瓷墓誌中均有集中體現，就中也可以看出中原石質墓誌對瓷墓誌行文方式的影響。

明人王行在《墓銘舉例》中詳細列舉了墓誌銘所必備的十三事：「凡墓誌銘，書法有例，其大要十有三事焉：曰諱、曰字、曰姓氏、曰鄉邑、曰族出、曰行治、曰履歷、曰卒日、曰壽年、曰妻、曰子、曰葬日、曰葬地。」又，「其曰姓氏、曰鄉邑、曰族出、曰諱、曰字、曰行治、曰履歷、曰卒日、曰壽年、曰葬日、曰葬地、曰妻、曰子」。[①] 王行所列的這兩種體式在內容上是一致的，僅先後次序略有區別。上林湖一帶新出瓷墓誌的誌主，只有個別爲士大夫，絕大多數乃是普通民眾或下層窯工，身份低微。因此除了極少數像虞照乘那樣曾擔任過地方官的士人墓誌中會提及誌主的履歷外，大部分人的生平都乏善可陳，所以他們的墓誌銘也基本上都缺乏履歷等相關內容。除此以外的十二事，則基本

---

① 王行：《墓銘舉例》卷一，見朱記榮輯：《金石全例》上冊，第 257 頁。

完備，個別墓誌雖然受到載體的限制，所記內容較爲簡略，但也幾乎沒有缺項。[①] 因此單就內容而言，這批瓷墓誌完全符合文體意義上的墓誌銘。

仔細閱讀這批文本，我們發現南北朝乃至隋唐時期的墓誌銘中普遍存在的程式化創作模式，也同樣出現在上林湖地區出土的瓷墓誌中。關於唐代墓誌銘創作的程式化模式，筆者曾專門進行過總結，誌文主要表現爲：行文方式的模式化、特殊類型的模板式和具體內容的雷同性；銘文主要表現爲：套用經典詩句、抄撮誌文成句和襲用固定模板。[②] 因上林湖地區新出土瓷墓誌的誌主多爲普通民衆，墓誌銘的作者也大都爲下層文士，甚至有多方墓誌出自同一人之手，這些墓誌都呈現出程式化的撰寫模式。後梁乾化四年（914）的《余府君妻嚴氏墓誌》和《余備妻劉氏墓誌》，均爲翁延壽所撰。嚴氏、劉氏二人去世與入葬時間均非常接近，故而翁延壽在劉氏墓誌中大量套用嚴氏誌文中的成句，如嚴氏祖上"<u>世叶越州人也，曾祖忠，祖政，父成，洎乎守官，多在諸州，公勳品瘵，分於枝派，仕族足有餘慶，具載于家譜焉</u>"[③]。劉氏祖上亦"<u>世叶越州人也。洎乎守官，多在諸州，</u>

---

① 絕大多數瓷墓誌不僅沒有缺項，個別條目，如子嗣情形，還記載得非常詳細，不僅男性墓誌如此，即使是一些女性的墓誌也不例外。如長慶三年（823）的《錢昌妻姚氏墓誌》載："育男有五，育女一，長國榮，二華，三朝，四進，其五國泰不幸而早逝，其女禮過范門。"（厲祖浩編著：《越窰瓷墓誌》，第 52 頁）不僅詳細交代了姚氏所育五子一女的姓名，他們的存歿和婚媾情形也有清楚記載。這種情形在上林湖地區新出瓷墓誌中極爲常見，不一一列舉。

② 詳參拙文：《唐代墓誌銘創作的程式化模式及其文學意義》，《浙江大學學報》（人文社會科學版），2015 年第 5 期，第 31—43 頁。修訂後收入本書第六章。

③ 厲祖浩編著：《越窰瓷墓誌》，第 162 頁。

公勳品歷，分于枝派，仕族足有餘慶，具載于家譜焉”①。嚴氏本人“長自笄年，明閑禮則，三從必備，四德咸臻，舒孝義以事姑嬋，習溫和以行鄉黨。家開東閣，濟寒士于華軒”。劉氏亦“長自笄年，明閑禮則，三從必備，四德咸臻，舒孝義以事姑嬋，習溫和以行鄉黨。家開東閣，濟寒士于華軒”。毫無關係的兩位婦女，居然有著同樣顯赫的宗祖和同樣的女儀婦德，難怪錢鍾書先生對六朝隋唐時期的墓誌銘創作，會有比較激烈的批判。②

胡耀飛曾經推斷：“據瓷墓誌統計的四十二位誌主的居住地中三十九人在上林、鳴鶴、龍泉、梅川四鄉，按此比例，這批瓷墓誌中超過八十人的居住地在上林湖窯區及其附近。”③居住地和埋葬地高度一致且有如此眾多的墓誌銘集中出土，這在已發現的唐五代墓誌中，確實比較罕見。地緣的相對集中，也滋生了墓誌銘創作上的因襲現象。故而，即使不是同一人撰寫的墓誌銘，也依然存在程式化的創作模式，如龍德二年（922）十月的《任璉墓誌》和十一月的《羅曷妻劉氏墓誌》，作者分別爲羅表正、張光遠，但是這兩方墓誌的內容極其雷同。如《任璉墓誌》記載其祖上“晉時過於吳江”，祖、父輩則“皆性樂丘園，不上榮祿，具載家譜焉”④；《羅曷妻劉氏墓誌》也記載劉氏：“世祖彭城

---

① 厲祖浩編著：《越窯瓷墓誌》，第 164 頁。

② 錢鍾書云：“雖按其題，各人自具姓名，而觀其文，通套莫分彼此。惟男之與女，撲朔迷離，文之與武，貂蟬兜牟，尚易辨別而已。斯如宋以後科舉應酬文字所謂‘活套’，固六朝及初唐碑誌通患。”錢鍾書：《管錐編》，北京：生活·讀書·新知三聯書店，2001 年版，第 2375 頁。

③ 胡耀飛：《姓望與家庭：瓷墓誌所見晚唐至宋初上林湖地區中下層社會研究》，第 102 頁。

④ 厲祖浩編著：《越窯瓷墓誌》，第 170 頁。

郡人，晋時過於吳江，乃廿四代之孫女。翁諱寶，父諱瑒，並性丘園，不上榮禄，守官多在諸州，具載家譜焉。"①《任璉墓誌》中用來指代兒孫輩們年齡尚幼的語句，如"育男六人，三人不幸少夭。孟曰匡宥……有孫男一人，孫女三人，方當童稚丱角之歲；仲曰匡宷，季曰寮，並當弱冠，未因伉儷"，同樣被用於劉氏的玄孫身上："（馬氏）育玄孫一人，方當丱角之歲。方氏育孫女六人，長嫡楊郎，次嫡何郎，四人方當齠齔，未從伉儷……周氏、趙氏各育孫一人，童稚之歲。"類似的用例在文中還有多處。究其緣由，除了兩方墓誌的撰作時間極爲接近以外，與二人居住地的相互毗鄰也有莫大關聯。據墓誌記載，任璉與劉氏分別卒於"餘姚縣上林鄉使司北保"和"餘姚縣上林鄉使司南保"，羅、張二人很有可能根據當地流傳的墓誌範本分別爲他們"填"寫了姓、字、郡望以及子女的個人信息，於是造成了這兩方墓誌在具體内容和行文方式上的雷同。撰於唐大中三年（849）閏十一月的《劉榮墓誌》與大中四年（850）的《藤國興墓誌》在叙述誌主的德行、致疾緣由和燒製墓誌銘目的時所用的語句十分接近，②二

---

① 厲祖浩編著：《越窑瓷墓誌》，第 174 頁。

② 如劉榮"夙□□行，積習文史，爲丈夫身，□□□□，尋山釣水，游泳自至。□□□□，蘊結含情，開懷風舉。何言遘疾，奄至不起"。（厲祖浩編著：《越窑瓷墓誌》，第 82 頁）藤國興也"夙承孝行，積習文史，爲丈夫身，有君子氣，尋山釣水，游泳自至。去名辭禄，蘊結含情，開懷風舉。何言遘疾，奄至不起"。（厲祖浩編著：《越窑瓷墓誌》，第 88 頁）文字完全一致，劉榮墓誌文中的缺字，亦可據藤國興文補足。至於燒製墓誌銘的目的，二者均爲"自古有死，加君可傷，泉門深，路茫茫，恐地變，慮山異"。

者的銘文也完全相同，①應當也是按照同一個範本"填寫"出來
的。據文中記載可知劉榮葬於"上林鄉石仁里殷郭村"，而藤國
興則葬於"慈溪縣梅川鄉何村"。從以上幾個實例，基本上可以
看出在上林湖所覆蓋的整個區域内應當有不止一種創作範本
流傳，並得到了廣泛的使用。②

四、上林湖地區新出瓷墓誌文本的隸事功能

上林湖地區新近出土的瓷墓誌，雖然文字大都比較簡短，
且程式化的創作痕迹明顯，在記事方面却有其特殊價值。絶大
多數瓷墓誌對墓地的由來、四至以及買賣情況，乃至於棺位的
朝向等，都有所反映，與中原地區通用的石質墓誌迥然有別，帶
有明顯的地域特徵。

王行《墓銘舉例》所列墓誌銘創作的"十三事"之中，並無交
代墓地的由來和四至一項，中原地區出土的石質墓誌一般僅指
明誌主葬於"某鄉某原"，雖然極個別的墓誌也會交代墓地的由

---

① 均作"生遭高堂，死備棺槨。歲月兮唵嗳，霜風兮易落。府君德兮永彰，身殁
　名存兮可傷"。
② 並且就出土實物來看，這種範本也不僅限於瓷墓誌，寧波出土的一些磚
　誌中也存在程式化的創作風氣。如作於後唐天成元年（926）的《宋府君
　及妻墓誌》，雖然誌磚殘泐過甚，但現存的文字依然與《余府君妻嚴氏墓
　誌》《余備妻劉氏墓誌》《卓從墓誌》《李邯墓誌》等瓷墓誌極爲雷同。慈
　溪市文物管理委員會辦公室、寧波市江北區文物管理所編：《慈溪碑碣
　墓誌彙編》，第 83 頁。

來和四至，①但這並非北方石質墓誌撰寫的通例。而上林湖地區新出土的瓷墓誌，特別是罐狀墓誌中交代墓地的來源和四至成了其中的必備之義。如《藤國興墓誌》記載："明州慈溪縣梅川鄉何村內買得西原山之陽田之賓地。"②《丘益墓誌》則記載："請名師於明州慈溪縣上林鄉石貴保內湖西，用金帛擇山卜地，買沈襲山林也。"③這兩方墓誌都明確記載了墓地的由來。而且，買賣墓地的緣由與詳情也會在這些瓷墓誌中有比較詳細的說明。新出土《吳氏墓誌》云："緣此年先塋不利而歸，乃用見緝五貫文買得越州餘姚縣上林當鄉親懿沈行全聞六保內地一片，辟方□丈充塋域。"④購買墓地的原因、墓地的價格與方位等信息都載錄齊備。此外，也有不少瓷墓誌還會記載墓地的四至，本章第一節已有詳述，此不贅。

另外需要指出的是，撰於建隆三年（962）的《馬思邦妻聞氏三十娘墓誌銘》對交易的具體情形，包括買賣墓地的原始契約，都逐一做了記錄：

> 言定今於當鄉金湧並男匡厚、匡時第邊買得楊梅嶼嶺東新窨保內北山腳下地一片，東西一十丈，南北一十丈，於

---

① 如河南出土《唐故宣武軍同節度副使兼軍城都虞候金紫光祿大夫試太子賓客上柱國食邑五百戶朱府君（澄）墓誌銘》在銘文之後用較大篇幅來記載墓地乃買自常信，並交代其東西南北四至，且具列諸位保人姓名。同時指出這樣做是爲了防止買賣田地的契書失墜。毛陽光主編：《洛陽流散唐代墓誌彙編續集》，第 667 頁。

② 厲祖浩編著：《越窯瓷墓誌》，第 88 頁。

③ 厲祖浩編著：《越窯瓷墓誌》，第 138 頁。

④ 慈溪市文物管理委員會辦公室、寧波市江北區文物管理所編：《慈溪碑碣墓誌彙編》，第 76 頁。

内下壙，永賣与院，長□安葬□□共斷約平直，價錢五阡文□十□，其錢並地立契日交□並足。又其地從賣，並不係門房上下六親，並□私典貼之事。其地禾税即在金□内送納，亦不干賣人之事。從賣定後，亦各是情願，非相□□，二家不得翻悔。如先悔人，甘罰銀二兩，入不訟官使用官□匹餘，許人移約。今恐口中無信，故立此分支契爲憑。

　　壬戌建隆三年八月廿二日□府印行□金溿契。

　　同賣男匡時、匡厚，保人葉贇。

　　人批行喪門癸□並在金邊路金溿重批。

　　十月初一日乙酉日安葬記。①

　　由於歷史條件及自然環境的限制，隋唐五代時期的契約流傳至今者，除了敦煌、吐魯番以及黑水城等地出土的契約文書外，罕有發現。乜小紅先生曾以敦煌出土的《後周顯德四年（957）吴盈順賣田契》爲例，將唐五代時期的不動產買賣契約與前代進行過比較，認爲："中國的不動產買賣券契，在一千多年的自身發展中，經歷了一個由簡單到複雜，由没有預防性詞語到有多方面預防性詞語，由條款不完備到條款完備，由低級到高級的逐步完善過程。"並進而認爲"到了唐五代時期，買賣契約已經成熟化、定型化"。② 從敦煌遺存唐五代時期的契約文書來看，一份完整的地契大致有田地的四至、價格、買賣雙方的姓名以及與上下六親無關的聲明、對毀約一方的懲罰、保人與見

① 厲祖浩編著:《越窰瓷墓誌》，第 190 頁。
② 乜小紅:《中國古代契約發展簡史》，北京:中華書局，2017 年版，第 129—130 頁。

人的姓名等預防性詞語。就内容而言,這份保存在瓷墓誌上的關於墓地買賣契約,與敦煌契約文書非常相似,無論是條款的完備性,還是預防性詞語的周密性,都可以視作一份成熟的契約。這篇約三百字的墓誌銘,用了一大半文字記載墓地的買賣情形,就中不難看出上林湖地區新出土的瓷墓誌在隸事功能方面的拓展,當地人對身後事宜的重視與江南地區人物性格中特有的細膩,都通過瓷墓誌上的這些約定得到了充分體現。新出《羅素墓誌》雖未交代墓地的四至以及保人、見人姓名,却有如下記載:"四至、保、見,並存契焉。"①可見在墓誌之外,另有契約簽訂。由瓷墓誌中的記載可以看出,上林湖地區在買賣墓地之時,確實需要簽訂契約,②並請德高望重的鄉賢作證,③與敦煌地區的契約文書無異。從西北大漠到東南佛國④都在使用相同

---

① 慈溪市文物管理委員會辦公室、寧波市江北區文物管理所編:《慈溪碑碣墓誌彙編》,第 70 頁。

② 這在很多墓誌中都有交代,如光化三年(900)的《王弘達妻馬氏墓誌》在交代完墓地的四至以後説:"右四至内王自買得,並不關上下門閭六親之事。"(厲祖浩編著:《越窑瓷墓誌》,第 142 頁)乾化四年(914)的《余備妻劉氏墓誌》則在誌文末交代完墓地的情形後備列保人、見人的姓名與年齡:"保人姓名如後:保人石項,年五十四;保人石相,年七十;保人張招,年七十五。見人石通。"(厲祖浩編著:《越窑瓷墓誌》,第 164 頁)龍德元年(921)年的《方積墓誌》中也説:"用賄帛售得項瑗之山地,關約斷直,具有契書保見焉。"(厲祖浩編著:《越窑瓷墓誌》,第 168 頁)只不過均不如《馬思邦妻聞氏三十娘墓誌銘》所記詳備而已。

③ 通過《余備妻劉氏墓誌》文末對保人、見人年齡的記載,我們可以推知他們應該是由年高德劭的長者爲之。

④ 該墓誌雖然使用趙匡胤的年號紀年,但此時吳越國尚未納土歸宋。誌文一開始也稱"南瞻部州大吳國浙江東道東府餘姚縣……",而吳越國素有東南佛國之稱,上林湖周邊也是佛寺林立。

格式的契約,也可以看出隋唐五代時期契約文書的傳播情況與
使用地域範圍之廣泛。

　　此外,上林湖地區新出土的這批瓷墓誌還反映了當地另外
一項重要的喪葬習俗——明確記載棺位的走向。據筆者統計,
目前所見的八十四件保存完整的瓷墓誌中(二十件殘誌不在統
計範圍内),明確交代棺位走向的就多達四十七件(詳見表 3-
2),這是中原地區的石質墓誌中未曾出現過的特殊現象,也是
六朝隋唐時期一直存在却尚未佔主導地位的五姓葬在喪葬實
踐之中的具體用例。① 需要指出的是這一習俗在當時的寧波地
區普遍存在,在這批瓷墓誌之外,寧波出土的一些磚誌,也有類
似記載。比如太平鄉出土的寶曆元年(826)《□審墓誌銘》中,
即明確記載其棺位走向爲"景向"②:"以其年十二月四日窆於鳳
亭鄉雷山里盖竹村前溪湖杪西北山之首,景向之禮是也。"③作
於開成元年(837)的《盛榮墓誌》記載此爲"庚向"墳:"以其年十
二月七日窆於句章鄞邑東卅餘里,鄉名長樂,里名曰大含,含山
右,丘墳首庚向。"④寧波地區現存的 50 餘方唐五代時期的石質
和磚質墓誌銘中有半數以上都交代了棺位的走向,個別誌石中

---

① 五姓葬雖然起源很早,在唐代却一直未得到官方認可,故僅在下層流傳且罕
　見具體用例。學界習慣上認爲五姓葬是在宋代才得到官方承認,並在帝王
　陵墓中得到使用,從而在社會上廣爲流行的。相關討論可參吳羽:《五音姓
　利與北朝隋唐的葬埋擇吉探微》,《中山大學學報》(社會科學版),2017 年第
　2 期,第 118—128 頁。上林湖地區新出的這批瓷墓誌正是唐五代時期五姓
　葬在江南地區下層社會流行的典型代表。
② 按:景向即丙向,唐代爲避李淵之父李昺諱而改。丙向即指東南方向。
③ 章國慶編著:《寧波歷代碑碣墓誌彙編》,第 10 頁。
④ 章國慶編著:《寧波歷代碑碣墓誌彙編》,第 22 頁。

還留空待填,①似乎透露出交代棺位走向在當地的墓誌銘創作中已經成爲慣例,更體現出了這一喪葬習俗的深入人心。

五、結 語

墓誌銘生成以後,在傳播過程中呈現出了一定的地域色彩,當地的墓誌在材質和形制方面都帶有明顯的地域特徵。雖然現存絕大多數墓誌銘都是石質墓誌,但由於一些特殊的歷史機緣,唐五代時期上林湖地區的下層民眾多利用當地發達的製瓷技術,就地取材,出現了燒製瓷墓誌代替磚誌和石誌的現象。罐狀瓷墓誌的出現,尤其值得稱道:如此逼仄的空間,上面所刻的文字卻有著非常鮮明的文本特徵,絕大多數瓷墓誌都記載了墓地的由來、四至、買賣情況甚至棺位的走向,這些都反映出了上林湖地區獨有的喪葬習俗。如果說唐代長沙窯瓷器上的題詩,反映了當地窯工生前的藝術品鑒和生活狀態,上林湖地區瓷墓誌上題刻的銘誌則凸顯了當地民眾對身後事宜的精心安排。

表 3-1　上林湖地區新出瓷墓誌所載墓地四至情況

序號	名稱	埋葬時間	四至
1	錢羅侯墓誌	貞元十八年(802)	東至大溪,西至嶺,南至嶺,北至范昌墓。
2	沈莊妻俞氏墓誌	元和三年(808)	東湖水,西岑,南嶺,□□□。
3	徐君妻姚氏墓誌	寶曆元年(825)	南北東西各三步。

---

① 如作於咸通十一年(870)的《劉彤墓誌銘》即是如此,誌文末云:"便利其年十一月十八日龜筮叶吉,窆於明州鄞縣孝義鄉仲夏里之原,(留白)向,禮也。" 章國慶編著:《寧波歷代碑碣墓誌彙編》,第 43 頁。

續　表

序號	名稱	埋葬時間	四至
4	陳雲墓誌	寶曆二年(826)	東至檀石,西至溪,南至官路,北至坑。
5	徐㕭墓誌	大和四年(830)	東(留白);西(留白);南路,妻姚氏墳在至内;北(留白)。
6	羅韋伍及妻沈氏墓誌	大和六年(832)	東坑,西嶺,男從羅府君塚向南四步爲界,北至嶺。
7	劉璋糧罌	大和九年(835)	南至羅爲界,北至坑爲界,東自至宅爲界,西至山峰爲界。
8	羅府君妻沈氏墓誌	開成二年(837)	東西四至各自園林。
9	羅清湛墓誌	開成三年(838)	東至羅義方先考塚,西至溪,南至馬逸妻塚,北至劉貞父章塚,府君墓在四至中心。
10	羅阡妻范氏墓誌	會昌三年(843)	東西四至並自夫主山園林爲塋。
11	劉榮墓誌	大中三年(849)	東至周華界,西至榮闈界,南至山脊,北至坑。
12	藤國興墓誌	大中四年(850)	東至陳,去鎮約一里,西至陳墓,南至田壠。
13	袁貴墓誌	大中九年(855)	東西四至並自祖父墓之山林。
14	陸府君妻宋氏墓誌	大中十一年(857)	東至馮玩墓,向南取馬舉界直出至溪;西至欑樹,直上山取北界馬及山養際杉樹爲界,從欑樹直出向南取溪邊橃盂柿樹爲界;南至溪;北至馬及杉樹山養墩際,橫過向東至翁殷母塚後步數外至馮玩墓爲界。
15	葉府君墓誌	大中年間	原東甕地……永充墓田。
16	且詮墓誌	咸通七年(866)	西大石,南坑,北龍□,東去慈溪縣七十里。
17	羅素墓誌	乾化元年(911)	四至保見,並存契焉。

續　表

序號	名稱	埋葬時間	四至
18	余備妻劉氏墓誌	乾化四年(914)	東至笆,從田祭大路并小流水溪邊緣笆直上至□椎東邊埋石,直上至……
19	司馬珂墓誌	貞明四年(918)	其地約南北八丈,東西六丈……四比並黃自至。
20	方積墓誌	龍德元年(921)	東至馮胤;西李仁厚;南至項瑗舊李墓,從梨樹直上至馮界;北至官路。
21	楊謙仁墓誌	龍德元年(921)	東連山坑,西禪院門,南山脚,北比大路。
22	卓從墓誌	龍德二年(922)	東至□□鄉,西至王師實祖墓,南至張孜田,北至□□。
23	李邯墓誌	吳越寶大元年(924)	其地東埋石,取西埋石五丈大尺埋石爲界;南埋石至北五丈大尺,並兩邊栗樹王爲界。
24	項嶠墓誌	吳越寶正二年(927)	其地東至山脊分水,西至坑直上至松崗,南櫟樹關橫過東分水,北至柿樹口□□□。
25	楊從魯墓誌	後唐	東至伍家墓樟樹,直上取山峰爲界;南至塒根,歸東及溪曲轉,直上取五家墓;西至自前母塚邊,直上山峰爲界;北至山峰。
26	陳仕安妻王氏墓誌	乾祐元年(948)	東至坑直上;西至壠頭直上曲轉至北小塹頭上至東橫過埋石爲界;南至華桂□埋石爲界。
27	俞府君勾押墓誌	開寶三年(970)	東西南北並自至。
28	羅坦墓誌	開寶七年(974)	東至余德章山峰分水直下官路;西至朱從蘊古路直上山峰;南至官路;北至潘旭樣山峰分水爲界。

表 3-2　上林湖地區新出瓷墓誌所見棺位走向情況

序號	名稱	埋葬時間	棺位走向	五姓
1	虞照乘墓誌	景雲元年(710)	甲向	羽姓
2	沈莊妻俞氏墓誌	元和三年(808)	景首	羽姓
3	錢昌妻姚氏墓誌	長慶三年(823)	甲首	徵姓
4	徐君妻姚氏墓誌	寶曆元年(825)	合壙穿塘向之塚	徵姓
5	羅希攜妻沈氏墓誌	大和六年(832)	東向	宮姓
6	羅韋伍及妻沈氏墓誌	大和六年(832)	東南向	商姓、宮姓
7	王妃墓誌	大和六年(832)	景向；有府君塚在西，同景向	商姓
8	羅府君妻沈氏墓誌	開成二年(837)	壬首	宮姓
9	羅巨集三叔父墓誌	開成四年(839)	壬手(首)	商姓
10	羅倩妻王氏墓誌	開成四年(839)	乙首	商姓
11	羅阡妻范氏墓誌	會昌三年(843)	景首	宮姓
12	袁邕墓誌	大中二年(848)	甲向	羽姓
13	劉榮墓誌	大中三年(849)	壬向	宮姓
14	秦忠墓誌	大中四年(850)	景向	徵姓
15	藤國興墓誌	大中四年(850)	景向	徵姓
16	戚府君妻羅氏墓誌	大中七年(853)	甲向	商姓
17	袁貴墓誌	大中九年(855)	丙首	羽姓
18	任榮墓誌	大中十一年(857)	南向	宮姓
19	翁府君妻余氏墓誌	大中十三年(859)	北向	羽姓
20	葉府君墓誌	大中年間	庚向	宮姓
21	劉宗墓誌	咸通二年(861)	丙向	宮姓

續　表

序號	名稱	埋葬時間	棺位走向	五姓
22	鄭府君妻何氏墓誌	咸通六年（865）	甲向	商姓
23	且詮墓誌	咸通七年（866）	東向	—
24	張胤及妻馮氏合葬墓誌	咸通九年（868）	壬向	商姓、宮姓
25	蔣達妻黃氏墓誌	咸通十年（869）	乙向	商姓
26	鍾明墓誌	咸通十一年（870）	丁向	宮姓
27	張孚墓誌	咸通十四年（873）	乙向	商姓
28	劉君儒墓誌	咸通十五年（874）	癸向	宮姓
29	陳府君妻王氏墓誌	乾符元年（874）	甲向	商姓
30	徐十郎妻王十娘墓誌	咸通十五年（874）		商姓
31	余行周墓誌	乾符四年（877）	丙向	羽姓
32	吳氏夫人墓誌	中和二年（882）	丙向	羽姓
33	□亮墓誌	中和二年（882）	癸首	—
34	凌倜墓誌	光啓三年（887）	丙向	羽姓
35	王弘達妻馬氏墓誌	光化三年（900）	甲向	羽姓
36	戚魯墓誌	天復二年（902）	丙向	徵姓
37	羅素墓誌	乾化元年（911）	甲向	宮姓
38	余府君妻嚴氏墓誌	乾化四年（914）	乙向	宮姓
39	余備妻劉氏墓誌	乾化四年（914）	壬向	宮姓
40	吳氏墓誌	貞明元年（915）	壬向	羽姓
41	楊謙仁墓誌	龍德元年（921）	壬首	商姓
42	任璉墓誌	龍德二年（922）	丙向	宮姓
43	卓從墓誌	龍德二年（922）	丙向	角姓
44	羅昌妻劉氏墓誌	龍德二年（922）	乙向	宮姓

序號	名稱	埋葬時間	棺位走向	五姓
45	李邯墓誌	吳越寶大元年(924)	西向	徵姓
46	項嶠墓誌	吳越寶正二年(927)	壬向	角姓
47	俞府君勾押墓誌	開寶三年(970)	壬向	羽姓

第四章　唐代墓誌銘題署的形成及演進

　　衆所周知，收入作者文集而流傳於世的墓誌銘文本，基本上没有作者署名，書丹、篆蓋、檢校者的信息更是湮没無聞。但是在新出土的墓誌銘中，撰作者、書丹者、篆額者和刻字者的題署却俯拾即是。這是新出墓誌與傳世文本在行文體式方面的最重要區别。

　　從新出土的石刻文獻來看，秦漢以來的早期石刻中即存在著撰者與書丹者的題署，不過，其題署方式並未定型、題署位置也較隨意。直至唐代方漸趨穩定，多置於文章標題之下，適如近人柯昌泗所言："石刻題撰書人名，漢晋六朝初無定式。或在文中，柳敏碑是也。或在文末，武班碑是也。或在夾注中，衡方碑是也。或在碑陰，西狹頌是也。或在碑側，北齊西門豹祠是也。或另刻於下方，劉平國造烏壘城記是也。至唐，始以分列標題之下，爲通行之式，以至近代。其有不用此式者，則爲異製。"①實際上，不僅題署位置之變化與題署風氣的形成有著密切關係，題署的内容也在題署風氣形成和演變過程中變得日益

---

① 　葉昌熾撰，柯昌泗評：《語石・語石異同評》卷六，第421頁。

豐富,舉凡題署人的姓名、郡望、職官等信息都會在題署中有所反映。這些信息不僅對考察題署者之生平行實極有裨益,甚至在一定程度上還能補充史傳記載的缺失,糾正傳世文獻之訛誤。故而對題署風氣的起源、題署的名目與形式、題署的内容及功用進行系統地整合研究,對於促進學界關於中國古代文章學的深化和拓展具有重要的意義和價值。本章即以新出土的唐代墓誌銘爲主,鳩合其他相關資料,對石刻文獻,特別是墓誌銘中題署風氣的生成過程及其在唐代的流衍作全面的揭示和考察。

第一節　古代石刻題署風氣的生成

中國古代石刻中的題署風氣究竟始於何時,傳世典籍中並無明確記載,宋代以來雖有多種看法,然至今仍無統一意見。歐陽修認爲始於晋代,他在《與尹材》一文中,叮囑尹材爲其父尹師魯立墓誌時曾説:"首尾更不要留官銜、題目及撰人、書人、刻字人等姓名,衹依此寫。晋以前碑,皆不著撰人姓名,此古人有深意,況久遠自知。"①然而實際情況並非如此,晋以前的墓碑文和墓誌銘雖然題署方式還未臻完善,題署的名目及位置也較隨意,但並非均没有作者題署。相對而言,清代王芑孫的看法更切合實際情況:"自漢迄隋,書人、撰人各自有見。"②但他認爲

---

① 歐陽修:《歐陽修全集》卷一五〇,北京:中華書局,2001 年版,第 2484 頁。
② 王芑孫:《碑版文廣例》卷七,見朱記榮輯:《金石全例》下册,第 421 頁。

撰者、書者同時有題署的文章直至南朝梁代才出現，[①]則又失之太遲。尤其是他把《梁始興忠武王碑》作爲最早出現刻字者題署的例證，更是與歷史事實相去甚遠。因此目前亟須充分利用新出土的石刻文獻，對這一問題重新展開探討和深入研究。筆者認爲中國古代石刻文獻題署風氣之生成大致經歷了以下三個階段。

一、萌芽起源期：兩漢時期

從現存的石刻文獻來看，在衆多的題署者當中，刻字人是最先出現的，而並非如人們習慣上所認爲的文章作者。在兩漢時期，這種情況已蔚然成風，葉弈苞認爲極有可能是刻工爲了炫耀其技藝：

> 漢碑書撰人姓名多不著，而造碑之人時附碑末，如石經《論語》工陳興，《三公山碑》石師劉元存，《無極山碑》石師闕，《白石神君碑》石師王明，《孔耽碑》治石師同縣朱適、朱祖……《（武）梁碑》後云："孝子孝孫，躬修子道，竭家所有，選擇名石，南山之陽，擢取妙好，色無斑黄。良匠衛改

---

① 王芑孫在《碑版文廣例》中列有"書撰人名列在題後文前例"和"書撰列名文後例"兩條。前者云："《瘞鶴銘》，諸家聚訟，定爲陶隱居者較多，此文宜歸梁世。後來書撰姓名列在文前例，實本此。前此亦未有爲物類作冢銘題之事，故特舉之。"《瘞鶴銘》題下署"華陽真逸撰，上皇山樵書"。（王芑孫：《碑版文廣例》卷七，見朱記榮輯：《金石全例》下册，第 379 頁）後者云："《梁始興忠武王碑》，梁文帝第十一子蕭憺碑也。碑皆駢體，非古文，故不錄。然書撰列名在文後曰徐勉造者，即撰文也。"並有按語説："碑文之後款署如此，刻字人姓名附見自此始。"（王芑孫：《碑版文廣例》卷七，見朱記榮輯：《金石全例》下册，第 381—382 頁）

人名,雕文刻畫,羅列成行,攎騁伎巧,委蛇有章。"可見當
時鄭重,故石師必欲自炫其技而貽名于後也。①

　　在漢代石刻文獻中,刻字人的題署多於撰者和書者,誠然
是一個事實,但其緣由却並非如葉氏所説。實際上,漢代石刻
文獻中出現的衆多刻工題署,與先秦時期即已生成的"物勒工
名"②傳統以及漢代對石工的重視程度普遍較高密切相關。

　　所謂"物勒工名"傳統,實際上是一種責任到人的制度,既
利於考核工匠的技藝,又便於敦促其保持良好的從業態度。就
這個層面而論,葉氏所謂刻工炫耀技藝,實際上也是"物勒工
名"傳統當中一個主觀性的表現。現存漢代石刻中多有石工的
題署,很大程度上反映出了這一點。在《三公山碑》與《無極山
碑》以前的碑刻中,③就能夠看到刻工的題署,如西漢甘露五年
(公元前 49)的"治河刻石",末行即題有"石師江洛善許□"④的
字樣。此外,在兩漢時期,由於石工的地位較高,雇主爲了保證
石刻的品質,甚至不惜耗費重金從千里之外聘請"名工",以至
於"朝莫侍師,不敢失歡心。天恩不謝,父母恩不報,兄弟共居,
甚於親在"⑤。因此,漢代石刻雖大多不列撰者、書人姓名,但

---

① 　葉弈苞:《金石録補》卷二七,《續修四庫全書》第 901 册,上海:上海古籍出版
社,2002 年版。第 274 頁。
② 　有關"物勒工名"的傳統,程章燦曾有論述,見程章燦:《石刻刻工研究》,上
海:上海古籍出版社,2008 年版,第 47—48 頁。
③ 　按:二碑均刻於東漢光和四年(181)。
④ 　毛遠明編著:《漢魏六朝碑刻校注》第 1 册,第 8 頁。
⑤ 　《薌他君石祠堂題記》,引自邢義田:《畫爲心聲:畫像石、畫像磚與壁畫》,北
京:中華書局,2011 年版,第 50 頁。邢氏録文原有脱漏,兹據所附拓片校補。

"市石、募石、石師、石工,必謹書之"①。或許更主要是出於這兩方面的考慮,刻工題署的風氣才在衆多題署中率先形成。

至於撰、書者的題署,這一時期雖然不多,但也開始出現。這當中以歐陽修所言之"書人、撰人各自有見"的情況居多,主要可分爲三類:一、僅有撰人題署者,如立於東漢熹平二年(173)的《楊淮表紀》,文末云:"黃門同郡卞玉,字子珪,以熹平二年,二月廿二日,謁歸過此,追述勒銘,故才表紀。"②2004年新出土的《巴郡胸忍令景雲碑》文末也有作者的題署:"熹平二年,仲春上旬,胸忍令梓潼雍君,諱陟,字伯曼,爲景君刊斯銘兮。"③二、僅有書人題署者,如刻於東漢建寧元年(168)的《衡方墓碑》,文末有雙行小字,刻錄了書者的題署:"碑石,門生平原樂陵朱登,字仲希書。"④三、撰者、書者同時題署,如刻於建寧五年(172)的《郙閣頌》,文末即同時刻有撰、書人題署:"從史位□□□,字漢德爲此頌。故吏下辨□□□子長書此頌。時石師南□□□,字威明。"⑤可知此碑文乃仇靖所撰、仇紼所書。這也反映出一種重要現象——同時載有撰者、書者題署的石刻,至遲在東漢即已出現,而非南朝梁代方才産生。

———

① 王芑孫:《碑版文廣例》卷三,見朱記榮輯:《金石全例》下册,第191頁。
② 毛遠明編著:《漢魏六朝碑刻校注》第1册,第348頁。
③ 毛遠明編著:《漢魏六朝碑刻校注》第1册,第345頁。
④ 毛遠明編著:《漢魏六朝碑刻校注》第1册,第280頁。
⑤ 毛遠明編著:《漢魏六朝碑刻校注》第1册,第328頁。翁方綱認爲:"'從史位'下闕,以《天井題名》考之,當是'下辨仇靖'四字。"翁方綱:《兩漢金石記》卷一三,新文豐出版公司編輯部編:《石刻史料新編》第1輯第10册,第7386—7387頁。毛遠明認爲"故吏下辨"後之闕文當爲"仇紼字",並引《集古録跋尾》和《天下碑録》爲佐證,可從。

二、發展演變期：魏晋南北朝初唐時期

"物勒工名"制度雖然便於考察工匠的技術水準和作業態度，但這一制度在漢代以後却未能很好地傳承下去。到南北朝時，有刻工題署的石刻已極爲罕見，究其原因，應與魏晋以來的碑禁制度相關。朝廷屢次嚴令禁碑，使得原本盛行的樹碑稱美之法被迫中斷，刻工的謀生之路也就難以爲繼，以至於"物勒工名"傳統逐漸廢絶。即使在石刻造像頗爲盛行的北朝，有刻工題署者也極少。不過，相對而言，自魏晋以後，撰者、書者的題署却在漢代的基礎上有了更進一步的發展。

漢代石刻的撰、書者題署，皆限於文末，在魏晋南北朝時期，這種形式雖繼續存在，但也開始出現了一些新變化。主要表現爲漢代題署的內容較爲簡略，而魏晋南北朝時期則日趨豐富，不僅題署名目繁多，題署人之職官、籍貫等都有了較爲詳細的記載。如刻於北魏太和十八年（494）的《大魏故銀青光禄大夫司徒並録尚書事都督荆湘等州諸軍事陶公（浚）墓誌》文末署："青州刺史、持節軍車騎將軍杜坦敬撰書。"[1]既題寫了杜坦敬的官職，也點明了撰、書者合一的情況，在北朝墓誌中較有代表性。而刻於梁普通三年（522）的《梁故侍中司徒驃騎將軍始興忠武王（蕭憺）之碑》，在題署名目和內容上，較漢代的石刻都有了大幅的擴充，該碑文末云："侍中、尚書右僕射、宣惠將軍東海徐勉造，前正員將軍吳郡張□明監作，吳興貝義淵書，丹楊□

---

① 毛遠明編著：《漢魏六朝碑刻校注》第 3 册，第 276 頁。

賢明刻字,防閤吳興郙元明石。"①不僅有撰者、書者和刻字者的題署,甚至還附有監作者、選石者的信息,題署中對他們官職、籍貫等信息的記載也較爲詳盡。

從新出土的墓誌銘來看,初唐時石刻文獻中的題署仍然延續了六朝的做法,較少有撰、書者的題署;即使是個別有題署的文章,題署也多半置於文末。迄今爲止,在新出土墓誌材料中,唐高宗之前有題署的墓誌銘僅見一方,即撰於貞觀十年(636)的《大唐故特進尚書右僕射上柱國虞恭公温公(彦博)墓誌》,文末署:"銀青光禄大夫貞觀十年六月歐陽詢撰並書。"②雖然自永淳年間以後,墓誌銘中有題署的風氣漸開,但實際上直到唐玄宗開元年間,撰、書者的題署仍然主要置於文末。 撰者題署,如上元二年(675)的《唐故右驍衛大將軍兼檢校羽林軍贈鎮軍大將軍荆州大都督上柱國薛國公阿史那貞公(忠)墓誌銘》文末題:"秘書少監清河崔行功撰。"③書者題署,如開元二十一年(733)的《大唐故揚州海陵縣令李君墓誌銘》於文末署:"歲次癸酉十一月甲子朔廿七日庚寅郭幹書。"④至於撰、書人同時題署者,如顯慶二年(657)的《大唐故輔國大將軍荆州都督虢國公張公(士貴)墓誌銘》,文末署:"太子中舍人弘文館學士上官儀製

①　毛遠明編著:《漢魏六朝碑刻校注》第 3 册,第 181 頁。
②　録文見周紹良主編:《唐代墓誌彙編》,第 41—42 頁,録文脱漏之處據拓片增補;拓片見張寧等主編:《隋唐五代墓誌匯編·北京卷》第 1 册,天津:天津古籍出版社,1991 年版,第 32 頁。
③　周紹良主編:《唐代墓誌彙編》,第 603 頁。
④　周紹良主編:《唐代墓誌彙編》,第 1429 頁。

文,梓州鹽亭縣尉張玄靚書。"①更有撰、書與刻字人皆有題署者,如開元二十三年(735)的《唐故大中大夫使持節青州諸軍事青州刺史上柱國滎陽鄭公(諶)墓誌銘》,文末題署:"朝請郎行右金吾衛兵曹參軍事楊宗撰,外孫前寧王東閣祭酒元光濟銜哀書丹,鎸工陳須達。"②

　　需要特別指出,魏晉南北朝以後,墓誌銘中的題署至少產生了三點變化:一、夾雜於正文之內;二、置於題後文前;三、篆額者題署開始出現。

　　先看第一點,作於南齊永明六年(488)的《王寶玉墓誌銘》誌文與銘文之間有一行文字云:"銘文大司馬參軍事東海鮑行卿造。"③作於梁天監元年(502)的《桂陽王(蕭融)墓誌銘》,誌文之後、銘文之前亦有一節文字:"梁故散騎常侍、撫軍大將軍、桂陽王融諡簡王墓誌銘。□□長兼尚書吏部郎中臣任昉奉敕撰。"④均將墓誌銘作者的題署置於誌文和銘文之間。此前撰、書人的題署雖然沒有採取這種形式,但在東漢石工的題署中已存在類似情形。如刻於建和元年(147)的《武氏石闕銘》中云:"孝子武始公,弟綏宗、景興、開明,使石工孟季,季弟卯造此闕。"⑤從某種角度而言,鮑行卿、任昉等人的題署一定程度上可能借鑒或延續了《武氏石闕銘》等漢代以來石工題署的形式和做法。總體來看,任昉等人的題署由於夾雜在文章之內,不但

---

① 　周紹良主編:《唐代墓誌彙編》,第 266 頁。
② 　周紹良主編:《唐代墓誌彙編》,第 1441 頁。
③ 　邵磊:《冶山存稿》,南京:鳳凰出版社,2004 年版,第 151—152 頁。
④ 　毛遠明編著:《漢魏六朝碑刻校注》第 3 冊,第 146 頁。
⑤ 　毛遠明編著:《漢魏六朝碑刻校注》第 1 冊,第 161 頁。

没有起到突出題署者信息的功效,反而會使其淹没在正文中,甚至可以説在一定程度上損害了文章的文氣和連貫性。因此這種題署方式並没有得到廣泛的認同和應用,不僅在魏晋南北朝時期應用的範圍極爲狹窄,在唐代以後的石刻中更是極少採用甚至絶迹。可見這只是早期題署方式的一種遺存,顯示出較爲明顯的過渡痕迹。

再看第二點,撰者、書者題署列於題後文前是南北朝時期新出現並漸趨流行的題署方式。如刻於北涼承平三年(445)的《沮渠安周造像記》,首行即題爲:"中書郎中夏侯粲作。"①當爲這一題署方式最早的例證。但梁代以前僅此一例。從梁代開始,這種題署方式才大量出現。除久享盛譽的《瘞鶴銘》外,還有刻於天監十三年(514)的《梁桂陽國太妃墓誌銘》,誌題後署:"吏部尚書領國子祭酒王暕造。"②梁武帝蕭衍次兄蕭敷及其夫人王氏的墓誌銘也都採用這種題署方式,如刻於普通元年(520)的《蕭敷墓誌銘》即於題後署:"尚書右僕射、太子詹事臣徐勉奉敕撰。"③這種形式一直到唐代前期都較爲流行,此時不少碑文的題署也多位於題後文前,如唐初名臣温彦博之墓碑即是如此。《集古録目》載:"《唐右僕射温彦博碑》,唐中書侍郎岑文本撰,弘文館學士歐陽詢書。"④最先載録了撰、書人情况,但我們無法得知其題署的具體位置。該文見收於《金石萃編》卷

---

① 毛遠明編著:《漢魏六朝碑刻校注》第 3 册,第 90 頁。
② 毛遠明編著:《漢魏六朝碑刻校注》第 3 册,第 155 頁。
③ 毛遠明編著:《漢魏六朝碑刻校注》第 3 册,第 167 頁。
④ 陳思纂次:《寶刻叢編》卷九,《叢書集成初編》本,北京:中華書局,1985 年版,第 268 頁。

四四,題作"唐故特進尚書右僕射上柱國虞恭公温公碑",王昶
於題後注云:"首闕泐三行,當是撰、書、篆額人銜名。"①這可與
《集古録目》所載互參,而悉知撰、書人題署方式一如梁代以來
之情形。再如傳世拓本《隋柱國左光禄大夫宏義明公皇甫府君
(誕)之碑》題下署:"銀青光禄大夫行太子左庶子上柱國黎陽縣
開國公于志寧製,銀青光禄大夫歐陽詢書。"②不過,相對而言,
唐代墓誌銘中題署風氣的生成要滯後於墓碑。

　　從唐高宗顯慶年間開始,有題署的墓誌銘纔偶有出現,但
數量並不多,到上元年間爲止,總共不過十數方。這些有題署
的墓誌銘,誌主的地位大都較爲尊崇,有六位身後得到陪葬昭
陵的殊榮。就創作時間而言,以顯慶元年(656)的《大唐故開府
儀同三司特進户部尚書上柱國莒國公唐君(儉)墓誌銘》最早,
誌題下署:"禮部尚書高陽郡開國公許敬宗撰。"③誌云:"(儉)以
顯慶元年十月三日薨於安仁里第,春秋七十八。粤以其年十一
月辛酉朔廿四日甲申陪葬於昭陵。"唐儉是唐代開國名將,戰功
顯赫,爲唐太宗所信賴,故而死後得以陪葬昭陵。又如令狐德
棻所撰《大唐太宗文皇帝故貴妃紀國太妃韋氏(珪)墓誌銘》、劉
禕之撰《大唐故司空太子太師贈太尉揚州大都督上柱國英國公
勣墓誌銘》都與此類似。這些墓誌銘的誌主或爲開國元勳,或
爲豪門貴冑,他們的墓碑文和墓誌銘作者與書丹者也皆爲一時

① 國家圖書館善本金石組編:《隋唐五代石刻文獻全編》第 2 冊,北京:北京圖
書館出版社,2003 年版,第 658 頁。
② 北京圖書館金石組編:《北京圖書館藏中國歷代石刻拓本彙編》第 11 冊,第
117 頁。
③ 周紹良、趙超主編:《唐代墓誌彙編續集》,第 88 頁。

之選。這種題署方式的出現,究其緣由,蓋因誌主家屬和撰者雙方均可借重對方以擡高個人聲望;而且由於這種方式將撰、書人的信息置於最爲醒目的位置,也是撰、書者所樂於接受的。因此,該題署方式自從産生後就風靡一時,深受歡迎,甚至逐漸演變爲後世石刻文獻最爲常見的題署形式,以至於葉昌熾認爲唐代以後石刻中的題署"有不用此式者,則爲異製"。

最後看第三點,篆額者題署的出現,標誌著石刻文獻題署方式又有了新變化。這種現象始於初唐時期,今傳本《孔子廟堂碑》題下署:"司徒并州牧太子左千牛衛率兼檢校安北大都護相王旦書碑額。"王芑孫云:"自漢迄隋,書人、撰人各自有見,從無書額人姓名見於碑中。有之,自《孔子廟堂碑》始。碑建在武德年中,本自無額,至武后時,命相王旦增其額曰'大周孔子廟堂之碑'。厥後,至文宗時,祭酒馮審始請琢去周字。蓋是碑書、撰皆出虞世南,原非武后立。而武后强增相王旦書額題名,故碑末又鄭重補志其歲月並揭碑人、鐫字人名,前此所未有。然自此遂啓篆額人題名之例。"①自此以後,石刻文獻尤其是碑文中有篆額者的題署,逐漸成爲一種常見的題署形式。

總體上看,撰、書人的題署自南北朝時期開始萌芽——此前石刻文獻的題署中很少出現"撰文""書丹"等字樣,至隋代變得更加完善,如《隋故左屯衛大將軍左光禄大夫姚恭公(辯)墓誌銘并序》題下署:"内史侍郎虞世基撰文,太常博士歐陽詢書

---

① 王芑孫:《碑版文廣例》卷七,見朱記榮輯:《金石全例》下册,第 421—422 頁。

丹。"文末署:"萬文韶刻字。"①王芑孫云:"墓誌銘題下加'并序'
二小字,題後撰人名下加'撰文'字,書人名下加'書丹'字,碑末
加刻字人名,如今式者,起於隋《姚辯墓誌》,蓋誌銘之法積久始
備,至是具體,惟不加篆蓋人名耳。前此雖有偶同,法未周
悉。"②《姚辯墓誌銘》首次將撰、書人的題署冠以"撰文""書丹"
的後綴,顯示出誌主家屬對文章撰、書者的尊重。與此同時,
撰、書者和刻字者的題署分列題後和文末,也反映出隋唐時期
石刻文獻題署的位置和方式,較之魏晋南北朝時期已更爲複雜
和多樣化。

三、成熟定型期:盛唐以後

自唐高宗永淳年間以後,墓誌銘中的題署風氣漸開,較之
南北朝時期,題署的名目也有所增加,個別墓誌中甚至還出現
了檢校者和排文者的題署,呈現出多樣化的特徵。直到唐玄宗
天寶年間,石刻文獻的題署方式才逐漸穩固和定型,並呈現以
下規律。

第一,天寶之後,僅於文末題署的情況已不多見。即使偶
有出現,也基本上限於僅有一位題署者的墓誌銘。這又分爲幾
類:(一)僅有撰者題署,如《貴鄉縣令盧公(侶)墓誌銘》文末署:
"前左監門衛兵曹參軍戴正倫撰。"③(二)僅有書者題署,如《崔

---

① 王其禕、周曉薇編著:《隋代墓誌銘匯考》第4册,北京:綫裝書局,2007年版,第154—156頁。
② 王芑孫:《碑版文廣例》卷七,見朱記榮輯:《金石全例》下册,第416—417頁。
③ 周紹良、趙超主編:《唐代墓誌彙編續集》,第838頁。

氏亡室李夫人墓誌》文末署:"凝自書。"①(三)撰、書人合一者之題署,如《唐故張氏夫人墓誌銘》文末署:"兩池権鹽使守太子右庶子兼御史中丞賜紫金魚袋李從質文并書。"②《有唐吳興沈氏(子柔)墓誌銘》文末署:"咸通十一年五月三日匡秀撰并書。"③上述墓誌銘的題署者僅有一人,故題署基本上都置於文末。有兩位以上題署人且題署均列於文末的墓誌銘不多見,只有《唐故相國太子賓客扶風郡公贈太子少保第五公(琦)墓誌銘》④《唐故太原府參軍贈尚書工部員外郎苗府君夫人河内縣太君玄堂誌銘》⑤等少數幾篇。

第二,這一時期最盛行的題署方式是題署位於題後文前,大致可分爲兩種。

1. 全文僅有一人題署

由於僅有書者或刻字者題署的墓誌銘不太常見,故此處所謂"一人題署"者主要是指僅有撰者題署,或撰、書人合一之題署,抑或撰、書、篆蓋人合一的情況:(1)僅有撰者題署,如《大唐故郯王(經)墓誌銘》題下署:"翰林學士朝議郎守中書舍人賜紫

---

① 周紹良、趙超主編:《唐代墓誌彙編續集》,第 1032 頁。
② 周紹良、趙超主編:《唐代墓誌彙編續集》,第 1055 頁。
③ 周紹良、趙超主編:《唐代墓誌彙編續集》,第 1085 頁。
④ 李翚綱、王亮亮:《西安新見〈唐第五琦墓誌〉考疏》,《書法叢刊》,2010 年第 5 期,第 23 頁。文末署:"朝議郎行尚書兵部員外郎高參撰,奉義郎行京兆府倉曹參軍韓秀榮書。"
⑤ 周紹良主編:《唐代墓誌彙編》,第 2211—2212 頁。文末署:"孤子朝散大夫、前使持節江州諸軍事守江州刺史、上柱國憺撰。孤子前徐、泗、宿、濠等州觀察判官,將仕郎,監察御史裏行惲書。"

金魚袋臣李珏撰。"①(2)撰、書人合一者之題署,如《大唐故米府君(繼芬)墓誌銘》題下署:"鄉貢進士翟運撰并書。"②(3)撰、書、篆蓋者合一之題署,如《唐故趙郡李夫人墓誌銘》題下署:"第二弟奉義郎行河南府永寧縣尉陲譔并書及篆蓋。"③

2. 雖有多種題署,但題署者不超過二人

僅有二人題署的墓誌銘,其題署大多位於題後文前。包括四種情況:(1)僅有撰、書人題署,如《唐故揚州大都督楊公(志廉)墓誌銘》題後署:"左神策軍判官朝議郎行蘇州司功參軍王誦撰,將仕郎守衡州司倉參軍翰林待詔毛伯良書。"④(2)撰、書人合一,外加一篆蓋者之題署,如《大唐故閻府君(知誠)墓誌銘》題下署:"鄉貢進士鄭晦撰并書,翰林待詔朝散大夫守襄州長史上柱國賜緋魚袋毛伯貞篆蓋。"⑤(3)撰者、外加書者與篆蓋者合一之題署,如《唐故右金吾引駕游擊將軍守左衛翊府中郎將上柱國蕭府君(行群)墓銘》題下署:"姪男鄉貢進士遇撰,朝散大夫行左監門率府長史上柱國賜緋魚袋牛季瓌書并篆。"⑥(4)撰、書、篆蓋者合一,外加一刻字人的題署,如《唐滄州節度荊公(從皋)墓銘》題下署:"將仕郎前守涇州平涼縣令王南薰述并書兼篆蓋文,天水郡強穎刻字。"⑦

---

① 周紹良、趙超主編:《唐代墓誌彙編續集》,第 916 頁。
② 周紹良、趙超主編:《唐代墓誌彙編續集》,第 796 頁。
③ 周紹良主編:《唐代墓誌彙編》,第 2483 頁。
④ 周紹良、趙超主編:《唐代墓誌彙編續集》,第 800 頁。
⑤ 周紹良、趙超主編:《唐代墓誌彙編續集》,第 1015 頁。
⑥ 周紹良、趙超主編:《唐代墓誌彙編續集》,第 1076—1077 頁。
⑦ 周紹良、趙超主編:《唐代墓誌彙編續集》,第 1090 頁。

第三,題署分列題後與文末。這一情況往往出現於多人題署之石刻文獻當中,大致可以分爲兩類。

1. 只有兩位題署者且題署分列的文章,撰者之題署多列於題後文前,其他則置於文末

對於石刻文獻,包括墓誌銘而言,撰者的重要性顯而易見要超過其他人,如書丹者、刻字者、校字者、篆額者等等,因此撰者之題署往往被置於最爲醒目的位置——題後文前,其他人的題署通常列於文末。其中撰者的題署至少又可細分爲三種:(1)撰、書人分列,如《唐故商州上洛縣主簿會稽孔君墓銘》題下署:"親舅朝請郎京兆府兵曹參軍韋承素撰。"文末署:"外兄文林郎前嘉州平羌縣令賀直方書。"①又如《唐故集州衙推狄公(玄愬)墓誌》亦於題下署:"鄉貢進士楊坤撰。"文末署:"隴西李嵩書并篆蓋。"②(2)撰、書人合一,如《唐故靈臺司辰官高公妻潁川郡陳氏夫人墓誌銘》於題下署:"朝議郎試太常寺協律郎焦潰撰并書。"文末署:"强審刻字。"③(3)撰、書、篆者合一,如《唐故軍器使贈内侍李公(敬實)墓誌》題下署:"門吏文林郎前行羅州司馬上柱國崔鄑撰并書及篆蓋。"文末署:"鐫玉册官尹仲修刻字。"④

2. 有三位以上題署者的文章,題署多分列題後文前與文末

帶有此類題署的文章,題署往往分列。否則,若所有的題

① 周紹良主編:《唐代墓誌彙編》,第 2182 頁。
② 周紹良、趙超主編:《唐代墓誌彙編續集》,第 1042—1043 頁。
③ 周紹良、趙超主編:《唐代墓誌彙編續集》,第 1137—1138 頁。
④ 周紹良、趙超主編:《唐代墓誌彙編續集》,第 1028—1029 頁。

署集中於一處，則顯得過於煩冗。這類文章情況較爲複雜，難以仔細區分到底以哪種類型爲主，或者説這種題署方式帶有一定的隨意性或不確定性。比較常見的主要有以下三種：(1)撰者題署列於題後文前，其他人的題署置於文末。如《大唐故駱夫人墓誌銘》題下署："鄉貢明經馮謙撰。"文末署："處士王乂書并篆蓋，將仕郎試左武衛兵曹參軍邵宗刻字。"①又如《大唐故弘農縣君楊氏(珽)墓誌銘》題下署："朝散大夫試太子詹事兼監察御史魏則之撰。"文末署："將仕郎試太常寺奉禮郎李約書。吳郡朱弼刻字。"②(2)撰、書者之題署位於題後文前，其他人的題署位於文末。如《唐故河南府司録參軍趙郡李府君(珎)墓誌銘》，題下署："朝請大夫行尚書司勳員外郎崔璵撰，外兄登仕郎前守左監門衛兵曹參軍裴儋書。"文末署："前監察御史裏行崔礎篆額。"③又如《唐故楊氏夫人墓誌銘》亦於題下署："鄉貢進士崔馴撰，朝散郎守右司禦率府冑曹參軍翰林待詔毛知微書。"文末署："翰林待詔將仕郎守池州秋浦縣主簿那希言篆蓋，鎸字劉瑋。"④(3)撰、書、篆者題署位於題後文前，其他人之題署位於文末。如《唐故蘭陵蕭公(弘愈)墓誌》題下署："處士京兆杜逢篆，朝議郎守檀州司馬何遂撰，朝議郎行左春坊宮門丞牛季瓛書。"文末則署："玉册官陳從諫刻。"⑤又如《故德妃王氏墓誌銘》題下署："翰林學士朝議郎守尚書駕部郎中柱國賜紫金魚袋臣薛調

① 周紹良、趙超主編：《唐代墓誌彙編續集》，第 1093 頁。
② 周紹良主編：《唐代墓誌彙編》，第 2119—2120 頁。
③ 周紹良主編：《唐代墓誌彙編》，第 2217—2218 頁。
④ 周紹良、趙超主編：《唐代墓誌彙編續集》，第 1085—1086 頁。
⑤ 周紹良、趙超主編：《唐代墓誌彙編續集》，第 1067—1068 頁。

奉敕撰，翰林待詔朝議郎守池州司倉參軍上柱國臣張元龜奉敕書，翰林待詔朝散大夫守殿中省尚衣奉禦上柱國賜紫金魚袋臣董咸奉敕篆蓋。"文末署："中書省鐫玉册官臣邵建初刻字。"①這種題署方式主要出現在奉敕撰、書的王室成員墓誌銘中，如《故晉康公主墓誌銘》《唐故康王墓誌銘》等。

石刻文獻題署之風雖然在西漢時即已出現，此後六百多年間的發展却顯得頗爲緩慢，直到唐代才蔚爲大觀。其緣由何在？筆者以爲當與唐代文章撰、書者的大力提倡有關，尤其是初唐時期的歐陽詢和崔行功等人。他們所撰、所書之墓碑文、墓誌銘皆有題署，當是其刻意爲之的結果。這種做法對於當時及後世石刻文獻題署方式的發展和推廣起到了很大的促進作用。

歐陽詢所撰、所書的碑文和墓誌銘較多，文中多有其題署。除上文所舉《温彦博碑》《皇甫誕碑》和《姚辯墓誌銘》以外，《房彦謙碑銘》和《温彦博墓誌銘》等文中亦有其題署。如立於貞觀五年（631）的《唐故都督徐州五州諸軍事徐州刺史臨淄定公房公（彦謙）碑銘》文末署："太子左庶子安平男李百藥撰，太子中允□□彳扌歐陽詢書。"②又如立於貞觀十年（636）的《大唐故特進尚書右僕射上柱國虞恭公温公（彦博）墓誌》，亦於文末署："銀青光禄大夫歐陽詢撰并書。"③歐陽詢乃隋唐時期著名的書法家，隋時曾任太常博士，仕唐後又任太子率更令、弘文館學士

---

① 周紹良、趙超主編：《唐代墓誌彙編續集》，第 1091—1092 頁。
② 國家圖書館善本金石組：《隋唐五代石刻文獻全編》第 2 册，第 643 頁。
③ 周紹良主編：《唐代墓誌彙編》，第 42 頁。

等職,其書法更是冠絕一時,"尺牘所傳,人以爲法"①。因此,後世石刻文獻的撰寫者、書丹者,很有可能效法歐陽詢,在其撰、書的墓誌銘中留下題署。

　　崔行功對唐代墓誌題署風氣的生成也産生過重要影響。除《阿史那忠墓誌銘》以外,新出石刻中還發現了多方崔行功撰寫的墓誌銘,亦皆附有題署。如作於龍朔二年(662)的《大唐故刑部郎中定州司馬辛君(驥)墓誌銘》,即於題下署:"長水縣令崔行功製。"②撰於總章元年(668)的《大唐故銀青光禄大夫守司刑太常伯李公(乾祐)墓誌銘》,亦於誌題後署:"蘭臺侍郎崔行功撰。"③作於咸亨元年(670)的《大唐故歙州刺史駙馬都尉王君(大禮)墓誌銘》則於文末署:"蘭臺侍郎崔行功製文,右威衛倉曹參軍敬客師書。"④崔行功乃唐高宗時期的著名學士,兩《唐書》皆有傳。據《舊唐書·崔行功傳》記載:"(崔行功)少好學,中書侍郎唐儉愛其才,以女妻之。儉前後征討,所有文表,皆行功之文。"後又任司文郎中,"當時朝廷大手筆,多是行功及蘭臺侍郎李懷儼之詞"。⑤ 此外,崔行功還曾校理四部群書、預撰《晋書》及《文思博要》等,有文集六十卷行世。另據《集古録跋尾》《金石文字記》等文獻記載,崔行功頗爲擅長碑、誌文的撰寫,除上述墓誌銘以外,還撰有《唐徐王元禮碑》《贈太師孔宣公碑》等碑文數篇。從某種程度上可以説,崔行功是初唐時期較早專力

---

① 歐陽修、宋祁:《新唐書》卷一九八,第 5645 頁。
② 周紹良主編:《唐代墓誌彙編》,第 369 頁。
③ 周紹良主編:《唐代墓誌彙編》,第 493 頁。
④ 周紹良、趙超主編:《唐代墓誌彙編續集》,第 185 頁。
⑤ 劉昫等:《舊唐書》卷一九〇上,第 4996 頁。

於從事碑文和墓誌銘寫作的文士，此後墓誌銘在題署方式上的變化或許與他的鋭意變革有著一定程度的關聯。

第二節　唐代墓誌銘題署的形式

墓誌銘題署的具體形式與内容因文、因人而異，一篇墓誌銘究竟需不需要有製作者們的題署、可以有多少人題署並無一定之規。墓誌銘的撰作者、書丹者、刻字者、篆額（蓋）者，甚至排文、校字者等，皆可在相應的位置留下個人的題署。一方墓誌的完成，往往要經過多道工序，文中的題署也會隨每人所承擔工序的不同，呈現出一定差異。

一、撰作者題署的形式

撰作者的題署在唐代墓誌中最爲常見。據新出土資料來看，自武后時起，墓誌銘中不僅大多有撰作者的題署，正文中還會交代撰文緣由。如《唐故隴西李府君（從證）墓銘》題下署：“鄉貢進士尹震鐸撰。”誌文末又云：“公仲兄從誠，會震鐸於闕下，情深於與遊，請菲薄之詞，遂握管搜思。”①可見尹震鐸此文乃是出於誌主家屬的請託。在其他墓誌銘中，類似之語也多有出現，不僅顯得較爲鄭重，也從很大程度上反映了整個社會對墓誌銘作者的重視。

清人王芑孫在總結“書撰人列名括例”時曾説：“其撰文或

---

① 周紹良主編：《唐代墓誌彙編》，第 2288 頁。

曰篆,或曰製,或曰文,或曰造此文,初無一定。"①王氏此條本欲概括石刻文獻中撰者題署的形式,惜並不全面。實際上,關於撰者的題署,最常見的方式乃是題作"撰"或"撰文"。《姚辯墓誌銘》開啓了"撰人名下加'撰文'"字樣的先河,唐李仍叔爲其女兒所撰之墓誌銘,亦題曰"仍叔撰文"②。不過,多半文章爲了行文簡潔,僅使用"撰"字,如《唐故清河郡司士參軍車府君(玄福)誌銘》題下署:"宣義郎行河南府河南縣主簿陳允升撰。"③《唐故廣陵郡六合縣丞趙公墓誌銘》文末署:"外男前汲郡新鄉縣尉趙郡李顗撰。"④

　　另有兩種題署方式可看作這一形式的變體:(一)題作"敘文"或者"敘",如《大唐故曹州成武縣丞博陵崔氏府君改葬墓誌銘》題下署:"嗣子正議大夫前行定州别駕兼太子僕賜紫金魚袋上柱國玭敘文。"⑤《唐汝州司户范陽盧府君(沐)滎陽鄭夫人合祔誌銘》於題下署:"猶子文林郎前守右監門衛冑曹參軍從稚敘。"⑥(二)題作"上"或者"撰上",如《唐故幽州永清縣令陽公(裕)墓誌銘》題下署:"鄉貢三傳吴郡張廷堅上。"⑦又如《唐故宿州長史博陵崔君墓誌銘》亦於題下署:"河陽節度巡官試太常寺協律郎燉煌張正蘩譔上。"⑧之所以加"上"字,可能是爲了突出

①　王芑孫:《碑版文廣例》卷八,見朱記榮輯:《金石全例》下册,第 441 頁。
②　周紹良主編:《唐代墓誌彙編》,第 2034 頁。
③　毛陽光主編:《洛陽流散唐代墓誌彙編續集》,第 377 頁。
④　周紹良、趙超主編:《唐代墓誌彙編續集》,第 634 頁。
⑤　周紹良主編:《唐代墓誌彙編》,第 1778 頁。
⑥　胡戟、榮新江主編:《大唐西市博物館藏墓誌》,第 813 頁。
⑦　毛陽光主編:《洛陽流散唐代墓誌彙編續集》,第 775 頁。
⑧　周紹良主編:《唐代墓誌彙編》,第 2078 頁。

對亡者的尊重。

此外,就撰者的題署而言,還有一些常見形式,主要可分爲以下三類。

1."纂"或"製"

(1)題作"纂"者,如新出土《故秘書省校書郎獨孤君(申叔)墓誌》,題下署:"承務郎行京兆府藍田縣尉柳宗元纂。"①又如新出土《唐故尚書左司郎中蘇州刺史京兆韋君(應物)墓誌銘》,亦於題下署:"守尚書祠部員外郎騎都尉賜緋魚袋吳興丘丹纂。"②(2)題作"製"者,如《唐義昌軍故銜前將守左衛朔州尚德府別將員外置同正員賜上騎都尉劉府君(士弘)墓誌銘》題下署:"鄉貢明經李仲文製。"③《唐故馮府君(廣清)墓誌銘》亦於題下署:"鄉貢進士節度隨軍劉南仲製。"④

2."述"或"修"

(1)題作"述"者,如《大唐故韓公(義方)墓誌銘》題下署:"應三禮前試左司禦率府兵曹參軍雍鼎述。"⑤另如《唐故鹽鐵轉運等使河陰留後巡官前徐州蘄縣主簿弘農楊君(仲雅)墓誌銘》題下署:"姪壻梁國橋古夫敬述。"⑥"述"前加一"敬"字,則是後人爲了表達對前輩的尊敬之意。(2)題作"修"者,如《唐故琅琊

---

① 西安碑林博物館編:《西安碑林博物館新藏墓誌彙編》,第 603 頁。

② 西安碑林博物館編:《紀念西安碑林九百二十周年華誕國際學術研討會論文集》,北京:文物出版社,2008 年版,第 311 頁。

③ 周紹良主編:《唐代墓誌彙編》,第 2262 頁。

④ 周紹良主編:《唐代墓誌彙編》,第 2264 頁。

⑤ 毛陽光主編:《洛陽流散唐代墓誌彙編續集》,第 567 頁。

⑥ 周紹良主編:《唐代墓誌彙編》,第 2031 頁。

王公(惲)墓誌銘》題下署:"鄉貢進士朱藩修。"①

3."詞"或"記"

(1)題作"詞"者,如《唐故通議大夫行廣州都督府長史上柱國朱府君(齊之)墓誌銘》題下署:"朝議郎殿中侍御史高陽許景先詞。"②又如《大唐故秀才天水趙君墓誌銘》亦於題下署:"滎陽郡中牟縣尉張撰詞。"③(2)題作"記"者,如《唐故朝議郎行揚州大都督府法曹參軍京兆韋府君(署)墓誌文》題下署:"孤子式己□記。"④若是二人合撰的墓誌銘,則多數署爲"××序,××銘",如《唐故朝散大夫陝府左司馬翰林待詔武陽縣男韓公(秀實)墓誌銘》題下署:"弟前衡州刺史淮陽縣男秀弼撰序,弟京兆府倉曹參軍秀榮撰銘并書。"⑤不過,總體上來看,關於撰者的題署,無論是用"詞"還是"記",抑或是合作撰文現象(一人撰序、一人撰銘),在唐代墓誌中均比較少見,這些題署方式也都不是撰者題署的通例。

二、書丹者題署的形式

在印刷術盛行之前,文章的流通主要靠手抄,因此書手的工作顯得極爲重要,其地位也得到了整個社會的認可。隋唐時期,政府十分重視書籍之抄寫,唐玄宗時甚至專門成立了修書

---

① 周紹良主編:《唐代墓誌彙編》,第 2251 頁。
② 周紹良主編:《唐代墓誌彙編》,第 1193 頁。
③ 胡戟、榮新江主編:《大唐西市博物館藏墓誌》,第 581 頁。
④ 周紹良主編:《唐代墓誌彙編》,第 2060 頁。
⑤ 陳根遠:《唐〈韓秀實墓誌〉及其他》,《文博》,2010 年第 4 期,第 34 頁。

院,並設立官員以負責抄書、校書工作,抄書者在當時還被尊稱爲"御書手"。在唐代的石刻文獻中,書丹者的題署亦頗爲常見,可能也是當時社會注重書寫者的真實反映。

雖然在王芑孫看來,《姚辯墓誌銘》率先在書人名下加"書丹"一詞是"誌銘之法積久始備"的標誌之一,實則後世沿用這一做法者甚少,多數文章還是直接題作"書"。如新出土《唐御史大夫張公故夫人潁川郡夫人陳氏(尚仙)墓誌銘》,即於題後署:"右拾遺徐浩書。"①這是書丹者題署時最常用的形式,在新出墓誌中俯拾即是,不贅舉。

不過,在唐代墓誌中,書丹者的題署也出現了少數變體。一是偶有題作"書文"者,如《唐故茂州刺史扶風竇君(季餘)墓誌銘》文末署:"渾書文。"②二是不署"書"字者,如《唐故雲麾將軍左龍武衛將軍上柱國渭源縣開國男李君(忠義)墓誌銘》題下署:"太壹山人申屠泚撰,集賢院御書手趙守士。"③"御書手"一詞,不僅點出了趙守士的身份,同時也說明該文的書丹者必爲趙氏,爲避免重複,故不再重出"書"字。三是與撰作者題署中存在二人合撰現象類似,唐代墓誌中也存在多人合書之例,故書丹者的題署也顯得與衆不同。如《大唐故胡國公嫡孫許州鄢陵縣丞秦府君(利見)墓誌》④,前三行文字與後面文字之書法迥異,應是兩人書丹之故。新出土《大唐故中書令贈光禄大夫秦

---

① 齊淵編:《洛陽新見墓誌》,第 39 頁。
② 周紹良主編:《唐代墓誌彙編》,第 2147 頁。
③ 周紹良、趙超主編:《唐代墓誌彙編續集》,第 617 頁。
④ 拓片見陳長安主編:《隋唐五代墓誌匯編·洛陽卷》第 8 册,第 102 頁。

州都督薛公(元超)墓誌銘》則將二人合書的情形展現得更加清晰,《薛元超墓誌銘》文末署:"崔融篆,薛曜、薛駱、薛繽書序,薛毅、薛俊書銘,萬三奴鐫,萬元抗鐫。"①從《新中國出土墓誌·陝西[壹]》所載拓片來看,整篇墓誌銘雖然刻於同一塊誌石之上,但細審其文字,會發現誌文與銘文的字體確實有所不同,銘文字迹偏小,字的結體、筆法也與誌文略有差別,乃是多人合書、多人合刻的典型例證。由於這些情況在新出唐代墓誌中比較少見,通常也只是將它們視爲書丹者題署的一些特例。

三、刻字者題署的形式

與書丹者類似,刻字者的題署也没有太多類型,一般直接題作"刻"或"刻字"。如《故太原郡夫人王氏墓誌銘》即於文末署:"中書省鐫玉册官宣節校尉前鄜州五交府折衝上騎都尉邵建初刻。"②又如《唐故潁川韓公(處章)墓誌銘》文末署:"城陽孟克刻字。"③不過,也有少數墓誌銘的題署爲"刻字人××"或"刻字××",如《唐故南陽鄧氏墓誌銘》文末署:"刻字人張元緒。"④

---

① 薛震,字元超,傳世典籍中均以薛元超稱之,本書亦按慣例稱其爲薛元超。據《新中國出土墓誌·陝西[壹]》記載,《薛元超墓誌銘》:"誌、蓋均長八八、寬八八釐米;誌厚一五釐米,蓋厚一三釐米,四殺寬一三釐米。蓋文五行,滿行四字。篆書。蓋頂及周邊、四殺均爲蔓草及草葉紋。誌文五七行,滿行五七字。正書。"(第 83 頁)録文見周紹良、趙超主編:《唐代墓誌彙編續集》,第 278—281 頁;又見吳鋼主編:《全唐文補遺》第一輯,西安:三秦出版社,1994 年版,第 69—72 頁。
② 周紹良、趙超主編:《唐代墓誌彙編續集》,第 1119 頁。
③ 胡戟、榮新江主編:《大唐西市博物館藏墓誌》,第 1006 頁。
④ 胡戟、榮新江主編:《大唐西市博物館藏墓誌》,第 967 頁。

《唐故贈隴西郡夫人董氏墓誌銘》文末則署："國子監刻字臣白僅。"①

此外，還有一些墓誌，將"刻"字改爲"鐫"字，其題署則有"鐫""鐫字"以及"鐫字人""鐫字匠"等説法。如《唐故易州長史皇甫府君夫人彭城劉氏（少和）墓誌銘》文末署："匠楊元慶鐫。"②《唐故禪大德演公塔銘》文末署："中書省刻石官昭武校尉守京兆周城府折衝上柱國邵建和鐫字。"③又如《唐故朝議郎守恭陵臺令王君墓誌銘》文末署："鐫人上都客户坊魯士端。"④《唐故張公（文約）墓誌銘》文末則署作："鐫字匠高從。"⑤這種題署方式，特別是"匠"字的頻繁出現，不僅點明了刻工的姓名，也表明當時已經出現了專門以刻字謀生的人員。

與書丹者的題署形式類似，刻工們在刻字時亦可以採取多人合作的形式。實際上，這種題署形式起源也較早，在南北朝時期即已有之。曾毅公云："如魏墓誌中的侯剛、常季繁二誌，聚優劣兩刻手，展示在一方石版上，便是很好的例子。這兩方墓誌，所書寫的文字，均出於名家之手，但佔全書四分之一的左上角一部分，和其餘四分之三部分，字迹的優劣，實有天壤之別。但這並不是兩個人書丹，而是更換了刻工。"⑥刊於北齊武平二年（571）的《明湛墓誌》，更是二人合刻的明證，《明湛墓誌》

① 周紹良主編：《唐代墓誌彙編》，第 2175 頁。
② 毛陽光主編：《洛陽流散唐代墓誌彙編續集》，第 623 頁。
③ 周紹良主編：《唐代墓誌彙編》，第 2236 頁。
④ 胡戟、榮新江主編：《大唐西市博物館藏墓誌》，第 919 頁。
⑤ 毛陽光主編：《洛陽流散唐代墓誌彙編續集》，第 681 頁。
⑥ 曾毅公：《石刻考工録·自序》，北京：書目文獻出版社，1987 年版，第 2 頁。

“寫、刻水平都不高,銘文前七行出於一位刻手,用刀生疏,轉折多違原書意而信手刻之;自第八行始至篇末爲另一人刻,刀法基本忠於筆法”①。到唐代以後,二人合刻的情況依然存在,除上文所指出的《薛元超墓誌銘》外,還有不少實例,如《唐故渠州刺史郭府君(瓊)墓誌銘》文末署“鐫玉册官李郢、吳郡朱弼等刻字”。②《有唐山南東道節度使贈尚書右僕射嗣曹王(皋)墓銘》文末署“鐫字人屈賣、馬瞻”。③

　　通常來説,刻字者的題署大多置於文末,署在“題後文前”或其他位置者,就已出土的材料來看,僅有《唐故朝議大夫守國子祭酒致仕上騎都尉賜紫金魚袋贈右散騎常侍楊府君(寧)墓誌銘》一例。不僅題署位於題後文前,内容亦與衆不同,署作:“前試太常寺協律郎孔敏行謹録上石。”④這在刻工題署中應是較爲罕見的用例。

四、篆蓋者題署的形式

　　新出土墓誌銘中的題署,以上述三類爲主。但除此以外,還有一些相關人員的題署,其中篆蓋(額)者的題署是出現較多的一種。

　　碑有額而無蓋,墓誌則有蓋而無額,因此所謂的篆額或篆蓋只是就篆刻對象的不同而言的,並無本質區別。在碑文中,

---

① 賴非:《齊魯碑刻墓誌研究》,濟南:齊魯書社,2004年版,第306頁。
② 毛陽光主編:《洛陽流散唐代墓誌彙編續集》,第715頁。
③ 周紹良主編:《唐代墓誌彙編》,第1904頁。
④ 周紹良主編:《唐代墓誌彙編》,第2023頁。

篆刻者題署一般題曰"篆額",如《涼州衛大雲寺古刹功德碑》題後署:"朝行郎涼州神烏縣主簿譙郡夏侯湛篆額。"①而在墓誌銘中,則一般題作"篆"或"篆蓋",如《唐故京兆杜氏夫人墓銘》文末署:"隴西李義山篆。"②《唐故彭城郡太夫人劉氏墓誌銘》文末署:"處士丁邯篆蓋。"③

不過,唐代墓誌中,亦有少數題作"篆額"者,主要有以下情況:唐代的某些墓誌銘仍然製成小碑型,無蓋而有額,故亦可題作"篆額"。但也有部分方形墓誌,無額有蓋者,仍題作"篆額",如新出土《大周故朝散郎檢校潞州司户參軍琅琊王君(紹文)墓誌銘》即於題下署:"洛州參軍宋之問書兼篆額。"④《唐故賓客常公(無名)墓誌銘》文末署:"前河南府法曹參軍李陽冰篆額。"⑤顯然是承襲了碑文的題署方式而未作變更。偶有個別文章題作"篆題"或"篆書"者,如《唐故朝散郎守珍王府録事參軍飛騎尉乘府君(著)墓誌銘》題下署:"朝議郎權知處州司馬賜緋魚袋翰林待詔趙良裔篆題。"⑥可看成是篆蓋者題署的特例。

五、排校者題署的形式

相對於上述幾種題署形式而言,有排文、校字者題署的墓誌銘則比較少見。從墓誌銘的製作流程來看,排文乃是文章上

---

① 國家圖書館善本金石組編:《隋唐五代石刻文獻全編》第 3 册,第 197 頁。
② 周紹良主編:《唐代墓誌彙編》,第 2226 頁。
③ 毛遠明編著:《西南大學新藏墓誌集釋》,第 727 頁。
④ 朱關田:《唐名士三誌文小識》,《書法叢刊》,2008 年第 3 期,第 49 頁。
⑤ 胡戟、榮新江主編:《大唐西市博物館藏墓誌》,第 630 頁。
⑥ 周紹良主編:《唐代墓誌彙編》,第 2049 頁。

石之前的一道工序,就目前所見材料,整個唐代僅有一例,即
《唐故處士上谷寇公(因)墓誌銘》,文末署:"外生陳郡殷照排
文。"①有排文者題署的墓誌銘在宋代也有發現,如《賈黯墓誌
銘》亦於文末署:"清源吕夏卿排文。"②

　　至於校字者題署,可能存在於一些比較講究的家族,在先
人墓誌刻石完畢後,家屬往往還專門請人校字。如作於咸亨四
年(673)的《唐故儀同三司董君(仁)墓誌銘》即有兩位"專檢校
人",該文文末題署:"東都留守御史兼敕勾大使弘農楊再思撰
文。故西臺侍郎息前岐州岐陽縣令孫儆書。專檢校人隋户部
尚書孫逸士、京兆楊元珣。"③《唐工部尚書贈太子太師郭公(虛
己)墓誌銘》亦於文末署:"劍南節度孔目官徵仕郎行太僕寺典
厩署丞張庭訓檢校。"④陳守禮的墓誌更是使檢校工作達到了極
致,他的墓誌經由三個兒子進行了反復校勘,《唐故陳公(守禮)
夫人李氏合祔墓誌》文末題署:"第十四男前弘文館明經鍊初
校;第十五男朝議郎試肅王府户曹鉽校成;第十七男鉽檢校鐫
磨。"⑤凸顯出他們對於檢校工作的重視。

　　雖然有排文、校字者題署的唐代墓誌頗爲稀少,但其價值
不容忽視,正是由於它們的存在,我們才能够對唐代墓誌上石

①　周紹良主編:《唐代墓誌彙編》,第 1714 頁。
②　該墓誌未見拓本刊佈,此據國家圖書館網站所收拓片録文。網址如下:
　　http://res4. nlc. gov. cn/home/imageShow. trs? method＝imageLargeShow&id
　　＝muz6604&pathinfo＝710_0&dataid＝picture&channelid＝11&picname＝
　　muz6604. jpg&slflag＝L&serialnum＝&urlEncodeFlag4java＝true。
③　周紹良主編:《唐代墓誌彙編》,第 579 頁。
④　吴鋼主編:《全唐文補遺》第八輯,第 57—58 頁。
⑤　胡戟、榮新江主編:《大唐西市博物館藏墓誌》,第 669 頁。

的整體工序有更爲全面的了解。

六、多人題署合一的形式

通常而言,一方墓誌的各道工序大多由不同人分別承擔。每人各展其長,通力合作,製成一方完整的墓誌。不過也有一人承擔多道工序的情況,這主要集中於撰文、書丹和刻字三方面。從現存的墓誌文獻來看,唐代墓誌多人題署合一的情況,主要分爲以下三種。

1. 撰、書人合一

首先,由於唐代的許多文學家同時又是著名書法家,如歐陽詢、李邕、柳公權等,因此頗多名流請他們撰寫墓誌銘,書丹也多由他們來完成,墓誌中的題署也與上述幾種情況稍有不同,一般會題作"撰并書""文并書""述并書"或"撰兼書"等。如《唐故左金吾衛大將軍上柱國曹府君(乾琳)墓誌銘》題下署:"表弟楊泳撰并書。"①《唐故河中府法曹掾李君(元嗣)墓誌銘》題下署:"外兄朝請大夫前太子左庶盧回撰并書。"②其次,由於唐代抄書之風盛行,不少下層文士在書法上也有較高的造詣,因此他們所撰之文也往往由其一併書丹,如《唐故京兆杜氏夫人墓銘》題下署:"夫文林郎守左金吾衛兵曹參軍楊宇述并書。"③《大唐故清河張府君(榮恩)墓誌銘》亦於題下署:"朝議郎

---

① 毛陽光主編:《洛陽流散唐代墓誌彙編續集》,第 481 頁。
② 毛遠明編著:《西南大學新藏墓誌集釋》,第 687 頁。
③ 周紹良主編:《唐代墓誌彙編》,第 2226 頁。

試太子通事舍人上柱國張殷巢撰兼書。"①

　　撰、書人合一的題署方式，除上述最爲常見的幾種外，另有題作"製并書""修并書"者，不過這類情況較爲少見。《大唐五通觀威儀兼觀主馮先師墓誌銘》題下署："外姪孫前僕寺丞翟約撰。"文末又署："元和四年歲次乙丑十二月壬申朔廿五日景申翟約書。"②《唐故河南府河清縣丞曲府君（元縝）墓誌》亦與之類似，誌題下署："鄉貢進士盧希顏撰。"文末又署："盧希顏書。"③文章撰者與書丹者雖然同爲一人，題署却分別列在題後和文末，在唐代墓誌中是極爲稀見的。

　　2. 書、刻者合一

　　在唐代，有不少書丹者同時也是技藝精湛的刻工，於是就出現了一些自書自刻的墓誌銘，這當然是爲了更好地保證鐫刻效果。曾毅公曾指出："李邕所書碑文，《少林寺戒壇銘》的刻者爲伏靈芝，《婆羅樹碑》爲元省己，《麓山寺碑》爲黄仙鶴。他們都是北海自己的化名。"④在新出土墓誌銘中，書、刻者合一的情況也存在不少，如《唐王府君（仕倫）墓誌銘》文末署："鐫人武都章武及并書。"⑤《唐故天平軍節度隨軍將仕郎試左内率府兵曹參軍李府君（惟一）墓誌銘》文末署："樂安孫漢章書并鐫刻字。"⑥這種自書自刻形式的存在，或許正如曾毅

① 周紹良、趙超主編：《唐代墓誌彙編續集》，第 918 頁。
② 周紹良、趙超主編：《唐代墓誌彙編續集》，第 814 頁。
③ 周紹良主編：《唐代墓誌彙編》，第 2222—2223 頁。
④ 曾毅公：《石刻考工録·自序》，第 3 頁。
⑤ 周紹良主編：《唐代墓誌彙編》，第 2163 頁。
⑥ 周紹良主編：《唐代墓誌彙編》，第 2277 頁。

公所指出的，是爲了使"筆法、筆意、神韻等等，都能從刀鋒上表達出來"。[①]

3. 撰、書、篆者合一

一般而言，大多數墓誌的書丹者在書法、篆刻方面皆有一定水準，可同時兼任篆額（蓋）任務，於是就出現了書、篆合一的情形。如《大唐故王夫人墓誌銘》題下署："前漳州軍事判官將仕郎試太子通事舍人上柱國張模書并篆。"[②]如果書丹兼篆額者同時又頗具文學才能，就很有可能同時包攬墓誌銘的撰寫任務，於是出現撰、書、篆三者合一的情形，一般題作"撰并書及篆額（蓋）"。如《唐故長安縣尉彭城劉府君（顥）墓誌銘》題下署："將仕郎前守崇文館校書郎李君房撰并書及篆額。"[③]《唐太子左贊善大夫裴公故夫人隴西縣君李氏墓誌銘》亦於題下署："高平郡晉城縣令李翼撰并書及篆額。"[④]不過，有時爲了使行文更加簡潔，則會在題署的最後僅署一"篆"字，如《大唐故朝請郎行内侍省掖庭局宫教博士上柱國清河張公（叔遵）墓誌銘》即於題下署："鄉貢進士楊璠撰兼書并篆。"[⑤]

就新出土唐代墓誌的整體情況來看，以撰、書者的題署爲最多，出現時間也較早；而刻工和校字、排文者的題署較少，出現時間上也晚於撰、書者。之所以如此，應該與題署者身份、地

---

① 曾毅公：《石刻考工録·自序》，第 3 頁。
② 周紹良、趙超主編：《唐代墓誌彙編續集》，第 986 頁。
③ 毛陽光主編：《洛陽流散唐代墓誌彙編續集》，第 479 頁。
④ 周紹良主編：《唐代墓誌彙編》，第 1699 頁。
⑤ 周紹良、趙超主編：《唐代墓誌彙編續集》，第 1099 頁。

位的不同有關。碑、碣一類立於地面的石刻,撰、書者多爲當代
名家。而墓誌銘本爲埋幽之物,與立在地面上的碑文相比,重
要性自是稍遜。不過,僅就新出墓誌而言,其撰者既有魏徵、蘇
頲、張説、姚崇、崔顥、賀知章、韋應物、韓愈、柳宗元、白居易、吕
温、李商隱等文章大家,書者亦有歐陽詢、李邕、賀知章、顏真
卿、劉禹錫等書法名家。不少墓誌銘的撰、書者皆爲當時名流,
珠聯璧合,可謂極一時之盛。誌主的子孫往往想借他們的文章
和書法來擡高誌主的身價,唯有如此方能更好地達到爲先人頌
美之目的。另外,若誌主的身份、地位較高,其墓誌銘則多爲奉
敕所撰,撰、書人的選擇更爲講究,有時候帝王甚至親自參與其
事。如《故南安郡夫人贈才人仇氏墓誌銘》題下署:"御製。"文
末署:"翰林待詔中散大夫茂王傅上柱國吴縣開國男食邑三百
户臣朱圮奉敕書。翰林待詔朝議郎行宣州司士參軍上柱國賜
緋魚袋臣唐遠奉敕篆蓋。中書省刻字官臣强琮奉敕鎸。"①其題
署反映出誌主生前所受到的寵愛與卒後所得到的哀榮,正如程
章燦所指出的:"仇氏生前頗受唐宣宗的寵倖……死後恩遇有
加。唐宣宗親自撰寫墓誌銘,而且命翰林待詔朱圮書丹,翰林
待詔唐遠篆蓋,命當代最著名的刻工、中書省刻字官强琮鎸刻,
撰、書、刻三者皆極一時之選。"②

　　刻工的題署,雖然在漢代較爲繁盛,但是隨著"物勒工名"
制度的逐漸廢棄,魏晉南北朝時期的石刻中已較少出現刻字者
的題署,刻工題署傳統一度中斷,刻工的地位自然也隨之低落。

① 周紹良主編:《唐代墓誌彙編》,第 2291 頁。
② 程章燦:《古刻新詮》,北京:中華書局,2009 年版,第 222 頁。

雖然唐代石刻的受重視程度高於前代,刊刻技術也較爲發達,朝廷甚至還專門設立了將作監來管理碑銘墓碣等石刻事務,也曾經出現了一些刻石名家,如初唐的萬文韶、中晚唐的强琮和邵建初、邵建和兄弟①等。但這些只是個別情況,畢竟"物勒工名"傳統已斷絕多時,在公衆視野中,大部分刻工、校字和排文者只是普通匠人,社會上對刻工的重視程度也遠不如兩漢時期。通過石刻文獻中留存的題署,我們也僅僅能夠知道刻工們的姓名而已,其生平事迹已基本上晦而不顯,他們的身份地位更是無法與撰、書人相提並論。換而言之,墓誌銘中有無刻工題署對於提高誌主的身價無足輕重,這很可能也是唐代墓誌銘中刻工等人題署比較少見的重要原因。

第三節　唐代墓誌銘題署的内容

唐代墓誌銘中的題署,不僅形式更爲多樣化,内容也變得更加豐富。舉凡題署者的姓名、字號、郡望、籍貫、科第、婚姻、職官及文章的寫作年代,乃至題署者與文章主人公的關係等,都會有所體現。

一、姓名信息

無論何種題署形式,題署者的姓名自是必備要素。最早出現的刻工題署,甚至只有刻字人的姓名,如刻於東漢永建三年

---

① 詳參李浩:《新發現唐代刻石名家邵建和墓誌整理研究》,《文獻》,2018 年第 6 期。

(128)的《王孝淵墓銘》即僅於文末署："工人張伯嚴主。"①刻於初平四年(193)的《北海太守爲盧氏婦刻石》亦僅署："石工公孫禮刊。"②隨著時間的推移,至唐代,題署的內容日漸豐富,題署者的姓名之前也附加了各種信息和頭銜,或在姓名之前交代其職官,如《唐故沂州丞縣令賈君(欽惠)墓誌銘》題下署："登仕郎守河南府參軍蕭穎士撰。"③《唐故處州刺史趙府君(璜)墓誌》題下署："兄中大夫守衢州刺史璘撰。"④則在署名的同時,既指明了題署者與誌主的關係,又點明了題署者的職官和身份。

有的作者除在題署中標明自己的姓名、郡望和官職以外,甚至還附加了他們的表字、行第等信息,這固然可能是出於擡高自己或炫耀個人身份等心理的需要,但恰恰給我們留下了更多關於唐代文士姓名、身世等方面的寶貴資料。

實際上,在題署中題寫個人表字的方式,最早可以追溯到漢代,如東漢時期的《衡方墓碑》,文末即有雙行小字云："碑石,門生平原樂陵朱登,字仲希書。"⑤到唐代,這一題署方式仍然存在,除其姓名、表字以外,內容上還出現了新變化。如撰於開元十二年(724)的《大唐故中大夫守內侍上柱國渤海高府君(福)墓誌銘》題下署："麗正殿修撰學士校書郎孫翌字季良撰。"⑥可

---

① 毛遠明編著:《漢魏六朝碑刻校注》第 1 册,第 118 頁。
② 北京圖書館金石組編:《北京圖書館藏中國歷代石刻拓本彙編》第 1 册,第184 頁。
③ 周紹良主編:《唐代墓誌彙編》,第 1689 頁。
④ 周紹良主編:《唐代墓誌彙編》,第 2394 頁。
⑤ 毛遠明編著:《漢魏六朝碑刻校注》第 1 册,第 280 頁。
⑥ 周紹良主編:《唐代墓誌彙編》,第 1287 頁。

知孫翌字季良,曾於開元十二年前後擔任麗正殿修撰學士、校書郎等職。《唐故平州刺史盧龍節度留後周府君（璵）墓誌銘》題下署:"孤子前幽州節度衙前兵馬使中散大夫檢校太子賓客在中小名薊郎號絕撰上。"[1]由此不僅可知周在中的仕宦情况,更可獲知其小名爲薊郎。

再如盛唐文人張階,其生平資料傳世典籍中並無明確記載,《全唐文》小傳僅云:"階,天寶時人。"[2]新出石刻中發現了他所撰的墓誌銘多篇,個別文章的題署頗爲詳細,提供的個人信息較多。如撰於天寶六載(747)的《唐故朝請大夫尚書刑部員外郎騎都尉蔡公（希周）墓誌銘》題下署:"前大理評事張階字叔平撰,第七弟朝議郎行洛陽縣尉希寂字季深書。"[3]由此不僅可知張階字叔平,蔡希寂字季深,排行第七,還可悉知他們所任官職等情形。再參合張階所撰其他文章中的題署,可以對張階的生平事迹有大致了解。

二、職官信息

在唐代墓誌的題署當中,除姓名以外最常見者即題署者的職官。唐人對自己所攝官職非常重視,有的題署人甚至僅在題署中注明自己的官職,如新出土《大唐京兆韋氏故妻袁夫人（瓊芬）墓誌銘》即僅於題後署:"父兖州都督撰。"[4]當然,這只是作

① 周紹良、趙超主編:《唐代墓誌彙編續集》,第 1009 頁。
② 董誥等編:《全唐文》卷四〇五,上海:上海古籍出版社,1990 年版,第 1832 頁。
③ 周紹良、趙超主編:《唐代墓誌彙編續集》,第 606 頁。
④ 趙君平、趙文成編:《秦晋豫新出墓誌蒐佚》,第 424 頁。

者題署中的特例。但通觀現存的唐代墓誌，我們可以發現但凡有官職可署之人，在題署中比較詳細地交代自己的官職，幾乎成爲一種常態。

　　唐代官制非常複雜，有正員、員外置同正員、試、守、兼、判等等，同時又有散官、檢校官、職事官、勳官、贈官之別，此外還有賜紫、賜緋、賜魚袋甚至借紫、借緋之制，故而他們所署之官銜也就頗爲複雜。不過，亦可大致分爲幾類：（一）僅將其所攝之散官外加一職事官記於題署中，如《大唐崔府君（守約）墓誌銘》題下署：“朝議郎前行河南府緱氏縣尉韋隱之撰。”①《涇州大雲寺舍利石函銘》題署“朝散大夫行司馬平昌孟詵撰”②等。（二）在題署中列明其官品，如《澄州無虞縣清泰鄉都萬里六合堅固大宅頌一首詩一篇》題署：“嶺南大首領□州都雲縣令騎都尉四品子韋敬辨製。”③（三）僅署其職事官，如《唐朗州員外司戶薛君妻崔氏（蹈規）墓誌》僅於題下署：“柳州刺史柳宗元撰。”④《唐故通議大夫宗正少卿上柱國隴西李府君（迥）墓誌銘》亦僅署：“從弟大理少卿昇期撰。”⑤使這類題署顯得更加簡明扼要。

　　然而，在唐代墓誌中，更多的則是將其所攝官職一併記於題署中，題署也因之顯得極爲冗長。晚唐五代時期，這種情況

---

① 周紹良主編：《唐代墓誌彙編》，第 1345 頁。
② 陳尚君輯校：《全唐文補編》卷二七，第 333 頁。
③ 陳尚君輯校：《全唐文補編》卷二〇，第 242 頁。
④ 周紹良、趙超主編：《唐代墓誌彙編續集》，第 853 頁。
⑤ 吳鋼主編：《全唐文補遺·千唐誌齋新藏專輯》，第 145 頁。

尤爲突出。① 較有代表性者，撰者題署如《滑州瑤臺觀女真徐氏（盼）墓誌銘》題下署："義成軍節度使銀青光禄大夫檢校尚書兼滑州刺史御史大夫李德裕撰。"②《唐故朝散大夫漢州刺史賜紫金魚袋李公（推賢）墓誌銘》亦於題下署："從外甥前義成軍節度副使朝議郎檢校户部尚書户部郎中兼御史中丞柱國賜緋魚袋崔鍇撰并書。"③書丹者題署如《大唐故贈平原長公主墓誌銘》題下署："翰林待詔將仕郎前守右威衛長史臣張宗厚奉敕書。"④有時候甚至連刻工的題署也是如此，如《唐故禪大德演公塔銘》文末署："中書省刻石官昭武校尉守京兆周城府折衝上柱國邵建和鐫字。"⑤不過，這些看似煩瑣的題署，對我們而言，也有其功用。首先是可資考訂，如有些題署之内容恰恰是史料記載所缺失者，便可據此以考訂、補充題署者的生平仕歷等。其次是糾偏正訛，有些題署者之官職雖見諸史籍，新出墓誌所載却與其不完全一致，可參合相關文獻以判定二者之優劣，並糾正其中的訛誤。

三、郡望信息

唐人向來重視郡望，實際上，其自稱之里貫多爲郡望，這經

① 這一現象在晚唐五代時期集中出現，與誌題中對誌主結銜的煩冗適相一致。洪邁在《容齋隨筆》中對晚唐五代時期階銜之冗贅有所討論。新出土劉濟墓誌誌題中的結銜即多達 72 字。詳參賴瑞和：《唐代高層文官》，臺北：聯經出版事業股份有限公司，2016 年版，第 524 頁。
② 周紹良主編：《唐代墓誌彙編》，第 2114 頁。
③ 周紹良主編：《唐代墓誌彙編》，第 2480 頁。
④ 周紹良、趙超主編：《唐代墓誌彙編續集》，第 1044 頁。
⑤ 周紹良主編：《唐代墓誌彙編》，第 2236 頁。

常導致後世史籍對唐人籍貫與郡望的記載混淆不清,對於考察作者真正的寄籍地也頗爲不利。正如清人盧文弨所説:"唐人重族望,作史者往往亦相沿襲。稱王曰太原,稱許曰高陽,不知以地著爲斷。後之地理書志人物,更無從考覈矣。"①唐人注重郡望的特點在新出墓誌中也有著集中體現,除王氏曰太原,許氏曰高陽以外,韓氏則多稱昌黎、崔氏則多曰博陵。

尤爲突出者即韓愈族系,《元和姓纂》記其籍貫爲陳留:"本潁川人稜後,徙陳留。唐禮部郎中韓雲卿,弟紳卿,京兆司録。兄子會、愈。"②但韓愈仍自稱昌黎人,新出土《大唐故朔方節度掌書記殿中侍御史昌黎韓君(弇)夫人京兆韋氏墓誌銘》亦云其"執婦道於昌黎韓氏"③。韓弇乃韓愈堂兄,禮部郎中韓雲卿之子。韓愈之子韓昶出生在徐州符離,其自撰墓誌銘仍云:"昌黎韓昶,字存之。"④韓綬雖爲京兆人,但誌題仍稱之爲"昌黎韓府君"。《唐故昌黎韓府君(綬)墓誌銘》云:"君諱綬,字子飾,京兆人。"⑤文中亦云"所覆者即昌黎公也"。由此可見,稱郡望乃唐人一重要習俗,故其所撰、書、篆、刻墓誌銘之題署中多舉其郡望。如晚唐著名刻工韓師復,新發現其所書、刻及篆蓋之墓誌多篇,其題署亦稱"昌黎韓師復刻字并篆蓋"⑥"昌黎韓師復

---

① 盧文弨:《抱經堂文集》卷一五,北京:中華書局,1990 年版,第 210 頁。
② 林寶撰,岑仲勉校記:《元和姓纂(附四校記)》卷四,北京:中華書局,1994 年版,第 493 頁。
③ 周紹良主編:《唐代墓誌彙編》,第 1925 頁。
④ 周紹良主編:《唐代墓誌彙編》,第 2329 頁。
⑤ 周紹良主編:《唐代墓誌彙編》,第 2490 頁。
⑥ 周紹良主編:《唐代墓誌彙編》,第 2434 頁。

書"①。其自署"昌黎",乃就其郡望而言。

再如崔顥,傳世文獻皆載其爲"汴州人",而新出土《唐故居士錢府君夫人舒氏墓誌銘》題下署:"許州扶溝縣尉博陵崔顥撰銘。"②胡可先、魏娜曾指出:"崔顥自題'博陵'乃舉其郡望,而汴州實爲其籍貫。"③事實上,像崔顥這樣同時在題署中記錄其官職和郡望的情況極爲少見,記載了題署人官職的絕大多數不記其郡望。如同爲晚唐著名刻工的邵建初和韓師復,二人題署情況也有繁簡之分:邵建初或署作"中書省鐫玉册官",或署作"中書省鐫玉册官宣節校尉前鄜州五交府折衝上騎都尉";而韓師復所刻文章則只署"昌黎",甚至僅題姓名。這一方面可能是爲避免題署過於冗長,另一方面也是因爲大多數題署者皆無官職可署,郡望卻頗爲引人注目。如《張府君(氾)墓誌銘》題下署:"河東裴長川撰。"誌文末署:"長川素不業文,謹録書實,刊之貞石。"④由"素不業文"和題署中沒有標明其科舉和職官信息來看,裴長川可能未曾應舉入仕。此外,《金石萃編》卷六八所收《大唐洛州滎陽縣頭陁逸僧識法師上頌聖主中興得賢令盧公清德之文》題下署:"琅琊王守□書。"王昶識曰:"碑題琅琊王守□書,泐其名一字,《金石文字記》載:雲居寺山頂石浮圖後記開元二十八年,莫州吏部常選王守泰行書。此碑下距書雲居寺碑計

---

① 周紹良主編:《唐代墓誌彙編》,第 2311 頁。

② 洛陽歷史文物考古研究所編:《河洛文化論叢》第三輯,鄭州:中州古籍出版社,2006 年版,第 312 頁。

③ 胡可先、魏娜:《唐代詩人事迹新證》,《浙江大學學報》(人文社會科學版),2010 年第 5 期,第 28 頁。

④ 周紹良主編:《唐代墓誌彙編》,第 2183 頁。

三十三年，疑即王守泰壯年所書，故不署官位也。”[①]若王昶所考不誤，王守泰三十三年以後方才擔任九品的“吏部常選”[②]，則其爲《盧公清德文》書丹時仍尚未入仕，故題署中僅列了其身份中最值得稱道者——郡望（琅琊）。

四、科舉信息

新出土的唐代墓誌銘中，有不少撰、書者還在題署中標明個人的科舉信息。如《上缺像銘文》題署“應制舉人范元哲撰”，陳尚君先生認爲范元哲撰此文的當年曾應制舉。[③] 爲了表明其科舉信息，一個最常用的方式，是題署人通常署作（前）鄉貢進士、（前）鄉貢明經或（前）國子進士等，這些身份可能是其撰文時最爲顯達的頭銜。

所謂“鄉貢”，是相對於州縣官學而言的，指的是在私學中的就讀之士。他們經鄉試、府試考核合格後，方能參加禮部舉行的進士、明經科考試，而在科舉考試中未獲雋者便自稱“鄉貢進士”或“鄉貢明經”。他們雖然科場失意，但亦是鄉里聞人，故極有可能會被請來代撰或代書墓誌銘。如《唐故内玉晨觀上清大洞三景法師賜紫大德仙官銘》文末署：“鄉貢進士張損書。”[④]《唐故太原王府君（振）墓誌銘》題下署“鄉貢明經陳釴撰”[⑤]等。

① 國家圖書館善本金石組編：《隋唐五代石刻文獻全編》第 3 册，第 178 頁。

② 關於吏部常選官品的考察，參畢昭傑：《〈《大唐故吏部常選柳府君墓誌銘并序》淺析〉一文辯正》，《中原文物》，1991 年第 4 期，第 68 頁。

③ 陳尚君輯校：《全唐文補編》卷二一，第 251 頁。

④ 周紹良、趙超主編：《唐代墓誌彙編續集》，第 906 頁。

⑤ 周紹良主編：《唐代墓誌彙編》，第 2150 頁。

在鄉貢進士或鄉貢明經中,亦不乏文采出衆而多年後方進士及第者,如作於咸通四年(863)的《唐故廣平程府君(修己)墓銘》題下署"鄉貢進士温憲撰"①,可見此時的温憲尚未登第。但久經困頓之後,他終於在龍紀元年(889)高中進士。

　　通過禮部考試的考生,則與官學生一樣擢第,但在尚未釋褐授官之前,依然自稱前鄉貢進士或前鄉貢明經。如撰於貞元六年(790)的《大唐華州下邽縣丞京兆韋公(端)夫人墓誌銘》題下署:"哀子前鄉貢進士縝謹撰并書。"②據新出土《唐故朝散大夫秘書省著作郎致仕京兆韋公(端)玄堂誌》可知,韋縝後來官至工部郎中,父母皆因此而受顯擢或褒贈。可見在貞元六年,韋縝剛通過禮部考試不久,尚無官職可署,故僅題作"前鄉貢進士"。再如《唐故鄉貢進士滎陽鄭府君(堡)墓銘》亦於題下署:"仲兄前鄉貢明經迪撰。"③鄭堡去世時年僅二十五歲,鄭迪當稍長於他,撰文時已然明經及第。温憲和鄭迪及第的年齡,亦反映了唐代不同科目考試之難易,可見"三十老明經,五十少進士"之説並非讕語,從新出墓誌的題署中也得到了印證。

　　此外,題署中作(前)國子進士或(前)國子明經的文章也有不少,這是由於題署人出身和就學學府之不同造成的。至於題署的内容和形式,則與上述情況類似,兹不贅述。唯《□唐故吏部常選譙郡夏侯□(昣)墓誌銘》題下署:"東封應制及第宋杞

---

① 周紹良主編:《唐代墓誌彙編》,第2398頁。
② 周紹良主編:《唐代墓誌彙編》,第1855頁。
③ 周紹良主編:《唐代墓誌彙編》,第2379頁。

撰。"①這不僅説明宋杞及第形式與衆不同,還可進而考察宋杞的及第時間。據《新唐書》卷二七下記載,玄宗曾於開元十三年冬東封泰山。《册府元龜》載:"(開元)十四年七月癸巳,以御洛城南門樓,親試岳牧舉人及東封獻賦頌人。"②王其禕、孟二冬結合史料,認爲其登科時間當在開元十四年(726)。③

五、年代信息

新出墓誌銘中的部分題署,除了表明題署人的姓名、職官等信息以外,還會附帶提及撰文時間。該題署方式自東漢時即已存在,如本章第一節所舉《巴郡胊忍令景雲碑》和《楊淮表紀》,即是其最初形態。到唐代時,這種情況更常見。不過由於此種題署字數較多,故皆置於文末,迄今爲止尚未發現位於題後文前者。通觀現有的材料,該題署方式主要有兩種不同類型。

一是因墓誌銘正文中已交代了逝者去世的具體時間,故而題署僅標明撰文的年代。漢《巴郡胊忍令景雲碑》在文中交代景雲卒於永元十五年(103),題署中所云"熹平二年"乃文章的撰寫時間,此時距景雲去世已有七十年之久,文章乃新任胊忍令追憶其事而作。唐代墓誌中表明年代信息的題署多屬此類,稍有不同的是撰文時間多在誌主去世後不久,屬當時人記當時

---

① 周紹良主編:《唐代墓誌彙編》,第 1442 頁。因原石殘泐較嚴重,作者姓名或録作宗杞。
② 王欽若等編:《册府元龜》卷六四三,北京:中華書局,1960 年版,第 7710 頁。
③ 徐松撰,孟二冬補正:《登科記考補正》卷七,北京:北京燕山出版社,2003 年版,第 284 頁。

事。如《大周故朝議郎行邢州鉅鹿縣丞王府君（義）墓誌銘》文末署："長壽二年八月十五日朝散大夫行蘇州吳縣令杜嗣先撰。"①據文中記載，王義卒於本年七月二十五日，文章乃誌主卒後二十日所撰。再如《唐莒王府段參軍（公慶）夫人王氏（僎先）墓誌銘》文末署："大和七年六月七日莒王府參軍段公慶自書。"②王僎先卒於本年五月二十五日，文章書丹時距其去世僅有十餘日。

二是因墓誌銘中對誌主的去世時間隻字未提，我們可以通過題署中所記時間推測其去世的大概年月。漢代的《楊淮表紀》正是這一類型的代表，文中並未記載楊淮的喪葬年月，我們僅能夠從文末的題署中得知此文撰於熹平二年（173）。在唐代，這種類型的文章也存在不少。如《靈巖寺摩崖文》文末署："儀鳳三年十月□□，刑部侍郎張楚金撰。"③因原石已經嚴重風化，殘泐較多，正文中有無撰寫時間已不可考，不過賴此文末題署，我們可知其確切的撰文時間，同時亦可考定撰者張楚金任刑部侍郎的大體時間。④ 再如《唐故左武衛大將軍上柱國開陽縣開國公王府君（元楷）墓誌銘》文中僅云："逮今年正月十五日

---

① 周紹良主編：《唐代墓誌彙編》，第 846 頁。
② 周紹良、趙超主編：《唐代墓誌彙編續集》，第 914 頁。
③ 原文刻於炳靈寺石窟第六十四龕巖壁摩崖上，錄文見陳尚君輯校：《全唐文補編》卷一八，第 224 頁。
④ 按：此張楚金與本書第五章中所載與馬巽合撰《張景陽墓誌銘》之張楚金生活年代雖然接近，但二人所任官職之品階有較大差距，實非一人。該張楚金《舊唐書》卷一八七上有傳，云："高宗時累遷刑部侍郎……則天臨朝，歷位吏部侍郎、秋官尚書，賜爵南陽侯。"而由此文題署，可知其任刑部侍郎的時間當在儀鳳三年（678）前後。

……公職司未虧，風疾倏至……遂薨於道政里之私第矣。"[①]未言明其去世和歸葬的具體年份和日期，所幸文末有題署："開元廿四年三月四日終南山人王知微述。"可知本文撰於開元二十四年（736）三月四日，而王元楷去世當在本年正月十五日至三月四日之間。這種類型的題署，或許是爲了避免行文的重複，抑或因誌主去世的具體時間難以確考，多不記載文章撰寫的具體年月，故而這些題署就成爲考訂文章撰作年代或確定誌主卒葬日期的唯一依據。此外，這類題署中的時間信息還可作爲考證題署人生平事迹的重要材料，具有較高的文獻價值。

六、身份信息

在厚葬風氣流行的唐代，隨葬的墓誌銘日益成爲葬儀的重要組成部分。從新發現的資料來看，唐代各階層人士死後皆可埋設墓誌銘，墓誌銘作者的範圍也頗爲廣泛，除了名家巨手之外，不少墓誌銘的撰、書者均爲普通文士或歸隱田園的隱士，有的甚至出自婦人之手。他們多半終生未仕，既無科第可言，亦無官位可署，因而往往僅在題署中表明其在野身份，主要包括以下三種。

（一）題署表明隱居者身份

唐代隱逸之風較爲盛行，因懷才不遇等緣故而歸隱者亦大有人在。這些隱者往往有一定的文學造詣或聲望，也會被他人請來撰寫墓誌銘，大多數人會在題署中徑直表明其在野身份。

---

① 周紹良、趙超主編：《唐代墓誌彙編續集》，第 550 頁。

如《崔府公（涣）墓誌銘》文末署："處士公乘鋭書。"①《大唐故朝議郎河南府登封縣令上柱國賜緋魚袋崔公（蕃）墓誌銘》文末署："嵩陽隱士趙博齊撰。"②《唐故處士太原郭府君（獻忠）墓誌銘》題署："西周草澤姚恬字方昔文。"③有的作者甚至直接將自己署作布衣，如《唐京兆韋氏居夫人墓誌銘》題下署："布衣周昌符撰。"④

（二）題署表明出家人身份

在新出石刻中，也有一些佛徒和道士所撰、書之墓誌銘，或許他們已經擺脱了世俗功名利禄的干擾，因此在題署中，大多數僅點明其所屬的寺廟、道觀和個人法號、道號等。如《唐故朝議郎行河南府河陽縣尉李君（璠）墓誌銘》署作："東京大福先寺沙門湛然撰。"⑤《長河宰盧公李夫人墓誌文》於文末署："大福先寺沙門湛然撰兼書。"⑥湛然是一位右文能書的僧人，由他經手的墓誌銘尚有多篇。如今，無論是由僧人撰、書還是篆、刻的墓誌銘都有發現，由此可見，唐代也有文化素養較高的佛徒。

一般而言，佛徒們大多用"沙門"或"比丘"來表明其出家人身份，但亦有標明題署人的尊崇地位者。如《大唐故王府君（行威）墓誌銘》文末署："招福寺上座彦琮撰。"⑦《大唐曹府君（惠

---

① 周紹良主編：《唐代墓誌彙編》，第 2180 頁。
② 周紹良主編：《唐代墓誌彙編》，第 2142 頁。
③ 吳鋼主編：《全唐文補遺》第八輯，第 135 頁。
④ 周紹良、趙超主編：《唐代墓誌彙編續集》，第 1064 頁。
⑤ 吳鋼主編：《全唐文補遺·千唐誌齋新藏專輯》，第 243 頁。
⑥ 周紹良主編：《唐代墓誌彙編》，第 1528 頁。
⑦ 周紹良主編：《唐代墓誌彙編》，第 746 頁。

琳)墓誌之銘》題下署:"章敬寺大德令名叙。"①"上座"和"大德"都是佛家對年高德劭之僧人的尊稱,因而使得二文撰者的身份顯得更加清晰。新出墓誌中由道士撰、書的文章相對較少,此類文章的題署與佛徒類似,多用以點明作者的道號及其所屬的道觀。如《聖真觀故鄭尊師(遇真)誌銘》題下署:"當觀上座道士蘇玄賞撰。"②《大唐太僕卿駙馬都尉河南豆盧公(建)墓誌》文末署:"天寶靈符長樂觀主裴炫書。"③蘇玄賞爲聖真觀上座道士,裴炫乃長樂觀主,亦反映出他們在道士中比較尊貴的地位。

(三)題署表明戚屬身份

由誌主親屬所撰的墓誌銘,題署通常較爲簡略,多不署撰、書人的官位,這種情況在夫妻間和子侄爲長輩撰、書的文章中最爲常見。(1)夫妻間所撰墓誌銘之題署。《唐前衛尉卿賜紫金魚袋張公夫人太原郡君郭氏(儀)墓誌銘》文末署:"夫清河張滂撰。"④因其官職已在誌題中點明,故不再重複題署。《唐前黔中觀察推官試太常寺協律郎盧載妻鄭氏墓誌銘》題下亦僅署:"盧載撰。"⑤有的作者甚至連姓氏都略而不書,如新出土李益所撰《唐檢校尚書考功郎中兼禦史中丞李君(益)夫人范陽盧氏

① 周紹良、趙超主編:《唐代墓誌彙編續集》,第720頁。
② 周紹良主編:《唐代墓誌彙編》,第2220頁。
③ 周紹良主編:《唐代墓誌彙編》,第1566頁。
④ 周紹良主編:《唐代墓誌彙編》,第1902頁。
⑤ 中國文物研究所等編:《新中國出土墓誌·河南[叁]千唐誌齋[壹]》,第254頁。

（媜）墓誌銘》僅於題下署：“益自纂文。”①《大唐前安州都督府參軍元琰妻韋（金）墓誌銘》題下則僅署“琰製”②二字，可謂簡略至極。至於妻子爲丈夫所撰的墓誌銘，雖然頗爲罕見，但也偶或有之。如《大唐故遊擊將軍河南府軒轅府折衝都尉兼橫海軍副使上柱國趙郡李府君（全禮）墓誌銘》題下署：“妻滎陽鄭氏慈柔撰。”③《大唐故左威衛倉曹參軍廬江郡何府君（簡）墓誌銘》也是何簡妻子所撰，故於題下署：“妻隴西辛氏撰。”④因二文作者均爲女性，自無官職可署。（2）子侄爲其長輩所撰墓誌銘之題署。這類文章中，不少題署也較爲簡略，僅表明其與誌主的親屬關係。如《唐故常州武進縣尉王府君夫人武功蘇氏墓誌銘》題下署：“姪男讓撰，姪男謝書。”⑤《李府君（澄時）墓誌銘》題下署：“女婿太原郭緒製。”⑥《唐故處士河南元公（潛長）墓誌銘》亦於題下署：“姪京述，姪章書。”⑦而《唐故琅琊王公（憚）墓誌銘》文末則僅署“珏書”⑧二字，這可能是因爲他與誌主的關係在誌文中已表明：“長子珏，儒行自立，仁風肅清，主祭奉喪，克稟遺訓。”故其題署簡略如此。

---

① 王勝明、李天道：《李益佚文及其文獻價值》，《文獻》，2009 年第 4 期，第 56 頁。
② 周紹良、趙超主編《唐代墓誌彙編續集》，第 262 頁。
③ 中國社會科學院考古研究所編著《偃師杏園唐墓》，北京：科學出版社，2001 年版，第 288 頁。
④ 周紹良主編：《唐代墓誌彙編》，第 1540 頁。
⑤ 周紹良主編：《唐代墓誌彙編》，第 2234 頁。
⑥ 周紹良、趙超主編：《唐代墓誌彙編續集》，第 1040 頁。
⑦ 周紹良主編：《唐代墓誌彙編》，第 1939 頁。
⑧ 周紹良主編：《唐代墓誌彙編》，第 2252 頁。

第四節　唐代墓誌銘題署的價值

　　較之傳世典籍,尤其是總集和別集而言,新出土唐代墓誌銘中的題署提供了頗爲豐富的資料。因爲這些文獻,有些雖有集本同時流傳,集本却均無撰書人題署。即使是一些根據石刻文獻編集之總集,如《唐文拾遺》《唐文續拾》等,亦將原有的題署盡删。實際上,新出墓誌中的題署具有極爲重要的價值,大致可分爲以下三種:補充史傳缺失;訂正史傳訛誤;考訂題署者事迹。

一、補充史傳缺失

　　不少墓誌銘的撰作者和書丹者都是著名文人,史書中固然有其傳記,但墓誌銘乃是久埋於地下的原始文獻,相較而言,對於其生平事迹的記載或比史傳更爲可靠,或可進一步增補史傳資料,現舉數例加以説明。

1. 徐浩

　　徐浩,字季海,越州人。歷任太子司議郎、金部員外郎、憲部郎中、工部侍郎等職。《舊唐書》卷一三六、《新唐書》卷一六〇有傳。徐浩工書法,以文學見重於張九齡。文詞贍麗,肅宗朝詔令多出其手。《全唐詩》卷二一五、《全唐文》卷四四〇録存其詩文多篇。

　　《舊唐書·徐浩傳》云:"拜太子司議郎,遷金部員外郎,歷憲部郎中。安禄山反,出爲襄陽太守、本郡防禦使……代宗徵拜中書舍人、集賢殿學士,尋遷工部侍郎、嶺南節度觀察使、兼御史大夫。"①提及徐浩曾任太子司議郎、憲部郎中等職。然這一記載與《新唐書》頗有出入,《新唐書·徐浩傳》云:"遷累都官郎中,爲嶺南選補使,又領東都選。肅宗立,繇襄州刺史召授中書舍人……代宗復以中書舍人召,遷工部侍郎、會稽縣公,出爲嶺南節度使。"②《新唐書》對其曾任太子司議郎和憲部郎中之事略而不載,未諳孰是。不過,通過新出土徐浩所撰、所書墓誌銘中的題署,我們不僅可以確認他曾任上述兩職,還可確定其任職的大致時間。

徐浩所撰《唐故河南府河南縣丞陳府君(希望)墓誌銘》,題署:"太子司議郎徐浩撰。"③可知他確曾任太子司議郎一職。誌主陳希望卒於天寶八載(749)八月,葬於當年十月,故其撰文時間當在此間,可見天寶八載徐浩正在太子司議郎任上。同時,徐浩又是盛唐時的著名書法家,許多碑誌皆由其書丹。上文提到的《獨孤峻墓誌銘》,於題後署:"憲部郎中上柱國徐浩書。"據墓誌銘可知,獨孤峻卒於天寶十二載(753)十月十九日,葬於天寶十三載(754)五月二十五日。徐浩當書於此間,而結銜爲"憲部郎中"。而徐浩在天寶十三載二月時已任武部郎中。《集古錄目》云:"《贈文部郎中薛悌碑》,國子司業蘇預撰,武部郎中徐浩八分書。"④《金石錄》記此碑的豎立時間爲天寶十三載二月:

---

① 劉昫等:《舊唐書》卷一三七,第 3759—3760 頁。
② 歐陽修、宋祁:《新唐書》卷一六〇,第 4965—4966 頁。
③ 周紹良、趙超主編:《唐代墓誌彙編續集》,第 620 頁。
④ 歐陽棐:《集古錄目》卷七,《叢書集成續編》第 9 冊,臺北:新文豐出版公司,1988 年版,第 486 頁。

"《唐贈文部郎中薛悌碑》：蘇預撰，徐浩八分書。天寶十三年二月。"①故《獨孤峻墓誌銘》當書於天寶十二載，其時徐浩正在憲部郎中任上。今人朱關田《徐浩事迹繫年》②一文對徐浩在天寶十二載的經歷隻字未提，應當據此補入。又《李峴墓誌銘》題後署："銀青光禄大夫行尚書工部侍郎集賢殿學士上柱國會稽縣開國公徐浩撰并書。"據墓誌銘可知，李峴卒於永泰二年（766）七月，葬於大曆二年（767）二月。是以徐浩任工部侍郎、進會稽縣開國公皆在大曆二年春。③故應將《李峴墓誌銘》繫於大曆二年條下，據此誌亦可證實兩《唐書》對徐浩在永泰、大曆初年行實的記載。

2. 吴通微

吴通微，海州人。德宗時曾任壽安縣令、金部員外郎、翰林學士、職方郎中知制誥等職。④《舊唐書》卷一九〇下，《新唐書》卷一四五皆有傳。與弟通玄俱以文章知名於時，兩《唐書》均説他們"博學善文章""文彩綺麗"，惜其文多散佚。《全唐文》卷四八一僅存吴通微文一篇。

《舊唐書》記載吴通微的仕歷情況云："通微，建中四年自壽安縣令入爲金部員外，召充翰林學士。尋改職方郎中，知制誥。

① 趙明誠撰，金文明校證：《金石録校證》卷七，桂林：廣西師範大學出版社，2005年版，第125頁。
② 見朱關田：《唐代書法家年譜》，南京：江蘇教育出版社，2001年版，第253—290頁。
③ 詳參《徐浩事迹繫年》，見朱關田：《唐代書法家年譜》，第253—290頁。
④ 董誥等編：《全唐文》卷四八一，第2178頁。

與弟通玄同職禁署，人士榮之。七年，改禮部郎中，尋轉中書舍人。"①《新唐書·吳通玄傳》亦提及其任職情形，曰："頃之，通微遷職方郎中，通玄起居舍人，並知制誥。"②可見兩《唐書》多集中於對吳通微後半生仕宦經過的記載，但均未提及其前期的任職經歷。實際上，參照新出墓誌中所見吳通微的題署，我們可以獲知其前半生的仕履情況。

新出土《大唐故永王第二男（李伶）新婦河東郡夫人宇文氏墓誌銘》題後署："校書郎吳通微撰。"③據文中記載，宇文氏卒於唐肅宗元年（762）二月，④葬於當年四月。故結合兩處記載可知，在肅宗元年時吳通微已任校書郎一職。再如《大唐故韓夫人墓誌銘》文末署："通直郎行京兆府雲陽縣丞吳通微述。"⑤韓夫人卒於廣德二年（764）十一月，葬於永泰元年（765）九月，誌文當作於本年，其時吳通微正任雲陽縣丞，該仕宦經歷爲史書缺載，正可由吳通微的題署補足。另外，兩《唐書》雖然記載了其曾任大理評事一職，任職時間却語焉不詳，新出土《大唐故李夫人墓誌銘》題下署："大理評事吳通微撰文并書。"⑥李氏卒於大曆三年（768）六月，該文當撰於此後不久，可見吳通微任大理

---

① 劉昫等：《舊唐書》卷一九〇下，第 5058 頁。

② 歐陽修、宋祁：《新唐書》卷一四五，第 4732 頁。

③ 西安碑林博物館編：《西安碑林博物館新藏墓誌彙編》，第 510 頁。

④ 按：誌文僅云宇文氏"以元年建卯月卅日夭於内宅，時春秋廿四矣。即以其年建巳月廿一日葬於京兆府萬年縣滋水鄉原。"《新唐書·肅宗紀》云："（上元二年）九月……去'上元'號，稱元年，以十一月爲歲首，月以斗所建辰爲名。"以此推論，元年建卯月爲 762 年二月，建巳月爲 762 年四月。

⑤ 周紹良主編：《唐代墓誌彙編》，第 1758 頁。

⑥ 周紹良、趙超主編：《唐代墓誌彙編續集》，第 694 頁。

評事乃在大曆三年前後。

3. 崔郾

崔郾,字廣略,清河武城人。憲宗、穆宗時曾任監察御史、吏部郎中、禮部侍郎、兵部侍郎、陝虢觀察使等職。《舊唐書》卷一五五、《新唐書》卷一六三有傳。與李益、杜牧、楊嗣復等友善。《全唐詩》卷五〇七、《全唐文》卷七二四各録其詩文一篇。

兩《唐書》本傳皆未載其曾任兵部侍郎一職。杜牧在《唐故銀青光禄大夫檢校禮部尚書御史大夫充浙江西道都團練觀察處置等使上柱國清河郡開國公食邑二千户贈吏部尚書崔公行狀》中云:"敬宗皇帝始即位,旁求師臣。今相國奇章公上言,曰非公不可,遂以本官充翰林侍講學士,命服金紫。旋拜中書舍人,仍兼舊職。侍帝郊天,加銀青光禄大夫……歷歲,願出守本官,辭懇而遂。禮部缺侍郎,上曰'公可也',遂以命之。二年選士七十餘人,大抵後浮華,先材實。轉兵部侍郎。"[①]杜牧在其行狀中詳細記載了崔郾自寶曆元年(825)以來的歷官情況,雖提及其曾任兵部侍郎一職,然僅知任兵部侍郎在禮部侍郎之後,具體任職時間仍未詳。新出土崔郾所撰《唐故銀青光禄大夫守禮部尚書致仕上輕車都尉安城縣開國伯食邑七百户贈太子少師隴西李府君(益)墓誌銘》題署:"銀青光禄大夫行尚書兵部侍郎上柱國武城縣開國侯食邑一千户清河崔郾撰。"[②]可知其爲李益撰寫墓誌銘時正在兵部侍郎任上。《李益墓誌銘》云:"(李益)以大和三年八月廿一日全歸於東都宣教里之私宅……其年

---

① 杜牧:《樊川文集》卷一四,上海:上海古籍出版社,2007年版,第208頁。
② 《李益墓誌銘》釋文、拓片見朱關田:《〈李益誌〉淺釋》,第36、38頁。

十二月十四日,歸葬於偃師縣亳邑鄉。"可知崔郾此文乃作於大和三年(829),其時崔郾正任兵部侍郎。而《舊唐書·敬宗本紀》云:"(寶曆二年)冬十月……壬戌,以中書舍人崔郾爲禮部侍郎。"①另據《登科記考》,崔郾於大和元年(827)、二年(828)連續兩次以禮部侍郎身份知貢舉,又可進一步證知其轉兵部侍郎當在大和二年三月以後。而題署中所記其勳官、爵位,如"上柱國""武城縣開國侯"等更是諸書所未載,當爲轉兵部侍郎時所封,則可進一步補史之闕。

二、訂正史傳訛誤

1. 郭行餘

郭行餘,唐憲宗元和年間進士及第,《舊唐書》卷一六九有傳。《全唐文》卷七二九録其文一篇。但其任楚州刺史的時間,傳世史籍與新出墓誌中的記載却不一致。

《舊唐書·郭行餘傳》云:"(郭行餘)大和初,累官至楚州刺史。"②《全唐文》小傳亦云:"大和初,遷楚州刺史。"③然新出土《大唐故朝議郎試和州司馬飛騎尉崔府君(迢)墓誌銘》題下署:"前鄉貢進士、楚州刺史郭行餘撰,和州刺史劉禹錫書。"④誌文中云崔迢"以丙午歲秋七月十有二日棄背於履信里",葬於當年

---

① 劉昫等:《舊唐書》卷一七上,第521頁。

② 劉昫等:《舊唐書》卷一六九,第4409頁。

③ 董誥等編:《全唐文》卷七二九,第3333頁。

④ 張乃翥:《洛陽新輯石刻所見唐代中原之佛教》,《中原文物》,2008年第5期,第89頁。

十月。按：此處的丙午歲乃寶曆二年(826)，《崔迢墓誌銘》當作於本年，其時郭行餘已在楚州刺史任上。因此應據郭行餘的題署對《全唐文》小傳中的誤載加以訂正。

2. 李直方

李直方，唐宗室成員，《全唐文》卷六一八尚存其文三篇。《全唐文》小傳對其仕歷遷轉有較爲詳細的記載："德宗朝官左司員外郎，歷中書舍人，試太常卿。貞元二十一年自韶州刺史移贛州刺史，遷司勳郎中。"[①]然而，據新出墓誌可知，李直方曾任太常少卿，而非小傳所云"試太常卿"。

新出土《唐故劍南西川南道運糧使檢校尚書户部員外郎兼侍御史賜緋魚袋京兆韋府君博陵崔氏(成簡)合祔墓誌銘》題下署："中散大夫、守太常少卿、上柱國李直方撰。"[②]崔成簡卒於元和十四年(819)正月，同年五月下葬，李直方此文當撰於此間，可見李直方於元和十四年正任太常少卿。

另外，《唐九卿考》對李直方的記載僅限於大理少卿一職："約貞元中。《新書·宗室世系表上》定州刺史房：'大理少卿直方。'乃肅宗時宰相李麟之孫。"[③]亦可由《崔成簡墓誌銘》的題署增補其曾任太常少卿一職。

---

① 董誥等編：《全唐文》卷六一八，第2766頁。
② 胡明曌：《内容有涉大明宫的三方唐代墓誌》，《考古與文物》，2010年第5期，第80頁。
③ 郁賢皓、胡可先：《唐九卿考》，北京：中國社會科學出版社，2003年版，第411頁。

三、考訂題署者事迹

很多著名人物的事迹,史書中均没有記載或語焉不詳,根據新出土墓誌之題署,可考訂其生平事迹,從這個意義上説,這些題署也是我們考察其生平的重要資料。今以著名文學家兼書法家蔡希寂爲例加以説明。

蔡希寂是唐玄宗朝的著名書法家,其從叔父乃盛唐時期的八分名家蔡有鄰,蔡希寂本人的草隸在當時亦負盛名。其弟蔡希綜所撰《法書論》云:"余家歷世皆傳儒素,尤尚書法。十九代祖東漢左中郎邕,有篆籀八體之妙。六世祖陳侍中景曆,五世伯祖隋蜀王府記室君知,咸能楷隸,俱爲時所重。從叔父右衛率府兵曹參軍有鄰,繼於八體之蹟。第四兄縱氏主簿希逸、第七兄洛陽尉希寂,並深工草隸,頗爲當代所稱也。"①陶宗儀《書史會要》也説:"蔡希逸,濟陽人,漢左中郎將邕十九代孫,工草隸。蔡希寂,希逸弟,官至維(按:當爲"尉")氏主簿,工草隸。蔡希綜,希寂弟,亦工翰墨,兄弟三人皆爲時所重。"②蔡希寂的詩歌在當時也頗有聲名,殷璠曾評價其作品云:"希寂詞句清迥,情理綿密。"③《全唐詩》中尚存其詩歌五首,然傳世文獻對其籍貫、行實等情況的記載極爲簡略、甚至互有齟齬。如《元和姓纂》於丹陽蔡氏條下僅云:"狀云質後。唐司勳郎中希寂。"④《全

---

① 董誥等編:《全唐文》卷三六五,第 1645 頁。
② 陶宗儀:《書史會要》卷五,上海:上海書店,1984 年版,第 188 頁。
③ 傅璇琮編撰:《唐人選唐詩新編》,西安:陝西人民教育出版社,1996 年版,第 89 頁。
④ 林寶撰,岑仲勉校記:《元和姓纂(附四校記)》卷八,第 1252 頁。

唐詩》小傳亦僅云："蔡希寂，曲阿人，希周弟，爲渭南尉。（一云濟南人，官至金部郎中。）"①但是新出土張階撰、蔡希寂書《唐故朝請大夫尚書刑部員外郎騎都尉蔡（希周）墓誌銘》，爲我們了解其生平提供了切實的文本依據。

首先，《蔡希周墓誌銘》可以增補蔡希寂的姓名信息，該誌題下署："第七弟朝議郎行洛陽縣尉希寂字季深書。"故可知蔡希寂字季深。其次，可以增補其世系。墓誌銘云："公諱希周，字良傅……公其先陳留濟陽人……曾祖衍，隋晋王府東閣祭酒；王父元凱，皇清河郡漳南縣令；烈考勣之，汝南郡吴房縣令。"②此可與《姓纂》的記載相銜接，蔡氏之世系可由此貫穿起來。最後，這段文字還有助於判定蔡希寂之籍貫和郡望。誌文中雖未明確記載其籍貫，但結合傳世文獻，我們可以糾正《全唐詩》中所謂"一云濟南人"的錯誤。蔡希寂的詩歌最早見收於唐人殷璠編選的《丹陽集》，之所以如此命名，其意在説明入選詩人均爲丹陽人，高仲武《唐中興間氣集序》云："《丹陽》止録吴人。"③《新唐書·藝文志》於《包融詩》下注云："融與儲光羲皆延陵人；曲阿有……監察御史蔡希周、渭南尉蔡希寂……十八人皆有詩名。殷璠彙次其詩，爲《丹楊集》者。"④其所列十八人分佈於延陵、曲阿、句容、江寧和丹徒，均爲丹陽郡屬縣。《姓纂》又云："（蔡）質始居陳留，分爲濟陽，因爲郡人。質元孫克，從祖謨晋永嘉同過

---

① 曹寅等編：《全唐詩》卷一一四，北京：中華書局，1960 年版，第 1158 頁。
② 周紹良、趙超主編：《唐代墓誌彙編續集》，第 606 頁。
③ 傅璇琮編撰：《唐人選唐詩新編》，第 456 頁。
④ 歐陽修、宋祁：《新唐書》卷六〇，第 1609—1610 頁。

江。"①而《蔡希周墓誌銘》則云"其先陳留濟陽人",故知蔡希寂籍貫當以丹陽爲是,濟陽應該是他的郡望。

　　至於蔡希寂的仕歷,傳世文獻僅載有渭南尉和金部郎中二職,且任職時間均無考,以至於戴守梧、劉文淇等人皆將渭南尉誤定爲其終官。②但《蔡希周墓誌銘》云:"授公京兆涇陽尉。公之令弟曰兹洛陽尉希寂季深淵英茂異之士,初射策高第,尉於渭南,與公並時焉。人望雙高,輝映公府。"可知渭南尉其實是他早年所歷之官,時間在天寶六載(747)以前。又據新出墓誌所見蔡希寂之題署,我們可獲知其曾任朝議郎和洛陽縣尉,還可大致確定其任洛陽縣尉之時間。除《蔡希周墓誌銘》中的題署以外,作於天寶七載(748)的《李琚墓誌銘》題下亦署"洛陽縣尉蔡希寂書"。③可知天寶六載至七載,蔡希寂正在洛陽縣尉任上。

---

① 　林寶撰,岑仲勉校記:《元和姓纂(附四校記)》卷八,第 1250 頁。
② 　此參林寶撰,岑仲勉校記:《元和姓纂(附四校記)》卷八,第 1252 頁。
③ 　周紹良主編:《唐代墓誌彙編》,第 1619 頁。

第五章　唐代墓誌銘的合作撰文方式

　　中國古代墓誌銘的寫作，大都由一人承擔，但也有特殊情況，即同一篇文章由多位作者合作完成。之所以會出現這種現象，主要是由於同一篇墓誌銘的誌文和銘文是相對獨立的兩部分，每位作者可以分別撰寫其中的一部分，從而合成一篇完整的墓誌銘。不僅墓碑文和墓誌銘如此，初、盛唐之際，合作撰文的方式還擴展到其他一些應用文體中，從而在整個社會上形成了一種較爲獨特的文學和文化現象。筆者以爲全面清理唐代墓誌銘中的合作撰文現象，對於研究唐代文章的作者身份、創作淵源和發展演變，都具有一定的認知意義。本章由傳世唐文中大量存在的有誌（碑）無銘和有銘無誌（碑）現象出發，以新出墓誌爲主體，參合傳世文獻中的相關記載，對唐人合作撰文的淵源、唐代各應用性文體中的合撰現象以及唐人合作撰文的協作形式等問題一併進行探討。

第一節　誌銘分離與合撰問題的提出

　　通常來説，誌主去世以後，家屬會將其家狀或行狀提供給墓碑文或墓誌銘的作者，由他們進行文學加工以後最終將誌主的

墓碑文或墓誌銘寫定。如果沒有行狀，墓碑文和墓誌銘的撰寫
難度將增大不少，如顧方蕭在撰寫《唐故趙氏夫人墓誌銘》時即
云："祖歿年遠，子孫絶嗣，無人紀於後世之事，今難序焉。"①即使
是一些文學名家，如韓愈、白居易等，其所撰之墓碑文或墓誌銘
也大多在行狀或家狀的基礎上加工而成，因此寫作難度一般不
會太大，故大多數誌（碑）文和銘文皆可由一人獨立完成，作者
們没必要特意在文中點明誌（碑）文和銘文乃出自一人之手。
不過，也有不少撰者會無意間透露出這一信息，如白居易在《唐
故通議大夫和州刺史吳郡張公（無擇）神道碑銘》碑文的最後
説："居易據家狀序而銘之。"②新出土《唐故辰州參軍韋府君墓
誌銘》題下署："第十侄孤子待敬纂。"誌文末尾又説："猶子待敬
謹其銘曰……"③無論是白居易的"序而銘之"，還是韋待敬的題
署，皆説明這幾篇文章的誌（碑）文和銘文均是由同一人所撰。
此外，尚有幾例將這種情形揭示得更爲清晰：元稹在《唐故中大
夫尚書刑部侍郎上柱國隴西縣開國男贈工部尚書李公（建）墓誌
銘》中説："子訥遂來告曰：'爲誌且銘。'"④韓愈所撰《處士盧君
（於陵）墓誌銘》云："愈於處士，妹婿也。爲其誌，且銘其後
曰……"⑤陳魴在爲其妻馮氏所撰的墓誌銘中，對撰文詳情也有

---

① 周紹良主編：《唐代墓誌彙編》，第 2047 頁。
② 白居易著，朱金城箋校：《白居易集箋校》卷四一，第 2684 頁。
③ 周紹良、趙超主編：《唐代墓誌彙編續集》，第 854 頁。
④ 元稹：《元稹集》卷五四，北京：中華書局，1982 年版，第 586 頁。
⑤ 韓愈撰，馬其昶校注：《韓昌黎文集校注》卷七，第 553 頁。

所交代："今則喪事，全託於鮪，銜哀拭淚，叙述且銘。"①一個
"且"字固然説明了李建、盧於陵和馮氏墓誌銘的誌文和銘文均
是由元稹、韓愈和陳鮪撰寫的，但同時也暗示出誌、銘分離在唐
代亦非罕見之事。

　　此外，筆者在閲讀唐人詩文集時，曾發現一種特殊現象，即
傳世唐文中存在大量有誌（碑）無銘和有銘無誌（碑）的碑文與
墓誌銘。前者尚不違背墓碑文和墓誌銘的記事原則，我們仍可
從誌（碑）文中獲知該文記叙的主要内容。後者僅有銘辭而無
相關誌（碑）文，縱使表達了作者的哀悼和頌美之情，却頗有語
焉不詳之嫌，如岑參《唐博陵郡安喜縣令岑府君墓銘》云："涇水
湯湯，漢陵蒼蒼。木蕭蕭兮草自黃，門一閉兮夜何長。"②這樣的
銘文毫無針對性，可以接續在任何誌文之後，僅由此銘文我們
不但難以考察誌主的生平事迹，甚至連其姓名也無法知曉。這
種做法與墓誌銘創作的初衷頗相違背。雖然徐師曾認爲："然
云誌銘而或有誌無銘，或有銘無誌者，則別體也。曰墓誌，則有
誌而無銘。曰墓銘，則有銘而無誌。"③但檢視新出土的唐代墓
誌銘，却未發現僅有銘文而無誌文的情況存在。由此可見，傳
世唐文中存在衆多僅有誌（碑）文而無銘文或僅有銘文而無誌
（碑）文的現象應該引起我們的注意。下文將對傳世文獻中的
這一特殊現象進行系統梳理。

---

① 　陳鮪：《大唐故馮氏夫人（履均）墓誌銘》，見胡戟、榮新江主編：《大唐西市博
　物館藏墓誌》，第 987 頁。
② 　岑參撰，廖立箋注：《岑嘉州詩箋注》卷四，北京：中華書局，2004 年版，第
　705 頁。
③ 　徐師曾：《文體明辨序説》，第 149 頁。

一、有銘無誌

傳世文獻中存在頗多有銘無誌（碑）現象，不少文人都有這方面的創作，如與蘇頲並稱"燕許大手筆"的張説，便有許多題爲"某某碑銘"或"某某墓銘"的文章，前者有《故太子少傅蘇公碑銘》《故吏部侍郎元公碑銘》《昭容上官氏碑銘》[①]；後者有《子曲阿令墓銘》《鳳閣尹舍人墓銘》[②]等。這些銘文多用嚴整的四言韻文寫成，或一韻到底，或中間換韻，與其他誌（碑）、銘並存的墓誌（碑）文的銘文並無二致。

比張説生活時代稍晚的岑參也有不少有銘無誌（碑）的作品，除上文提及的《唐博陵郡安喜縣令岑府君墓銘》之外，還有《果毅張先集墓銘》一文，亦僅有銘辭，曰："茂陵南頭，渭水東流。山原萬秋，兄弟一丘。白楊修修，只令人愁。"[③]劉開揚認爲此二首銘文："見於明正德濟南刊本。疑原有墓誌，已佚，下同。仍從原本稱銘。"[④]如果按照劉先生的説法，則誌文與銘文均爲岑參所撰。這是墓誌銘創作的常規，固有此可能。但此兩篇銘辭始載於明正德濟南刊本《岑嘉州詩》而不見於宋本《岑嘉州詩》，當爲明人新輯録。明代出土前朝墓誌銘頗多，因此更大的可能性是，輯録者當見到過該墓誌銘的原石或拓本，原文顯示岑參僅撰寫了銘文，誌文却出自他人之手，輯録者經過甄別後

---

① 董誥等編：《全唐文》卷二三一，第1032頁。
② 董誥等編：《全唐文》卷二三一，第1035頁。
③ 岑參撰，廖立箋注：《岑嘉州詩箋注》卷四，第706頁。
④ 岑參撰，劉開揚箋注：《岑參詩集編年箋注》，成都：巴蜀書社，1995年版，第827頁。

將銘文當作詩歌收入岑參詩集之中。況且張説、岑參生活的開元、天寶時期正好是唐人合作撰文風氣之興盛期（詳下文），他們與人合撰一方墓誌銘是完全有可能的。《韓昌黎文集》中有《試大理評事胡君墓銘》和《盧渾墓誌銘》兩篇銘文。《試大理評事胡君墓銘》末尾云："友韓愈，司馬徒；作後銘，系序初。"姚範注曰："此謂作後銘系於初序之後，則先已有誌，亦誌銘分爲之矣。"①甚是。韓愈僅撰寫了銘文部分，正與"墓銘"這一標題相符。至於《盧渾墓誌銘》，宋代的韓醇已對其僅有銘文而無誌文的情況産生過懷疑。②

　　張説、韓愈生活的盛、中唐時代，墓碑文和墓誌銘的行文方式早已定型，且從出土的實物來看，雖然僅有誌（碑）文而無銘文的情況偶有出現，僅有銘文而無誌（碑）文的文章却不存在。因此我們推斷這些文章當爲誌（碑）、銘分撰的實例，它們是張説、岑參、韓愈與其他人合作完成的，張説等人只撰寫了其中的銘文部分，誌（碑）文的寫作任務則由他人承擔。

二、有誌無銘

　　如果地下新出土的墓誌實物中出現有誌無銘的情況，可從某種意義上説明這些文章確是墓誌銘的別體，一如徐師曾所言。但如果傳世文獻和個人文集中出現這類文章，則還存在另一種可能：即整篇墓誌銘並不是一人獨立撰寫，而是一人撰誌，另外一人撰銘。雖然在摹勒上石時，兩部分內容是合而爲一

---

① 　韓愈撰，馬其昶校注：《韓昌黎文集校注》卷六，第 381 頁。
② 　韓愈撰，馬其昶校注：《韓昌黎文集校注》卷七，第 556 頁。

的,但在編纂各自文集時當然會分開收録。又因墓誌銘深埋地下,在這些墓誌尚未出土或原石已毁的情況下,人們僅僅依靠傳世文獻的記載,就容易誤以爲這些墓誌銘僅有誌文而無銘辭。

標題僅作"某某墓誌(碑)"或"某某墓誌(碑)文"的文章,在傳世文獻中俯拾皆是,如盧藏用《太子少傅蘇瓌神道碑》①、張説《文昌左丞陸公墓誌》②等,皆僅有誌(碑)文而無銘辭。出土文獻中的情況却與之截然不同,新出石刻文獻中有誌(碑)無銘的墓碑文和墓誌銘較少,所佔比重還不到全部出土石刻中録存唐文的百分之一,如果去掉碑記、墓記等允許不寫銘辭的文章,有誌(碑)無銘的情況所佔比重則更低。兩者的反差如此強烈,不得不令人懷疑:傳世文獻中的大量有誌(碑)無銘之文,究竟是否爲完整的碑誌文? 是否應該有與之相對應的銘辭存在?

筆者以爲相當一部分文章應當屬於二人合作撰文。只是由於年代久遠,不僅傳世文獻散佚嚴重,石刻文獻亦有不少已經磨泐或損毁,加上石刻文獻很難在短期内發掘殆盡、早期墓誌銘又常不署作者之名等原因,我們已無法確考銘辭與碑文、誌文間的對應關係。這種現象也可通過某些唐詩得到反映,如李商隱有《撰彭陽公誌文畢有感》③一詩,乃是爲令狐楚寫完墓誌銘以後所發之感慨,詩題却徑署"誌文"二字,不知李商隱是否只是爲令狐楚撰寫了誌文? 惜此文已佚,無由查考。

---

① 董誥等編:《全唐文》卷二三八,第 1064 頁。
② 董誥等編:《全唐文》卷二三一,第 1034 頁。
③ 劉學鍇、余恕誠:《李商隱詩歌集解》,北京:中華書局,2004 年版,第 286 頁。

　　以上是筆者根據傳世文獻的相關記載對唐代合作撰文現象作出的推斷。若僅僅由此即認定唐代墓誌銘創作中有合作撰文現象，證據似略嫌不足。若能找到誌、銘雖爲不同人撰寫，但最後兩者能合爲一體的傳世文本或新出石刻，無疑會進一步使這些推論變爲確證。所幸我們在傳世典籍與出土文獻中皆找到了相關材料。

三、傳世典籍和出土文獻的印證

　　個別金石目錄學著作對石刻文獻的撰作情形記載較詳，已經對唐代墓碑文和墓誌銘中的合作撰文現象有所揭示。如《京兆金石録》中記載：“唐右威將軍高廣濟碑，唐梁涉撰序，高力士撰銘，並行書。開元二十八年。”[1]《金石録》卷三所載《隋上儀同楊緒墓誌》云：“許善心撰序，虞世基銘。”[2]卷四所載《周王仁恭祭嶽頌》云：“嚴浚撰序，邢令均頌，杜行均八分書。長壽二年正月。”[3]卷六所載《唐膠水縣令徐公德政頌》云：“封利建撰序，杜暐銘。正書，姓名殘缺。開元十九年十月。”[4]可見唐代墓碑文、墓誌銘以及與之類似的應用性文體中普遍存在合作撰文現象。遺憾的是，這些目錄均未載録石刻原文，我們無法探知其合撰的具體情形。比較而言，一些詩文別集和大型金石文獻彙編類著作對唐代合作撰文現象揭示得更爲明白。

---

①　陳思纂次：《寶刻叢編》卷八，第 229 頁。

②　趙明誠撰，金文明校證：《金石録校證》卷三，第 47 頁。

③　趙明誠撰，金文明校證：《金石録校證》卷四，第 68 頁。

④　趙明誠撰，金文明校證：《金石録校證》卷六，第 100 頁。

　　如之前所引張説撰寫的三篇僅有銘文而無碑文的文章皆
見於明嘉靖刊本《張説之集》,且每篇標題下皆有小注,如《昭容
上官氏碑銘》標題下注:"齊公叙不録。"①《故太子少傅蘇公碑
銘》標題下注:"盧藏用撰序不録。"②《故吏部侍郎元公碑銘》標
題下注:"崔湜撰序。"③這些小注正説明了此三人之墓碑文確實
由兩人合作而成,碑銘均爲張説所撰,而碑文(序)分別由齊氏、
盧氏和崔氏撰寫。尤爲值得稱道的是,《蘇瓌神道碑》的碑石在
清代又被發現,至今仍有拓本流傳。《金石萃編》卷六九所載
《唐故尚書左僕射太子少傅贈司空荆州大都督蘇文貞公神道
碑》對此碑的情况描述甚詳:"碑連額高一丈二尺六寸,廣四尺
七寸六分。二十八行,行六十字,隸書。額題'唐故司空文貞公
蘇府君之碑'十二字,篆書。在武功縣。"王昶當見過拓片甚至
原石,他在碑文標題後徑署:"范陽張説撰銘,盧藏用撰序并
書。"④國家圖書館收藏了此碑拓片,然磨泐嚴重,題後有無作者
題署雖難以看清,碑文中有段文字却依稀可見,盧藏用在碑文
中説:"中書侍郎同中書門下平章事昭文館學士兼修國史皇太
子侍讀范陽張説,雅俗之鎮,具瞻令德;文章之雄,談者爲揩。
偉公道德之首,徽猷可行,刊石紀頌,穆如清風。"⑤更加説明了

---

① 　張説:《張説之集》卷二一,《四部叢刊初編》本,上海:上海書店,1989 年版,
　　 第 13 頁。
② 　張説:《張説之集》卷一四,第 15 頁。
③ 　張説:《張説之集》卷二五,第 13 頁。
④ 　王昶:《金石萃編》卷六九,見國家圖書館善本金石組編:《隋唐五代石刻文獻
　　 全編》第 3 册,第 185 頁。
⑤ 　北京圖書館金石組編:《北京圖書館藏中國歷代石刻拓本彙編》第 20 册,第
　　 122 頁。

這篇墓碑文乃是盧、張二人合作撰寫的。

　　再如陳子昂所撰《冥寞宵冥君古墳記銘》[①]，只有序文而無銘辭，《全唐文》收錄此文，文末有小注云："銘入薛稷。"[②]對銘文的歸屬作了説明。薛稷此銘尚存，見載於《金薤琳琅》卷九：

　　　　悠悠洛邑，眇眇伊壖。屢移寒暑，頻經歲年。丹壑幾變，陵谷俄遷。不睹碑碣，空悼風煙。其一。時代攸徙，寧窮姓氏。匪辯□□，誰分朱紫。翠墳全缺，玄扃亦毀。久歇火風，爰歸地水。其二。靈迹難訪，莫知其狀。仿佛歺臺，依稀泉帳。草積丘壟，松高巖嶂。乃眷幽途，彌增悲愴。其三。于彼兆域，是生荆棘。松劍猶存，榆錢可識。覽物流□，□□太息。欲致禮於營魂，聊寄言於翰墨。

　　　　大唐神功元年丁酉歲十月一日鳳閣舍人河東薛稷爲文并書丹。

　　都穆云："右《唐沓冥君銘》，鳳閣舍人薛稷譔并正書。此銘《集古録》不載，歐陽公蓋未之見。趙氏《金石録》雖列其目而云無書譔人姓名，則亦不知其爲稷也。銘文但云'悠悠洛邑，眇眇伊壖'，又云'靈迹難訪，莫知其狀'，則稷未嘗真知墓地，蓋泛然而銘之耳。"[③]據史傳記載，武則天爲建升仙太子廟開挖地基，偶然發現一座漢墓，因誌主名字已經漫滅不可辨，遂賜名曰"宵冥

① 陳子昂：《陳伯玉文集》卷六，《四部叢刊初編》本，上海：上海書店，1989 年版，第 16—17 頁。
② 董誥等編：《全唐文》卷二一四，第 956 頁。
③ 都穆：《金薤琳琅》卷九，影印《文淵閣四庫全書》第 683 册，上海：上海古籍出版社，1987 年版，第 283 頁。

君",且命僚屬撰寫墳記以志其事,此正都穆所謂"泛然而銘之"
者也。薛稷此銘清代仍有拓本流傳,王昶《金石萃編》收録其碑
文,並云:"此碑從裝本録出。"①這也可以看作將傳世文獻與出
土文獻相參合,用以説明唐代誌、銘分撰的實例。

《蘇瓌神道碑》的再發現與《冥寞宥冥君古墳記銘》《唐杳冥
君銘》的合撰情形,正好驗證了我們之前的推斷。近年來,越來
越多的石刻資料陸續出土和刊佈,更是使得唐代墓誌銘中的合
作撰文現象呈現得越來越清晰。

第二節　新出墓誌銘與唐文合撰現象

中國古代的文章,或議論、或抒情,大多是個人意志的抒
發、個人情感的表達,具有較爲濃厚的私人色彩,一般不便也不
必與他人合作撰寫。此外,文氣的順暢和文脈的貫通也是古人
寫文章時極爲關注的問題,一篇文章若由多人合寫,勢必會對
文氣造成一定程度的損傷,故而中國古代的絕大多數文章都是
由作家獨立創作的。就已發現的情況而言,唐人合作撰文現象
主要出現在一些應用性較强的文體中。本節將以新出墓誌銘
爲中心,對唐人合作撰文的淵源、唐代墓誌銘和其他應用性文
體,如廊廟碑、器物銘中的合撰現象進行集中探討,並在此基礎
上進一步分析和總結唐人合作撰文集中出現的時段及其合作
撰文的具體原因。

---

① 國家圖書館善本金石組編:《隋唐五代石刻文獻全編》第 3 册,第 77 頁。

一、唐文合撰現象溯源

檢閱新出墓誌銘即可發現,古人合作撰文情況並非始於唐代,而是有著較爲深遠的歷史淵源。柯昌泗認爲合作撰文現象始於《庫狄干碑》:"《北史·樊遜傳》所載魏收爲庫狄干碑序,令樊孝謙作頌,陸□不知,以爲皆收作。此爲兩人合撰一碑之始。"①惜此碑文已不存,合撰詳情不得而知。而王昶却在《大唐宗聖觀記》後的按語中云:"一碑而序、銘兩人分撰,創見此碑。"②可見前人雖留意到碑文創作中存在序、銘分撰現象,但對其産生時間和具體例證的確認上仍存在分歧。

由現存的文獻資料來看,序、銘分撰當起源於南朝齊、梁時期,而且首先是在墓誌銘中出現的,柯、王之説均有失實處。作於南齊永明六年(488)的《齊故冠軍將軍東陽太守蕭府君側室夫人王氏(寶玉)墓誌銘》,可能是迄今爲止最早的序、銘分撰實例:

> 夫人姓王,字寶玉,吴郡嘉興縣曇溪里人也。建光宜映,有自來矣。夫人温朗明淑,神華玉麗,清規素範,夙炳芬譽。以建元元年納于蕭氏,恭雅恬懿,剋隆美訓,享年□永。以永明六年四月庚戌朔九日戊午,卒于建節里中,春秋廿有八。粤閏十月丁丑朔六日壬午□,窆於臨沂縣之黄鵠山。寂帳□陰,虛□長霧,秘迹徒留,芳徽□樹。

---

① 葉昌熾撰,柯昌泗評:《語石·語石異同評》卷六,第 392 頁。按《北史·樊遜傳》云:"於時魏收作《庫狄干碑序》,令孝謙爲之銘,陸卬不知,以爲收合作也。"(李延壽《北史》卷八三,第 2790 頁)

② 國家圖書館善本金石組編:《隋唐五代石刻文獻全編》第 2 册,第 609 頁。

銘文　　　　　大司馬參軍事東海鮑行卿造

潛寶有耀，懷德有鄰，幽閑之懿，播問宣音，薰詩潤禮，越玉慕金，沖約規行，清和佩心。陂途易永，夷數難常，中春掩縟，半露摧芳。方冥方古，孰云不傷，追昭軌烈，式贊泉房。　　　　　　息昂年六。①

梁朝《桂陽王（蕭融）墓誌銘》誌文之後、銘文之前也有如下一段文字："梁故散騎常侍、撫軍大將軍、桂陽王融諡簡王墓誌銘。□□長兼尚書吏部郎中臣任昉奉敕撰。"②該墓誌銘作於天監元年（502），僅較《王寶玉墓誌》晚十餘年。又如《寶刻叢編》引王厚之《復齋碑錄》云："梁太常卿陸倕墓誌，從子襄序，湘東王蕭繹銘。"③該誌撰於梁普通七年（526），全文雖已不存，但《藝文類聚》卷四九尚收有其銘文，並記其作者爲蕭繹。綜合上述材料來看，至遲在齊、梁時期，誌、銘分撰的墓誌銘已經出現。

北朝的墓誌銘中也存在著誌、銘分撰現象，雖然較南朝出現的時間略晚，卻將此種現象展現得更加清晰。出土於1921年的《魏故使持節侍中司空尚書左僕射驃騎大將軍徐州刺史王公（誦）墓誌銘》誌文末言："弟衍，戀儀形之方閟，悲縑竹之難久，謹序遺行，寄之鐫勒。撫軍將軍頓丘李獎，投分有素，藻贍當時，輒憑以爲銘。庶可述不朽之鴻烈，申陟崗之永思。"④可知

---

① 邵磊：《冶山存稿》，第151—152頁。錄文訛奪之處已據拓本校改，感謝邵先生提供墓誌銘拓片圖版。

② 毛遠明校注：《漢魏六朝碑刻校注》第3冊，第146頁。

③ 陳思纂次：《寶刻叢編》卷一四，第364頁。

④ 洛陽市文物局編：《洛陽出土北魏墓誌選編》，北京：科學出版社，2001年版，釋文見第137頁，拓片載第375頁。

《王誦墓誌銘》的誌文是王衍所撰，而銘文出自李獎之手。文中記載誌主王誦卒於建義元年（528）四月，葬於當年七月，其墓誌銘應作於此間。應該説這是現存最早的明確指出誌、銘分撰的墓誌銘。作於武平二年（571）的《朱岱林墓誌》云：“第四子敬修……式序徽猷，思與泣俱，文兼涕落。先言多不備述，往行蓋是闕如，良由才非作者，情隕蕉次。從父兄敬範，史君伯第三子，脱略榮華，不應徵聘，沉深好古，尤工摛屬，勒銘黄壤，以播清風。”①亦是誌、銘分撰的實例。著名文學家魏收也是北朝與他人合作撰文的重要實踐者，除《庫狄干碑》外，撰於永熙二年（533）的《魏故假節督南青州諸軍事征虜將軍南青州刺史鄭使君夫人李氏（暉儀）墓誌銘》誌文末云：“哀嗣伯猷等擗摽永慕，窮叫靡追，貪及餘喘，略撰遺行，然書不盡言，無能萬一。友人中書侍郎鉅鏕魏收，雖年在雁行，而義均同志，後來之美，領袖辭人，託其爲銘，式傳不朽。”②可見該墓誌銘乃是魏收與鄭伯猷合撰而成。

　　上面的這些例證表明，南北朝時期是古人合作撰寫墓誌銘的發軔期，正是由於任昉、蕭繹、魏收等著名文人參與其中，才使得這一形式漸爲他人接受。此後，誌（碑）、銘分撰成了文人撰寫碑文和墓誌銘時偶或採用的一種創作模式。唐代以後，這一模式不僅在墓誌銘中繼續存在並不斷翻新，還逐漸擴展到其他應用文體中，從而形成了一種較爲獨特的文章創作現象。

---

① 嚴可均校輯：《全上古三代秦漢三國六朝文·全北齊文》卷八收録此文，亦云：“朱敬修撰序，朱敬範撰銘。”第3871—3872頁。
② 羅新：《跋北魏鄭平城妻李暉儀墓誌》，《中國歷史文物》，2005年第6期，第45—46頁。

二、唐代墓誌銘中的合撰現象

新出土唐代石刻文獻中不時會有誌、銘分撰的文章出現。管見所及,僅就墓誌銘一體而論,此類文章即有 39 篇,且大部分墓誌銘的寫作時間都集中在唐代前半期。通過分析這些墓誌銘,我們可以看出唐代前期,特別是武后至玄宗時期,唐文創作過程中的一些特殊現象。爲了論述方便,先將這些墓誌銘的撰作時間與合撰的具體情形列表於下:

表 5-1　唐代墓誌銘合撰情況一覽

編號	誌題	題署	撰作時間	合撰情形
1	□元善妻公孫氏墓誌	無	儀鳳四年(679)	誌主之夫元善撰序,洛州司功郎餘令撰銘。①
2	劉應道墓誌銘	無	開耀元年(681)	獻臣貪及殘喘,粗陳實錄,志意荒僻,言無詮次,遺烈餘風,百不書一。相王府司馬弘文館學士臨淮劉褘之學府文宗,聲高朝右,於孤子有累葉宗盟之好,敦死喪孔懷之情,敢祈鴻□,勒銘終古。②

---

① 由誌文中所云"平生志願,偕老爲期""元善既尠兄弟,傍無近屬,琴瑟相和,二人而已"等,可推知誌文作者乃誌主之夫元善。而誌文末又云:"洛州司功郎餘令材華著美,後□□人,敬託爲銘,傳之不朽。"可知該文當爲誌、銘分撰。錄文見周紹良主編:《唐代墓誌彙編》,第 648 頁。

② 周紹良、趙超主編:《唐代墓誌彙編續集》,第 252 頁。

續　表

編號	誌題	題署	撰作時間	合撰情形
3	韋仁約墓誌銘	孤子前朝議大夫行春官員外郎承慶撰序，春官尚書弘文館學士兼修國史南陽縣開國子范履冰製銘	載初元年（689）	承慶……題序德音，期於指實。不敢外煩洪筆，輒以俯竭愚心。荒喘窮迷，萬不存一。春官尚書、弘文館學士南陽范公，材冠士林，文高翰苑。通家宿好，累代周旋。敬託宏詞，奉詮遺烈。庶盡言而無愧，俾傳芳於不朽。①
4	張玄弼墓誌銘	司元大夫李行廉撰	天授三年（692）	張柬之撰誌文，李行廉撰銘文。②
5	王婉墓誌銘	孤子前鳳閣舍人承慶撰序，鳳閣舍人趙郡李嶠製銘	萬歲通天二年（697）	鳳閣舍人趙郡李嶠，時秀朝英，文宗學府，膠庠朋故，樞近官聯，敬託爲銘，庶揚柔德。③

---

① 録文見吳鋼主編：《全唐文補遺》第二輯，第7—8頁；拓片載陝西省社會科學院、陝西省文物局編：《陝西碑石精華》，西安：三秦出版社，2006年版，第76頁。

② 周紹良主編：《唐代墓誌彙編》，第822頁。按：張玄弼乃張柬之之父，據誌文中記載，張玄弼在龍朔元年（661）即已去世，此誌乃是其遷祔誌，雖然於誌題下僅署"司元大夫李行廉撰"，然誌文中叙事屢以"柬之"領起，乃是作者自稱，故誌文應爲張柬之所撰。而誌文末又云："府君友人司元大夫李行廉撰銘，柬之等不敢改易，謹刊李銘，以存不朽。"可見遷祔時所撰墓誌銘的銘辭仍用李行廉在權厝時所作之舊銘。這也是唐人合作撰文的特殊情形。

③ 周紹良、趙超主編：《唐代墓誌彙編續集》，第351頁。

續　表

編號	誌題	題署	撰作時間	合撰情形
6	崔釋墓誌銘	無	聖曆元年（698）	兄崔融撰序，給事中中山劉憲撰銘。①
7	爾朱呆夫人韋氏墓誌銘	來庭縣尉成敬荷序，來庭縣尉蘇頲銘	長安三年（703）	爰託蘇子，乃爲銘曰……②
8	崔瞻墓誌	無	神龍元年（705）	晉陽縣尉吳少微、富嘉謨同爲誌曰……③
9	韋承慶墓誌銘	秘書少監兼修國史兼判刑部侍郎上柱國朝陽縣開國子岑羲撰，中書舍人鄭愔製銘	神龍二年（706）	中書舍人鄭愔，□簧學圃，藻繪詞場。古之曹劉，當代遷固。式圖懿業，庶光泉壤。④
10	劉彦參墓誌銘	弟彦回撰序，侄日正銘	開元七年（719）	天去手足，不知所之。痛窮孤以斷腸，寫蓄憤於方石。曾未萬一，寄詞於從祖兄子日正。⑤

① 誌文末云：“友人給事中中山劉憲，言行動天，文章經國，惠此哀銘，情深操誄。”可知銘文的作者爲劉憲。而誌文中敘事屢用第一人稱，如說崔釋爲“吾家之季子”“余同生四人”，參合《新唐書·宰相世系表》中的記載可知，誌文的作者當爲崔融。詳參趙振華：《洛陽新出唐代墓誌研究三題》，中國文物研究所編：《出土文獻研究》第八輯，上海：上海古籍出版社，2007年版，第271—272頁。

② 錄文見吳鋼主編：《全唐文補遺》第七輯，第24頁；拓片載洛陽市第二文物工作隊、喬棟、李獻奇、史家珍編著：《洛陽新獲墓誌續編》，第73頁。

③ 周紹良、趙超主編：《唐代墓誌彙編》，第1802頁。

④ 墓誌錄文及拓片圖版均見陳忠凱：《唐韋承慶及繼母王婉兩方墓誌銘文釋讀》，中國文物研究所編：《出土文獻研究》第七輯，上海：上海古籍出版社，2005年版，第343—346頁。

⑤ 胡戟、榮新江主編：《大唐西市博物館藏墓誌》，第395頁。

續　表

編號	誌題	題署	撰作時間	合撰情形
11	丁元裕墓誌銘	男羽客撰序	開元九年（721）	禮部尚書、許國公武功蘇頲，文儒之秀，題目世欽，庶傳無窮，託爲銘曰……①
12	高元思墓誌銘	河南府福昌縣尉沛國劉同昇纂序，外甥前行邛州大邑縣尉弘農楊温業纂銘②	開元十一年（723）	無
13	陸景獻墓誌銘	禮部侍郎賀知章詞	開元十三年（725）	中書舍人彭城劉升與其友，故託銘焉。③
14	杜拯墓誌銘	無	開元十四年（726）	鈸等自丁艱罰，敢忘詩禮，窮號荒慕，竊思蔡邕虞潭輕以序述。敬憑友人從外兄尚書駕部郎太原王翰爲之銘曰……④
15	陸廣成墓誌銘	前國子進士丁仙之撰	開元十七年（729）	故人萬楚敬爲銘曰……⑤

---

① 趙力光：《新出唐丁元裕墓誌研究》，載榮新江主編：《唐研究》第十九卷，北京：北京大學出版社，2013 年版，第 602—603 頁。

② 此誌釋文、拓片未見公開發表，此照國家圖書館網站所載圖片録文。網址如下：http://res4. nlc. cn/home/search. trs? method＝showDetail＆channelid＝11＆id＝muz7489＆searchWord＝％28＋bookname％2F1％3D＋％27％E9％AB％98％E5％85％83％E6％80％9D％27＋＋and＋subchannel％3D3＋％29。

③ 趙君平、趙文成編：《秦晋豫新出墓誌蒐佚》，第 510 頁。

④ 吳鋼主編：《全唐文補遺》第九輯，西安：三秦出版社，2007 年版，第 356 頁。

⑤ 程章燦：《陸廣成墓誌考》，《考古》，1995 年第 10 期，第 942—944 頁。

續　表

編號	誌題	題署	撰作時間	合撰情形
16	韋虛舟妻李氏墓誌銘	伯尚書左丞韋虛心撰序,夫韋虛舟書,正字于休烈撰銘①	開元十七年	無
17	劉濟墓誌銘	嗣子家臣等纂序,外孫王進撰銘	開元十八年(730)	朝流故吏,共綦徽猷;嗣子家臣,互通遺闕。外孫王進,長自渭陽,援翰如寫,乃爲銘曰……②
18	賈季卿墓文	前鄉貢進士李昂撰銘,前國子進士鄭馥撰序	開元十九年(731)	馥與李昂□子之囊,凄凉厚夜,慟哭寢門,特撰銘以銘德,謹勒序以序行。③
19	錢元志夫人舒氏墓誌銘	左威衛胄曹參軍廣平程休撰序,許州扶溝縣尉博陵崔顥撰銘	開元二十四年(736)	博陵崔顥,文章之特,託以爲銘。④
20	劉君妻盧氏墓誌銘	夫人表弟太子左庶子崔珪撰銘,男潤撰序	開元二十六年(738)	外丈左庶子清河崔公,國之棟梁,文之龜鏡,仁風懿範,親則周旋,敢託爲銘,庶符先志。⑤

---

① 陝西省考古研究院編,李明、劉呆運、李舉綱主編:《長安高陽原新出土隋唐墓誌》,第165頁。

② 周紹良主編:《唐代墓誌彙編》,第1366頁。

③ 西安碑林博物館編:《西安碑林博物館新藏墓誌彙編》,第379—380頁。

④ 周劍曙、趙振華、王竹林:《偃師新出土唐代墓誌跋五題》,洛陽歷史文物考古研究所編:《河洛文化論叢》第三輯,第312—314頁。

⑤ 趙君平、趙文成編:《秦晋豫新出墓誌蒐佚》,第591頁。

續　表

編號	誌題	題署	撰作時間	合撰情形
21	張景陽墓誌銘	右威衛倉曹參軍張楚金序，大理評事馬巽銘	開元二十九年(741)	楚忝於宗盟，飽聞德義，雪涕揮翰，紀君實録。同人馬巽爲君之銘云……①
22	李虛己墓誌銘	蘭陵蕭穎士叙，天水趙驊銘	開元二十九年	太子正字趙雲卿，士之清，才之秀，與叔文有投分之寄，咨以銘云。②
23	裴子餘墓誌銘	無	天寶四載(745)	禮部侍郎賀知章，當朝碩彦，知音之友。勒銘操翰，以旌休烈。次弟濟州刺史耀卿，痛深陵谷，敢題此記。③
24	崔絳墓誌銘	秘書省校書郎李華叙，校書郎盧沼銘	天寶六載(747)	校書郎盧沼，於公則婚姻之故，諮以爲銘。④
25	盧均芳墓誌銘	太中大夫行上郡太守隴西李涓序，承議郎前行潁川郡司法參軍李興宗銘⑤	天寶六載	無

① 周紹良主編：《唐代墓誌彙編》，第 1527 頁。
② 趙文成、趙君平編：《秦晋豫新出墓誌蒐佚續編》，第 701 頁。
③ 毛陽光主編：《洛陽流散唐代墓誌彙編續集》，第 335 頁。
④ 毛陽光主編：《洛陽流散唐代墓誌彙編續集》，第 344 頁。
⑤ 吳鋼主編：《全唐文補遺·千唐誌齋新藏專輯》，第 208 頁。

續　表

編號	誌題	題署	撰作時間	合撰情形
26	李琚墓誌銘	前大理寺評事張階序，洛陽縣尉韓液銘	天寶七載（748）	予與公泉今洛陽尉韓液，皆同年擢桂之客，同舍校文之郎，是正多暇，周旋可數，而貞石購詞，貴於詳實，今予序之，韓銘之，徵其素行，庶不誣矣。①
27	朱府君墓誌銘	秘書省正字宇文遟序，太子正字包何銘	天寶十三載（754）	遟等平生舊友，把臂之交，情比巨卿，知同鮑子。徒悽涼於白馬，豈髣髴於清陽，顧不如於哀文，遂託詞於包氏。②
28	獨孤挺墓誌銘	嗣子前榮王府諮議參軍員外置同正洧奉遺命撰序并書及篆頂，處士毋兢撰銘	天寶十三載	夫叙事尚質，銘德資文。文仲（按：獨孤洧，字文仲）道交毋兢，學廣詞富，奉揚嘉績，敢託茂才。③
29	宋微墓誌銘	逸人京兆杜芳序，洛陽縣尉裴探微銘④	順天二年（760）	無

---

① 周紹良主編：《唐代墓誌彙編》，第 1620 頁。
② 錄文見周紹良主編：《唐代墓誌彙編》，第 1709 頁；拓片載河南省文物研究所、河南省洛陽地區文管處編：《千唐誌齋藏誌》，第 900 頁。缺字和錄文失當之處據拓片校補。
③ 趙力光主編：《西安碑林博物館新藏墓誌續編》，第 345 頁。錄文訛奪之處已據第 343 頁所載拓片校正。
④ 趙君平、趙文成編：《秦晉豫新出墓誌蒐佚》，第 756 頁。

續　表

編號	誌題	題署	撰作時間	合撰情形
30	郭雄夫人李氏墓誌	夫郭雄序，前宣州涇縣尉韋成季銘	建中三年（782）	序紀實行，略竭鄙詞，銘播遺芳，敢祈文士。余（韋成季）兄事比部，見家理親睦，蓋室順禮約之助焉。今觀叙誌，知無媿詞也。敢播銘云。①
31	韓秀實墓誌銘	弟前衡州刺史淮陽縣男秀弼撰序，弟京兆府倉曹參軍秀榮撰銘并書	建中四年（783）	公之仲秀弼，痛深形影，哀徹穹蒼。陟岡之望無因，述德之詞強作。銜悲撰序，命季製銘。②
32	崔藏之夫人王氏墓誌銘	子婿、太中大夫、江陵尹、御史中丞、荆南節度觀察處置使、潁川縣開國男庾準銘，外孫、徵事郎、右衛倉曹參軍庾承恭叙	貞元十二年（796）	承恭先人嘗誌夫人權厝之墓，及是遷祔，時事則異。舅氏乃以前文付余繼纂。敢拜稽首，祗奉先銘，叙爲後誌，致于幽宅。③

---

① 胡戟、榮新江主編：《大唐西市博物館藏墓誌》，第 657 頁。

② 陳根遠：《唐〈韓秀實墓誌〉及其他》，第 34 頁。

③ 録文見吳鋼主編：《全唐文補遺·千唐誌齋新藏專輯》，第 287—288 頁。拓片載中國文物研究所等編：《新中國出土墓誌·河南［叁］千唐誌齋［壹］》，第 240 頁。按：此文實爲遷祔誌，誌主建中元年（780）卒，其婿庾準爲之撰墓誌銘，誌文、銘文均出其手。時隔十六年，遷祔之時，原先的誌文又經庾準之子承恭潤飾，而銘辭則仍用庾準舊文。

續　表

編號	誌題	題署	撰作時間	合撰情形
33	韓畢妻盧媛墓誌	題後署"夫昌黎韓畢序",誌文與銘文中間題"伯兵部侍郎韓章銘"	貞元十五年(799)	畢位賤,聊書實以傳信誌。宜命重我伯兄,振藻以銘之。①
34	苗玄素墓誌銘	題後署"次兄儉述"	元和三年(808)	吾才微行寡,不能盡書其事。今次兄式乃爲銘曰……②
35	庾仲畬妻李夫人墓誌銘	題後署"老舅、滁州刺史武功蘇繫銘",文末署"東海徐瑠叙并書"	元和八年(813)	乃命業文之士,叙厥事,刻金石。復躬抒軫懷,屬辭比事,銘識泉壤。③
36	溫遜墓誌銘	長兄處士溫速撰	長慶三年(823)	故人中書舍人馮宿,願製其銘,詞未絕筆,屬有時故,事亦無必。速遂執筆述焉。④
37	裴清墓誌銘	第三男孤子仲言撰	大和六年(832)	孤子仲言,攀號永遠,心魂廢失,恭叙德行,實不能既。長男仲京號慕攀奉,謹爲銘曰……⑤

---

① 毛遠明編著:《西南大學新藏墓誌集釋》,第533頁。
② 毛陽光主編:《洛陽流散唐代墓誌彙編續集》,第535頁。
③ 錄文見吳鋼主編:《全唐文補遺》第八輯,第119頁;拓片載趙君平、趙文成編:《河洛墓刻拾零》,第498頁。
④ 毛陽光主編:《洛陽流散唐代墓誌彙編續集》,第605頁。
⑤ 毛陽光主編:《洛陽流散唐代墓誌彙編續集》,第643頁。

續　表

編號	誌題	題署	撰作時間	合撰情形
38	盧公亮墓誌	永樂縣令殷堯藩撰，再從弟前鄉貢進士罕書	大和六年	誌文末云：小子於公爲從祖弟，承友愛之分於等倫，雪涕銘之。①
39	邢芳墓誌銘	父中散大夫守秘書少監上柱國恂撰序	會昌四年（844）	誌文末云：其姊婿河間劉玩遂述銘曰……②

表 5-1 清楚地反映出以下三個問題：一是唐代墓誌銘中的合撰現象集中出現於高宗末年至玄宗統治時期内（安史之亂爆發以前），已發現的 39 篇墓誌銘中，僅最後 11 篇不在此時段内；二是唐人合作撰寫墓誌銘的主要協作方式爲二人合撰：一人撰誌（序），另一人撰銘；三是唐代墓誌銘中的合撰現象主要通過作者的題署和誌文末的説明表現出來。關於這幾點，下文將集中論述，此不贅。

三、其他應用性文體中的合撰現象

二人合撰現象不僅僅存在於墓誌銘中，凡是由相對獨立的兩部分構成的文章，如祠觀記、廊廟碑、器物銘、頌贊文等，都存在二人合撰的可能。這種情況在傳世文獻和新出石刻中均有所反映，下面就管見所及，順帶對這一現象稍作論述。

---

① 胡可先：《新出土唐代盧公亮夫婦墓誌考疏》，《浙江大學學報》（人文社會科學版），2017 年第 1 期，第 7 頁。

② 周紹良主編：《唐代墓誌彙編》，第 2238—2239 頁。

祠觀記,如《大唐宗聖觀記》。此碑立於武德九年(626)二月,原石已佚,後經元人翻刻。國家圖書館所藏拓本顯示,此文標題後署:"給事中騎都尉歐陽詢序并書,侍中、柱國江國公陳叔達撰銘。"傳世各典籍均有類似記載,然而直到王昶編《金石萃編》時,才首次將碑文完整抄録,歐陽詢在序中云:"侍中、江國公陳叔達朝宗羽儀,詞才冠秀,奮兹洪筆,爲製嘉銘。"①雖然王昶"一碑而序、銘兩人分撰,創見此碑"之説並不確切,但若説這是唐人合作撰文之始,應無疑問。

廊廟碑,如《蜀國公尉遲迥廟碑》。此碑立於開元二十六年(738),其後原石並未亡佚,《明一統志》卷二八仍稱"石刻尚存"。傳世諸石刻文獻中也屢見著録,但對其合撰情況的記載却頗有出入。宋陳思纂次《寶刻叢編》引《集古録目》云:"唐立《周太師尉遲公廟碑》,唐前華州鄭縣尉閻伯璵撰序,秘書省校書郎顏真卿撰銘。"②而趙明誠《金石録》卷六却説:"唐《尉遲迥廟碑》,顏真卿撰。"③《明一統志》也僅録作"唐顏真卿作碑"。碑文未見傳世典籍記載,明刻本《顏魯公文集》亦未收顏真卿所撰銘文,直到清代編輯《四庫全書》時,館臣才從石刻中將碑銘採入《顏魯公集》,其提要云:"特遺文在宋散佚已多,故元剛所編亦不免缺略。今去唐益遠,而其文之見於石刻者尚間有可採,謹詳加搜輯,得《殷府君夫人顏氏碑銘》一首,《尉遲迥廟碑銘》

---

① 國家圖書館善本金石組編:《隋唐五代石刻文獻全編》第 2 册,第 607 頁。
② 陳思纂次:《寶刻叢編》卷六,第 150 頁。
③ 趙明誠:《宋本金石録》卷六,北京:中華書局,1991 年版,第 144 頁。

一首……"①其後王昶編《金石萃編》，首次將碑文完整録入，且於標題後署："前華州鄭縣尉閻伯璵叙、秘書省校書郎顏真卿銘，蔡有鄰書并陰。"②至此，該碑文的創作情形才真正明確下來，確爲閻、顏二人合作完成。立碑時顏真卿方進士及第不久，尚未以書名世，所以書丹時請了以隸書聞名的蔡有鄰。

　　器物銘，如《吏部南曹石幢頌》。此碑未見拓本流傳，傳世典籍中僅《續通志》卷一六七有記載："左光胤撰序，尹匡祚撰頌，正書，天寶元年，鄠縣。"③但《金石萃編》卷六六云："幢高六尺一寸，其八面，每面廣八寸，第一面九行，每行字數七十九、八十不等，行書。其餘七面皆八行，行六十六字，正書。在鄠縣草堂寺。"④對石幢的形制記載甚詳，王昶當見過實物或拓片。文章標題後署："秘書省正字左光胤撰序，醴泉縣丞尹匡祚撰頌。"左光胤在序文中説："醴泉縣丞尹公，才學特舉，聲名早著，作頌以美之。"屬於此類的文章還有《大唐潁州開元寺新鐘銘》⑤，張廷藴、李璨二人合撰。

　　除此以外，頌贊文也是唐人經常合作撰寫的一種應用文，

① 顏真卿：《顏魯公集》，影印《文淵閣四庫全書》第1071册，上海：上海古籍出版社，1987年版，第587頁。
② 國家圖書館善本金石組編：《隋唐五代石刻文獻全編》第3册，第401頁。拓本見北京圖書館金石組編：《北京圖書館藏中國歷代石刻拓本彙編》第24册，第53—54頁。
③ 乾隆官修：《續通志》，影印《文淵閣四庫全書》第394册，上海：上海古籍出版社，1987年版，第629頁。
④ 國家圖書館善本金石組編：《隋唐五代石刻文獻全編》第3册，第136頁。
⑤ 吳鋼主編：《全唐文補遺》第七輯，第186頁。按：此文乃撰於後唐時期，此處不展開論述。

如《玄元靈應頌》《述聖頌》等。《玄元靈應頌》碑立於天寶元年（742）七月，國家圖書館所藏拓本顯示，該頌的銘文後署："朝散大夫守倉部郎中上柱國戴璇撰序，朝散大夫守戶部郎中劉同昇撰頌。"①序文中對二人合作的情況也有交代："時戶部郎中，沛國劉同昇，才清起草，譽美郎官之列；文慕上林，能揚天子之事，共遵大雅，以掞其辭，奉爲頌曰……"一個"共"字，將兩人合作的密切程度呈現了出來。《述聖頌》的情況也大致如此，碑立於開元十三年（725）六月，原石已毀，國家圖書館藏有拓本，標題後署："京兆府富平縣尉達奚珣撰序，左補闕集賢殿直學士呂向撰頌并書。"達奚珣在序文中説："頌聲未作，詞客之過。小人固陋，遊聖難名。實賴文宗，繼其不逮，敢託呂補闕向爲之頌云……"②

四、唐人合作撰文現象的時間分佈

由表 5-1 可知，就創作時間而言，合作撰文現象集中出現在高宗統治末期至安史之亂爆發之前，已發現的 39 篇墓誌銘，有 28 篇即作於此間。現存其他應用性文體中的合撰現象亦多集中於此時段內。可以説初、盛唐之際，合作撰文的風氣在整個社會得以推廣，在各種類型的應用文中都有所體現。合作撰文現象在這段時間内集中出現，其緣由大致有以下幾個方面。

① 北京圖書館金石組編：《北京圖書館藏中國歷代石刻拓本彙編》第 25 冊，第 13 頁。
② 北京圖書館金石組編：《北京圖書館藏中國歷代石刻拓本彙編》第 22 冊，第 81 頁。

　　首先,太平盛世使得人們極其重視身後事宜的安排。武則天當權半個世紀,其間唐朝的社會經濟持續發展,國力不斷上升,人稱其統治乃"治宏貞觀,政啓開元"。玄宗即位以後,更是勵精圖治,大力發展社會生產,開創了前所未有的"開元盛世"。墓誌本來就是飾終禮典,太平盛世正是其得以滋生、繁榮的大好時機。此時物質生活富足,人們愈來愈注重身後事宜的安排,誌主去世後,家屬對墓誌銘的撰寫極爲重視。一方面,誌主子嗣縱然"言無詮次,遺烈餘風,百不書一",却仍"不敢外煩洪筆",堅持根據個人或家族成員的聞見親自爲其父母撰寫誌文,爲的是"輒以俯竭愚心",竭力盡孝;另一方面,請行家裏手撰寫銘文,以起到褒揚頌美的作用。若是誌主的子孫不善著文,甚至不具備"粗陳實錄"的能力,其誌文和銘文則全部請外人代筆,甚或同時請兩個名士分別爲之。

　　其次,武后、玄宗時期,文學環境寬鬆,文章詞采成爲科舉取士的重要依據。《唐會要》卷七六記載,武則天統治時期,多設辭標文苑、蓄文藻之思、文藝優長、絕倫諸科。玄宗先天二年(713),亦設文經邦國、藻思清華、手筆俊拔超越流輩諸科。開元年間,更設文史兼優、文辭雅麗等科目。與太宗、高宗時期有較大不同,朝廷拔擢了大量文人入仕,大大提高了他們的身份地位。武則天本人則"頗涉文史,好雕蟲之藝"①,其統治前期又愛好頌美的文體,表 5-1 所列銘文的作者范履冰、李嶠都是武則天的御用文人,他們得以侍宴、扈從之機會較多,撰寫了大量的應制詩文。這些詩文多爲歌功頌德、粉飾太平之作,缺乏實

————————

① 　杜佑:《通典》卷一五,北京:中華書局,1988 年版,第 357 頁。

際內涵和真情實感,文風以典麗爲主,仍未完全擺脫六朝餘韻。在諸種因素的共同作用下,此時的墓誌銘創作,特別是銘文中,依然延續了以前的駢儷風氣。

再次,受蘇頲、張説等人的影響。此時正是蘇頲、張説二人執文壇牛耳之時,由於蘇、張的身體力行及其社會地位造成的影響,開元年間墓誌銘的撰寫依然延續了前朝的傳統。這一時期,蘇頲、張説周圍出現了一大批以撰寫駢文聞名的學士:"燕、許並登拔於武后之朝,與當時珠英學士周旋,張説嘗稱李嶠、崔融、薛稷、宋之問之文,皆如良金美玉,無施不可,而其所自爲文,特爲典質,韓柳之徒,頗譏評文士,猶時稱燕、許,故其氣勢深厚,卓爾不群,唐駢文之盛軌也。"①我們知道,初唐是注重銘辭的時代,蘇頲、張説等人的銘辭中有著較重的駢儷之氣,明顯承襲了初唐文風,他們合撰的墓碑文和墓誌銘亦如是。如蘇頲之父蘇瓌的墓碑文就是由張説與盧藏用合撰而成。蘇頲本人也有這方面的創作,如《爾朱杲夫人韋氏墓誌銘》和《丁元裕墓誌銘》都是蘇頲與別人合作撰寫的,且他所承擔的均是銘文部分。眾所周知,開元文壇,正是在蘇頲、張説以及張九齡等人的創作實踐和倡導之下逐漸形成的。特別是張説,他乃開元宗臣:"前後三秉大政,掌文學之任凡三十年。爲文俊麗,用思精密,朝廷大手筆,皆特承中旨撰述,天下詞人,咸諷誦之。尤長於碑文、墓誌,當代無能及者。喜延納後進,善用己長,引文儒之士,佐佑王化。"②儼然成爲一代文宗。張九齡、王翰、賀知章

---

① 謝無量:《駢文指南》,上海:中華書局,1918 年版,第 60—61 頁。

② 劉昫等:《舊唐書》卷九七,第 3057 頁。

等人皆曾受其引薦、提攜，故而當時文人多模仿他與別人合作撰寫墓誌銘的方式，著名文士賀知章、李華等人尚且如此，一些下層文士更是在所難免了。武后、玄宗時期，二人合作撰文現象蔚爲大觀，當與他們的創作實踐有一定關係。

五、唐文合撰現象的成因

古代二人合撰的文章，多以墓誌銘爲主。一般來説，墓誌銘在撰寫之前，家屬皆會提供誌主的行狀，撰者可據以刪削、潤色成文，並無太大的撰寫難度。在這種情況下，卻還有數量不菲的合撰之文出現，究其原因，約略有以下幾方面。

第一，誌文作者不能夠完全勝任銘文的撰寫，故銘文請他人代筆。正如《朱岱林墓誌》所言："四子敬修……式序徽猷……良由才非作者，情隈蕪次。從父兄敬範……沉深好古，尤工摛屬，勒銘黄壤，以播清風。"墓誌銘雖多據家屬提供的誌主行狀，由他人代爲寫作，但出自子孫之手者亦爲數不少，如韋承慶繼母王琬墓誌銘的誌文等。這樣做的目的在於"乃顧狂簡，直書其事，雖文野而質勝，貴詞約而義實"①。朱敬修爲其父所撰的墓誌銘正是基於這樣的考量，因爲自己才力較弱、文筆不佳，誌文雖是就自己的回憶所寫，做到了質勝、義實，卻寫得有點蕪雜、没有秩序。對於寫作要求更高的銘文，朱敬修更是感到難以勝任。堂兄敬範卻愛好古物，才思敏捷又擅長書法，朱敬修便請他代作銘文，用以宣揚其父的生平事迹。有些墓誌

---

① 《大唐故通議大夫使持節興州諸軍事興州刺史上柱國劉府君（寂）墓誌銘》。見周紹良主編：《唐代墓誌彙編》，第 1070 頁。

銘的誌文,作者雖然不是誌主親屬,也是具有一定才華的文學之士,或許因爲他們不擅長撰寫韻文,於是與他人合作,正所謂"清而近者宜於詩,博而贍者長於筆"①是也。

第二,借重他人名望以擡高亡者身價。李暉儀之子所以請魏收爲其母撰寫墓誌銘的銘辭,就是因爲魏收"雖年在雁行,而義均同志,後來之美,領袖辭人,託其爲銘,式傳不朽"。唐代二人合作撰寫的墓誌銘中,有些誌主的子嗣本來就是文學家,但也依然只撰寫了誌文,銘文則請身份地位比自己高的才學之士爲之,如韋承慶父母的墓誌銘皆是如此。韋承慶乃當時的著名文士,《舊唐書》中屢稱他"辭藻之美,擅於一時""辭甚典美,當時咸歎服之"。② 他也曾爲沈齊文、韋愔等人撰寫過墓誌銘,其銘辭的寫作水準不在李嶠等人之下。他却僅爲父母的墓誌銘撰寫了誌文,銘文分別請素有聲望的文學家范履冰、李嶠爲之。韋承慶在誌文中還點出這樣做的原因:"鳳閣舍人趙郡李嶠,時秀朝英,文宗學府,膠庠朋故,樞近官聯,敬託爲銘,庶揚柔德。"③韋承慶本人的墓誌銘也是岑羲撰誌文,鄭愔撰銘文。岑羲云:"中書舍人鄭愔,□簧學圃,藻繪詞場。古之曹劉,當代遷固。式圖懿業,庶光泉壤。"岑羲是初唐名相岑文本之孫,又在睿宗朝擔任宰相,撰此誌時結銜爲"秘書少監兼修國史兼判刑部侍郎上柱國朝陽縣開國子",其身份不可謂不顯赫。這種情況下所請的誌文和銘文作者,大多爲"學府文宗,聲高朝右"之

---

① 周紹良主編:《唐代墓誌彙編》,第 1619 頁。
② 劉昫等:《舊唐書》卷八八,第 2863、2865 頁。
③ 周紹良、趙超主編:《唐代墓誌彙編續集》,第 351 頁。

人,他們與誌主及其子嗣的關係或是"同處鸞臺鳳閣,或執掌典選,或兼修國史等",或爲"通家宿好,累代周旋"。① 之所以請兩人分撰,無非是要通過這些文人的才名和官聲來提高誌主的身價,備極死後之哀榮而已。

　　第三,是爲了從某種程度上阻止諛墓現象的出現。諛墓風氣的産生由來已久,歷來爲人們所詬病,漢代蔡邕已蒙受"諛墓"之譏,因此初唐時期的文人對此頗爲警惕。誌文、銘文如果全部由一人撰寫,難免會有吹噓不實之嫌,而兩人分開撰寫,則會在某種程度上抑制這一現象的出現。正如張階在《李琚墓誌銘》中所言:"貞石購詞,貴於詳實,今予序之,韓銘之,徵其素行,庶不誣矣。"②而此墓誌銘正是由張階和韓液共同創作的,李、張、韓三人同年登進士第,同年中博學宏詞科,又同授秘書省校書郎之職。③ 張、韓二人爲李琚撰寫墓誌銘,力求最大程度地記錄李琚的生平事迹,給予真實評價,避免貽人口實。遺憾的是,雖然唐代前期的墓誌銘中,常見作者强調墓誌銘特別是誌文的實錄功能,盡量做到詳實而不虛美,但這種風氣並沒有在社會上引起較大反響,到韓愈所處的中唐時期,諛墓之風已是空前高漲了。

　　至於其他應用文中的二人合撰,恐怕是因爲祠觀記、頌贊文等文體的首要創作目標便是頌美,加之這些文章多數會刻碑

① 　陳忠凱:《唐韋承慶及繼母王婉兩方墓誌銘文釋讀》,中國文物研究所編:《出土文獻研究》第七輯,第 350 頁。
② 　周紹良主編:《唐代墓誌彙編》,第 1620 頁。
③ 　徐松撰,孟二冬補正:《登科記考補正》卷八,第 314 頁。

立於地面以廣流傳,其寫作要求,無論是形式還是內容方面,都要比墓誌銘高出許多。因此同朱敬修類似,若是碑文撰者對銘文寫作沒有十足的把握,則會邀請水準高於自己、"能揚天子之事"的文士撰寫銘文,正所謂"實賴文宗,繼其不逮",以期能夠更好地實現頌美的目標。

第三節　唐人合作撰文的協作形式

根據上述唐代墓誌銘和其他應用性文體中的合撰情況可知,唐人合作撰文的主要協作形式爲一人撰誌(碑)文,另一人撰銘文。但也不是絕對的,新出墓誌中還發現了唐人合作撰文的其他形式,如重銘和後贊等。本節將對唐人合作撰文的協作形式及其表現方式等稍作論述。

一、唐代合作撰文的人數

根據已發現的資料來看,古人合作撰文多數爲二人協作。劉寶楠和程章燦亦持同樣觀點。劉寶楠在《漢石例》中説:"古人誌銘不必一人作,或作誌或作銘,故二者不備。"①程章燦亦認爲:"墓誌銘通常可以分爲誌和銘兩大部分。這兩部分有相對的獨立性、自足性,因此,有時候,如果一篇墓誌需要由兩個人合作撰成,一般的分工就是一個人撰誌文(序?),另一個人作銘

---

① 　劉寶楠:《漢石例》卷三,見朱記榮輯:《金石全例》中册,第117頁。

文。這種情況在唐代墓誌中也不罕見。"①

　　但也有學者認爲古人在撰寫墓誌銘時，存在三人合撰的情形。柯昌泗曾指出："宋賈黯誌題爲王珪撰序，范鎮撰銘，吕夏卿撰文，此三人合撰之例，尤爲少見。吴子苾《攈古録目》，但著録爲吕夏卿撰。"②按：吴子苾、柯昌泗釋文有誤。國家圖書館所藏《賈黯墓誌銘》拓片顯示，王珪在誌文中明確交代："太原王珪爲之序，成都范鎮爲之銘。"該誌最後一行云："始平馮京篆蓋，常山宋敏求書，清源吕夏卿排文。"③排文只是墓誌上石過程中的工序之一，唐代已有，如《唐故處士上穀寇公（因）墓誌銘》於誌題下明確署作"外甥中山張越撰"，文末又云："外生陳郡殷照排文。"④可見排文並非誌文撰寫中的環節，《賈黯墓誌銘》依然屬於二人合撰之例。

　　上文曾提及，墓誌銘、墓碑文、廊廟碑、頌贊文等應用性文體的形式與其他文體有所差異。它們均由相對獨立的兩部分構成，兩個人分別撰寫其中的一部分，合起來便可構成一篇完整的文章。迄今爲止，筆者還未發現三人或三人以上協作撰文的實例。

① 程章燦：《墓誌銘的結構與名目——以唐代墓誌銘爲例》，《古籍整理研究學刊》，1997 年第 6 期，第 45 頁。
② 葉昌熾撰，柯昌泗評：《語石·語石異同評》卷六，第 392—393 頁。
③ 該墓誌未見拓本刊佈，此據國家圖書館網站所收拓片録文。網址如下：http://res4. nlc. gov. cn/home/imageShow. trs? method＝imageLargeShow&id＝muz6604&pathinfo＝710_0&dataid＝picture&channelid＝11&picname＝muz6604. jpg&slflag＝L&serialnum＝&urlEncodeFlag4java＝true。
④ 周紹良主編：《唐代墓誌彙編》，第 1714 頁。

二、唐人合作撰文的協作形式

唐人合作撰文的主要協作形式是誌(碑)、銘分撰。這是因爲誌(碑)文和銘文的文體和功能皆有較大獨立性,採取誌(碑)、銘分撰的協作方式,兩人均可以不受時地限制,各自獨立進行創作。這種合作方式在初盛唐時期得到了部分文人的採納,但這並不是唐人合作撰文的唯一形式。新出墓誌中還出現了一些特殊的協作形式,主要包括以下兩種。

(一)重銘和後贊

王芑孫《碑版文廣例》"有銘有重例"云:"《開母廟石闕銘》其前文四言十九韻,後綴重曰六言騷辭體十一韻,是漢人於銘後自有重也。碑既剥蝕不可讀,已撮其略在前,且如此類者正多,故不具録。"①漢代碑石常常不署名,我們無從考證其四言韻文和六言騷體是否爲同一人所作。但新出土的唐代石刻文獻,特別是部分墓誌銘中,確實存在著重銘現象。由於兩篇銘文並非同一人所撰,故也可以看作是唐人合作撰文的一種方式。

所謂重銘,即由另外一人在原銘文之後再續作一首,從而造成一篇墓誌銘有兩首銘辭的特殊現象。《唐代墓誌彙編》及《續集》中收有多方這樣的墓誌銘,對它們進行仔細分析,能夠使我們對唐人合作撰文的形式有進一步認識。重銘可以發生在遷祔之時,如《唐故樂安孫廿九女墓誌》云:"(孫廿九女)以長慶三年五月十日終於鄭州之別墅,權厝所居之南……至大中六

---

① 王芑孫:《碑版文廣例》卷二,見朱記榮輯:《金石全例》下册,第139—140頁。

年五月廿四日,方遷祔於洛陽北陶村之大塋。"前後相距三十年。而誌文中又説:"舊銘云:玉已摧,蘭已菱,鄭之南兮魂權依,遇年有力當西歸,誓昭昭兮吾不欺……臨窆,以舊誌文字填滅不可識,第卅四兄守給事中賜紫金魚袋景商書於貞石,但紀年月,追慟平昔,不更重銘。"①所謂舊銘,自然是指權厝時所撰的銘文;此言不更重銘,也就意味著當時的遷祔誌中確實有重銘的情形存在。我們在新近出土的裴子餘墓誌銘中也得到了印證。根據墓誌銘記載,裴子餘卒於開元十四年正月,"以其年三月六日權窆於河南委粟鄉之原",此時原本寫有墓誌銘,誌文和銘文一應俱全。天寶四載(745),遷祔鄉邑之時,又由其外甥韋述撰寫"重銘"。② 不過大部分已發現的重銘現象並非出現在遷祔誌中,如下面的兩個例子。

《唐左春坊太子典膳郎河東衛君夫人扶風輔氏(德一)墓誌銘》的作者王頊本撰有銘文:

> 清河垂裕,迥漢分光,金石同韻,□□□□覆載雖廣,微報何傷,窀穸云畢,□□□□北原漢陵,西顧秦闕,煙慘松楸,□□□□薤露朝晞,愁雲暮結,淚添八□□□□□。

而銘文之後,又云:"河東子泣而銘曰:判合去歲,乖離此年,子居襁褓,將何恃焉?(下缺)皇天后土,當聞是言。"③

《大唐故淮安郡桐柏縣令元公(振)墓誌銘》,標題下署"天目山野人白雲子楊光煦撰",作者在誌文的末尾説:

① 周紹良主編:《唐代墓誌彙編》,第 2300 頁。
② 毛陽光主編:《洛陽流散唐代墓誌彙編續集》,第 335 頁。
③ 周紹良主編:《唐代墓誌彙編》,第 2190 頁。

雖反壤而樹，恐高岸爲谷，佳城鬱鬱，石可銘乎？其詞曰：

惟天輔德，允兹必臣，雅操冰映，謙光日新。牛刀方割，驥足未伸，梁木何壞，舟壑斯淪，風猶在草，迹已成塵。煢煢孤胤，眇眇孀嬪，藐焉孩稚，鞠未亡人，淚染江竹，心剪郊榛。隴月徒曉，泉臺不春，空見啼於枯柏，寧知歲兮大椿。

銘文之後又有如下一段文字：

姪寂重銘曰：

嗚呼季父，直哉惟清，陳力就列，俗政人寧。冀霜臺之一迹，何逝川之不停？志誠無應，雷同有聲，追慕感切，知猶子情。①

王頊與楊光煦撰寫的銘文，有相同的特點：單從用語來看，這兩篇銘文確實是在贊揚誌主的高尚德行，不僅語辭優美，還運用了誇張及用典的修辭手法。但問題在於兩篇文章通篇都是褒獎之辭，語言太過誇耀，又缺乏針對性，這樣的文字不具備辨識度，幾乎可以用於任何人身上。更重要的是銘文中提到的情況與誌主沒有絲毫關係，如《元振墓誌》云"胤子嶧，執射成名，應賓擢第，調京兆府龍栖府別將，遷西畿壽城府別將"。由此看來，元振之子已經成人，並任職軍中，銘文中却説"藐焉孩稚"。同時，誌文從頭到尾没有提到元振夫人，銘文中却有"鞠未亡人，淚染江竹"等語，皆與誌主的實際情況不符。《輔德一

———————

① 周紹良主編：《唐代墓誌彙編》，第 1570 頁。

墓誌銘》的銘文中也存在類似情形，不僅對誌主的身份地位等信息毫無交代，所用詞語也多大而無當。這樣的銘文可能是套用了其他模板，所以才引起了誌主家屬的不滿，最後更作重銘。

爲《輔德一墓誌銘》作重銘者自稱河東子，當爲其夫君，也就是誌題中的河東衛君。當他發現王頊所撰銘文不切實際之後，在夫人入殮之前重新寫作了一篇簡短的銘文，①這一銘文非常符合死者的生平，切合其身份，誌文記載輔德一“享年二十有二。有子一人，茹毒之秋，才逾滿月”，其丈夫所撰銘文中云“判合去歲，乖離此年，子居襁褓”，誌文、銘文正相契合。而爲《元振墓誌》寫作重銘之人是其侄子元寂，元寂同時又是該墓誌銘的書丹者，在上石前自然會仔細閱讀此文，發現問題後及時進行了補救。

值得注意的是，新出土墓誌銘中甚至還發現了直接在題署中標明重銘的墓誌銘，如《唐故左龍武軍大將軍譙國曹公（仁）墓誌銘》不僅在銘辭後附有“又銘曰”領起的另一篇銘辭，還在誌題後署：“河南府進士李漸撰，又銘河[南]府進士張倪。”②亦是此類文章中的特例，就中可以見出唐人對重銘現象的重視。新出土墓誌銘中帶有重銘的尚有多方，又如新出土《唐故正議大夫守河南尹柱國賜紫金魚袋贈禮部尚書武陽李公（朋）墓誌銘》，銘文極長，前半部分是較爲整飭的四言長銘，共 74 句，接著又有“重曰”引起的一段騷體銘文：“殫德懿行兮不泯，陵谷寒

---

① 輔德一從去世到入葬時間甚短，前後僅相隔十二天。
② 趙君平編：《邙洛碑誌三百種》，第 227 頁。

暑兮自遷。梁木壞兮歸大夜,噫無窮兮千萬年。"①作者楊知溫
乃李朋妻兄,李朋夫人在其亡故十一日後亦謝世,《李朋墓誌
銘》乃是二人的合祔誌,故而楊知溫纔使用了重銘的形式,哀婉
之意甚明。類似的實例還有很多,不贅舉。

而有的墓誌銘雖然沒有標明重銘,卻在銘文之後用"後贊"
的形式繼續歌頌誌主的德行,也可算作重銘的一種變體,如盧
希逸所撰《唐故幽州節度押衙遥攝檀州刺史知雄武軍營田等事
兼御史中丞耿公(宗倚)墓誌銘》,銘文之後還有題署爲"從侄庭
芳贊"的一段文字:"巍巍耿公,器業難同。明書秋月,惠等春
風。漢中以神武昌嗣,唐朝以名儒繼宗。猗歟猗歟! 英雄先
去,遺德無窮。"②

與耿宗倚墓誌銘類似,《唐故王府君墓誌銘》銘文之後有
"後贊曰"領起的一段四言韻文:"青烏卜地,吊鶴來翔。長辭人
世,冥路蒼遑。祖塋後穴,新墓昂藏。勢起四季,散花之崗。殯
之於中,萬代吉昌。"③《唐故張府君(京)夫人蔡氏申氏祔祔墓誌
文》贊詞之後則有一段偈語:"後成偈曰:覺性無爲體,心除六種
邪。内持般若行,尋常念法華。外照無塵垢,真宗紀有瑕。願
生極樂國,別衆萬恒沙。"④這與後贊屬於同一種類型,之所以題
作"後偈",當與張京的佛教信仰有關,誌文中説他:"是日頓覺
無爲,知約□不常,持法華爲體,念天悲爲心,長崇釋教,頓説南

① 胡戟、榮新江主編:《大唐西市博物館藏墓誌》,第 971 頁。
② 周紹良、趙超主編:《唐代墓誌彙編續集》,第 1149 頁。
③ 周紹良主編:《唐代墓誌彙編》,第 2507 頁。
④ 周紹良、趙超主編:《唐代墓誌彙編續集》,第 980 頁。

宗。"雖然這兩方墓誌銘均無題署,但從上面的論述來看,其銘
文和後贊亦當爲不同作者所撰。

(二)通力合作,莫分彼此

初盛唐時期還出現了兩人通力協作,具體分工不明的合撰
方式。葉昌熾在《語石》中提及二人合作撰文的情形時説:"至
兩人合撰之體,宋元豐元年八會寺大佛石像記,題東關劉瑋、中
山李獲撰。紹聖二年重修堯廟碑,李勃、吳願合撰,未知其如何
命筆。或如鄭之辭命,有草創者,即有修飾潤色者歟。"①他所列
舉者均是宋代的實例。就目前所掌握的資料來看,這種協作方
式在唐代就已經出現,如《有唐朝散大夫守汝州長史上柱國安
平縣開國男贈衛尉少卿崔公(暟)墓誌》和《譚同慶造像記》等。
《崔暟墓誌》云:

> 初,安平公之薨也,以神龍元年十有一月廿四日,假葬
> 于邙山,晋陽縣尉吳少微、富嘉謨同爲誌曰:

> 伊博陵崔公諱暟,歲十有八,以門冑齒太學……神龍
> 元年,公七十有四,秋七月季旬有八日,終於東都履道里之
> 私第……公博施周睦,仁被衆覿,是以有文昌之拜;大惠不
> 泯,是以有宜陽之歌;守正不回,是以有三塗之歸,海浙之
> 遠。昔十歲執先夫人之喪,十五執先府君之喪,禮童子不
> 杖,而公柴病,孝也;嘗與博士李玄植善,植無所居,公亦窶
> 陋,辦宅與之,義也;性命之辨,人莫之測,而公先之知,命

---

① 葉昌熾撰,柯昌泗評:《語石·語石異同評》卷六,第 391 頁。

也。銘曰……①

《崔暟墓誌》比較獨特，與當時其他墓誌銘的形制大爲不同，標題之下没有作者署名，而且作者也不像其他墓誌銘那樣，會在誌文結尾處説明合撰詳情，而是在開篇即點明了此文乃吴、富二人合撰而成——"晋陽縣尉吴少微、富嘉謨同爲誌"。又因爲誌文末尾没有給出提示性語句，這篇墓誌銘到底是一人撰誌文，另一人撰銘文？還是一人撰文，另一人潤色加工而成？這些信息文中都没有交代，使我們無法了解二人合作的具體情况。

與《崔暟墓誌》類似，撰於開元十四年（726）的《譚同慶造像記》同樣没有對二人合作的具體情况進行説明，而僅署"清信士價文人、價文禮撰"②。清信士是指受三歸五戒得清净信心的男子。從二人姓名來看，似乎當爲兄弟。他們既是兄弟又同爲清信士，關係原本即較爲密切，在爲道友撰寫造像記時通力協作，不計個人得失，自然無可非議。那麼吴少微、富嘉謨二人之關係又是怎樣的呢？

《舊唐書·富嘉謨傳》云："富嘉謨，雍州武功人也。舉進士。長安中，累轉晋陽尉，與新安吴少微友善，同官。先是，文士撰碑頌，皆以徐、庾爲宗，氣調漸劣；嘉謨與少微屬詞，皆以經典爲本，時人欽慕之，文體一變，稱爲富吴體。嘉謨作《雙龍泉頌》《千蠋谷頌》，少微撰《崇福寺鐘銘》，詞最高雅，作者推重……少微亦舉進士，累至晋陽尉……卧病，聞嘉謨死，哭而賦

---

① 周紹良主編：《唐代墓誌彙編》，第1802頁。
② 吴鋼主編：《全唐文補遺》第七輯，第40頁。

詩,尋亦卒……嘉謨與少微在晉陽,魏郡谷倚爲太原主簿,皆以文詞著名,時人謂之'北京三傑'。"①《新唐書·富嘉謨傳》亦云:"嘉謨,武功人,舉進士,長安中,累轉晉陽尉;少微,新安人,亦尉晉陽,尤相友善……天下文章尚徐、庾,浮俚不競,獨嘉謨、少微本經術,雅厚雄邁,人爭慕之,號'吳富體'……韋嗣立薦嘉謨、少微並爲左臺監察御史。已而嘉謨死,少微方病,聞之爲慟,亦卒。"②可見,吳、富二人不僅文風相近,而且曾數次擔任同一官職,過從甚密。武則天長安年間,二人同爲晉陽尉,情投意合,相與莫逆,撰《崔暟墓誌》時正在此間,後又同任左臺監察御史。富嘉謨去世後,吳少微聞訊大慟,曾賦詩致哀,不久亦卒,這更體現出終其一生,他們一直將對方視爲知己,知心程度已然超越流俗,大有伯牙、子期之遺風。因此他們合作屬文,已經達到了通力合作,不計個人名利的境地。

三、唐人合作撰文的表現方式

本書第四章曾指出,早期的墓誌銘絕大多數均沒有作者題署,其作者也難以考定。不過屬於二人合撰的墓誌銘,作者却常常會通過各種方式將合撰詳情交代清楚。大致來說,二人合撰的文章主要有以下幾種表現方式。

（一）誌文作者在文章末尾有所說明

該種表現方式大多出現在題署風氣還沒有形成以前。如北朝時期的《李暉儀墓誌銘》和《朱岱林墓誌》,我們正是借助鄭

① 劉昫等:《舊唐書》卷一九〇,第 5013—5014 頁。
② 歐陽修、宋祁:《新唐書》卷二〇二,第 5752 頁。

伯猷和朱敬修在誌文末尾所作的交代才能確定它們屬於二人合撰，這可看作古人合作撰文的間接表現方式。初唐時期的文學創作受南北朝文風影響甚深，墓誌銘的寫作仍然不關注署名。所以，此時二人合撰墓誌銘依然延續了前朝慣例，僅在誌文末尾有所介紹。如撰於開耀元年（681）的《大唐故秘書少監劉府君（應道）墓誌銘》即無題署，僅僅是誌文的撰者劉獻臣在誌文結尾處指出："相王府司馬弘文館學士臨淮劉禕之學府文宗，聲高朝右，於孤子有累葉宗盟之好，敦死喪孔懷之情，敢祈鴻□，勒銘終古。"①間接説明了該文的合撰情形。採用重銘和後贊方式合撰而成的文章，也可以看成是這種表現方式的變體。

（二）通過作者的題署有所反映

自武后統治時起，墓誌銘題署的風氣漸開，因此，誌、銘分撰的墓誌銘，其外在表現形式也相應地發生了變化。新出土的墓誌銘，誌文末雖然沒有交代合撰情形，我們却可以通過作者的題署獲知它們屬於二人合撰。如《大唐故北海郡千乘縣令盧府君（均芳）墓誌》題署："太中大夫行上郡太守隴西李涓序，承議郎前行潁川郡司法參軍李興宗銘。"②再如《崔藏之夫人王氏墓誌》也有題署："外孫、徵事郎、右衛倉曹參軍庾承恭叙，子婿、太中大夫、江陵尹、御史中丞、荆南節度觀察處置使、潁川縣開國男庾準銘。"③這是二人協作撰寫墓誌銘較爲直接的表現方式。

---

① 周紹良、趙超主編：《唐代墓誌彙編續集》，第 252 頁。
② 吳鋼主編：《全唐文補遺·千唐誌齋新藏專輯》，第 208 頁。
③ 吳鋼主編：《全唐文補遺·千唐誌齋新藏專輯》，第 287 頁。

（三）既有作者題署，誌文末又有説明

大多數墓誌銘除了在誌文末尾指出銘文由他人撰寫以外，還直接在墓誌銘的標題後指明誌文、銘文的撰作詳情，使二人合撰現象表現得更加直接明瞭，韋承慶家族的墓誌銘均是如此。

《大周故納言博昌縣開國男韋府君夫人琅耶郡君王氏（婉）墓誌銘》的誌文乃其子韋承慶所撰，他不僅在誌文末尾交代了讓李嶠撰銘的緣由："鳳閣舍人趙郡李嶠，時秀朝英，文宗學府，膠庠朋故，樞近官聯，敬託爲銘，庶揚柔德。"還於誌題下署："孤子前鳳閣舍人承慶撰序，鳳閣舍人趙郡李嶠製銘。"①韋承慶父親的墓誌銘也是他與范履冰合作撰寫的，新出土《大唐故納言上輕車都尉博昌縣開國男韋府君（仁約）墓誌銘》誌文末尾對合撰原因交代得很清楚："承慶……題序德音，期於指實。不敢外煩洪筆，輒以俯竭愚心。荒喘窮迷，萬不存一。春官尚書、弘文館學士南陽范公，材冠士林，文高翰院。通家宿好，累代周旋。敬托宏詞，奉詮遺烈。庶盡言而無愧，俾傳芳於不朽。"墓誌標題後亦題署："孤子前朝議大夫行春官員外郎承慶撰序，春官尚書弘文館學士兼修國史南陽縣開國子范履冰製銘。"②韋承慶本人的墓誌銘也是既在文末有所説明又通過題署再次標明合撰情形，岑羲在《大唐故黃門侍郎兼修國史贈禮部尚書上柱國扶陽縣開國子韋府君（承慶）墓誌銘》的結尾云："中書舍人鄭愔，□簧學圃，藻繪詞場。古之曹劉，當代遷固。式圖懿業，庶光泉

①　周紹良、趙超主編：《唐代墓誌彙編續集》，第 349 頁。
②　吳鋼主編：《全唐文補遺》第二輯，第 7 頁。

壤。"對誌、銘分撰的情况作了説明,墓誌銘的標題後仍有題署:
"秘書少監兼修國史兼判刑部侍郎上柱國朝陽縣開國子岑羲
撰,中書舍人鄭愔製銘。"①

———————————

① 墓誌拓片圖版及録文見陳忠凱:《唐韋承慶及繼母王婉兩方墓誌銘文釋讀》,
中國文物研究所編:《出土文獻研究》第七輯,第 343—346 頁。

第六章　唐代墓誌銘創作的程式化現象

二十世紀以來，隨著敦煌遺書和大量石刻文獻的陸續出土與刊佈，越來越多的應用性文體開始進入公衆的視野。敦煌遺書中留存較多的各種律、令、格、式以及告身、過所類文書都有著較爲固定的書寫方式，[①]形成了程式化的創作模式。如果説此類文書中的"格套"僅停留在形式方面的話，新出石刻文獻中最爲大宗的墓誌銘，其創作過程則從形式到内容都體現出了明顯的程式化。

第一節　唐代墓誌銘創作的程式化模式

錢鍾書先生曾批評庾信所撰的墓碑文和墓誌銘："信集中銘幽諛墓，居其太半；情文無自，應接未遑，造語謀篇，自相蹈襲。雖按其題，各人自具姓名，而觀其文，通套莫分彼此。惟男之與女，撲朔迷離，文之與武，貂蟬兜牟，尚易辨别而已。斯如

---

① 日本學者中村裕一有詳細的論述，見氏著《唐代公文書研究》，東京都：汲古書院，1996 年版。

宋以後科舉應酬文字所謂'活套',固六朝及初唐碑誌通患。"又說,"庾信碑誌,有兩慣技。一:駢文儷事,本借古比今……二:碑文及銘詞常寫景物作結,語氣宛類詞賦,且例必道及封樹,幾有匡格。"①庾信創作的墓誌銘確實形成了固定的"通套",但他的這種寫作模式却是符合當時注重駢偶的審美取向的。

　　雖然錢先生的批評只是針對庾信而言的,但實際上,創作模式的程式化是應用性文體尤其是墓誌銘創作中普遍存在的現象,六朝和初唐時期最爲明顯。庾信的碑、誌文創作雖然帶有模式化傾向,但因其才力高絕,不同的碑文和誌文在遣詞造句上還是有許多變化的,因此他創作的碑、誌文模式化程度並不算太突出。新出土墓誌銘中還有許多更爲極端的例子,唐代初期許多墓誌銘中都有雷同的語句。更有甚者,有多方墓誌銘除了誌主的姓名和喪葬年月以外,其他内容大體相同甚至完全一致。對於唐代墓誌銘創作中體現出的程式化創作模式,陳尚君先生曾有過論述:"中國古代各體文學普遍具有社會應用功能,即便以抒情爲主的詩歌,也是社會交際中必不可少的一種文體。應用文體必然有其程式化的特徵,碑誌在這方面尤爲顯著……唐代新出墓誌顯示,因爲社會需求量太大,在書儀一類應用文體範本著作通行的同時,碑誌也有一定的範本爲一般作者所參考,唐墓誌甚至出現過多次不同誌主的墓誌,而誌文大致相同,僅姓名生平稍有差別。"②

---

① 錢鍾書:《管錐編》,第 2375—2377 頁。

② 陳尚君:《新出石刻與唐代文學研究》,逢甲大學中國文學系主編:《六朝隋唐學術研討會論文集》,第 711 頁。

翻檢新出石刻資料,筆者發現墓誌銘創作中的程式化現象有很大的論述空間,故而以新出墓誌爲中心,參照其他文獻,對這一問題重新進行探討。歸納起來,唐代墓誌銘創作的程式化模式主要表現爲以下三個方面:一、行文方式的模式化;二、特殊類型的模板式;三、具體内容的雷同性。

一、行文方式的模式化

葉昌熾認爲:"唐時埋幽文字,有一種相承衣鉢。如世系之後,輒云載在簡牒,可略言焉。即稍變其詞,亦不過字句之間,小有增損。劉氏必曰斬蛇,董姓皆云豢龍。太原則多引子晋緱嶺之事。然或遇首行題字殘泐,又無篆蓋,則轉因其遠引華宗,可以參考其氏族。其銘詞,白楊青松,千秋萬古之類,亦復千篇一律。又如文中我公我唐,皆以我字提行。凡云葬於某地之原,禮也。往往奪原字,以之字屬下禮也連讀。此句遂不詞。然如此者,數見不鮮,蓋當時風尚如此。"①這段文字説得非常精當,可惜没有對墓誌銘創作的程式化模式展開詳細論述。實則,唐代墓誌銘的發展和演變,是在大衆追求程式化和一些著名文學家追求創新的過程中不斷演進的,範式的構建和突破是相輔相成的。故而筆者在本節中重點探求唐代墓誌銘在具體行文方式上體現出的幾種程式化表現形式。

第一,大部分墓誌銘在簡述作者的世系之後,都有"載在簡牒,可略言焉""詳諸史諜,略而言焉"之類的套語。這確是唐代墓碑文和墓誌銘寫作中常用的路數,試舉幾例以窺其一斑:于

---

① 葉昌熾撰,柯昌泗評:《語石・語石異同評》卷四,第 230—231 頁。

志寧所撰《唐故銀青光禄大夫張府君(琮)碑》云:"君諱琮,字文瑾,武威姑臧人也⋯⋯龜組相暉,青紫交映。備在簡牒,可略言焉。"①新出土《唐故京兆杜府君(文貢)墓誌銘》開篇即云:"君諱文貢,京兆杜陵人也⋯⋯其後踵武英賢,相承玉帛,暉焕緗素,可略言焉。"②《大唐隴州吴山縣丞王君(立)墓誌銘》中也説:"君諱立,字懋範,北海太原人也⋯⋯休烈久而彌劭,賢能遽其不絶,備諸圖諜,可略而言焉。"③

第二,在追叙誌主姓氏來源時也有一定的套路。葉昌熾所説的"劉氏必曰斬蛇,董姓皆云豢龍"在新出墓誌中多有用例,如《唐故石州刺史劉君(穆)墓誌銘》云:"自豢龍種德,斷蛇構緒,光華籍甚,史册昭彰。"④除此以外,楊氏則必言"關西孔子",如《唐故魏王府參軍李纓亡妻弘農楊氏夫人(蕙)墓誌銘》開篇即云:"夫人諱蕙,字廷秀,弘農人也。遠祖漢太尉,博綜經史,著在人間,馳聲古今,世爲之關西孔子,史册有傳。"⑤程氏必言程嬰,《唐故集賢直院官榮王府長史程公(修己)墓誌銘》云:"程氏之先,出自伯休甫,其後程嬰,春秋時存趙孤,以節義稱,故奕世有令聞。"⑥其餘如段氏則必言干木,張氏亦多採用張星的傳

① 北京圖書館金石組編:《北京圖書館藏中國歷代石刻拓本彙編》第11册,第80頁。
② 周紹良主編:《唐代墓誌彙編》,第249頁。
③ 周紹良主編:《唐代墓誌彙編》,第253頁。
④ 周紹良主編:《唐代墓誌彙編》,第1148頁。
⑤ 周紹良主編:《唐代墓誌彙編》,第2462頁。按:"關西孔子"指東漢楊震,因其明經博覽,無不窮究,當時即有"關西孔子楊伯起"之稱,後世楊姓多將其攀附爲自己的遠祖。
⑥ 周紹良主編:《唐代墓誌彙編》,第2398頁。

説,沈氏則多追溯至《左傳》中的沈子國。凡此種種,不一而足。不僅墓誌銘如此,即使是一些器物銘中也有類似記載,如《月宮葵花鏡銘》在追溯吕氏起源時云:"楊府吕氏者,其先出於吕公望,封於齊八百年,與周衰興。"①可見這種程式化的套路,已普遍存在於一些功能相近的文體中。

第三,文中常用"白楊青松""千秋萬古"一類詞語,形成一種固定的"通套"。這與錢鍾書先生批評庾信的碑、誌文中"必道及封樹"如出一轍。從戰國時期開始,古人葬後多在墳旁種植樹木,用來作爲識別墳墓的標誌,如《左傳》中即有"中壽,爾墓之木拱矣"的記載。漢代,喪葬之風盛行,人們也多在墓旁種植松柏、楊柳、梧桐之類,遂爲以後各朝所沿襲。這在漢魏南北朝時期的文學作品中多有反映,如《孔雀東南飛》中云:"兩家求合葬,合葬華山傍,東西植松柏,左右種梧桐。"《古詩十九首》中也有"古墓犁爲田,松柏摧爲薪。白楊多悲風,蕭蕭愁殺人""驅車上東門,遥望郭北墓。白楊何蕭蕭,松柏夾廣路"等詩句。李善於"松柏夾廣路"下注云:"《白虎通》曰:庶人無墳,樹以楊柳。《楚辭》曰:風颯颯兮木蕭蕭。仲長子《昌言》曰:古之葬者,松柏梧桐,以識其墳也。"②其後,隨著墓誌銘創作的日益興盛,人們也多在銘文中運用松柏、白楊等意象來營造一種蕭瑟蕭殺的氣氛。再加上白楊、青松對仗工整,這類語句就成爲許多墓誌銘文中的典型套語,如《唐故試秘書郎兼河中府寶鼎縣令趙郡

---

① 　陳尚君輯校:《全唐文補編》卷三〇,第 355 頁。
② 　蕭統編,李善注:《文選》卷二九,上海:上海古籍出版社,1986 年版,第 1348 頁。

李府君（方乂）墓誌銘》銘文中云：“青松白楊，寒山之趾，千秋萬歲，託體於此。”①《唐故東都留守散兵馬使銀青光禄大夫檢校秘書監試左金吾衛長史上柱國魏府君（弘章）墓誌銘》銘文中亦云：“墳連卷柏，隧接□□。隴昏藏日，松深叢寒。”②即使是一些弔祭文中，類似的套語也時有出現，如《金石萃編》卷四六所載《太宗祭比干文》中的“苞金石以爲心，蘊松桂而爲質”“永懷千古、駐駕九原”③均可看作是此種程式化創作模式的變體。

第四，凡云葬於某地之原，禮也。往往奪原字，以之字屬下禮也連讀。“禮也”和“之禮也”確實是墓誌銘中的常見用法，均出現於誌主下葬以後，大概是葬禮完成的一個標誌。常用的格式主要有兩種：一是“以某年某月某日葬於某地，禮也”；二是“以某年某月某日葬於某地，之禮也”。關於“之禮也”的具體含義，歷來頗有爭議，黃本驥認爲是衍文，王昶認爲是倒乙，馮登府則認爲是一種固定的文法。他在《金石綜例》“之字倒用”條下批駁了黃本驥和王昶的説法：“黃本驥曰《折夫人墓誌》云：遷窆於龍首原，之禮也。三字似衍。以余所見，《義興周夫人誌》云：以兹吉辰，赴社城東郊，之禮也。《王訓誌》云：遷厝萬年縣滻川鄉滻川原，之禮也。《雲麾將軍張安生誌》云：別兆葬於龍首原，之禮也。《豫州刺史杜君誌》云：合葬於龍山某原某里，之禮也。《金石萃編》疑其倒互，當作‘某里之原，禮也’。合諸誌

---

① 周紹良主編：《唐代墓誌彙編》，第 2004 頁。
② 周紹良主編：《唐代墓誌彙編》，第 2308 頁。
③ 國家圖書館善本金石組編：《隋唐五代石刻文獻全編》第 2 册，第 691—692 頁。

觀之，斷無皆倒之理，自是當時有此文法。"①馮登府的看法應該是最接近實際情況的，遺憾的是他没有解釋這種固定文法能夠成立的原因何在，對"之禮也"的具體含義也未作説明。姚美玲認爲"禮也"不是一個詞而是一個短語，"'禮'應該是一個動詞，是'符合禮制'的意思，'禮也'是陳述整個葬事都是合乎禮制的"。而"之禮也"與"禮也"的意思完全一樣，"只是'禮也'之前附加了一個'之'字。'之'的性質當是動詞'禮'的詞頭，没有實在的意義"。② 唐代石刻中出現"禮也"和"之禮也"的例子成千上萬，已經成爲墓碑文和墓誌銘創作中常用的套語。因馮登府已經舉了不少例證，故此處僅舉數例以窺其一斑：《大唐故蘭陵長公主碑》："即以其年歲次己未十月甲辰朔廿九日，遷窆於昭陵東南十里安樂原，禮也。"③新出土《唐故雲麾將軍行右龍武軍將軍上柱國開國侯南陽張公（安生）墓誌銘》："又以翌載春二月十二日別兆葬於龍首原，之禮也。"④誠如馮登府所言，如此衆多的用例，不可能所有的句子都犯了前後顛倒的錯誤。姚美玲的看法應該是較爲合理的，不僅對唐代的這種固定文法給出了一個合理的解釋，同時也釐清了前人對此問題的誤解。

　　需要説明的是，上述四點所體現的固定套路是墓碑文、墓誌銘以及弔祭文等應用性文體創作中的通病，並非僅限於唐代墓誌銘。

---

① 　馮登府：《金石綜例》卷四，見朱記榮輯：《金石全例》中册，第 636 頁。
② 　姚美玲：《唐代墓誌中的"禮也"釋證》，《語言科學》，2007 年第 2 期，第 101 頁。
③ 　陳尚君輯校：《全唐文補編》卷一一，第 138 頁。
④ 　周紹良主編：《唐代墓誌彙編》，第 1716 頁。

二、特殊類型的模板式

新出石刻反映出的唐代墓誌銘創作中的程式化模式還體現在許多文章除了誌主的個人信息以外,其他內容完全一致,導致這些文章如同按照一個固定的模板"填寫"出來。雖然墓碑文與墓誌銘在功能方面有一定的相似性,但因爲墓碑乃立於地面之上,流傳較廣,若與他人雷同,易被察覺。墓誌銘本爲埋幽之物,即使是按照同一模板"填寫"出來,一時之間也難以被發現,因此按照固定模板"填寫"的墓誌銘要遠多於其他應用性文體。

岑仲勉《續貞石證史·石刻記載雷同踳駁之又兩宗》條云:"《山西通志》九一論《唐上元南溪縣令孟貞墓誌》多與《鄉正馬惲墓誌》雷同云:'初唐誌銘,率用駢儷一種通調,輾轉沿襲,而未有若此其甚者,且又生同地,葬同時,而千載後俱流散於世,豈不奇哉?'其説可與拙論《安師誌》與《康達誌》一條參看。"①其《貞石證史·安師誌與康達誌》條云:

> 《師誌》、龍朔三年立,《達誌》、總章二年立,後先纔七年,皆芒洛遺文也(四編三)。《師誌》云:
>
> > "原夫玉關之右,金城之外,踰狼望而北走,越龍堆而西指,隨水引弓之人,著土牌刀之域,俱立君長,並建王侯,控賞罰之權,執殺生之柄,天孫出降,侍子入朝,日碑隆於漢辰,由余重於秦代,求之往古,備在縑緗。"

---

① 岑仲勉:《續貞石證史》,岑仲勉:《金石論叢》,北京:中華書局,2004 年版,第199 頁。

　　此誌之首段，計八十字，《康達誌》亦然，《達誌》除泐去
"而北""著土""俱立""備"八字外（按：經檢視拓片，此八字
均有部分筆劃尚存，字迹仍依稀可辨），唯"指"作"相"（或
著錄之訛），"殺"作"煞"（通用字），"出"作"外"，小異。又
如《師誌》中段云：

　　"並勇冠襄旗，力踰扛鼎，至如逢蒙射法，越女劍端，滅
竃削樹之奇，塞井飛灰之術，莫不得之天性，闇合曩篇。君
克嗣嘉聲，仰隆堂構，編名蜀府，譽重城都，文武兼資，名行
雙美，以斯厚德，宜享大年，彼蒼不仁，殲良奄及。"

　　此一段八十二字，《達誌》所不同者祇"蜀府"作"勳
校"，"譽重城都"作"舉重成都"。又次《師誌》末段云：

　　"嗚呼哀哉！永言人事，悲凉天道，小年隨朝露共盡，
大夜與厚地俱深，著嬪風於冥漠，紀懿範於沈陰，譬銀河之
不晦，同壁月而長臨。其詞曰，日殫仕漢，由余宦秦，美哉
祖德，望古爲鄰，篤生懿範，道潤松筠。爰有華族，來儀作
嬪，四德無爽，六行紛綸，誕茲令胤，時乃日新，奄捐朱景，
遽委黃塵，泉扃一閉，春非我春。"

　　此一段一百十七字，《達誌》祇泐"凉""沈""美哉""捐"
五字，餘盡同，但安氏夫妻同穴，康氏則不然也。尤怪者，
《師誌》敘世系之辭云：

　　"君諱師，字文則，河南洛陽人也。十六代祖，西華國
君，東漢永平中，遣子仰入侍，求爲屬國，乃以仰爲并州刺
史，因家洛陽焉。"

　　而《達誌》亦云：

> "君諱達,字文則,河南伊闕人也。十六代祖,西華國君,東漢永平中,遣子仰入侍,求爲屬國,□以□爲并州刺史,因家河□焉。"
>
> 安、康當不同出,何姓源猶復抄襲。今如蜀府改爲勳校,執筆之人,似非絶不諳文義者,而字與先系,竟任其完全雷同,是可怪也。①

此兩方墓誌均見收於《唐代墓誌彙編》,分別題作《唐故蜀王府隊正安君(師)墓誌銘》②和《唐故上騎都尉康君(達)墓誌銘》③。編者在《安師墓誌銘》中有小注云:"此誌誌文除姓氏外,與總章二年康達誌雷同。"

因《安師墓誌銘》乃是安師與妻子的合祔誌,故文中增加了對妻子世系和德行的記叙。若拋開此點不論,兩方墓誌銘除了誌主姓名、世系和卒葬時間不同以外,其他内容可以説是完全一致的。"執筆之人,似非不諳文義者",但兩方墓誌中誌主的表字和世系竟也完全雷同,可見當時墓誌銘創作中模仿、抄襲風氣之盛和程式化程度之高。

程式化創作模式體現得最爲明顯的還是唐代的亡宫墓誌銘。近年來出土的亡宫墓誌銘數量巨大,據筆者統計,《唐代墓誌彙編》及《續集》中共收録宫女墓誌銘一百多方,令人驚訝的是,如此衆多的墓誌銘,其行文方式却幾乎是千篇一律的,以致

---

① 岑仲勉:《貞石證史》,岑仲勉:《金石論叢》,第82—83頁。
② 周紹良主編:《唐代墓誌彙編》,第384—385頁。
③ 周紹良主編:《唐代墓誌彙編》,第503頁。

於有學者認爲它們是按照某種固定範本"填寫"出來的。①

宮女的墓誌銘有幾種不同的行文格式,毛漢光在《唐代墓誌銘彙編附考》第 14 冊所收《宮人五品墓誌》(14－1380,圖三)末云:"本誌與神龍元年三月五日《宮人七品誌》、神龍元年五月七日《宮人八品誌》、神龍元年八月二十五日《宮人六品誌》、神龍元年九月《宮人七品誌》行文相同,可相互校補。"②這幾篇文章有共同的行文格式:

> 亡宮者,不知何許人也。蓋以良家子選入後宮,以備內職。天生淑態,日就貞規,班氏遺文,常守七篇之誡;漢家舊秩,行參八子之榮。方期位以才升,已聞名於鳳闕;豈謂人隨物化,遽歸魄於蟾輪。以大唐×年×月×日,終於××,春秋若干。粵以×年×月×日,葬於×所,禮也。嗟乎! 陽春有暮,荒凉穠李之蹊;厚夜無晨,歇滅芳蘭之氣。式雕玄礎,永閉黃泉。其銘曰:

> 燕姬擅北,越女稱西。芝蘭比秀,桃李成蹊。良家入選,內秩仍躋。六宮有位,四德無睽。其一。

> 落日西䁓,逝川東注。忽睹佳城,永辭芳樹。晝日何仰? 聞雷勿懼。萬祀千秋,塵埃一聚。其二。

---

① 按:關於亡宮墓誌銘的論述,前人已有所探討。本節對程章燦《"填寫"出來的人生——由〈亡宮墓誌〉談唐代宮女的命運》(《中國典籍與文化》,1996 年第 1 期,第 87—90 頁)和胡玉蘭《唐代亡宮墓誌銘文的程式化演變及原因》(《浙江大學學報》[人文社會科學版],2006 年第 2 期,第 45 頁)二文參照尤多,特此説明。

② 毛漢光:《唐代墓誌銘彙編附考》第 14 冊,臺北:"中研院"歷史語言研究所,1993 年版,第 428 頁。

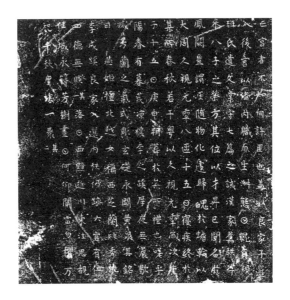

圖三　宮人五品墓誌

　　毛漢光又於同冊《宮人誌》(14－1394)後云："本誌與神龍元年十二月二十六日《宮人九品誌》行文相同,可相互校補。"①這兩方墓誌的行文格式如下:

　　　亡宮者,不知何許人也。昔以令德,納于王宮,弼諧帝道,復我唐業,疇庸比德,莫之與京。方當開國承家,大君有命,豈意輔仁莫驗,殲良奄及。享年××,以×年×月×日終於×所,即以×年×月×日葬於×所,禮也。嗚呼哀哉! 乃爲銘曰:南鄰鐘鼎,北里笙竽,子其樂之,苑化爲枯。千秋代上,萬古泉途,幽明永隔,嗚呼嗚呼!

①　毛漢光:《唐代墓誌銘彙編附考》第 14 冊,第 490 頁。

　　這兩種格式在亡宮墓誌銘中最爲常見，每種都被近二十方墓誌銘所採用。這些亡宮墓誌銘多集中於長安、神龍年間，據其卒年和壽年可以推知，她們中的大多數人年齡相仿，都出生於貞觀年間，當在高宗初年被集中選入宮。

　　唐代宮女從入選到喪葬，具體事宜都由專門的機構負責安排，這在很大程度上進一步促成了她們墓誌銘撰寫的程式化。宮女的入選由掖庭局令負責。漢武帝時期即設掖庭，有令和丞，東漢時期更明確讓掖庭掌管後宮貴人和衆采女事，爲以後各朝所沿襲。據《唐六典》記載："掖庭局令掌宮禁女工之事。凡宮人名籍，司其除附；功桑養蠶，會其課業。"①入選標準則以良家采選爲主，貞觀十三年（639），尚書八座曾奏請太宗："臣等伏請，今日以後，後宮及東宮内職員有闕者，皆選有才行充之。若内無其人，則旁求於外，采擇良家，以禮聘納。"②上述亡宮墓誌中提到的"以良家子選入後宮"和"昔以令德，納於王宮"正是實行這一標準的體現。宮女卒後，其喪葬事宜和墓誌銘的撰寫分別由内侍省奚官局令與秘書省著作郎來承擔。"奚官局令掌奚隸工役，宮官品命……凡宮人……死亡，則給其衣服，各視其品、命，仍於隨近寺、觀爲之修福。"③而秘書省著作郎則："掌修撰碑誌、祝文、祭文，與佐郎分判局事。"④

　　儀鳳四年（679）五月十七日的亡宮墓誌銘和《大唐故亡宮

① 李林甫等：《唐六典》卷一二，北京：中華書局，1992 年版，第 358 頁。
② 王溥：《唐會要》卷三，上海：上海古籍出版社，2006 年版，第 38 頁。
③ 李林甫等：《唐六典》卷一二，第 359 頁。
④ 李林甫等：《唐六典》卷一〇，第 302 頁。

四品墓誌銘》①誌文末尾皆云："有司備禮而爲銘曰……"文明元
年(684)的《大唐亡宮六品墓誌》②與《亡宮八品墓誌》③誌文最
後也有"典司攸冞,遂作銘云"等語句。這更加説明唐代宮女的
墓誌銘,從誌石的採集到誌文的撰寫、書丹和鐫刻很可能都是
由奚官局和著作局中的官員負責完成的。如此一來,就給墓誌
銘的程式化提供了可操作的空間。唐代宮廷中宮女的人數多
得驚人,唐太宗時期,宮人已有數萬之眾,他曾先後兩次下令釋
放宮女,人數當不下五千。玄宗時期,宮女的數量更是多達四
萬。《新唐書·宦者傳》云:"玄宗承平,財用富足,志大事奢,不
愛惜賞賜爵位。開元、天寶中,宮嬪大率至四萬。"④人數如此眾
多,很可能每月甚至每天都有人死亡,兩個機構的官員數量有
限,並且還有其他事務需要處理,所以宮女的墓誌銘就只能是
"批量生產"了。

　　所謂"批量生產",就是同時採購多方誌石,按照上述行文
格式將這些誌石的主體部分鐫刻完成,只將姓名、喪葬年月和
壽年等信息留空待填,等有人去世之後,隨機取一塊誌石將這
些信息填補上去,即可將其安葬。新出土的不少亡宮墓誌銘,
喪葬年月等位置尚留空待填,不僅可以證明這一點,更是體現
出了相關負責人員的率爾從事。另外,唐代早期墓誌銘中的題
署風氣尚未形成,亡宮墓誌銘也均無作者署名,這也從客觀上

---

① 周紹良主編:《唐代墓誌彙編》,第 655 頁。
② 周紹良主編:《唐代墓誌彙編》,第 715—716 頁。
③ 周紹良主編:《唐代墓誌彙編》,第 717 頁。
④ 歐陽修、宋祁:《新唐書》卷二〇七,第 5856 頁。

造成了"批量生産"情形的出現。由於奚官局官員的草率和敷衍，大多數宫女死後，不僅姓名、事迹難以查考，甚至連喪葬年月也無法確知，僅得到了葬於"某所"的"禮遇"。所謂"某所"，實際上就是宫人斜。宋敏求《春明退朝録》引唐人文集云："唐内人墓，謂之'宫人斜'，四仲遣使者祭之。"①蔡正孫認爲："宫人斜，乃後宫嬪嬙所葬之叢冢也。"②由此可見，宫人斜並非什麼高級墓園，實際上就是宫女的亂葬崗，其具體位置在附苑城的野地中。很多詩人，如王建、令狐楚等經過此地時都寫過《宫人斜》詩，用以慨歎宫女們的身世之悲和命運之苦。

三、具體内容的雷同性

新出土的不少墓誌銘，雖然没有達到模板化的程度，但在具體内容方面也有較高的雷同性。主要表現爲：除了誌主的姓名、世系和卒葬時地等私人信息以及少數描述性或修飾性語句以外，其餘内容大體相同或相近。

因墓誌銘主要由誌文和銘文兩大部分構成，故不同文章在具體内容方面的雷同性也主要表現爲兩個方面：一、誌文相同或相似，銘文不同；二、誌文不同但銘文相同或相近。因銘文雷同的情況較爲複雜，下文將作專門論述，故此處僅對誌文雷同現象略作分析。

新出土《大唐故管公（基）墓誌》③與《大唐故管君（思禮）墓

①　宋敏求：《春明退朝録》卷上，北京：中華書局，1980 年版，第 11 頁。
②　蔡正孫：《詩林廣記》卷九，北京：中華書局，1982 年版，第 161 頁。
③　周紹良主編：《唐代墓誌彙編》，第 745 頁。

誌銘》①的誌文僅個別字句略有出入。《管基墓誌》誌文如下：

　　夫萬物消息，憑陰陽而作象；千齡不朽，資德行而流名。非竹帛無以紀其功，寄雕鐫可以彰其美。君諱基，字阿㲞，洛州河南人也。器識宏通，神韻凝遠，尚履端秀，風度詳華。孝友表於冥資，忠誠符於令德。謙撝居體，恭慎爲懷。處儉絶詭遇之情，在泰無驕矜之色，立松筠之節，執金石之心，曾逮，祖貴，父卿。其先平原人也。並承積德之美，膺川岳之靈，器宇宏深，幾神明秀，行爲士則，言表身文。貞固之心，白珪非重；然諾之信，黃金已輕。故美譽播於鄉閭，英名流於雅俗。君幼而明敏，鄉譽高於友朋；長而懸悌，孝敬流於覆載。方當撫翼雲衢，驤首天路。而輔仁莫驗，福善徒言，未申大夏之材，遽奄荊山之玉。以垂拱二年五月九日染疹先縈，卒於景行坊本第，春秋六十有六。即以其年歲次景戌六月己巳朔四日壬申葬于洛城北平樂鄉之界。徒使瞰洛踞邙，無復登臨之望；瞻崿眺鞏，永絶遊陟之蹤。可謂薤露將垂，更切田横之歎；白駒流隙，有感莊叟之悲。嗚呼哀哉！乃爲銘曰

　　《管思禮墓誌銘》誌文的内容與此大致相同。上文中用波浪綫和黑實綫標識者是兩篇文章在文字方面的差異，其中加波浪綫者乃是《管思禮墓誌銘》中缺失的部分，而加黑實綫者乃是兩篇文章在文字方面的不同之處。經過對比，可以發現，二文在主體框架方面是相當接近的，《管思禮墓誌銘》僅比《管基墓

---

① 周紹良主編：《唐代墓誌彙編》，第 747 頁。

誌》少兩個連詞和三句帶有修飾性的語句而已。具體文字方面的差異，大多是一些私人性過强的信息，如誌主的諱、字、世系、壽年和卒葬時地等。除此以外，兩篇文章只有"韻""懸""山""悲"四個字有所差别，《管思禮墓誌銘》中"韻"和"悲"兩處殘泐，因此上述兩篇文章可能僅有兩處異文。而《管思禮墓誌銘》僅在"平樂鄉界"後多出"長崗之邱"四字，爲《管基墓誌》所缺。

管基、管思禮二人爲叔侄，兩人同一年去世，前後僅相隔四個多月。故可作如下推斷：管基去世後，家屬曾請人爲其撰寫了墓誌銘，意想不到的是侄子管思禮隨後即逝，而家人又急於將其下葬①，故管思禮的誌文、銘文②都採用現成的文章拼凑而成，倉促成文之感甚明。

總體而言，誌文雷同而銘文不同的實例不是太多。因爲誌文重在叙事，每個人的生平事迹都具有很大的差異，要想完全照抄他人的墓誌銘，不太容易做到。銘文則因爲重在表德和誌哀，多用韻語寫成，文字一般不會太多，相比之下，更容易互相抄襲和模仿，故而誌文不同但銘文相同或相近的實例更爲常見。

第二節　銘文中的程式化現象

一般而言，銘文應用凝練的語言（多爲韻語）概述誌主的顯赫世系和嘉言懿行，以期能更好地實現其應有的頌美功能。因

---

① 管思禮的葬日距卒日僅有半個月時間。

② 銘文雖與《管基墓誌》不同，但亦有所本，詳下文。

此,銘文的創作要求高於誌文,多數作者也較爲重視銘文的寫作。許多新出土墓誌銘的銘文中却存在著嚴重的程式化現象。綜合而言,主要可分爲以下三種類型。

一、化用經典詩句

本書第二章在論述墓誌銘文體内部誌文和銘文的相互關係時曾指出,很多銘文實際上都是用詩體寫成的,韓愈、白居易也曾在不同場合將自己所撰之銘文當作詩歌看待。因此,不少墓誌銘作者均對前代的詩歌進行了模仿甚至直接套用。

(一)對《詩經》的化用

自初唐時起,《詩經》即作爲"五經"之一,備受統治者和士子們的關注。唐太宗曾先後令顏師古定《五經定本》、孔穎達纂《五經正義》,作爲科考教材頒行天下。唐文宗更是將《詩經》等十二部經書刻成石經,立於長安國子學内,以便士子抄録、誦讀。《舊唐書》載唐文宗開成二年十月"癸卯,宰臣判國子祭酒鄭覃進《石壁九經》一百六十卷。時上好文,鄭覃以經義啓導,稍折文章之士,遂奏置五經博士,依後漢蔡伯喈刊碑列于太學,創立《石壁九經》,諸儒校正訛謬"。[①] 進士科和明經科等考試中,包括《詩經》在内的儒家經典是必考内容。因此,廣大學子對《詩經》的重視和熟悉程度自是可以想見。新出土敦煌文書中尚存 30 多個《詩經》寫卷,也從某種程度上反映出唐代抄寫《詩經》風氣的流行。長期的熏習自然會在潛移默化中對他們

---

① 劉昫等:《舊唐書》卷一一七,第 571 頁。

的創作産生較大影響。再加上《詩經》特有的四言體式,與多數墓誌銘銘文在形式方面的要求正相契合,故而成爲銘文作者競相取法的對象,主要表現爲以下兩個方面。

一是在形式和句法上模仿《詩經》中的經典篇章。如《唐故秀士張君(點)墓誌銘》銘文云:"陟彼先塋,東西遂之。伊何君子,左右位之。成童備德,痛幽閟之。棠棣之華,上春墜之。"①不僅在形式和句法上模仿《關雎》,"棠棣之華"等更是《詩經》中的原文。

二是化用甚至直接襲用《詩經》中的成句。如《樊覽墓誌銘》②和《李巒墓誌銘》③的銘文都以"哀哀父母,生我劬勞"起首,也是直接套用了《詩經·小雅·蓼莪》④中的成句。

(二)對其他經典的化用

除《詩經》以外,《周易》《禮記》等儒家經典中的句子也多成爲銘文作者套用的對象。如《唐故處士皇甫府君(政)墓誌銘》銘文云:"日中則仄,月滿則虧,和鳴都泯,何痛如之! 父兮鞠我,母兮育我……"⑤首句乃化用《周易·豐》中的"日中則昃,月盈則食"⑥,"父兮鞠我,母兮育我"則是化用《詩經·小雅》中"父

---

① 周紹良主編:《唐代墓誌彙編》,第 1419 頁。

② 周紹良主編:《唐代墓誌彙編》,第 1244 頁。

③ 李希泌編:《曲石精廬藏唐墓誌》,第 73 頁。

④ 程俊英、蔣見元:《詩經注析》,北京:中華書局,1991 年版,第 626 頁。

⑤ 周紹良主編:《唐代墓誌彙編》,第 1560 頁。

⑥ 王弼、韓康伯注,孔穎達正義:《宋本周易注疏》卷八,北京:中華書局,1988 年版,第 564 頁。

兮生我,母兮鞠我。拊我畜我,長我育我"①而成。不僅儒家經典如此,由於唐代統治者以老子後人自居,道家典籍如《老子》《莊子》等在唐代也極爲興盛,書中的一些成句也在唐人墓誌銘中時有出現。最典型的例證莫過於《唐故宣德郎驍騎尉淄川縣開國子泉君(毖)誌銘》,其銘文云:"天之蒼蒼兮其色正耶? 人之悠悠兮其能久耶? 蠢茲萬類兮生老病死,悟彼百齡兮今也已矣……重曰:梁木其壞兮太山其頹,哲人一去兮不復再來……"②首先,該銘文在句法和體式上明顯模仿《楚辭》,《楚辭》中大量使用的"兮"字句和"重曰"等文體結構都在這首銘辭中得到了體現。③ 其次,銘文中的語句多由其他經典化用而來,"天之蒼蒼兮其色正耶"出自《莊子·逍遥遊》:"天之蒼蒼,其色正邪? 其遠而無所至極邪?"④"重曰"中的"梁木其壞兮太山其頹,哲人一去兮不復再來"則是套用了《禮記》的原文。《禮記·檀弓上》"第三"載:"孔子蚤作,負手曳杖,消揺於門,歌曰:'泰山其頹乎! 梁木其壞乎! 哲人其萎乎!'"⑤

(三)對前代經典詩句的化用

除了《詩經》《楚辭》以外,漢魏六朝時期的經典詩歌,特別

---

① 程俊英、蔣見元:《詩經注析》,第 627 頁。
② 周紹良主編:《唐代墓誌彙編》,第 1418 頁。
③ 唐代墓誌銘的銘文中承襲《楚辭》體的現象甚多,不僅許多銘文通篇均用騷體寫成,即使是採用"重曰"這一文體形式者,也多有用例,如《滎陽亡夫人墓誌銘》等,見周紹良主編:《唐代墓誌彙編》,第 2207 頁。
④ 陳鼓應注譯:《莊子今注今譯》,北京:中華書局,2009 年版,第 6 頁。
⑤ 鄭玄注,孔穎達正義:《禮記正義》卷八,第 277 頁。按:化用此句之銘文尚多,如《大唐故項城令邢君(郭)墓誌》銘文云:"泰山其頹,梁木斯墜……"亦當本此而來。見周紹良主編:《唐代墓誌彙編》,第 795 頁。

是那些表達哀婉情懷的詩句也成爲唐代墓誌銘銘辭化用的對象，較爲典型的有《古詩十九首》和陶淵明的《挽歌》。

　　《古詩十九首》因表達了全人類共通的體驗和感受，備受後世學者賞識。正如陳祚明《采菽堂古詩選》中所説："《十九首》所以爲千古至文者，以能言人同有之情也……故《十九首》唯此二意，而低迴反復。人人讀之，皆若傷我心者。此詩所以爲性情之物，而同有之情，人人各具，則人人本自有詩也。但人有情而不能言，即能言而言不能盡，故特推《十九首》以爲至極。"①第十三首《驅車上東門》②描寫了流落在洛陽的遊子，因爲看到北邙山上的墳墓而引發的感慨，遂成爲銘辭和挽詩作者模仿的對象。《大唐故河南府偃師縣令王府君妻夫人滎陽鄭氏（□）墓誌銘》銘文全用五言寫成："遥望北郭墓，壘壘滿山阿。美人逝不返，歲月將如何？"③一望而知乃仿《古詩十九首》的體式寫成，其中"遥望北郭墓"還是《驅車上東門》中的原句。詩中的"白楊""松柏"也成爲後世墓誌銘銘辭中常見的意象。

　　東晉時期的陶淵明素以隱逸之宗的高潔形象爲唐人所喜聞樂道，他的詩歌也常被唐代文人化用。中唐時期的李德裕可謂這方面的代表，如他在《早秋龍興寺江亭閑眺憶龍門山居寄

---

① 陳祚明評選：《采菽堂古詩選》卷三，上海：上海古籍出版社，2008年版，第80—81頁。
② 驅車上東門，遥望郭北墓。白楊何蕭蕭，松柏夾廣路。下有陳死人，杳杳即長暮。潛寐黄泉下，千載永不寤。浩浩陰陽移，年命如朝露。人生忽如寄，壽無金石固。萬歲更相送，賢聖莫能度。服食求神仙，多爲藥所誤。不如飲美酒，被服紈與素。
③ 周紹良主編：《唐代墓誌彙編》，第1576頁。

崔張舊從事》詩中說："淵明菊猶在，仲尉蒿莫窮。"①上句乃本
《歸去來兮辭》中的"三徑就荒，松菊猶存"。② 下句則化用陶淵
明《詠貧士》(其六)中的"仲尉愛窮居，遶宅生蒿蓬"。③ 陶淵明
不爲五斗米折腰以及五柳先生的形象更是屢屢見諸新出土墓
誌銘，唐代的隱士多以此自況。墓誌銘銘辭中亦經常出現對陶
淵明詩歌的套用，頻率最高的是《挽歌》(其三)中的"托體同山
阿"，如《大唐故朝散郎行薛王府國令上輕車都尉張君(嘉福)墓
誌銘》銘文云："歲月不可留兮可奈何？夫君託體兮同山阿。"④
《唐故朝議郎行蓬州宕渠縣令王府君(思齊)墓誌銘》銘文末章
亦云："山阿託體，郭門遽辭。"⑤這固然是因爲墓誌銘本爲埋幽
之物，意在表示對逝者的哀慟之意，與陶淵明《挽歌》所要表達
的意思適相一致。但衆多作者不約而同地化用其中的詩句，也
恰恰反映出當時銘文創作中化用前人詩句的風氣之盛。

二、抄撮誌文成句

某些誌主的事迹較爲簡略，其墓誌銘往往也較爲簡短。若
作者已在誌文中對其行事進行了詳細交代，則難以再在銘文中
加以拓展。故而此類墓誌銘的銘文多直接抄撮誌文中的詞彙

① 李德裕撰，傅璇琮、周建國校箋：《李德裕詩文集校箋·別集》卷九，石家莊：
　河北教育出版社，2000 年版，第 583 頁。
② 陶淵明撰，袁行霈箋注：《陶淵明集箋注》卷五，北京：中華書局，2003 年版，
　第 460 頁。
③ 陶淵明撰，袁行霈箋注：《陶淵明集箋注》卷四，第 375 頁。
④ 周紹良主編：《唐代墓誌彙編》，第 1295 頁。
⑤ 周紹良主編：《唐代墓誌彙編》，第 1340 頁。

甚至成句。如《唐故邊君（敏）墓誌銘》誌文在介紹其世系時說：
"原夫炎靈馭曆，臨穎開其大名；當塗濟時，著作闡其洪緒。"而
銘文首句即云："當塗馭曆，炎靈濟時。"①僅將誌文中的"炎靈"
"當塗"位置做了替換而已。再如《大唐故文林郎守益州導江縣
主簿飛騎尉張府君（行恭）誌》誌文云："自素鳳來臨……白雲像
蓋。"銘文則稍作改動，作"慶蓋白雲，詳儀素鶴"②，模仿誌文的
痕迹甚明，"珠明朗質"等更是直接抄襲了誌文中的語彙。

　　如果說以上兩首銘辭對誌文的承襲還僅限於個別語句的
話，那麼下面兩個例證所揭示的現象則更爲明顯。《大周朝散大
夫行右千牛衛長史上騎都尉高陽郡公士許琮故妻贊皇縣君李氏
墓誌銘》的銘文即大段截取誌文中的相關內容，如"白雲千里，青
山四極。泣露將霑，悲風不息"，明顯是由誌文中的"歎青山之四
極……悲白雲之千里……泣露霑衣，誰分悲涼之甚"③刪削而成。
其他如"門承聖賢""松蘿義違"亦是將誌文中的"家承賢聖""松蘿
有義"略作變更而來。更有甚者，個別文章的銘文幾乎全部抄自
誌文中的成句，如《慕容稚英墓誌銘》誌文中云："祖英，泉石怡神，
煙霞養性，無爲自樂，每暢春臺之懷；有待都捐，且安秋水之致。
父遠，銅駝人物，金谷英靈。"銘文第二章云："銅駝人物，金谷英
賢。無爲自樂，有待都捐。泉石怡抱，烟霞養年。"④基本上照抄
了誌文中的成句，僅個別字詞爲了押韻而有所改動。

---

① 　周紹良主編：《唐代墓誌彙編》，第 446 頁。
② 　周紹良主編：《唐代墓誌彙編》，第 453 頁。
③ 　周紹良主編：《唐代墓誌彙編》，第 834 頁。
④ 　周紹良主編：《唐代墓誌彙編》，第 791 頁。

應當指出的是，以上所舉並非個案，這種現象在初唐時期是普遍存在的，甚至可以說是當時較爲盛行的一種創作模式。之所以如此，主要是初唐時期墓誌銘寫作中駢儷之風依然盛行，誌文中的駢詞麗句甚多，四言句式更是俯拾即是，至少在形式上已經滿足了銘文的創作要求，作者抄撮誌文中的相關詞句以後，只需從用韻的角度略作改動即可。盛唐以後，誌文散化程度越來越高，銘文就難以直接照搬誌文中的成句了。

當然，這也與此類墓誌銘誌主的身份較爲普通和作者的創作能力有限相關。這些墓誌銘的誌主多爲普通士人甚至婦女，作者也多爲中下層文士。銘文的創作目的在於頌美，如果過度抄襲誌文中的成句，頌美功能必然大打折扣，所以並不爲才力高絕的文士採納，新出土初盛唐時期的許多高官顯宦以及一些大文學家，如蘇頲、張說、張九齡等人所撰的墓誌銘中即絕少出現這種情況。

三、襲用固定模板

新出土的唐代墓誌銘，不僅整篇文章均按固定模板撰寫者會有相同的銘文。[1] 即使單就銘文而言，也形成了幾種常用的

---

[1] 除本章第一節所舉例證以外，類似的模板還有很多，如《唐故洛陽縣淳俗鄉君效夫人（姬）墓誌銘》《唐故上谷侯夫人義明鄉君譚氏（二娘）銘》《唐故陽城縣白土鄉君孔氏（玉）墓誌銘》三篇文章的誌文即是按照同一範本略作改動而成。《效姬墓誌銘》銘文云："瞻紛紜之盛烈，播帝籍之縑緗。俯貽則於千載，仰當代之琳琅。凝德音於淑媛，實景行昂藏。貞順豔於春日，志節粲於秋霜。何天德之無輔，奄摧落於斯良？悲華庭之少行跡，泣重阜而掩芬芳。歌薤露兮酸野外，風蕭蕭兮悽白楊。"《譚二娘墓誌銘》的銘文與此完全相同、一字不差。《孔玉墓誌銘》銘文雖然替換了一些詞句，但模仿《效姬墓誌銘》的痕迹甚明。三文分別見周紹良主編：《唐代墓誌彙編》，第 209、342、258 頁。

模板,這可以從一些流傳較廣的銘文中得到體現。

查閱一下新出土的唐代墓誌銘即可發現,不少銘文多次出現在不同的文章之中,有的略有改動,有的則完全雷同。即使是一些誌文完全不同的墓誌銘,都可能有著相同或相近的銘文。如上文提及的《管思禮墓誌銘》的銘文雖然與《管基墓誌》截然不同,但仍有所本。《管思禮墓誌銘》銘文云:"朝光不住,物性短終。哲人斯委,身去名留。池臺絶迹,墳隴混遊。於兹永罷,□□相求。"①乃是承襲了《唐故支君(懷,字信)墓誌銘》的銘文而來。《支懷(字信)墓誌銘》銘文第一章云:"朝光不住,物性短脩。哲人斯委,身去名留。池臺絶迹,墳隴魂遊。於兹永别,何處相求?"②兩篇銘文僅個別文字有出入,而這些差異也僅僅是由於《管思禮墓誌銘》殘泐嚴重,某些字迹難以辨認造成的,兩者内容應該是一致的。這可從另一支懷(字通)的墓誌銘中得到印證,該文的銘文與《支懷(字信)墓誌銘》完全相同。再如撰於咸亨元年(670)的《唐故處士索君(行)墓誌銘》銘文云:"一代英奇,不終遐壽。何期竹□,□□蒲柳。魂歸異壤,煙生隴首。勒此清徽,千齡靡朽。其一。□□漸冷,夜月方明。看花落淚,聽鳥心驚。山多寒色,□□□聲。一埋於(珪)玉,永别佳城。其二。"③而作於垂拱元年(685)的《唐故處士張君(護)墓誌銘》銘文則云:"一代英奇,不終遐壽。何期竹柏,忽彫蒲柳。魂歸異壤,煙生隴首。勒此徽猷,千齡□朽。其一。朝風漸冷,夜月

---

① 周紹良主編:《唐代墓誌彙編》,第 748 頁。
② 周紹良主編:《唐代墓誌彙編》,第 267 頁。
③ 周紹良主編:《唐代墓誌彙編》,第 517 頁。

高明。望峰落淚,聽鳥心驚。夕□□□,椒□□□。□埋珪玉,
永別佳城。其二。"①而據誌文記載,兩人的世系、籍貫和生平事
迹完全不同,誌文中也毫無雷同之處,兩篇銘文除個別字詞外,
却幾近相同。

　　上述現象表明這些銘文在唐代曾一度流行,甚至幾乎成了
銘文創作中的固定模板,更加映射出唐代墓誌銘銘文創作中程
式化風氣之盛和抄襲程度之高。雖然如此,這些程式化的創作
模式還是有著獨特的文獻價值和文學意義的。

第三節　唐代墓誌銘程式化創作模式的意義

　　如果庾信的碑、誌文創作都要被看成一種"通套"而受到指
責,那麼本章前兩節所揭示的其他幾種創作模式就更等而下之
了。然而這種創作模式也不必一概否定,原因主要有兩個方
面:一是由作爲史傳文體類別之一的墓誌銘本身性質所決定
的。這方面陳尚君先生已有過論述:"從傳記文學要求真實而
生動地寫出人物的性格命運的評價標準來説,以飾終頌德爲主
要責任的碑誌,其篇幅既限定在方石之內,其內容又必須記錄
死者的家世、經歷及後事,帶有其普遍的先天缺憾,就大多數墓
誌來説,敘事僅略存梗概,行文循通行的套路,其本身的文學價
值是不高的……從中國傳統的史傳寫作來説,用簡潔的敘述交
代傳主一生的經歷,寓評議於敘述中,傳人物性格於片言隻語
的記錄中,從大多數碑誌來説,沿襲了這一傳統,雖無創新,大

① 周紹良主編:《唐代墓誌彙編》,第 732 頁。

致盡責。"①二是這種程式化創作模式也有著一定的文獻價值和文學意義,除了可以考察文章主人公的姓名、世系以外,②還有其他多個方面的價值,最爲重要者有二。

一、文獻價值

按照程式化套路寫成的墓誌銘文本,具有獨特的文獻價值,特別是在訂正墓誌銘的釋文方面,價值尤高。

(一)補足闕文

宋元時期即陸續有唐代墓誌出土,千年以後,不少誌石風化嚴重,很多字迹已難以辨認。二十世紀新出土的墓誌銘,相當一部分是偶然因素促成的,而不是由專門的考古發掘獲得的。因此,這些墓誌銘在出土時就會有不同程度的損傷,嚴重者還會導致文字的殘泐。準確無誤的文本是一切學術研究順利展開的基石。而石刻資料因爲文獻載體的特殊性和書寫方式的多樣性,文章中往往存在大量的異體字和俗別字,因而錄文工作顯得尤其重要。這些由程式化手法寫成的墓誌銘在這方面顯示出了其特有的優勢。

如《管基墓誌》與《管思禮墓誌銘》誌文除個別句子以外,内容基本相同。《管思禮墓誌銘》誌文的殘泐部分,可據《管基墓誌》補足。類似的情形在新出土的唐代墓誌銘中還有不少。如

---

① 陳尚君:《新出石刻與唐代文學研究》,逢甲大學中國文學系主編:《六朝隋唐學術研討會論文集》,第 712 頁。

② 亦即葉昌熾所説的"或遇首行題字殘泐,又無篆蓋,則轉因其遠引華宗,可以參考其氏族"。

《唐代墓誌彙編》收有朱琳、宋虎兩人的墓誌銘,二文各有闕字,但仔細比對,即可發現其内容大同小異,闕文可以互相補足。現將兩篇文章抄録如下:

> 君諱琳,字□璋,河南洛陽人也。其先朱襄之胤,□□□□漢□,可謂震金柯於遠古,豈不擢翠葉□□□,□□□□,有仁有勇,自兹已降,蟬聯靡絶,逮□□高□□,□□釋典玄風,偃仰丘園,輕脱干禄。每至□□竹□,□真客於玄微;爽月澄秋,論桑門於空教。□□□□名利,取恣心神,是故邑里羨其清通,交友欽其雅操。豈謂天不憖留,奄旋運往,君春秋八十,以顯慶六年大歲辛酉正月丁酉朔廿三日己未卒於洛陽縣遵化里私第,即以其年二月癸酉遷窆於邙山之巔。東仰嵩丘,則土□□而名往;西臨梓澤,則清洛瀁而□流。嗚呼!長子曾□□□勞之莫大,切罔極之深恩,□丹墼與山阜俱遷,慮碧海共桑田改變,詢之知己,敬勒芳猷,貽厥子孫,誌諸玄石。其銘曰:
>
> □□遠祖,□典□□,□□□□,光華歷代,□吴雄勇,□□孝□。仁智信誠,德流後由。_{其一。}猗歟處士,賤禄貴□,□□□外,好道慕仙。高月竹□,嘯侶命□。談玄論釋,樂□其旃。_{其二。}悲哉逝水,永□無歸,如何哲士,翳景沉輝。□□烈嗣,痬瘠以瘦,彼蒼不憖,皇天有違。_{其三。}森□□□,孤鳥哀鳴。嘶嘶悲馬,愁雲無情。龍轜萎鬱,□□□□,千秋萬古,泉户長扃。_{其四。}[1]

---

① 周紹良主編:《唐代墓誌彙編》,第 333 頁。

大唐故處士宋君墓誌

君諱虎，字善通，河南洛陽人也。其先宋襄□胤，未緒興在漢吳，可謂震金柯於遠古，豈不擢翠葉於近今。爰有仁有勇，自茲已降，蟬聯靡絶。逮君志高沖遠，履躡釋典玄風，偃仰丘園，輕脱□禄。每至清風竹浦，談真容於玄巖；爽月澄秋，論桑門於空教。所以忘其名利，取恣心神，是故邑里，奄從運往。君春秋六十八，以龍朔元年八月二日卒於私第。即以其年八月廿一日葬於邙山之陽禮也。名往，西臨梓澤，則清洛瀁而流。嗚呼！長子君卿，庸然勞之莫大，切罔極之深恩，碧海共桑田改□□之知己，敬勒芳猷，貽厥子孫，誌諸玄石。其銘曰：

於昭遠祖，帝□攸載。赫矣末孫，光華曆代。在吳雄勇，於漢孝愛。仁智信誠，德流後曳。其一。□□荒樹，孤鳥哀鳴。嘶嘶悲馬，愁雲□情。龍轜萎□，千秋萬古，泉户長扃。①

很明顯，《宋虎墓誌》乃是由《朱琳墓誌》删削而成，但由於抄寫者或書丹者的失誤，有些句子只抄了一部分，造成了語句的突兀和語氣的不連貫。雖然兩方墓誌均殘泐較嚴重，但因爲二文有很多重合之處，因此其中的闕文絶大多數仍可補出。

另外，《□□□王君（達）墓誌銘》銘文云："矯矯高胤，峨峨懋族。基祚周藩，條豐漢籙。允哉君子，少思寡欲。義總芳金，

---

① 周紹良主編：《唐代墓誌彙編》，第 342—343 頁。

仁華泉玉。方訓孫童，奄化夜燭。庶兹彫勒，無虧芳躅。”①而《唐故隋奉誠尉邢君（弩）墓誌銘》銘文與此文僅三字有出入，而最後一句有缺字，録文作“無□芳躅”②，據王達誌可知，所缺文字當爲“虧”。

以上所舉乃是兩篇文章互相校補的例子，有時候，一篇文章中的缺字需要幾篇文章才能補齊，於是它們之間就會産生“連鎖反應”。如《唐故處士索君（行）墓誌銘》銘文云：“一代英奇，不終遐壽。何期竹□，□□蒲柳。魂歸異壤，煙生隴首。勒此清徽，千齡靡朽。其一。□□漸冷，夜月方明。看花落淚，聽鳥心驚。山多寒色，□□□聲。一埋於（珪）玉，永別佳城。其二。”③銘文共兩章，各有兩處缺字，可以通過《唐故齊州歷城縣令庫狄君（通）墓誌銘》和《唐故李夫人墓誌銘》補齊。《庫狄通墓誌銘》銘文云：“一代英奇，不終遐壽。何期□柏，忽彫蒲柳。魂歸異壤，煙生隴首。□□清□，千齡靡朽。”④而《李夫人墓誌銘》銘文第三章云：“朝風漸冷，夜月方明。看花落淚，聽鳥心驚。山多寒色，樹足秋聲。塵蒙月黛，土掩金精。一埋珪玉，永別佳城。”⑤據此可以將《索行墓誌銘》銘文的缺字依次補出，分別爲：柏、忽彫、朝風、樹足秋。同樣由《索行墓誌銘》第一章也可知《庫狄通墓誌銘》銘文中的缺字依次爲：竹、勒此、徽。

---

① 録文見周紹良主編：《唐代墓誌彙編》，第 412 頁；拓片見陳長安主編《隋唐五代墓誌匯編·洛陽卷》第 4 册，第 173 頁。
② 周紹良主編：《唐代墓誌彙編》，第 416 頁。
③ 周紹良主編：《唐代墓誌彙編》，第 517 頁。
④ 周紹良主編：《唐代墓誌彙編》，第 517 頁。
⑤ 周紹良主編：《唐代墓誌彙編》，第 499 頁。

(二)糾正前人録文失誤

不同的墓誌銘,如果採用了相同或相近的"模板"寫成,其中應該多有相同或相似的字句。如若它們在文辭上有較大出入,很可能是某篇的録文有疏失,我們應當去核對原拓片或再作斟酌,最終寫定準確的録文。

《管基墓誌》與《管思禮墓誌銘》兩方墓誌銘的誌文雖然雷同,銘文却截然不同。《管思禮墓誌銘》的銘文部分,原石磨損嚴重,文中多缺字或缺筆者,難以辨清,因此毛漢光與周紹良兩人的録文均有部分缺字未補。毛漢光將銘文録作:"朝光不住,物性短修。哲人斯委,身去名留。池臺絶迹,墳隴隔遊。於兹□□,何處相求。"①而周紹良則録作:"朝光不住,物性短終。哲人斯委,身去名留。池臺絶迹,墳隴混遊。於兹永罷,□□相求。"

巧合的是這首銘辭又同爲《唐故支君(懷,字信)墓誌銘》和《大唐故支君(懷,字通)墓誌銘》所採用,兩者的録文完全一致,都録作:"朝光不住,物性短修。哲人斯委,身去名留。池臺絶迹,墳隴魂遊。於兹永別,何處相求。"檢視這兩方墓誌的拓片,字迹清晰,故首先可將毛、周二人録文中的缺字依次補出,分別應爲:永別、何處。《管思禮墓誌銘》拓片中"墳隴"後一字僅殘存少許筆劃,難以辨識,據支懷誌可知,該字當録作"魂"爲宜,毛、周二人録文均誤。周氏將銘辭第二句録作"物性短終",雖然拓片顯示該句最後一字殘泐較嚴重,字形有點近似於"終"

---

① 毛漢光:《唐代墓誌銘彙編附考》第 11 册,臺北:"中研院"歷史語言研究所,1991 年版,第 23 頁。

字,但從用韻上來看,此字當與"留""遊""求"押韻,應該録作"修"字,作"終"顯然不確。

再如,《唐故馮府君(達)墓誌銘》①乃是據《唐故魏王府厩牧丞路君(徹)墓誌銘》②删削而成,兩篇文章雷同之處頗多。如《路徹墓誌銘》誌文中有"弘雅亹亹,架三善之風;爽氣漂漂,欣三樂之詠"一句,《馮達墓誌銘》中亦有此句,唯"爽氣"作"爽風"。檢視《馮達墓誌銘》拓片,"風"正作"氣",《唐代墓誌彙編》釋文有誤。另外,《路徹墓誌銘》銘文第二章云"允矣君子,載穆家風。父同簡玉,藝總談叢"。"父"字,《馮達墓誌銘》録作"文"。按:唐代手寫體的"文"字常寫成𫍯,墓誌中亦多有作此形者,與"父"形近易淆。《馮達墓誌銘》拓片中此字的起筆有殘缺,但結合下文的"藝總談叢"來看,此處當爲"文"字,原書録作"父",不確。

二、文學意義

某些採用程式化模板撰寫的墓誌銘還具有重要的文學價值:唐代墓誌銘記載誌主的仕歷和行迹時往往以前代著名文士的經歷和身世作比,這爲我們考察文士經典形象的生成及其在後世的接受情況提供了全新的素材;墓誌銘中反復出現的一些套語經過著名詩人的點化以後,多成爲詩歌史上不朽的名篇。因此,唐代墓誌銘創作的程式化模式對我們深入考察經典文士形象的確立和詩歌名句的生成路徑都有較大的啓發意義。

---

① 周紹良主編:《唐代墓誌彙編》,第 378 頁。
② 周紹良主編:《唐代墓誌彙編》,第 374 頁。

（一）考察經典文士形象的生成與接受

前代文士在後世的接受情形，是近年來學術界關注的熱點問題之一。魏晉南北朝時期的許多文士雖然都曾在傳世典籍和出土文獻中被唐人提及，但從新出唐代墓誌銘中的記載來看，有兩位士人尤其值得注意：一是龐統；二是陶淵明。唐人在形容文章的主人公才高位下或隱居不仕時，往往以他們的經歷和身世作比，並逐漸成爲唐代墓誌銘創作過程中常用的一種意象。

龐統，字士元，號鳳雛，襄陽人。生前爲劉備的重要謀士，韜略與諸葛亮相當，曾任治中從事、軍師中郎將等職。《三國志·龐統傳》記載："先主領荆州，統以從事守耒陽令，在縣不治，免官。吳將魯肅遺先主書曰：'龐士元非百里才也，使處治中、別駕之任，始當展其驥足耳。'諸葛亮亦言之於先主，先主見與善譚，大器之，以爲治中從事。"①龐統的這一特殊經歷成爲後人撰文時經常用來作比的對象。

一些才高位下的士人，特別是縣令的墓誌銘經常以龐統治耒陽縣的經歷作比，如《大唐故朝議大夫行眉州司馬□國公士劉府君（仁叡）墓誌》中記載劉仁叡曾兩度出任縣令："遷洛州垣縣令，又拜并州陽縣令，又遷眉州司馬。"然而其仕途亦僅止於此，不久即辭世。因此作者才結合龐統的經歷評論道："龐統非百里之才，遽辭虛□；長孺是兩京之望，聿就題輿。"②藉以抒發對誌主未及施展其全部才華的惋惜和感慨。再如，天寶年間永

① 陳壽撰，裴松之注：《三國志》卷三七，北京：中華書局，1982年版，第954頁。
② 周紹良、趙超主編：《唐代墓誌彙編續集》，第415頁。

嘉縣縣令陳敬玄的經歷與劉仁叡較爲接近,雖經歷多次遷轉,却仍官終永嘉縣縣令:"轉綿州西昌縣令,調登州文登令,擢永嘉郡永嘉縣令。凡宰三邑,政無二門,峨峨高風,異縣同理。方期展士元之足,極龔遂之榮,天不憖遺,以天寶四載六月薨於永嘉之廨宇。"①因陳敬玄没有像龐統那樣由縣令而平步青雲,所以作者才以其作比,表達了對他未能"展其驥足"的歡惋。

此外,尚有不少墓誌銘在介紹誌主的世系時,對於那些曾任縣令的親屬也往往用龐統的事迹作比,如《唐故始州黄安縣丞高君(儼仁)墓誌銘》中記載誌主之父高孝德官止益都縣令,因此作者在誌文中説:"父孝德,青州益都縣令;等言倔之餘仞,類龐統之非材。"②再如《唐故彭城縣令薛府君(繡)墓誌銘》中評論薛繡之父的仕歷時云:"鸞飛美政,載臨王隼之□;驥足長驅,晚登龐統之職。"③更是直接以"龐統之職"來指代其具體官位。可以説,在唐人眼中,龐統已然作爲典型形象深入人心,甚至成了縣令的代名詞。類似的套語,如"士元流譽百里,歡其非材""龐士元之驥足,尚屈長途""龐士元非百里之材,方思展驥"等更是常常出現在一些縣令的墓碑文和墓誌銘中。唐人對龐統這一經歷的比附,無疑對他後世形象的樹立起到了推波助瀾的作用。

與龐統不同,陶淵明則是作爲隱士形象出現在唐人記載中

---

① 賈棲梧:《唐故永嘉郡永嘉縣令陳公(敬玄)墓誌銘》,見周紹良、趙超主編:《唐代墓誌彙編續集》,第 616 頁。

② 周紹良主編:《唐代墓誌彙編》,第 228 頁。

③ 周紹良、趙超主編:《唐代墓誌彙編續集》,第 327 頁。

的。許多新出土的墓誌銘都表達了對其隱逸之宗形象和掛冠歸隱行爲的欽慕，並由此形成了諸多套語，如“花縣春時，別種淵明之五柳”“五柳歸來，不屈陶潛之節”“泉（按：“泉”乃避李淵諱而改）明松菊，未盡歸來之歡”等。

由陶淵明隱逸之宗形象而形成的套語多用於隱居不仕者的墓誌銘中。從《大唐故處士董君（僧利）墓誌銘》的記載來看，董僧利祖父三代均未曾出仕。故墓誌銘在敘述其行藏時云：“於是晦迹人間，藏名物外。庭開三逕，均蔣詡之沉淪；門垂五柳，協陶潛之高致。優哉游哉，以兹永日。”①再如《大唐故趙君（欣）墓誌銘》中云：“每翠柳吟風，叶淵明之遁逸；青松貫月，符叔夜之琴樽。”②而由其行迹來看，趙欣終生亦未曾入仕。

相較而言，唐人似乎更看重陶淵明掛冠歸隱的豁達行爲，並多以之作比。如《大唐故蘇州吳縣丞杜府君（榮）墓誌》記載杜榮任吳縣丞僅一年即掛冠辭秩，與陶淵明的經歷相似，故作者在文中以陶淵明與之作比：“梁竦之不仕州縣，豈獨徒爲大言；元亮之性樂山水，實亦心存恬曠。”③而《唐故文安郡文安縣尉太原王府君（之渙）墓誌銘》更是對王之渙辭官歸隱的前因後果都作了詳細説明：“異毛義捧檄之色，悲不逮親；均陶潛屈腰之恥，勇於解印。會有誣人交構，公因拂衣去官，遂優遊青山，

① 周紹良、趙超主編：《唐代墓誌彙編續集》，第66頁。
② 周紹良、趙超主編：《唐代墓誌彙編續集》，第243頁。
③ 周紹良主編：《唐代墓誌彙編》，第60頁。

滅裂黄綬。"①王之涣歸隱的真正原因雖然與陶淵明不盡相同，但其拂衣去官的豪情却與陶如出一轍，故而作者運用陶淵明勇於解印的經歷與之作比，更加凸顯了王之涣不與奸佞同流合污的形象。

此外，也會有文章作者不時將陶淵明的經歷融入具體的行文過程中，如《唐故處士上谷寇公（因）墓誌銘》介紹寇因的經歷時云："善屬文，多逸興，飲酒終朝而不醉，詩賦□物而不遺。或登山臨水，蔭松籍草，必超然獨得，形神皆王。時議每以謝客、陶元亮比之，猶恐前人有愧色……至於歷代陽秋，百家著述，則不求甚解。"②"飲酒終朝而不醉""不求甚解"等本來是陶淵明的經歷，此處却被安插到了寇因身上，而且這並非作者的個人之見，而是"時議"如此，就中可見陶淵明在當時已經得到社會的廣泛認可和接受。

由上述分析，再聯繫第二節已揭示出的唐人對陶淵明詩歌的頻繁套用可以看出：一、陶淵明高潔、豁達的形象早已深入人心，不斷出現在唐人的詩文作品中；二、其作品也得到唐人的接受而屢被套用或模仿。陶淵明形象在後世的確立與唐人不時將陶淵明隱居不仕的高潔形象形諸筆端有莫大的關聯，陶淵明的歷史地位之所以會在宋代陡然擡升，也與唐人付出的巨大努力直接相關。

隋唐時期的石刻文獻甚至出現過將龐統和陶淵明對舉的實例，如隋代的仲孝俊即曾在《修孔子廟之碑》中説："遠嗤龐

---

① 周紹良主編：《唐代墓誌彙編》，第 1549 頁。
② 周紹良主編：《唐代墓誌彙編》，第 1713 頁。

統,不任百里之才;俯笑陶潛,忽輕五斗之俸。"①隋唐時代,特別是初盛唐時期是中國古代仕隱矛盾相對緩和的一個階段,素有所謂的"終南捷徑"之稱。也許時人正是將龐統與陶淵明當作仕與隱、出與處的典型,所以才會在墓碑文和墓誌銘中屢屢提及他們,而仲孝俊將龐統和陶淵明對舉,也表現出了他深得儒家仕隱之道精髓的一面。

（二）揭示經典詩歌的生成路徑

唐代墓誌銘,特別是銘文創作中的程式化現象,對我們認識許多經典詩歌的生成路徑也有很大幫助。

杜甫曾在《解悶》組詩的第四首中説:"獨當省署開文苑,兼泛滄浪憶釣翁。"②陳師道認爲此句乃襲自薛據:"'省署開文苑,滄浪學釣翁',據之詩也。"杜甫《太歲日》中的"閶闔開黄道,衣冠拜紫宸"也被陳師道認爲源自王維的《和賈舍人早朝大明宮之作》:"王摩詰云:'九天閶闔開宫殿,萬國衣冠拜冕旒。'子美取作五字云:'閶闔開黄道,衣冠拜紫宸。'而語益工。"③葛立

① 北京圖書館金石組編:《北京圖書館藏中國歷代石刻拓本彙編》第 10 册,第 51 頁。
② 杜甫著,楊倫箋注:《杜詩鏡銓》卷一七,上海:上海古籍出版社,1998 年版,第 817 頁。
③ 陳師道:《後山詩話》,見何文焕輯:《歷代詩話》,北京:中華書局,1981 年版,第 304 頁。

方①、葉夢得②都持同樣的觀點，認爲杜甫這兩句詩的確承襲了同時代人的詩歌，並充分肯定了杜甫的點化功力。胡仔對此却持有異議："子美與王維同和賈至《早朝大明宫》詩，即此一聯也③，子美寧肯取同時之人詩句以爲己用，豈不爲當時流輩之所譏誚乎？無己遽以爲説，何不知子美之甚邪？"④至於經杜甫點化後的詩句究竟是不是"語益工""興益遠"，不同的讀者可以見仁見智，⑤此處姑且不論，但他們套用別人的詩句，却是不爭的事實。

我們在新出土墓誌銘中依然能找到杜甫化用前人成句的例證，杜甫《春望》中的"感時花濺淚，恨別鳥驚心"是膾炙人口的名句，司馬光即因該聯寄寓著詩人感時傷事之情而給予了高

---

① 葛立方認爲："'水田飛白鷺，夏木囀黄鸝'，李嘉祐詩也。王摩詰衍之爲七言曰：'漠漠水田飛白鷺，陰陰夏木囀黄鸝。'而興益遠。'九天宫殿開閶闔，萬國衣冠拜冕旒'王摩詰詩也。杜子美删之爲五言曰：'閶闔開黄道，衣冠拜紫宸。'而語益工。"葛立方：《韻語陽秋》卷一，上海：上海古籍出版社，1984年版，第14—15頁。

② 葉夢得《石林詩話》卷上還指出王維"漠漠水田飛白鷺，陰陰夏木囀黄鸝"（《積雨輞川莊作》）乃化用李嘉祐"水田飛白鷺，夏木囀黄鸝"而成，並認爲其妙處"正在添漠漠陰陰四字……如李光弼將郭子儀軍，一號令之，精彩數倍"。見何文煥輯：《歷代詩話》，第411頁。

③ 按：此指王維《和賈舍人早朝大明宫之作》中的"九天閶闔開宫殿，萬國衣冠拜冕旒"一聯。見王維撰，陳鐵民校注：《王維集校注》卷六，北京：中華書局，1997年版，第488頁。

④ 胡仔：《苕溪漁隱叢話·前集》卷十，北京：人民文學出版社，1962年版，第68頁。

⑤ 蔣寅先生即認爲杜甫的"閶闔開黄道，衣冠拜紫宸"一聯"語雖簡，然氣象雍容殊不及王"，有點金成鐵之意。歐陽修認爲王勃化用庾信的"落花與芝蓋齊飛，楊柳共春旗一色"，其語類俳；王應麟則以之爲江左卑弱文風的餘緒。

度評價："古人爲詩貴於意在言外,使人思而得之。近世惟杜子
美最得詩人之體……花鳥平時可娛之物,見之而泣,聞之而悲,
則時可知矣。"①然而在披閱了大量的新出墓誌銘以後,我們却
發現此聯並非杜甫首創,而是承襲了墓誌銘中的成句。初盛唐
之際,墓誌銘的銘文仍以四言韻語爲主,新出墓誌銘中常出現
"看花落淚,聽鳥心驚"一類的銘文。如撰於總章二年(669)的
《唐故李夫人墓誌銘》②和《唐故趙□□墓誌》③的銘文中均有
"看花落淚,聽鳥心驚"兩句。而《唐故李夫人墓誌銘》乃是唐代
墓誌銘創作中經常使用的範本,總章三年(670)的《唐故郭君夫
人劉氏(賢□)墓誌銘》④《大唐故王□□墓誌銘》⑤、咸亨元年
(670)的《唐故趙夫人墓誌銘》⑥《索行墓誌銘》⑦、咸亨四年
(673)的《唐故處士任君並夫人孫氏墓誌》⑧的銘文都是由《李夫
人墓誌銘》删削而成,而"看花落淚,聽鳥心驚"也在文中得以保
留。垂拱元年(685)的《張護墓誌銘》銘文略事修改,作"望峰落
淚,聽鳥心驚",但顯然也是襲自《李夫人墓誌銘》這一範本。諸
多實例表明,"看花落淚,聽鳥心驚"在杜甫生前較長的一段時
間内已經在社會上廣泛流傳。"落淚""聽鳥"等語彙雖然多次
出現在六朝隋唐時期的詩文之中,蕭統的文集中甚至有"聞猿

①　引自杜甫著,楊倫箋注:《杜詩鏡銓》卷三,第 128—129 頁。
②　周紹良主編:《唐代墓誌彙編》,第 499 頁。
③　周紹良主編:《唐代墓誌彙編》,第 500 頁。
④　周紹良主編:《唐代墓誌彙編》,第 511 頁。
⑤　周紹良主編:《唐代墓誌彙編》,第 508 頁。
⑥　周紹良主編:《唐代墓誌彙編》,第 518 頁。
⑦　周紹良主編:《唐代墓誌彙編》,第 517 頁。
⑧　周紹良主編:《唐代墓誌彙編》,第 581 頁。

嘯而寸寸斷腸,聽鳥聲而雙雙下淚"①的句子,但毫無疑問,"看花落淚,聽鳥心驚"與《春望》中所要表達的意思最爲相近。雖然張護諸人的籍貫和歸葬地點並不相同,有的在邙山,有的在偃師,却都在以洛陽爲中心的區域之內,而杜甫的出生地河南鞏縣,正與之毗鄰。故而我們認爲,杜甫創作《春望》以前應當見過墓誌銘銘文中經常出現的"看花落淚,聽鳥心驚"等套語,並將其踏雪無痕地點化成了"感時花濺淚,恨別鳥驚心",從而成爲傳誦千古的名句。

再如白居易的《中隱》詩歷來被當作"吏隱"和"窮則獨善其身"的代表,"大隱住朝市,小隱入丘樊"②更是成爲後人歡賞的名句。但經過考察,我們却發現類似的語句在新出土的唐代墓誌銘中也時有出現,甚至成爲墓誌銘中常見的套語。如《唐故處士武騎尉王府君(羊仁)墓誌銘》中説:"大隱隱朝市,小隱隱林藪。"③作於儀鳳三年(678)的《大唐故王府君(寶)墓誌銘》中也有"小隱林藪,爰辭汝潁之間;大隱市朝,方住伊瀍之曲"等語句。其餘如"大隱朝市""諧大隱於朝市"也經常出現在新出墓誌之中。雖然六朝時期的史書和詩歌中已有類似的言論,如《晉書·鄧粲傳》記載:"夫隱之爲道,朝亦可隱,市亦可隱。隱初在我,不在於物。"④王康琚在《反招隱》詩中更是明確説道:

① 蕭統撰,俞紹初校注:《昭明太子集校注》,鄭州:中州古籍出版社,2001 年版,第 237 頁。
② 白居易著,朱金城箋校:《白居易集箋校》卷二二,第 1493 頁。
③ 周紹良主編:《唐代墓誌彙編》,第 1445 頁。
④ 房玄齡等:《晉書》卷八二,北京:中華書局,1974 年版,第 2151 頁。

"小隱隱陵藪,大隱隱朝市。"①這可能是墓誌銘中的套語和白居易詩歌的共同來源,但墓誌銘中的套語顯然與白詩更加接近,白居易在創作《中隱》時應該也對前人的詩文作品和唐代流行的墓誌銘作了較多參照。

　　值得附帶一提的是,李清照的名作《夏日絕句》中的警句"生當作人傑,死亦爲鬼雄"也能從唐代墓誌銘中找到雛形。雖然"人傑"和"鬼雄"單獨使用出現的時間很早,②但就現有的資料看,唐代墓碑文和墓誌銘却是率先將兩者對舉以表彰傳主的生前功業和死後哀榮的。這恰恰是因爲墓碑文和墓誌銘正是要記載一個人從出生到死亡的整個過程,且重在凸顯傳主生平中的光輝事迹,"生爲人傑"意在贊揚傳主生前的業績,"死作鬼雄"則表達了對傳主死後的希冀,與墓碑文和墓誌銘的功用適相一致。張説《贈涼州都督上柱國太原郡開國公郭公碑》的銘辭中有"生爲神將,死爲鬼雄"③的語句。幾方新出土墓誌銘的銘文則徑直將"人傑""鬼雄"對舉,如《大周故騎都尉辛君(恭)墓誌銘》銘辭云:"生爲人傑,死作鬼雄。刊銘勒石,紀地無窮。"④無獨有偶,《大唐故左衛司戈劉府君(景嗣)墓誌銘》中也有騷體銘

---

① 蕭統編,李善等注:《六臣注文選》卷二二,北京:中華書局,2012年版,第404頁。

② "人傑"的用例,如《史記・高祖本紀》記載,劉邦將張良、蕭何、韓信三人視作"人傑":"此三者,皆人傑也,吾能用之,此吾所以取天下也。"(司馬遷:《史記》卷八,北京:中華書局,2014年版,第480頁)"鬼雄"的用例則早在《國殤》中即已出現:"身既死兮神以靈,子魂魄兮爲鬼雄。"(湯炳正、李大明、李誠等注:《楚辭今注》,上海:上海古籍出版社,2012年版,第75頁)

③ 張説著,熊飛校注:《張説集校注》,北京:中華書局,2013年版,第828頁。

④ 周紹良、趙超主編:《唐代墓誌彙編續集》,第362頁。

文:"生作人傑兮死爲鬼雄。"①李清照的詩與這些銘辭均頗爲接近。可見"人傑"與"鬼雄"對舉在唐代墓誌銘的銘文中也形成了一種固定的程式,加上趙明誠夫婦本身就勤於搜集唐代石刻,因此我們有理由相信,李清照在創作《夏日絶句》時應當見到過經常出現在唐代墓誌銘中的這些套語,並將其化用到了自己的詩歌之中。

通過分析唐代墓誌銘的程式化創作模式,我們可以發現,"看花落淚,聽鳥心驚""生爲人傑,死作鬼雄"等不過是唐代墓誌銘中互相蹈襲的套語,經過著名詩人的點化以後却成爲傳誦千古的名句。雖然這不僅僅是語句的襲用問題,還有語境的轉移與情感的傾注等原因,這些俗語也通過著名詩人的再創造而達到了語益工和興益遠的境界。但我們也不得不承認,對墓誌銘程式化創作模式的考察有助於我們更加直觀地了解詩歌創作中點化前人成句的創作方法和詩歌經典的生成路徑。對於飽受前人批評的唐代墓誌銘創作中的程式化現象,我們也有必要重新進行評估,以期能夠充分挖掘其特有的内涵與價值。

---

① 周紹良主編:《唐代墓誌彙編》,第 1355 頁。

第七章　唐代墓誌銘的文體新變

　　墓誌文體成立後的相當長一段時間内，特別是南北朝到初唐時期，其創作手法相對穩定。由於駢儷風氣的盛行，北朝墓誌銘的銘辭皆用較爲整飭的四言韻文寫成，誌文中也多有一些駢詞儷句。誌文和銘文的比例相對固定，多在 3 比 1 到 2 比 1 之間徘徊。但進入唐代以後，這種"和諧"格局逐漸被打破，不僅銘文中四言一統天下的局面不復存在，誌文和銘文的比例也在不斷地發生變化。墓誌銘在唐代的發展和演變，與唐文的總體發展進程相始終，以新出墓誌爲依據加以考察，有助於揭示其新變的特點及規律。

第一節　騷體滲入與唐代前期墓誌銘創作的轉軌

　　從初唐開始，文章的創作逐漸背棄了南北朝以來的寫作傳統，發生了多方面的變革，較爲突出的表現是從唐太宗貞觀年間起始，墓誌銘銘文創作中騷體手法的運用漸趨增多，這對於初唐文風的轉軌甚至整個唐代文風的變革都有著一定的推動作用。

一、唐代前期銘文中的騷體因素

墓誌銘的銘辭雖然沒有一定之規,篇幅的長短也參差不齊,寫作手法亦無定例,往往帶有較强的主觀性,但自從墓誌銘作爲一種文體成立以後,直到唐太宗貞觀年間,絕大多數銘文均採用四言體式寫成。我們考察《唐代墓誌彙編》《唐代墓誌彙編續集》中收錄的永徽元年(650)之前的三百餘方墓誌銘,發現僅有八方銘辭用了四言以外的體式寫就,除《慈潤寺故大慧□法師(慧□)灰身塔》①的銘辭用六言體寫成外,其餘七篇銘文主體依舊是四言體,但個別語句已發生了變化。現將詳情列表如下:

表 7-1 《唐代墓誌彙編》《唐代墓誌彙編續集》所見非四言銘文詳情

書名	篇名	寫作時間	歸葬地點	非四言銘文内容	出現位置
唐代墓誌彙編	大唐故劉府君(粲)墓誌銘	貞觀十六年(642)	邙山	聞鷄鳴兮不曉,何永夜兮縣縣。	末二句
	大唐故處士霍君(恭)墓誌銘	貞觀十八年(644)	邙山	秋菊萎兮春蘭摧,藤馬悲兮佳城開,雲昏隴兮隴水咽,風入松兮松櫃哀。名與天地而不朽,身永扃乎長夜臺。	末章
	唐故濟州別駕李府君(君絢)墓誌銘	貞觀二十三年(649)	偃師	恨泉門之永閉,痛玄夜之難終。	末二句

① 周紹良、趙超主編:《唐代墓誌彙編續集》,第 37 頁。

續　表

書名	篇名	寫作時間	歸葬地點	非四言銘文内容	出現位置
唐代墓誌彙編續集	隋故朔州長史徐君(彪)墓誌銘	貞觀八年(634)	洛陽清風里	城闕阻兮人世遠,白日暮兮玄夜幽,迺勒銘於沉壤,庶貞芳兮獨留。	末四句
	故幽州功曹魏君(巖)墓誌銘	貞觀十年(636)	邙山	冥冥兮埏袤,窈窈兮泉深。嗟嗟兮傷悼,摧殁兮我□。	末四句
	大唐故衛州刺史李君楊夫人(十戒)墓誌銘	貞觀十九年(645)	萬年	紀徽音於萬古,與蘭菊而俱傳。	末二句
	唐故李思摩妻統毗伽可賀敦延陁墓誌	貞觀二十一年(647)	陪葬昭陵	唯金石與蘭菊,歷終古而堅芳。	末二句

　　從表 7-1 可以發現,唐代墓誌銘的銘辭創作中最早産生變化的是貞觀八年的《徐彪墓誌銘》,其銘文長達四十句,前三十六句均用標準的四言體寫就,而最後四句則採用了騷體句式。作於貞觀十八年(644)的《霍恭墓誌銘》的銘文也是如此。應該説,貞觀年間墓誌銘銘辭的創作雖然已經開始發生變化,但並不顯著。

　　永徽二年(651)以後,銘文中騷體句法開始增多,甚至出現了整章採用騷體寫成的墓誌銘,①但整篇銘辭均用騷體寫作的情況尚未出現。就目前已發現的墓誌銘而言,作於睿宗光宅元

---

① 　如作於乾封元年(666)的《大唐故左衛長史顏君(仁楚)墓誌銘》與作於儀鳳三年(678)的《唐故司馬處士(道)墓誌銘》等等。二文分別見周紹良主編:《唐代墓誌彙編》,第 445 頁;周紹良、趙超主編:《唐代墓誌彙編續集》,第 235 頁。

年(684)的《大唐故銀青光禄大夫尚書左丞盧府君夫人李氏(灌
頂)墓誌銘》是現存最早的整篇銘辭均用騷體寫成的墓誌銘。①
因此,我們可以將睿宗時期視爲墓誌銘辭文體變化的關鍵時期。
就整個變化過程而言,永徽與顯慶年間出現的許多整篇均採用
六言體式寫成的銘辭也頗值得我們重視。根據《唐代墓誌彙編》
及《唐代墓誌彙編續集》統計,截至光宅元年(684),此類墓誌銘共
計十一篇,我們也將其創作詳情列表如下:

表 7-2　《唐代墓誌彙編》《唐代墓誌彙編續集》所收六言銘文詳情
(截至光宅元年)

書名	篇名	寫作時間	歸葬地點	銘文内容
唐代墓誌彙編	唐故行愛州司馬騎都尉李君(强)墓誌銘	永徽六年(655)	邙山	嗟茂族之長久,紛將相之連聲。伊夫君之挺質,實耀彩之飛繸。俄沉舟於桂水,揚素旆而北征。松檟森於芒嶺,芳烈焕而凝清。

---

① 其全文如下:"天尊地卑兮剛柔絶,一陰一陽兮男女別。小往大來兮泰道平,
夫婦夫婦兮人道成。有一人兮信爲美,配良人兮耦君子。卦兆合兮鳳凰開,
束帛流兮羔雁來。百兩歸兮三周畢,桃李逞兮芝蘭室。心其堅兮如膠漆,調
克諧兮比琴瑟。四序環兮始且終,百年人兮有復空。黄泉路兮無春日,白楊
樹兮多悲風。"見周紹良主編:《唐代墓誌彙編》,第 725 頁。此篇銘文採用
"四兮三""三兮三"相繼的騷體句式寫成。關於這種體式的命名,參葛曉音:
《論漢魏三言體的發展及其與七言的關係》,《上海大學學報》(社會科學版),
2006 年第 3 期,第 60 頁。從此以後,騷體句式在銘文創作中得到越來越多
地運用,句式也發展成多種形式,除上述兩種之外,還有"二兮二""四兮四"
"三兮二""三兮四"等多種,或者是兩種或幾種形式的組合。關於這些騷體
句式的用例及其特點,筆者另有專文展開討論,此不詳述。

續　表

書名	篇名	寫作時間	歸葬地點	銘文內容
唐代墓誌彙編	唐故洛陽縣淳俗鄉君效夫人（姬）墓誌銘	永徽六年	邙山	瞻紛紜之盛烈，播帝籍之縑緗。俯貽則於千載，仰當代之琳琅。凝德音於淑媛，實景行昂藏。貞順豔於春日，志節粲於秋霜。何天德之無輔，奄摧落於斯良？悲華庭之少行跡，泣重皋而掩芬芳。歌薤露兮酸野外，風蕭蕭兮悽白楊。
	唐故新安縣令趙君（仲子）墓誌銘	永徽六年	長安	信美玉之蘭秀，忽摧璧而芳萎。惟園林之風月，仰松櫬而含悲。
	唐故樂君（文義）墓誌銘	顯慶元年（656）	邙山	嘉公族之遐茂，與蘭菊而流芳。縮銀艾之華繡，鏘玉佩而鳴璫。惟夫君之英挺，實通理而含章。何福扃之慶閴，掩彩滅而總張。俄雙鳧之沉影，忽兩劍而韜光。月靄靄兮寂池館，風蕭蕭兮悲白楊。
	唐故陽城縣白土鄉君孔氏（玉）墓誌銘	顯慶二年（657）	陽城	瞻紛郁之咸列，布帝籍之縑緗。俯貽則於千載，豈一代之琳琅。凝德音於淑媛，實景行之昂藏。貞順昭於春日，志節粲於秋霜。何天德之無輔，奄摧落於斯良，薤露歌兮凝曉霧，風蕭蕭兮悽白楊！
	唐故范處士（信）墓誌銘	顯慶四年（659）	邙山	仰玄冑之芬馥，魯史盛其同盟。自有周之布葉，迄於今而飛緌。伊夫君之顯允，自弱冠而凝清。雅逢時之屯否，乃得性而通情。及預身於有道，亦不染於榮名。寄心神於正覺，重道義而財輕。玩得一之微妙，樂八解之歸貞。何福慶之無驗，奄中曦而早暝。仰德音□無昧，悲日暮之松聲。

續　表

書名	篇名	寫作時間	歸葬地點	銘文內容
唐代墓誌彙編	唐故上谷侯夫人義明鄉君譚氏(二娘)銘	龍朔元年(661)	邙山	瞻紛綸之盛列,播帝籍之縑緗,俯貽則於千載,仰當代之琳琅。凝德音於淑媛,實景行之昂藏。貞順豔於春日,志節爛於秋霜。何天德之無輔,奄摧落於斯良?悲華庭之少行跡,泣重皁之掩芬芳,歌薤露兮酸野外,風蕭蕭兮悽白楊。
	唐故袁夫人(相)墓誌銘	乾封二年(667)	邙山	鑠茂族之玄胄,繼司空之徽猷,交朱軒於帝里,飛紫蓋於長□。惟祖考之美德,苞杞梓於前修。兼□義於□抱,究道範於墳丘。毓夫人於貞順,冀克奉以□儔。乃□顧於□訓,非正道而不由。望作則而延壽,希□□而沉休,□□凝兮夜冷,松風振兮增愁!
唐代墓誌彙編續集	慈潤寺故大慧□法師(慧□)灰身塔	貞觀二十一年(647)	安陽	□□界之□□,念四生之沉溺,沒愛河而不□,玩火宅而無惕。識莫□於真假,智常昏於動□,何大覺之□□,□火□於大千,示三事之□樂,實六趣之福田,雖慧日之□隱,乃慧炬□□傳。彼上人之應迹,暢微言之□□。開不二之法門,□會三之妙理,□□儀與器度,信卓然而高視,惟諸行之無常,究竟□□□□。痛哲人之云逝,刊玄石而記烈,雖□惡而海□,恕徽音之無絕。
	永徽040(按:此文標題和誌主姓名均佚)	永徽六年	邙山	鑠高族之玄胄,繼有周之徽猷。惟夫君之美德,總信義於前修。俄雙梟之影□,忽兩劍而沉休。薤露淒兮凝冷,松風振兮□秋。

續　表

書名	篇名	寫作時間	歸葬地點	銘文内容
唐代墓誌彙編續集	唐故姚君(才)墓誌銘	顯慶三年(658)	邙山	仰華宗之高邈,信杞梓之齊徽,惟夫君之二□,實蘭桂之凝霏。何德言之無輔,俄雙劍之沉□,□野外之虛廓,銘景行□□□。

騷體最重要的標誌之一就是"兮"字,"兮"既可用於句中,又能用於句末。假如用於句末,則"兮"字前後均爲六言體式,這是早在屈原時代就產生的。在後世的發展演變過程中,不少騷體詩句中的"兮"字逐漸失落,出現了句腰虛字的六言體。這種夾虛字的模式以"三 X 二"式的節奏最爲常見。① 表 7-1 所列之銘文,除個別句子運用了最爲典型的騷體句"三 X 三"式以外,其他銘文全都採用了"三 X 二"式的節奏,並且從結構上來説,其中的三言又可細分爲"一二"式的動賓結構。因此我們認爲這些銘文所採用的體式應當是"兮"字脱落的騷體句。

---

① 葛曉音先生在討論騷體的句式特徵時説:"《離騷》的基本句式可分爲三種類型,一類是六言,即'兮'字兩邊爲六言句。如'帝高陽之苗裔兮,朕皇考曰伯庸'……這類結構的六言節奏又可分爲兩種,一種是三字音節詞組和二字音節詞組中間夾虛字,如'回朕車以復路兮,及行迷之未遠',可以用三 X 二的公式來表示。'三'代表句腰前面的三音節詞組,'二'代表句腰後面的二音節詞,X 代表六言句中'之''以''其'等虛字即句腰的位置。"見葛曉音:《從〈離騷〉和〈九歌〉的節奏結構看楚辭體的成因》,《學術研究》,2004 年第 12 期,第 125 頁。王德華先生則認爲:"後世騷體'兮'字的失落主要表現在兩個方面:一是……二是句腰虛字的六言句式上下句之間'兮'字失落,形成句腰虛字的六言句,也就是純粹的'三 X 二'節奏句式。"見王德華:《騷體"兮"字表徵作用及限度》,《浙江大學學報》(人文社會科學版),2008 年第 5 期,第 89 頁。

　　我們由此可以得出這樣的結論,雖然騷體因素早在貞觀初年即已滲透到墓誌銘銘文的寫作中來,但最初僅限於銘文的後面幾句,在當時的影響不算太大。從唐高宗永徽年間起,騷體的影響日趨擴大,整篇銘辭全用騷體句式寫成的墓誌銘也開始出現。不僅如此,就其分佈範圍而論,除最集中的葬地邙山之外,也分佈在長安、偃師、安陽、陽城等地,可見這種騷體句式的使用地域是較爲廣泛的。這也説明銘文中採用騷體句法的創作模式已經在一定的時空範圍内產生了影響。

　　我們還注意到出土於邙山的幾方墓誌銘,銘文的寫法大同小異,彼此間的模仿痕迹極爲明顯。特別是《效姬墓誌銘》和《譚二娘墓誌銘》的銘辭,僅有一字之差。而這兩篇墓誌銘決非同一人所寫,因爲寫作時間相距較遠,誌主的身份也有很大差異,合理的推測是當時的墓誌銘創作已有如同"書儀"一樣的創作範本,具體寫作時,只需將某些關鍵性的文字稍加改動即可,亦即本書第六章所論述的唐代墓誌銘創作中的程式化現象。類似採用騷體句式創作的模板很多,可見在銘文中摻入騷體句法的寫作方式已經爲很多作者甚至誌主家屬所接受。這也説明初唐時期,墓誌銘銘文創作中納入騷體因素已經成了一種帶有普遍性的社會現象,並且得到了較爲廣泛的使用。

二、騷體與文風革新

　　初盛唐時期的文風革新,向來是學術界極其關注的話題。"初唐四傑"與陳子昂被視爲引領時代潮流的關鍵人物,相關討論已經較爲充分。但在創作實踐中引入騷體,作爲他們革新文風的重要標誌,却没有引起學術界的重視。而這種實踐的重要表現之一就是他們的墓誌銘創作。

王勃和楊炯所撰寫的墓誌銘大量使用了騷體句式,王勃有三篇墓誌銘寫本傳世,①其中作於總章元年(668)的《歸仁縣主墓誌》,銘辭第六章的最後四句即採用六言句式寫就:"泣松聲於隴隧,沉蕙質於泉壇。想清規而可作,題翠琰而知難。"②應可看成"兮"字脱落後的"三 X 二"節奏的騷體句。楊炯所作墓誌銘現存十篇,③有四篇銘文的創作體式有所變化,如《從弟去盈墓誌銘》《從甥梁錡墓誌銘》《彭城公夫人爾朱氏墓誌銘》《伯母東平郡夫人李氏墓誌銘》。特別是《李氏墓誌銘》,銘文長達五十六句,兩百二十四字,全部採用四三外加"兮"字的騷體句式創作。盧照鄰、駱賓王創作的墓誌銘雖無留存,不過盧照鄰晚年運用騷體寫成的《獄中學騷體》《五悲》和《釋疾文》等却在當時頗有影響,爲時人傳誦。《舊唐書·盧照鄰傳》稱其"頗有騷人之風,甚爲文士所重"④。這些均可與王勃、楊炯等人在墓誌銘中植入騷體句法相印證。

在墓誌銘創作中大規模運用騷體句式的典型當推陳子昂,這是他從事文風革新極爲重要的實踐。陳子昂創作的墓誌銘

———————

① 現藏於日本,最早由羅振玉抄録傳回國内,後被陳尚君先生收入《全唐文補編》。
② 陳尚君輯校:《全唐文補編》卷一五,第 184 頁。
③ 據中華書局 1980 年徐明霞點校本《楊炯集》統計,卷九全爲墓誌,共八篇,加上補遺中所收的兩篇,總計十篇。
④ 劉昫等:《舊唐書》卷一九〇上,第 5000 頁。

現存十二篇，①其中有兩篇標題標明"某某墓誌"，屬於有誌無銘的情況，另外六篇墓誌銘的銘文均採用騷體，還有兩篇銘文則部分運用了騷體句式。作於天授二年（691）的《故宣議郎騎都尉行曹州離狐縣丞高府君墓誌銘》的銘文，已經運用了非常嚴整的騷體："泱泱大風，其太公兮。穆穆君子，紹厥宗兮。忠鯁察廉，仕漢宮兮。才高位卑，考終命兮。哀哀孤子，號蒼穹兮。歸葬平陵，松柏桐兮。"②

　　陳子昂在墓誌銘中運用騷體句式，與他在其他文章中屢屢植入騷體因素是相輔相成的。如《國殤文》明顯承襲了屈原之《國殤》，不僅主題接近，句法也極爲類似，如："殺氣凝兮蒼雲暮，虎豹慄兮殤魂懼。殤魂懼兮可奈何？恨非其死兮棄山阿。"③此外還直接化用了《國殤》中的成句："壯士雖死精魂用。"④陳子昂的許多文章都採用了騷體句法，所以杜甫才稱贊他説："有才繼騷雅，哲匠不比肩。公生揚馬後，名與日月懸……終古立忠義，《感遇》有遺篇。"仇兆鰲評論道："此贊其才名過人。上追騷雅，下踵揚馬，六朝不足道矣。"⑤可見，杜甫將

①　此據中華書局上海編輯所1960年徐鵬點校本《陳子昂集》卷六所收墓誌銘統計。

②　陳子昂：《陳子昂集》卷六，第127頁。

③　陳子昂：《陳子昂集》卷七，第146頁。

④　姚聖良認爲："《國殤文》中的一些句子也是直接化用《國殤》中的句子，如《國殤》中有'魂魄毅兮爲鬼雄'，《國殤文》中有'壯士雖死精魂用'，他們之間的繼承關係是很明顯的。"見姚聖良：《試論陳子昂對〈楚辭〉的認識和繼承》，《阜陽師範學院學報》（社會科學版），2002年第5期，第76頁。

⑤　杜甫：《陳拾遺故宅》，仇兆鰲：《杜詩詳注》卷一一，北京：中華書局，2005年版，第1146—1148頁。

陳子昂與漢代騷賦創作最傑出的代表揚雄、司馬相如類比的真正原因也在於他試圖運用騷體，擺脱六朝綺靡文風的影響。

從銘辭最早發生變化的《徐彪墓誌銘》（作於貞觀八年）算起，到王勃、楊炯的出生尚間隔了十餘年，較陳子昂的生年更是差了二十多年。即便以出現時間較晚的整篇銘文都採用騷體寫作的墓誌銘而論，寫作時間也大都在陳子昂出生以前。也就是説，騷體手法滲入到墓誌銘創作中，也具有一個較長的發展過程，經歷了近半個世紀的醞釀，終於影響到"初唐四傑"與陳子昂等人的創作。他們在寫作過程中充分吸納了這些新産生的積極因素，並在其創作實踐的基礎上，進一步提出了詩文革新理論，最終促成了唐代詩風和文風的轉軌。

需要特别説明的是，騷體因素僅是促使陳子昂等人進行詩文革新的重要因素，但並非唯一因素。本節僅僅選取了前人關注較少的一個視角，探討了影響唐代文風變革的這一因素在唐初墓誌銘中的演變、具體表現以及它對陳子昂等人創作的影響，是我們研究新出土墓誌銘與唐代文風變革的一個重要側面。

第二節　古文運動的興起與唐代中期墓誌銘創作的遷革
——以誌文、銘文比例的消長爲研究中心

古文運動是研究唐宋文學史不能回避的重要問題，這一問題既是多層面的，更是多元化的，古往今來取得的研究成果也極爲豐富。總體看來，宏觀鳥瞰的論述較多，微觀分析的論著

較少。以新出土墓誌銘爲參照研究古文運動的發生和演變歷程，可提醒研究者注意無論研究文學思潮，還是文體演變，都離不開對微觀現象的考察，從而亦可進一步提出這樣的問題：古文運動與唐文創作存在著怎樣的關係？隨著古文運動的深入，墓誌銘創作發生了何種變化？古文運動的興衰情況，又是如何通過唐代墓誌文體的發展演進折射出來的？

一、初盛唐之際古文運動的醞釀與墓誌銘的創作風貌

一般認爲，唐代的古文運動是以反對駢文、提倡古文爲主的文體改革運動，並且以韓愈的倡導爲標誌達到高潮。古文運動的高峰雖然發生在中唐以後，萌芽時間却較早，即使在駢文極盛的南北朝時期，文章復古的聲音也並未完全消失，許多人注意到了駢體的缺陷，仍有人在撰寫相對質樸的散體，有的當權者甚至試圖用政治手段進行文體變革。西魏時期的蘇綽曾公開批評當時文風的輕薄，北周初期的李諤曾數次上書指陳駢文的弊端。楊堅登基以後，更是屢次下令希望徹底清理華靡的文風，並將文辭華豔者治罪。遺憾的是，這樣一系列改革措施，並未能徹底打破駢文一統天下的格局，因而古文的發展也較爲緩慢。一直到隋代，文章創作仍然沿襲著以往的傳統，墓誌銘亦然。南北朝至初唐時期的墓誌銘，用語均以駢儷爲主，講求字句的工整和華美，重視聲律的調諧和對仗，不僅誌文多四六之文，銘文也一律用四言韻語寫成。

另外，唐前與初唐時期墓誌銘中誌文和銘文的比例也頗值得關注。南北朝時期的墓誌銘，誌文字數相對較少，銘文字數

與誌文差近,尤以四言長銘爲多,誌文與銘文的比例與後世的
情況區別較大。按字數計算,大部分墓誌銘的誌文和銘文比例
在 3 比 1 到 2 比 1 之間。唐朝初年,墓誌銘中的駢詞儷句依然
較多,誌文和銘文的比例也與南北朝時期相類,仍勢均力敵,個
別字數較少的墓誌銘,銘文字數甚至超過了誌文。① 這是因爲
駢儷風氣的盛行,使得大多數撰者仍然重視銘辭的寫作。總體
來説,從六朝到初唐,銘文在整篇墓誌銘中所佔的比重還是相
當大的,遠遠超過盛唐以後的各個時期。從武后統治時起,誌
文和銘文的比例逐漸有了變化。

　　隨著武則天時代的陳子昂、吳少微和富嘉謨以及玄宗初期
的蘇頲、張説等人的革新,古文運動進入了醖釀時期,文章創作
中騷體和散體句法的運用,爲天寶至大曆年間李華、蕭穎士、獨
孤及等復古先驅的創作提供了寶貴經驗。同時吳少微和富嘉
謨重經典、本經術的創作實踐,對安史之亂以後古文家們復興
儒道,徵聖宗經,提倡文章的教化作用和韓愈"文以載道"説的
提出也產生了一定的促進作用。

　　伴隨古文運動的產生和發展,從武則天統治時起,墓誌銘
的創作也開始發生新的變化。陳子昂不僅有自己的理論主張,
也在具體創作實踐中表現出了反對華靡文風的傾向,在墓誌銘
寫作中大量運用騷體句式。與陳子昂同時的吳少微、富嘉謨更

---

① 如《大唐尚書都事故息顔子(襄子)之銘》和《唐故蓬州安固縣令孫君(建)墓
誌之銘》等等。二文分別見周紹良主編:《唐代墓誌彙編》,第 314 頁;周紹
良、趙超主編:《唐代墓誌彙編續集》,第 190 頁。《顔襄子之銘》誌文僅有短
短 64 字,銘文却多達 144 字,是誌文的兩倍還多。

是努力擺脱駢文"纖靡淫麗"的陋習,開創了"崇雅黜浮"的新文風。《舊唐書・富嘉謨傳》云:"先是,文士撰碑頌,皆以徐、庾爲宗,氣調漸劣;嘉謨與少微屬詞,皆以經典爲本,時人欽慕之,文體一變,稱爲富吴體。"①《新唐書》中也説:"天下文章尚徐、庾,浮俚不競,獨嘉謨、少微本經術,雅厚雄邁,人争慕之,號'吴富體'。"②這種反對徐、庾風氣,撰文注重以經典爲宗的原則在他們的墓誌銘創作中也得到了明顯的體現。吴、富二人合撰的《崔暟墓誌》中雖然"還有一些駢文的句子,而總體上已經散化,可見,吴、富二人在文體上的變革,魄力是相當大的。更爲重要的是,文中對於儒家經典的提倡,開了中唐韓愈文以載道的先聲"。③

時代略晚於吴、富的蘇頲、張説,在前人的基礎上將文體變革繼續向前推進。宋代的魏了翁等人曾多次稱贊他們對唐文發展的貢獻,認爲他們革新文風的做法正是爲韓愈倡導的古文運動開闢了道路。魏了翁曾在《唐文爲一王法論》中説:"史臣以唐文爲一王法,而歸之韓愈之倡。是法也,惟韓愈足以當之……有唐之興,繢章繪句,尚存江左之失。未宗燕、許……未得王、楊……天下之習,沉涵浸漬之久,則其弊非一朝之可革……況唐之文敝漸靡晉、宋之餘習……雖太宗、高宗主之,而斯文之弊且不能盡革。使文章之變,非燕、許諸人爲之先,則一韓愈豈能以一髮挽千鈞哉!"④僅就墓誌銘而論,蘇頲的《唐故司

---

① 劉昫等:《舊唐書》卷一九〇中,第 5013—5014 頁。
② 歐陽修、宋祁:《新唐書》卷二〇二,第 5752 頁。
③ 胡可先:《出土文獻與中古文學研究》,第 175 頁。
④ 魏了翁:《鶴山集》卷一〇一,影印《文淵閣四庫全書》第 1173 册,上海:上海古籍出版社,1987 年版,第 463—464 頁。

農寺主簿崔君（日新）墓誌銘》銘文：“邙阜隱嶙兮陂陀，南青城兮北洪河。出國門兮即山阿，往哀送兮去苦多。揚聲華兮蘭有風，悲夭短兮薤有歌。余嗟崔君兮奈何！”①銘辭通篇用騷體寫成，與通行的四言體式相比，騷體更能表現作者低徊哀婉的傷悼之情。再如《爾朱呆夫人韋氏墓誌銘》《武嗣宗墓誌銘》和《衡守直墓誌銘》，張説的《張氏女墓誌銘》等均部分運用了騷體句法。銘文中騷體元素的增多，也從句式上打破四言一統天下的局面。同時，誌文中語言散文化的特點已經比較明顯，很好地繼承了吳、富等人的變革傳統。他們所撰的碑、誌文多用散句，此前碑誌文寫作中四六對仗的體式在蘇、張的文章創作中開始減少，駢散結合的用例漸趨增多，三言體也逐漸受到他們的青睞。如蘇頲在《衡守直墓誌銘》中説他：“八歲，讀老莊，閲墳素……十六，遊太學，討群書。十八，旋本郡，應賓舉。允矣人望，揚於王庭。曾謂移官，克施從政。”②張説在《送田郎中從魏大夫北征篇序》中也採用了三言句法：“總部曲，統五羌，署將士，校侯王，班律事，功列而後動。”③這些三言體與其他體式相融合以後，就形成了一種駢中帶散、駢散結合的新體式，整篇墓誌也靈動而富有變化，以往墓誌銘中動輒就是駢四儷六的沉悶格局開始被打破。除此以外，他們創作的一些墓碑文和墓誌銘還不同程度地存在著許多散體語句，如張説的《周故通道館學士張府君墓誌銘》和《唐故夏州都督太原王公神道碑》，蘇頲的

①　吳鋼主編：《全唐文補遺》第五輯，第 25 頁。
②　吳鋼主編：《全唐文補遺·千唐誌齋新藏專輯》，第 135 頁。
③　董誥等編：《全唐文》卷二二五，第 1003 頁。

《武嗣宗墓誌銘》和《崔日新墓誌銘》等，張說的《贈太尉裴公神道碑》幾乎通篇都是運用散體寫就的。

這一時期的墓誌銘，除了句法和行文體式上的改變之外，還出現了一些新的變化：誌文和銘文的比例發生了改變，誌文字數有所增加，銘文字數逐漸減少①，文章規模漸趨擴大；墓誌銘中散體和騷體句式的運用逐漸增多，更爲適合記叙事實原委，同時也可以兼顧感情的抒發；就銘文本身來看，四言體佔據絕對優勢的格局開始改變，騷體句式、三言和雜言的運用逐漸增多。誌文的不斷增長和銘文的漸趨縮短，也使兩者的比例發生了新變化：雖然部分墓誌銘的誌、銘比例還維持在 3 比 1 上下，不過數量已經較少，大多數墓誌銘的誌、銘比例都保持在 5 比 1 左右，還有的已然達到或者超過 10 比 1，比例最大的甚至達到了 15 比 1。

二、古文運動的興起與中唐墓誌銘創作的新變

經過初盛唐時期的準備，古文運動逐漸醖釀並發展成熟，到了中唐，在韓愈、柳宗元等人的倡導和實踐之下達到高潮。此時逐漸出現了一股用先秦兩漢時期質樸自然、散行單句爲特點的散文反對六朝以來盛行的講求聲律、對偶、堆砌辭藻的駢體文的潮流。唐德宗貞元年間，在韓愈的大力倡導之下，古文

---

① 許多墓誌銘銘文字數都在 30 字左右，開元年間甚至出現了只有十幾個字的銘文，如《故萊州長史王府君妻墓誌銘》："天長地久，浮生休死，送死事生，古今何幾！"見周紹良主編：《唐代墓誌彙編》，第 1211 頁。再如《大唐故人劉君（遼）墓誌銘》《幽棲寺尼正覺浮圖之銘》等墓誌的銘文也都只有十餘字。如此之短的銘文，在唐代早期是極爲罕見的。

産生了廣泛影響。許多人向韓愈請教,一時之間"韓門弟子"甚衆,成就最爲突出的當屬李翱與皇甫湜。憲宗元和年間,在柳宗元的極力支持之下,韓愈的這一主張更爲盛行,古文的地位也更加凸顯。從貞元到元和的二三十年,古文逐漸壓倒駢文,成爲流行一時的新風尚。韓愈等人試圖通過對文風和語言形式的改革,以剛健質樸、清新流暢的散文代替綺麗柔靡、華而無實的駢文,以達到"文以載道"、反對佛老之目的。

　　這一指導思想也在他們創作的墓誌銘中得到了較爲集中的體現。作爲墓誌銘創作的大家,韓、柳二人將他們在詩風、文風改革方面的主張運用到了墓誌銘的寫作上,給中唐時期的墓誌銘帶來了新活力。與詩歌創作中的"以文爲詩"相一致,韓愈也把多種創作手法和寫作技巧灌輸到了墓誌銘之内,遣詞用語和創作技巧等方面均達到了較高的境界,豐富了墓誌銘的表現手法,擴大了它們的具體内涵。除了運散代駢外,韓愈創作的墓誌銘還突破了以往的寫作常規,真正實現了"不師今,不師古,唯師是爾""能自樹立,不因循"和"文章語言,與事相稱"的主張,因此前人對他的墓誌銘創作評價極高,認爲是他散文中寫得最好的一類,如陳衍在《石遺室論文》中説:"其文之工者,第一傳狀碑誌,第二贈序,第三雜記,第四序跋,第五乃書説論辯。"①又説:"昌黎最工碑版文字。"②錢穆則認爲韓愈的碑誌銘雖然骨格仍是"龍門之史筆",但他刻意將"散文法融鑄入金石

① 陳衍:《石遺室論文》卷四,見陳衍撰,陳步編:《陳石遺集》,福州:福建人民出版社,2001 年版,第 1602 頁。
② 陳衍:《石遺室論文》卷四,見陳衍撰,陳步編:《陳石遺集》,第 1607 頁。

文而獨創一體"，因此可以做到"設例取勢，因人爲變。創格造局，錘句煉響，極行文之能事。可謂前無古人，後無來者"。① 與韓愈相同，柳宗元亦在墓誌銘創作中引入了散文手法，他創作的墓誌銘從形式到内容也都產生了新變。

整體而言，韓、柳對墓誌銘的改造集中表現於如下五個方面。

第一，行文方式突破了慣用套路。這可從墓誌銘的開篇與家世淵源的介紹兩個方面進行闡述。

就墓誌銘的開篇來説，韓愈撰寫的《柳子厚墓誌銘》，一開始就顯示出了他的創新之處。以往的墓誌銘都將誌主稱作"公"，韓愈却直接用其表字稱呼柳宗元，並且將其貫穿全文。柳宗元在《獨孤申叔墓誌銘》中也以"獨孤君"和"君"稱誌主，不僅反映出他們關係的密切，也令讀者覺得極爲新奇。一般來説，墓誌銘要介紹誌主的姓名、字號、世系、鄉邑、壽年、卒葬時地等信息。自墓誌文體成立以來，墓誌銘中對這些内容的交代逐漸形成了一種固定的程式，多數先要介紹誌主的姓名、籍貫與世系。雖然不同的墓誌銘之間有所差異，但一般不會有太大的偏差。韓、柳創作的墓誌銘，則徹底打破了這種寫作順序，直接用"公諱×，字×。××人也。其先出自××"等程式化的語句開篇者較少見，如韓愈《南陽樊紹述墓誌銘》起句即云："樊紹述既卒，且葬，愈將銘之，從其家求書，得書號《魁紀公》者三十

---

① 錢穆：《雜論唐代古文運動》，錢穆：《中國學術思想史論叢》（四），北京：生活·讀書·新知三聯書店，2009 年版，第 49 頁。

卷。"①介紹了樊宗師卒後家屬向韓愈請銘和樊宗師的著作情況。柳宗元所撰《孟常謙墓誌銘》開篇也先交代了誌主之子爲其父請銘的情形。② 這些墓誌銘在語言和筆法方面也顯得更加靈活、生動與新鮮,不僅達到了章無定法、隨心所欲的地步,同時又不違背墓誌銘撰寫的宗旨。

就家世淵源的介紹而論,韓、柳撰寫的墓誌,也不像以前那樣套語連篇。如以往的墓誌銘,多數會將呂氏之世系上溯到周太師,用"其先周太師之後""本根盤礴,枝幹扶疏"之類的套語加以説明。呂温爲其父所撰的墓誌銘中就説:"吾先府君諱渭,字君載,其先炎帝之胤也。周已上保姓受封,倬乎國史;漢已下支分派引,焕在宗諜。至晋,永、寧二州牧潛生河東太守充,子孫因家,我承其後,世以儒行,爲郡清族。"③柳宗元在《呂侍御恭墓誌》中介紹呂氏之世系時,却説的很簡潔:"呂氏世居河東,至延之始大,以御史大夫爲浙東道節度大使。"④韓、柳創作的其他墓誌銘也大都簡明扼要,與此類似。或許是因爲他們寫作的墓誌銘能夠突破以往的程式化特徵,陳寅恪先生才認爲昌黎、河東集中碑誌傳記之文"多創造之傑作"⑤。

第二,借鑒了傳記文學的寫作方法。唐代中期之前的墓誌

---

①　韓愈撰,馬其昶校注:《韓昌黎文集校注》卷七,第 540 頁。

②　柳宗元:《柳宗元集》卷一〇,第 260 頁。

③　李春敏:《唐呂渭墓誌考釋》,趙振華主編:《洛陽出土墓誌研究文集》,北京:朝華出版社,2002 年版,第 399 頁。

④　柳宗元:《柳宗元集》卷一〇,第 255 頁。

⑤　陳寅恪:《元白詩箋證稿》,北京:生活・讀書・新知三聯書店,2001 年版,第 3 頁。

銘,多被譏諷爲千人一面,語言和行文過於呆板。但韓愈將傳記文學手法運用到了墓誌銘的寫作中來,增加了對誌主爲人處事等細節的描寫,通過日常瑣事生動地再現了他們生前的生活狀況,不僅使主人公的形象異常飽滿、鮮活、富有個性,且不易與別人相混。李塗《文章精義》稱:"退之諸墓誌,一人一樣,絕妙。"①錢基博《韓愈志》也說:"隨事賦形,各肖其人。"②《柳子厚墓誌銘》中對此也有所體現,墓誌銘詳細記載了柳宗元改變柳州弊政和主動與劉禹錫互換貶所的話語,不僅展現了柳宗元的政治才華,也凸顯了他的高尚情操。柳宗元也同樣突破了此前一味堆砌誌主生平事迹,近乎流水賬式的敘述模式,選取了一些最能體現誌主個性的細節展開記敘,以此展現他們的性格特徵,使主人公的形象異常鮮活,如覃季子、張因等。這些創新性舉措也使得他們筆下墓誌銘的文學性大爲增強。

第三,加入了作者的思想感情。韓、柳創作的墓誌銘,很大的一個變化就是將自己的感情帶入其中,故而抒情成分較爲濃郁。韓愈《國子助教河東薛君墓誌銘》記敘了誌主薛公達善射的情形:"後九月九日大會射,設標的,高出百數十尺……一軍盡射,莫能中。君……三發,連三中,的壞不可復射。"最後的結局是"帥益不喜,即自免去",而此帥的真實水準卻是"軍帥武人,君爲作書奏,讀不識句,傳一幕以爲笑"。③ 在此,韓愈作了一個鮮明的對比,薛公達乃有真才實學者,卻遭到了上司的怨

---

① 李塗:《文章精義》,北京:人民文學出版社,1960 年版,第 68 頁。
② 錢基博:《韓愈志》,北京:華夏出版社,2010 年版,第 172 頁。
③ 韓愈撰,馬其昶校注:《韓昌黎文集校注》卷六,第 362 頁。

恨，以致英年暴卒。不學無術者却可擔任將帥，統攝三軍。韓愈之所以設此對比，實際上包含了滿腹悲憤和對誌主的深切同情。柳宗元的《故連州員外司馬凌君權厝誌》用凌準對其一生的總結開篇："凡余之學孔氏，爲忠孝禮信，而事固大謬，卒不能有立乎世者，命也。臣道無以明乎國，子道無以成乎家。下之得罪於人，以謫徙醜地；上之得罰於天，以降被罪疾。余無以禦也。敢以鬼事爲累。"還説："吾罪大，懼不克歸柩於吾鄉。"但從柳宗元下文所叙和歷史情況來看，凌準一生並没有太大的過失，這不過是凌準對自己無故遭貶的一種自嘲而已。"子道無以成乎家"指代的正是柳宗元在誌文中所説："以連累出和州，降連州。居母喪，不得歸，而二弟繼死。"[①]與柳宗元在母親去世後"銜哀待刑，不得歸奉喪事以盡其志"[②]的遭遇同病相連，故而更能引起他的共鳴。可見柳宗元所記凌準的這段帶有自我總結性質的文字，也是飽含著强烈的思想情感的。凌準與柳宗元同入"永貞八司馬"之列，兩人有很深的交往，凌準殁後，柳宗元還寫有《哭連州員外凌司馬詩》和《故連州員外司馬凌君墓後誌》等詩文表達對亡友的懷念和哀思。所以柳宗元在權厝誌誌文的結尾流露出了真摯的情感："執友河東柳宗元，哀君有道而不明白於天下，離愍逢尤夭其生，且又同過，故哭以爲志，其辭哀焉。"元和七年（812）七月，唐憲宗立遂王爲太子，大赦天下，凌準的靈柩得以返葬杭州。柳宗元在感到欣慰的同時，又作《故連州員外司馬凌君墓後誌》，對歸葬之事反復稱頌："嘗有非

---

① 柳宗元：《柳宗元集》卷一〇，第263—265頁。
② 柳宗元：《柳宗元集》卷一三，第325頁。

其罪,柩得返葬。凌氏孤……舉其先人之柩,龜筮吉利,某年月歸于杭之新城,祔于其墓。刻前志志其行,益以後志志其時,立碣於墳東南隅,申志於外。"①既表達了對故人冤屈終得平反的喜悅,也寄寓著對自己前途的希冀。

第四,發表了精彩的議論文字。韓、柳以前的墓誌銘,雖然也經常出現議論性語句,但大部分用於評價誌主的德行,或是針對一些宏觀的、帶有普遍性的事實發表議論,但韓愈和柳宗元撰寫的墓誌銘却常從誌主甚至其子嗣的一些特點出發,引出觀點,然後加以評論。

在《柳子厚墓誌銘》中,韓愈叙述了柳宗元主動請求與劉禹錫互換貶所之後,隨即發表了一通議論:"嗚呼!士窮乃見節義。今夫平居里巷相慕悦。酒食游戲相徵逐,詡詡强笑語以相取下,握手出肺肝相示,指天日涕泣,誓生死不相背負,真若可信;一旦臨小利害,僅如毛髮比,反眼若不相識;落陷穽,不一引手救,反擠之又下石焉者,皆是也。此宜禽獸夷狄所不忍爲,而其人自視以爲得計,聞子厚之風,亦可以少媿矣!"②這是將柳宗元同落井下石者的人品進行對比,凸顯了柳宗元的道德情操,認爲落井下石者禽獸不如,是以記叙爲前提進行的對人物品格的議論,對柳氏形象的塑造也顯得更加立體化。

柳宗元在《故連州員外司馬凌君墓後誌》的最後就歸葬一事發表議論:"噫!亦勤矣。以其先人之行,宜克大于後,以其孤之志,宜克承于初。艱其躬以延于無窮,承而大宜哉!"此議

---

① 柳宗元:《柳宗元集》卷一〇,第266—267頁。
② 韓愈撰,馬其昶校注:《韓昌黎文集校注》卷七,第513頁。

論乃針對凌準之子爲其立碣一事所發，柳氏給予了充分的肯定。其他墓誌銘中的議論亦多與此類似，從細微處著手，體現了柳宗元的政治理論、思想主張和價值取向。

　　第五，騷體、散體成分增多，銘文字數繼續減少。韓、柳二人都反對華而不實的駢儷文風，提倡清新流暢的散體語句。這些主張也在墓誌銘特別是銘文的寫作中有所體現。初盛唐之際較爲流行的騷體句法在韓、柳創作的墓誌銘中依舊存在，很多墓誌銘的銘辭中均有所採用。柳宗元的《太府李卿外婦馬淑誌》，銘文即通篇運用了騷體。而散體句式也開始在銘文中出現，錢穆即認爲，韓愈也以散文之氣體筆法爲碑誌之銘文。韓愈所撰的墓誌銘中，很多銘辭通篇運用散體寫就，《柳子厚墓誌銘》銘文云："是惟子厚之室，既固既安，以利其嗣人。"[①]《崔評事墓銘》和《李元賓墓銘》，柳宗元的《筝郭師墓誌》和《呂侍御恭墓誌》的銘辭亦採用了散句和雜言寫成。這與他們的改革創新精神密不可分。

　　韓、柳創作的墓誌銘大多較爲簡潔，有的地方甚至惜墨如金，銘文更是如此。韓愈撰寫的部分銘文字數較少，《李虛中墓誌銘》銘文僅寥寥九字："不贏其躬，以尚其後人。"[②]可謂簡略至極。再如《女挐壙銘》《柳子厚墓誌銘》《四門博士周況妻韓氏墓誌銘》和《試大理評事胡君墓銘》等文章的銘文也都僅有十餘字。柳宗元創作的墓誌銘，銘文雖然大都較長，但也有個別字數較少者，如《賈季子墓銘》和《呂侍御恭墓誌》，《賈季子墓銘》

---

① 韓愈撰，馬其昶校注：《韓昌黎文集校注》卷七，第 514 頁。
② 周紹良主編：《唐代墓誌彙編》，第 1994 頁。

的銘文僅有"困其獨,豐其辱"①短短六字。

受到韓、柳的影響,中唐時期特別是元和以後的墓誌銘發生了很大的變化,不僅語言和行文方式上模仿韓、柳的痕迹明顯,誌文開頭和結尾發表議論和細節描寫的成分增多,文章的格式也顯得更爲靈活,開篇介紹誌主諱字、世系和籍貫的墓誌銘大爲減少。誌文和銘文中散體、騷體的應用逐漸增多。銘辭的句法也變得較爲複雜,三言、七言和雜言得到了更多使用,大中年間甚至出現了寶塔式的銘文:

奉其親,孝且仁。

義高九族,禮浹六姻。

心不欺暗室,迹不愧明神。

宜强壽而貴富,反疾夭而賤貧。

瓊樹一枝泉萬丈,邙山之下洛水濱。

昔人所歸豈舊阡陌,今爾之葬從先夫人。

千秋萬歲後有問此者,曰有唐賢人君子之墳。②

較之誌文,這一時期墓誌銘的銘文更加簡練,許多銘文都只有寥寥數語,《李輔光墓誌銘》③誌文雖長達一千餘字,銘文却只有 32 字,相對於初盛唐時期的墓誌銘,誌文、銘文的比例已發生了極大的改變。中唐時期的墓誌銘,除了極個別的例外,

---

① 柳宗元:《柳宗元集》卷一一,第 290 頁。

② 《唐故進士趙君(珪)墓誌銘》,録文見周紹良主編:《唐代墓誌彙編》,第 2260 頁;拓片見陳長安主編:《隋唐五代墓誌匯編・洛陽卷》第 14 册,第 7 頁。原録文和斷句均有舛誤,此處録文和標點已據拓片校改。

③ 周紹良主編:《唐代墓誌彙編》,第 2007 頁。

銘文再無六朝、初唐時期的鴻篇巨制。直到晚唐時期,駢文再度復興,四言長銘才開始重新出現。

　　銘文字數的減少,同古文運動的進程適相一致。古文運動反對駢詞儷句,主張多用散體。銘文從産生時起,就講求用韻和駢偶。雖然在具體寫作過程中,這一原則不見得都得到了嚴格的執行,但它們已經成爲銘文的主要特徵之一。隨著古文運動的逐漸深入,銘文也相應地發生了上述變化。需要注意的是,中唐時期的古文運動遠不如宋代來得徹底和廣泛,所以銘文的變化也不像宋代那樣強烈。北宋中葉之後,隨著古文運動的再度興起,古文大行其道,駢文日漸萎縮。與之相適應,墓誌銘中的銘文幾乎變成了誌文的附庸,只是象徵性地作爲一種裝飾而已,從歐陽修等人的創作中可以看得很清楚。這也可看作唐代古文運動對於墓誌銘影響的延續。

第三節　駢文復興與唐代後期墓誌銘創作的復古

　　隨著韓、柳等古文健將的去世,中唐時期的墓誌文體變革難以爲繼,駢體勢力捲土重來,晚唐時期的墓誌銘在很大程度上又恢復如初,不僅誌文中的駢體因素日漸增多,形式華美、講求聲律的四言長銘也再度在銘文中佔據主導地位。晚唐的墓誌文體之所以會發生這種變化,一方面是因爲古文運動漸趨衰歇,另外一方面則與晚唐音律的勃興有莫大關聯。

　　葛曉音先生曾指出,駢文的復興與古文的衰落是密切相關的:"因古文運動以反對駢文爲目標,所以二者之間自然形成了互爲消長之勢。駢文的復興是古文衰落的一個重要原因,而駢文之所以復興却又與古文運動的影響和局限有關。"①隨著駢文的復興,中唐時期墓誌銘創作中發生的新變也逐漸被掩蓋,唐代後期墓誌銘的内容和形式,又回復到初盛唐時期的狀態。

一、古文運動的衰落

元和十四年(819)和長慶四年(824),唐代古文運動的兩位主將柳宗元與韓愈相繼病逝,古文運動漸趨式微。韓愈所提倡的文體改革未能持續下去,駢體勢力捲土重來,唐末文壇又被形式華美、講求聲律的四六駢文主導。墓誌文體在韓柳等人改革的基礎上也再次發生了逆轉,會昌、大中以後,駢體因素在墓誌銘中所佔的比重日益擴大。

駢文之所以能在短時間内迅速復興,與古文運動自身的缺陷有關。

一、古文運動領袖人物的革弊很不徹底。韓愈提倡的古文運動雖然以反對駢文爲主要目標,但並未完全革除駢儷文風的影響,這也爲晚唐五代時期駢文的再次興盛埋下了伏筆。雖然韓愈、柳宗元諸人在他們創作的墓誌銘中極力表現出去駢用散的傾向,但由於駢文的影響已深,短期内難有大的改觀。在駢文的熏陶下成長起來的韓、柳也難以將駢文的影子徹底從其文章中袪除。韓愈不僅積極吸取駢體中的有利因素,將其納入詩文寫作之中,還直接進行駢文創作。柳宗元更是有過之而無不

① 葛曉音:《中晚唐古文趨向新議》,葛曉音:《漢唐文學的嬗變》,北京:北京大學出版社,1990 年版,第 194—195 頁。

及，一方面大力反對駢文，另一方面却又大量撰寫駢體。他們在對墓誌銘進行改造的同時，並未能盡革其弊，對駢儷之風仍有所承襲，特別是柳宗元。他筆下的墓誌銘，不僅間或運用駢體，《趙秀才群墓誌》甚至通篇運用七言詩體寫就："嬰臼死信孤乃立，王侯世家天水邑，群字容成系是襲。祖某父某仕相及，嗟然秀才胡伋伋？體貌之恭藝始習。娶於赤水禮猶執，南浮合浦遽遠集，元和庚寅神永戢。問年二紀益以十，僕夫返柩當啓蟄，瀟湘之交瘞原隰。稚妻號叫幼女泣，和者悽欷行路悒，追初憫天銘茲什。"①古文運動的領軍人物尚且如此，其他文人的創作情形自是可以想見。

　　二、古文運動後繼乏人。韓、柳的政治生涯並不如意，他們對文風的變革也缺乏來自高層的支持，其革故鼎新完全是憑藉過人的才力和堅強的意志在苦苦支撐。韓、柳逝世後，弟子與其後繼者們，如皇甫湜、李翱、樊宗師、沈亞之輩更加人微言輕、終生仕途不暢。而且他們對韓愈改革精神的領會也出現了偏差，最終將古文引向了標新立異、追奇尚怪和生僻艱澀的軌道。這在新出的唐代墓誌銘中也有所體現，如《韓昶自撰墓誌銘》中説："及年十一二，樊宗師大奇之。宗師文學爲人之師，文體與常人不同，昶讀慕之。一旦爲文，宗師大奇。其文中字或出於經史之外，樊讀不能通。"②韓昶是韓愈的兒子，他所寫的文章，以怪奇著稱的樊宗師居然也無法讀懂，韓愈繼承者們文風之艱澀由此可見一斑。自身隊伍建設方面的缺陷，也使得古文運動

---

① 柳宗元：《柳宗元集·外集》卷上，第 1348—1349 頁。
② 周紹良主編：《唐代墓誌彙編》，第 2329 頁。

在韓、柳逝世後日趨衰落。

　　三、部分古文家改弦易轍。晚唐時期部分古文家開始轉向駢文創作，最爲典型的就是李商隱。《新唐書·李商隱傳》說："商隱初爲文瑰邁奇古，及在令狐楚府，楚本工章奏，因授其學。商隱儷偶長短，而繁縟過之。時溫庭筠、段成式俱用是相夸，號'三十六體'。"①《舊唐書·李商隱傳》也說："商隱能爲古文，不喜偶對。從事令狐楚幕，楚能章奏，遂以其道授商隱，自是始爲今體章奏。"②李商隱在《樊南甲集序》中，對其由古文轉向駢文創作的經歷記述甚詳："樊南生十六能著《才論》《聖論》，以古文出諸公間。後聯爲鄆相國、華太守所憐，居門下時，敕定奏記，始通今體。後又兩爲秘省房中官，恣展古集，往往咽噱於任、范、徐、庾之間。有請作文，或時得好對切事，聲勢物景，哀上浮壯，能感動人。"③由古文轉向駢文創作以後，李商隱還直接將自己的文集命名爲《樊南四六》④，駢文的痕迹不言自明。雖然李商隱創作的駢文既精工麗密而又不晦澀難通，既外表華美而又

---

①　歐陽修、宋祁：《新唐書》卷二〇三，第 5793 頁。
②　劉昫等：《舊唐書》卷一九〇下，第 5078 頁。
③　劉學鍇、余恕誠：《李商隱文編年校注》，北京：中華書局，2002 年版，第 1713 頁。
④　李商隱《樊南甲集序》："大中元年，被奏入嶺當表記，所爲亦多。冬如南郡，舟中忽復括其所藏，火燹墨汙，半有墜落。因削筆衡山，洗硯湘江，以類相等色，得四百三十三件，作二十卷，喚曰《樊南四六》。四六之名，六博、格五、四數、六甲之取也，未足矜。"見劉學鍇、余恕誠：《李商隱文編年校注》，第 1713 頁。

不乏骨氣,開宋代駢文創作之先河,極爲後人稱道,^①但在當時,他的改弦更張,對古文發展造成的不利影響也是顯而易見的。

古文運動興盛之前,很多應用性文體,如表、狀、箋、啓、碑文等大都用駢體寫成。古文運動興起以後,此類文體,甚至一些制誥、試策都改用散體來寫。但隨著古文運動高潮的結束,這些被散體奪走的文章學陣地又重新被駢體佔據。李、溫而外,段成式、韋莊、羅隱、崔致遠等均寫有大量的駢體文章,很多人甚至還將他們創作的駢文結集。這些文集又以制誥、詔册和表、狀、箋、啓居多,吳麗娛曾指出:"從上至下,從朝廷到地方,表狀箋啓的官文書信也是所謂大手筆、大文章而受到重視,這是晚唐五代社會一個不爭的事實。"^②表、狀、箋、啓在晚唐時期的大量結集,正反映出了這一事實。翟景運在《晚唐駢文研究》

---

① 清人孫梅認爲李商隱的駢文是今體的金科玉律:"徐、庾以來,聲偶未備;王、楊之作,才力太肆。沿及五代,不免庸弱。宋代作者,不無疏拙。惟《樊南甲乙》,則今體之金繩,章奏之玉律也。循諷終篇,其聲切無一字之聲屈,其抽對無一語之偏枯。才斂而不肆,體超而不空,學者舍是,何從入乎? 直齋顧謂'當時稱工,今不見其工',此華簏十種,而觀者胡盧掩口於燕石者也。"見孫梅:《四六叢話》卷三二,北京:人民文學出版社,2010 年版,第 663 頁。高步瀛云:"義山隷事精切,藻思周密……遂開宋四六之先聲矣。"見高步瀛選注:《唐宋文舉要 • 乙編》卷一,上海:上海古籍出版社,1982 年版,第 1133 頁。今人瞿兌之也稱贊其文云:"商隱的文章,雖然表面華縟,然而裏面是很有骨氣的。唐人的駢文,每每缺少庾子山那一種清剛蒼老的骨氣,而商隱不然……他的駢文所以如此出色,還是因爲古文半路出家的緣故。大凡文章作得好的,所融合的派別也必很多,猶如講優生學的説,血緣複雜必能産優秀的子女一樣,商隱也不外此例。"見瞿兌之:《駢文概論》,海口:海南出版社,1994 年版,第 108—109 頁。

② 吳麗娛:《唐禮摭遺》,北京:商務印書館,2002 年版,第 92 頁。

一書中專門製作了《唐代行政公文文集簡表》①，可參看。這些大手筆多用駢體寫就，也是當時駢體興盛的明證。而從李商隱、《舊唐書》中均用"今體"來代指駢體，也能夠看出晚唐時期古文的衰落和駢文盛行的情形。與表、狀、箋、啓等公文書相類似，此時的墓誌銘創作也融入了較多駢體因子。

二、晚唐音律的勃興

雖然從中唐時起，要求改革取士標準的呼聲即屢見諸記載，但晚唐的科舉取士仍然以詩賦爲主。在牛李黨争最爲熾烈的時期，由於李黨要員鄙薄聲律浮豔之氣，唐文宗還曾一度改變試詩的標準，開成二年（837）進士試詩改依"齊梁體格"。但隨著李黨的失勢，開成五年（840）的科場試詩又復返聲律浮豔之舊途。② 牛黨中堅楊嗣復、李珏等人在取士選官時更是以聲律和詞采爲先，科舉取士標準不但没有得到改變，甚至還有愈演愈烈之勢，朝廷的公文寫作、舉子的應試作答仍然以駢文爲主。白居易用駢體撰寫的一些賦、判，如《性習相近遠》《求玄珠》以及百道判，爲新進士競相傳誦。白居易本人也在《與元九書》中説："日者又聞親友間説，禮吏部舉選人，多以僕私試賦判傳爲準的。"③此外，晚唐時期的律賦創作也極爲興盛。《唐故朝請大夫慈州刺史柱國賜緋魚袋謝觀墓誌銘》記載："（觀）生世七歲，好學就傅，能文。及長，著述凡卌卷，尤攻律賦，似得楷模，

---

① 翟景運：《晚唐駢文研究》，北京：商務印書館，2010 年版，第 294—302 頁。
② 杜曉勤：《六朝聲律與唐詩體格》，北京：北京大學出版社，2017 年版，第 247 頁。
③ 白居易著，朱金城箋校：《白居易集箋校》卷四五，第 2793 頁。

前輩作者,往往見許。"①所謂"前輩作者,往往見許",當可看作謝觀等人對中唐時期律賦名家開創的律賦題材和寫作傳統的繼承和發揚。不僅如此,謝觀、徐寅等人還對律賦中原有的題材進行了大的拓展與改造,爲唐代後期賦體創作的繁榮增添了新動力。這些都是晚唐時期駢體創作興盛的典型現象。

　　駢體勢力之所以能夠捲土重來,並表現出迅猛的發展勢頭,與當時普遍重視聲律的社會風氣也有著密不可分的關係。敦煌殘存的一些韻書寫本爲我們了解這一風氣提供了很大的便利。周祖謨先生曾對現存唐五代韻書進行過系統研究,部分韻書成書的年代雖然較早,但現存的唐五代韻書寫本多數爲晚唐五代時期所抄,如箋注本"切韻"一(S.2071):"似爲九世紀人所書。"②箋注本"切韻"二(S.2055):"原書爲卷子本,書法粗劣,抄録的年代也比較晚。"③王仁昫"刊謬補缺切韻"二(故宮博物院藏):"書寫的年代可能比較晚。"④另外還有一些韻字摘抄和有關字母等韻的寫本抄寫的時代也較晚,如韻字殘卷一(P.2758):"這個殘卷所根據的韻書時代一定比較晚,可能是晚唐五代時期流行的一種韻書,這種韻書最接近於《廣韻》。"⑤韻字殘卷二(P.3016):"此卷所根據的韻書一定是晚唐五代間比較接近於《廣韻》的一種韻書。"⑥守温韻學殘卷(P.2012)"所根據的韻書一

①　周紹良主編:《唐代墓誌彙編》,第 2428 頁。
②　周祖謨:《唐五代韻書集存》,北京:中華書局,1983 年版,第 827 頁。
③　周祖謨:《唐五代韻書集存》,第 834 頁。
④　周祖謨:《唐五代韻書集存》,第 855 頁。
⑤　周祖謨:《唐五代韻書集存》,第 951 頁。
⑥　周祖謨:《唐五代韻書集存》,第 954 頁。

定是時代比較晚的書","神珙爲憲宗元和以後人,則守温的時代當晚於神珙,推想可能是晚唐時期的人"。① 這些韻書寫本的流行,實爲中晚唐時期重駢體、講聲律社會風氣的明證。

　　這一風氣在新出土墓誌銘中也有著清楚的反映,我們不僅能夠在晚唐時期的墓誌銘中見到"聲韻或非,畢擠厥疑"②"公仁義之外,酷好賦詩,屬字精新,聲意微密"③之類的表達,甚至還有因編纂韻書而屢被授官者。新出土咸通三年(862)《唐故太子司議郎劉府君(干)墓誌銘》記載:"旋撰進《聲録》一十七卷,恩除萬年尉。重修進《切韻》一十二卷、《通纂通例》共一十卷。恩除河南丞。"劉干不僅因爲撰《聲録》、重修《切韻》一再被恩除萬年尉、河南丞,宣宗文皇帝還認爲其所進"可爲模楷,詔尚之于秘閣"④。此外,我們還在新出土中晚唐,特別是晚唐時期的墓誌銘中發現了許多旁注,這些旁注大多都與音律有關。爲求醒目,按時間順序列表如下:

表 7-3　新出中晚唐墓誌銘中所見音注

序號	篇名	時間	音注
1	唐故朝散大夫守太僕少卿上柱國襲彭城縣開國男蘭陵蕭公(遇)墓誌銘	貞元十三年(797)	仰蒼蒼兮視茫茫,號晝夜兮動神明_{協韻}。⑤

---

① 周祖謨:《唐五代韻書集存》,第958頁。
② 胡可先、楊瓊編著:《唐代詩人墓誌彙編》,上海:上海古籍出版社,2021年版,第393頁。
③ 胡可先、楊瓊編著:《唐代詩人墓誌彙編》,第435頁。
④ 胡可先、楊瓊編著:《唐代詩人墓誌彙編》,第392頁。
⑤ 毛遠明編著:《西南大學新藏墓誌集釋》,第525頁。此處旁注"協韻",意在指出"明"字本不押韻,可改讀以協韻。

續　表

序號	篇名	時間	音注
2	唐故杭州餘杭縣尉范陽盧公(士舉)墓誌銘	元和三年(808)	公遂從任，居家就養上聲。①
3	唐故韋府君(羽)崔夫人(成簡)合祔墓誌	元和十四年(819)	勒銘泉坰，垂裕無涯音宜。②
4	唐鄭府君故夫人京兆杜氏墓誌銘	大和三年(829)	體大道兮任去聲虛徐。③
5	唐故朝散大夫守均王府諮議參軍上柱國分司東都范陽盧府君(仲權)夫人太原王氏合祔墓誌銘	大和四年(830)	伊水之東兮萬安之下音户，真宅於此兮千秋萬古。④
6	故博陵崔夫人(嬛)墓誌銘	大和八年(834)	其不在文行棲肅之並音旁。
			夫人生得明父母而教之，又獲良妃音配歸，有嚴姑氏而事之。
			仲尼所謂閔子騫不有人能間去聲言者。性著入聲古學，學爲其文必創，已行而擅肆之。⑤
7	唐故河南府洛陽縣尉孫府君墓誌銘	會昌元年(841)	始鄆州府君以文學德行名殷上聲當時，入服大僚，出踐方伯。⑥
8	唐故河中府永樂縣丞韋府君妻隴西李夫人墓誌銘	會昌五年(845)	荆扉瓦牖，食音祀糠羮藿。⑦

---

① 毛陽光主編：《洛陽流散唐代墓誌彙編續集》，第 530 頁。

② 胡戟、榮新江主編：《大唐西市博物館藏墓誌》，第 803 頁。

③ 周紹良主編：《唐代墓誌彙編》，第 2113 頁。

④ 毛陽光主編：《洛陽流散唐代墓誌彙編續集》，第 629 頁。

⑤ 毛陽光主編：《洛陽流散唐代墓誌彙編續集》，第 647 頁。

⑥ 周紹良主編：《唐代墓誌彙編》，第 2213 頁。

⑦ 周紹良主編：《唐代墓誌彙編》，第 2241 頁。

續　表

序號	篇名	時間	音注
9	唐故試右内率府長史軍器使推官天水郡趙府君（文信）墓誌銘	會昌六年（846）	雙闕峨峨，行音航楸娑娑。
			先塋之側，志以識音至之。①
10	唐故琅琊王公（惲）墓誌銘	會昌七年（847）	於首鳥雅王公，惟德是恃。②
11	唐故朝請大夫尚書刑部郎中上柱國范陽盧府君（就）墓誌銘	大中六年（852）	洛水之東，嵩山之西。音先改邑爲野，圮原爲川。③
12	大唐花嚴寺杜順和尚行記	大中六年	擲於急流中而復見胡甸反。④
13	唐故朝議郎守殿中少監兼通事舍人知館事上柱國賜紫金魚袋苗公（弘本）墓誌銘	大中九年（855）	惟洛之陰，惟邙之南，子淫反祖考是歸，公其安之。⑤
14	唐故鄉貢進士隴西李君（眈）墓誌銘	大中十一年（857）	次兄存質，深沉博識，好謀而成，統士徂征，莫不尅中去聲。⑥
15	唐故義武軍節度副使檢校尚書户部郎中兼御史中丞賜紫金魚袋李公（潯）墓誌	大中十四年（860）	公卿皆願出力，推他回反致青雲上。⑦

① 周紹良、趙超主編：《唐代墓誌彙編續集》，第 963 頁。
② 周紹良主編：《唐代墓誌彙編》，第 2252 頁。按："首"當爲"音"之訛字。
③ 周紹良主編：《唐代墓誌彙編》，第 2299 頁。
④ http://www. whysw. org/html/shuhua/shuhuashangxi/20200803/27660. html。
⑤ 周紹良主編：《唐代墓誌彙編》，第 2322 頁。按："子淫反"當爲"陰"字之注音，本當作"於淫反"，一誤作"于淫反"，再誤作"子淫反"。
⑥ 周紹良主編：《唐代墓誌彙編》，第 2354 頁。
⑦ 胡戟、榮新江主編：《大唐西市博物館藏墓誌》，第 853 頁。

續　表

序號	篇名	時間	音注
16	亡妻太原王夫人（太真）墓誌銘	咸通四年（863）	夫_{音符}人事上宜竭忠勤，矜孤寒，厚仁義，實君子之事。①
17	昆山縣令安樂孫公府君（嗣初）墓誌銘	咸通七年（866）	然自此籍籍爲有官業人稱_{去聲}譽。②
18	唐故隴西李公（涿）墓誌銘	咸通九年（868）	天下貫穿_去，百氏莫不涵其道而向之。 乃決黜稽弊，甄撫勤當_去。③
19	唐故孟州溫縣令王君（栩）墓誌銘	咸通十年（869）	閨門之内，飢者倚公食之，寒者倚公衣_去之。④
20	唐知鹽鐵陳許院事侍御史内供奉賜緋魚袋孫虯故室河東裴氏墓誌銘	咸通十四年（873）	及乎將迎_{去聲}不幸以疾終於絳州裴氏之私第。⑤
21	唐故河中府法曹掾李君墓誌銘	咸通十四年（873）	既至任，未期月，果招_{音魁}所職。⑥
22	唐故左拾遺魯國孔府君（紓）墓誌銘	咸通十五年（874）	久之，會大學士出將_{去聲}竟不就。⑦
23	唐故中山劉夫人（冰）墓誌	咸通十五年（874）	俱以忠烈勳績著于時，啟隆禰宗，光赫圖謀，可謂不鮮_{去聲}者矣。 幼有奇媺，與_{去聲}聞詩禮。⑧

---

① 周紹良、趙超主編：《唐代墓誌彙編續集》，第 1041 頁。
② 周紹良主編：《唐代墓誌彙編》，第 2419 頁。
③ 寒齋藏拓。
④ 毛陽光主編：《洛陽流散唐代墓誌彙編續集》，第 771 頁。
⑤ 周紹良、趙超主編：《唐代墓誌彙編續集》，第 1107 頁。
⑥ 毛遠明編著：《西南大學新藏墓誌集釋》，第 687 頁。
⑦ 按：《孔紓墓誌銘》拓片見《隋唐五代墓誌匯編・河南卷》第 127 頁，錄文見《唐代墓誌彙編》第 2467—2468 頁。又《唐代墓誌彙編續集》重出，却釋作"久之，會大學士出將，□□"，將"去聲"二字當作正文錄入，誤。
⑧ 周紹良主編：《唐代墓誌彙編》，第 2466 頁。

續　表

序號	篇名	時間	音注
24	唐故太平軍節度鄆曹濮等州觀察處置等使中大夫檢校户部尚書兼鄆州刺史御史大夫河東縣開國男食邑三百户賜紫金魚袋贈吏部尚書薛公(崇)墓銘	乾符四年(877)	甥薛嶽傳去聲,後同從父兄鄆侯平生履行、名官及胄緒……
			曳起足去聲其數。
			公以箴稱去聲。
			鯀音胄兆何言。①

　　由表 7-3 可以看出,新出土唐代墓誌銘中與音律有關的旁注材料歸納起來可分爲三類:一是用直音法標明本字的讀音,這類音注多出現在銘文内,如《韋羽崔成簡合祔墓誌》《盧仲權夫人太原王氏合祔墓誌銘》《王惲墓誌銘》《盧就墓誌銘》《趙文信墓誌銘》中的兩處音注以及《薛崇墓銘》中的"鯀音胄兆何言"均屬此類。二是用反切標明原字的讀音,如《苗弘本墓誌銘》《李潯墓誌》和《大唐花嚴寺杜順和尚行記》等。三是旁注四聲,該注音方式以標明去聲者爲最,共出現過 13 次,《李涿墓誌銘》《劉冰墓誌》和《薛崇墓銘》中均有兩處旁注去聲。上聲和入聲也有所發現,尚未發現旁注平聲者。

　　隨著時間的推移,越到晚唐,墓誌銘中的音注現象表現得越突出,不僅音注在墓誌銘中出現的頻率越來越高,更有多種音注同時見於一方墓誌銘者,如《崔嬛墓誌銘》中既有用直音法表明讀音者:"其不在文行棲肅之並音旁。""夫人生得明父母而教之,又獲良妃音配歸,有嚴姑氏而事之。"又有旁注四聲者:"仲

———————————

① 　浙江大學圖書館碑帖保護中心藏拓。

尼所謂閔子騫不有人能間_{去聲}言者。性著_{入聲}古學，學爲其文必創已行而攄肆之。"音注現象最爲集中者則數《薛崇墓銘》，據拓片顯示，文章起首即用到音注："甥薛嶽傳_{去聲，後同}從父兄鄆侯平生履行、名官及胄緒……"其後亦多次使用，如誌文中的"曳起足_{去聲}其數"，銘文中的"公以宏稱_{去聲}""繇_{音胄}兆何言"。既有旁注四聲者，又有用直音法者，對"足""稱"的聲調和"傳""繇"等字的讀音進行了説明。

雖然此前的墓誌銘中也偶爾會出現旁注現象，但不僅數量上難與晚唐時期抗衡，與音注有關者更是寥寥無幾。到了晚唐，墓誌銘中却頻頻出現音注。這種現象既反映出墓誌銘在形制方面的重要變化，也體現出晚唐時期駢體的盛行和人們對聲韻的注重。古文運動的衰落和注重聲韻的社會風氣，共同促使墓誌文體發生了新的變革。

三、晚唐墓誌銘創作手法的復古

會昌、大中以後，駢體在墓誌銘中佔據的分量越來越重，這在傳世文獻與新出墓誌銘中均有反映。據翟景運統計，《全唐文》收録的墓誌銘："卷七三一至七六〇駢體墓誌只有 4 篇，而散體者 30 篇，駢體佔 11.8％；卷七六一至七九〇駢體 5 篇，散體 24 篇，駢體佔 17.2％；卷七九一至八四〇駢體 17 篇，散體 3 篇，此時駢體佔到了 85％。"[1]由此可見會昌、大中以後，駢體的增長趨勢非常明顯。不過《全唐文》所收晚唐時期的墓誌銘過少，上述依據傳世文獻的統計僅涉及 83 篇墓誌銘。再參證新

---

[1]　翟景運：《晚唐駢文研究》，第 92 頁。

出石刻,更能説明晚唐駢體復興的態勢。翻檢《唐代墓誌彙編》及《續集》,我們可以發現,會昌以後,新出墓誌銘中的駢體勢力也有了很大的增長,與傳世文獻中的記載可相互印證。但因爲剛經歷了古文運動,唐代晚期的墓誌銘創作不可能徹底恢復到初唐時期的寫作套路上去,總會在某種程度上受散體影響。因此晚唐時期的墓誌銘,既與魏晉南北朝和初唐時期的墓誌銘有所區別,又與古文運動鼎盛時期韓、柳創作的墓誌銘有些差異。其獨特之處,歸納起來主要有以下幾點。

1. 誌文多用駢體寫成,駢中帶散

與中唐相比,晚唐時期的墓誌銘,誌文中多數都有大段的駢偶之句,咸通五年(864)的《維唐故隴西李府君(扶)墓誌銘》:"大父諱曼,少耽詩酒,長傲風雲,逸器不群,壯心獨步,直志難摧,厭棄浮名,處士終老。府君即處士之子也。幼而聰敏,長抱全才,倜儻英明,智有餘伽。冠歲志學,有聚螢積雪之勤,無便僻進取之佞,承先人之遺志也。優游雲水,靡不臻涉……南據吳渚,北倚秦泓,崗原膏腴,封疆秀栦,周視慨然,遂有栖止之趣,於是居焉。及寓于此,二十餘載,官僚親仁,閭里仰重。門環多士,倒屣之清風大行;席擁琴書,雅韻之良音滿室。"①不僅用駢體寫就,不少文句還講求對仗的精工和字詞的妍美,如"少耽詩酒,長傲風雲""南據吳渚,北倚秦泓,崗原膏腴,封疆秀栦"等。再如作於天祐年間的《孫彥思墓誌》:"比謂泰山峻而難崩,何期蟾桂圓而易缺。秦雲斷處,叫天路以寧迴;楚水分時,泣夜

---

① 　周紹良主編:《唐代墓誌彙編》,第 2403 頁。

泉而安及……比恒山之四鳥，永訣難勝；似巴峽之孤猿，長號不絕。縣君以齊眉義重，結髮情深，劍恨龍分，琴悲鶴去，莫不抱棺氣咽，撫臆心□。"①這段文字不僅注重四六對仗，還大大加重了用典的比重。

這一時期的墓誌銘中，鋪張揚厲、華而不實的風氣再度興盛，有些還極盡誇張之能事。如《唐故南內李府君（令崇）墓銘》在叙述李令崇的鄉邑與德行時説："其望也：卧龍稱譽，一鶚傳芳，虞詡致書，比之東箭；顧榮入洛，號曰南金。其童也：情田萬頃，器宇百間，太華三峰，寒松千尺，清源見底，澄淑度之波瀾；心鏡孤明，懸仲尼之日月。其辯也：頰涌波浪，口吐雌黄，叙温燠即寒谷生暄，論嚴苦即春松落葉。袁宏受謝安之扇，式表仁風；曹丘揚季布之名，更高然諾。其達也：智能極物，愚足全生，知命樂天，居閑體道。阮嗣宗之操執，善惡短長；稽叔夜之行藏，未曾喜愠。"②鋪叙誌主之才華，並用古代的名賢與之作比，漢魏名士盡被攬入，其誇張手法不下漢賦。這也是當時誌文新變的一種表現，五代時期浮靡綺豔的駢儷文風已初現端倪。

不過畢竟剛經歷了古文運動的洗禮，晚唐時期古文的影響尚未徹底消除，故而也有許多墓誌銘在寫作過程中仍然吸收了部分散體因素，顯示出駢中帶散的特點。如趙璘《唐故處州刺史趙府君（璜）墓誌》云："先君諱伉，自建中至元和，伯仲五人，登進士第，時號卓絶。雖奕葉文學政事相續，而士大夫最以孝友稱。先君韋氏之出，堂舅蘇州刺史應物，道義相契，篇什相

①　周紹良、趙超主編：《唐代墓誌彙編續集》，第 1170 頁。
②　周紹良主編：《唐代墓誌彙編》，第 2536 頁。

知,舅甥之善,近世少比。佐鹽鐵府,官至監察御史裏行……惟
我兩弟,實金實玉,季既夭於貢士,仲又繼及專城。顧余庸虛,
爲時所薄,齒髮衰矣,手足斷矣,神慮耗矣,榮華息矣。"①雖以駢
體爲主,但鋪叙過程中又穿插了不少散體文句,仍然保留了古
文運動影響的痕迹。個別墓誌銘甚至通篇運用散體,將具體場
景和細節描寫得極爲傳神,如溫庭筠之子溫憲所撰《唐故集賢
院官榮王府長史程公(修己)墓誌銘》載:"趙郡李弘慶有盛名,
嘗有鬭雞,擊其對傷首,異日,公圖其勝者,而其對因壞籠怒出,
擊傷其畫。李撫掌大駭。昭獻常所幸犬名盧兒,一旦有弊蓋之
歎,上命公圖其形,宮中眂犬見者皆俯伏。"②程修己是唐末著名
畫家,尤擅竹、石、山、水,人物花鳥。唐文宗曾作《題程修己竹
障》詩稱贊其高超技藝:"良工運精思,巧極似有神。臨窗忽睹
繁陰合,再盼真假殊未分。"③溫憲繼承了韓愈開創的人物描寫
手法,在墓誌銘中對程氏繪畫的情形描述得非常生動,講述的
也是以假亂真的實例,與《題程修己竹障》詩的意思正相契合,
非用散體起不到這種效果。

2. 銘文回歸韻語主導,四言長銘重新出現

南北朝時期,人們屬文大都講求駢偶和對仗,駢文盛行一
時,因此當時墓誌銘的銘文均用四言韻語寫成,直到初唐時才
開始發生變化,騷體與其他句法逐漸滲入墓誌銘創作中,但絕
大多數銘文依舊用韻。其後,隨著古文運動的興起,銘文中駢

---

① 周紹良主編:《唐代墓誌彙編》,第 2394 頁。
② 周紹良主編:《唐代墓誌彙編》,第 2398 頁。
③ 曹寅等編:《全唐詩》卷四,第 48 頁。

儷成分逐漸減少,銘文日益縮短並出現了用散體寫成的銘文。晚唐以後,駢體勢力捲土重來,墓誌銘的銘文也日趨回復到六朝及隋、唐前期以四言韻文爲主的階段,僅有少量雜言和騷體銘文。《唐代墓誌彙編》收錄的唐武宗會昌年間的 56 篇墓誌銘,用騷體寫就的只有 5 篇,銘文前半段以四言體寫就但最後幾句改用其他體式的有 4 篇,用雜言和七言撰寫者更少,分別有 2 篇與 1 篇。其餘的 44 篇均爲四言體,四言體所佔比重超過了 75%。唐武宗以後各朝,四言體所佔的比重越來越高,騷體和其他體式的銘文日益減少。晚唐時期的銘文,通篇採用騷體寫成的不多,有的銘文雖然摻入了騷體句式,然而大多數也是前半段採用四言體寫成而最後幾句才改作"兮"字句。並且越到後來這種情況越明顯,乾符以後的銘文除少數幾篇用騷體或七言、三言寫作外,其餘均爲四言體,四言所佔的比重超過了 80%。而散體銘文則很少見,僅有《唐故泉州仙遊縣長官張府君及鉅鹿魏夫人祔葬墓誌》①等少數幾篇。

　　古文運動鼎盛時期,駢文作者爲求生存,對駢體進行了某些改造。晚唐時期駢文雖然再度興起,但勢力已不如六朝時期強大,因此墓誌銘的銘文很難達到以前可與誌文平分秋色的程度,不過四言長銘還是會經常出現,與初唐時期類似,而與古文運動興盛時期迥異。據筆者統計,《唐代墓誌彙編》及《續集》所收的 891 篇墓誌銘中,20 句以上的四言長銘共有 92 篇,佔比超過 10%,40 句以上的銘文也有 26 篇,最多的多達 80 句。部分誌文較短的墓誌銘,銘文字數與誌文接近,如會昌五年的《唐故

---

① 　周紹良主編:《唐代墓誌彙編》,第 2362 頁。

柳氏殤女(老師)墓誌銘》;也有的銘文字數甚至超過了誌文,如會昌四年的《唐京兆韋承誨妻河間邢氏(芳)墓銘》①、大中九年的《唐故處士李府君(映)墓誌銘》②等,特別是邢芳墓銘,不僅標題徑直題作"墓銘",大有忽略誌文之意,銘文更是嚴整的四言長銘,多達 40 餘句,170 餘字。

3. 墓誌銘創作程式化現象有所回升

隨著古文運動的衰歇,晚唐時期,韓、柳開創的極富個性化、"一人一樣"的墓誌銘創作模式迅速消失,類似《程修己墓誌銘》用大量篇幅進行細節描寫的文章並不多見。由於駢體在語言方面的要求比散體高得多,晚唐時期墓誌銘寫作過程中的程式化現象又有所擡升。原本程式化創作模式極高的宮女墓誌銘也發生了新變,語言形式變得更爲簡單,《唐代墓誌彙編續集》載有亡宮墓誌一方:"亡宮內人春宮長行銀娘年冊,唐咸通十五年四月廿五日於萬年縣長樂鄉王徐村葬。看守人王文建、王季旻。"③胡玉蘭認爲這是唐末墓誌銘程式化進一步加重的表現:"由此看來,唐亡宮喪葬儀式與墓誌撰寫發展至晚唐形式化更加嚴重。銘文的撰寫和宮女的安葬由有關部門負責,下葬有人監葬,葬後有人看守。生前沒有得到禮遇,而死後得到善終,這大概是卑微一生的宮女們得到的最好待遇。"④

墓誌銘創作程式化現象加重的另一表現是在介紹誌主的

① 周紹良主編:《唐代墓誌彙編》,第 2238—2239 頁。
② 周紹良、趙超主編:《唐代墓誌彙編續集》,第 1005 頁。
③ 周紹良、趙超主編:《唐代墓誌彙編續集》,第 1114 頁。
④ 胡玉蘭:《唐代亡宮墓誌銘文的程式化演變及原因》,第 45 頁。

姓氏來源時又恢復到六朝和初唐"劉氏必曰斬蛇,董姓皆云豢龍"①的模式上,《唐故盧府君(榮)墓誌銘》載:"盧氏之先人,自承神農皇帝之苗裔,太公之胤緒,因齊丁公之夫人生一子□□盧□分明……"②《張府君(諒)墓誌銘》亦云:"張氏之系,起於清河,弁冕相承……"③雖然世系之後,較少出現葉昌熾所批評的"輒云載在簡牒,可略言焉"④之類的套語,但對誌主的姓名、籍貫、世系進行介紹時仍大致沿襲了中唐之前的模式,即開篇先交代誌主的諱、字、鄉邑及祖、父情況,如《大唐故辛府君(仲方)墓誌銘》:"府君諱仲方,其先隴西人也。皇祖諱,皇考諱惟壹,歷代綿遠,英哲世生,脩枝奕葉,榮爵不墜。"⑤

　　無論四言長銘還是程式化創作模式,均爲南北朝至初唐時期墓誌銘創作的典型手法。唐末的墓誌銘在很大程度上又復歸到了以前的創作傳統,直到宋代古文運動再度興起,墓誌銘中的駢儷因素才得到了較爲徹底的清除,墓誌銘創作也進入了一個新的發展階段。

4.通篇採用詩體創作的墓誌銘有所增多

　　由於整個社會對聲韻的重視,這一時期的墓誌銘也更講求韻律和形式,最有代表性的就是此時出現了一些通篇採用七言詩體創作的墓誌銘。在駢文創作最爲興盛的六朝時期,出現過

①　葉昌熾撰,柯昌泗評:《語石·語石異同評》卷四,第 230 頁。
②　周紹良主編:《唐代墓誌彙編》,第 2397 頁。
③　周紹良主編:《唐代墓誌彙編》,第 2407 頁。
④　葉昌熾撰,柯昌泗評:《語石·語石異同評》卷四,第 230 頁。
⑤　周紹良主編:《唐代墓誌彙編》,第 2438 頁。

運用四言詩體創作墓誌銘的寫作方式。這種形式在中晚唐再度出現。除上揭柳宗元所撰《趙群墓誌》以外,作於咸通三年(862)的《王容墓銘》也是運用七言韻文寫成:"王氏殤女其名容,名由儀範三德充,誦詩閱史慕古風。卑盈樂善正養蒙,是宜百祥期無窮,奈何美疹剿其躬。芳年奄謝午咸通,季夏二十三遘凶,翌月十八即幽宮。壽逾既笄三而終,晋陽之胄冠諸宗,厥考長仁命不融。外族清河武城東,中外輝焯爲世雄,今已矣夫石窆封。仲父刻銘藏戶中,以紓臨穴嫂哀恫,古往今來萬化同。高高誰爲問圓穹,姑安是兮龜筮從,俟吉良兮從乃公。"①據拓片顯示,該墓誌銘僅於墓誌蓋上題有"唐故太原王氏女墓銘",誌石上則全爲七言韻文,毫無枝蔓性文字。此外,咸通年間甚至還出現了頂針格式的銘文,如咸通十五年(874)的《唐故楚州盱眙縣令滎陽鄭府君(瀆)墓誌銘》銘文云:"實佐三邑,三邑革弊。爰居百里,百里懷惠。"②這些形式特殊的墓誌銘,既反映出晚唐注重聲韻的社會風氣對墓誌銘寫作形式的影響,也可以看出人們對墓誌文體內部誌文和銘文關係的新認識。

可見隨著古文運動的衰歇和駢文的復興,特別是晚唐時期講求聲律的社會風氣日益加重,墓誌文體無論是在內容還是形制方面都發生了新的變革,是晚唐駢體復興和音律勃興促使應用性文體發生變革的集中體現。

---

① 周紹良主編:《唐代墓誌彙編》,第 2391 頁。原錄文訛奪之處已據拓本校改。
② 周紹良主編:《唐代墓誌彙編》,第 2469 頁。

第八章　唐代墓誌銘的刻石流佈與石本的校勘價值

　　一直到唐末,印刷術尚未普及,文學作品傳播的主要途徑除手抄以外,最爲重要的就是刻石。然而刻石完畢,並不意味著傳播鏈的結束,對於墓誌銘而言,甚至可以説僅僅是流佈的開始。歐陽修在《再與杜訢論祁公墓誌書》中説:"或擇一真楷書而字畫不怪者書之,亦所以傳世易曉之意也。刻石了,多乞數本,爲人來求者多。"①很顯然,所謂"刻石了,多乞數本",乃求誌石之拓本也。可見唐宋時代,墓誌銘在刻成以後、下葬之前也需要製作拓本,以廣流傳。然而,由於關注視角的不同,前人對唐代墓誌刻石流佈的論述並不完備,其刻石的具體過程也還有待於進一步釐清。同時,較之寫本和宋代以來的刻本,石本因具備刊刻時間早、不易爲他人竄改等特點,而有著較高的校勘價值。本章將對以往學者關注較少的刻石環節和利用石本進行校勘時應該注意的問題展開論述。

---

① 歐陽修著,洪本健校箋:《歐陽修詩文集校箋·外集》卷一九,第 1844 頁。

第一節　唐代墓誌銘的撰寫、刻石與流傳

終唐之世，印刷術尚未流行，文學作品的傳播主要靠手抄，從現存的一些唐代寫卷來看，不僅"俗寫文字紛亂雜陳，盈紙滿目"①，魯魚亥豕、烏焉成馬之訛也隨處可見，對文學作品的流傳和接受産生了較大的負面影響。不過在寫本流行的同時，另外一種傳播手段——刻石與拓印技術也變得日益成熟，爲文學作品的流傳提供了新途徑。

雖然已經有學者關注到唐代墓誌銘的刻石程序和傳播方式等問題，但由於研究視角的不同，其中仍有一些環節没有引起足夠的重視。現有的研究成果或偏重於對墓誌銘製作過程的梳理而未從其流佈的層面展開論證，或僅將刻石作爲唐代墓誌銘傳播的一種媒介而疏於對傳播廣度和效度的探討。基於此，本節不擬對整個刻石流程做面面俱到的考察，而是立足於唐代墓誌銘的刻石傳播過程與效果，根據石刻文獻中提供的新資料和唐人的相關記載，對前人關注較少的一些環節展開論述。

一、行狀：墓誌銘創作的藍本

唐代的喪者家屬請他人代撰墓誌銘之前，往往會事先勾勒喪者生平的大節，作爲墓誌銘創作藍本。無論是新出石刻還是

---

① 張涌泉：《試論敦煌俗字研究的意義（下）》，張涌泉：《張涌泉敦煌文獻論叢》，上海：上海古籍出版社，2011年版，第374頁。

傳世典籍中,對此都有清楚的記載。如新出土《崔璘墓誌銘》的作者崔閌即對撰文緣起交代甚詳:"公將絶之時,告其孤鉢曰:'爾與右司禦紏清河崔君,胤同叔乙,官接京曹,咸欲脱卑栖,聚盛事。況切磋之道,獨厚於他人,崔君又於七姓之中,究其善惡,必能揚我祖宗之德行也,欲誌吾之墓,無出於崔君。'於是其孤鉢叙公之道,執公之言,懇請撰述,至于三四。"①韓愈在爲張季友所撰的墓誌銘中也提到誌主之侄張塗"自署其末與封,敢告以請"②。無論是崔鉢的"叙公之道",還是張塗的"自署其末與封",都不會僅僅是口述,而應該有一寫本形態的文本提供給崔閌和韓愈,供他們創作墓誌銘時參考。這一文本就是行狀,所以在唐代墓誌銘中經常見到喪者家屬"狀其往行""齎狀請銘""持狀請銘"等記載。因爲與墓誌銘息息相關,行狀這一文體在唐代也得到了迅速發展。

徐師曾指出:"(行狀)蓋具死者世系、名字、爵里、行治、壽年之詳,或牒考功太常使議謚,或牒史館請編録,或上作者乞墓誌碑表之類皆用之。而其文多出於門生故吏親舊之手,以謂非此輩不能知也。"③根據行狀的文體特徵,它本來有察舉選士、爲

---

① 周紹良主編:《唐代墓誌彙編》,第 2475 頁。
② 韓愈著,劉真倫、岳珍校注:《韓愈文集彙校箋注》,第 2082 頁。
③ 徐師曾:《文體明辨序説》,第 148 頁。吴訥也説:"行狀者,門生故舊狀死者行業上於史官,或求銘誌於作者之辭也。"見吴訥:《文章辨體序説》,第 50 頁。

亡者請謚等功能,①但同時又兼具墓誌銘藍本的作用,多數情況
下,作者只要根據墓誌銘的文體形式對行狀稍事增删就能完
成。歐陽修在《與杜訢論祁公墓誌書》中將此點闡述得極爲清
晰:"如葬期逼,乞且令韓舍人將行狀添改作誌文。修雖遲緩,
當自作文一篇紀述……若葬期未有日,可待,即尤好也,然亦只
月十日可了。若以愚見,誌文不若且用韓公行狀爲便。"②歐陽
修再三强調可徑直將韓絳爲杜衍所撰之行狀改作其墓誌銘,可
見在當時,行狀作爲墓誌銘創作藍本的觀念已深入人心。

唐代的情況也是如此,唐高宗時期的名臣薛元超去世後,
楊炯曾撰《中書令汾陰公薛振行狀》(以下簡稱"《行狀》"),文末
云:"垂拱元年四月四日,故中書令汾陰公府功曹姓名謹狀。文
昌臺考功:竊聞生爲貴臣,車服昭其令德;死而不朽,謚號光其
大名。"③可知《行狀》作於垂拱元年(685)四月,根據楊炯的交
代,其主要目的是向朝廷請謚。但薛元超墓誌銘的出土,却使
我們看到了墓誌銘與行狀之間的承繼關係。崔融所纂《大唐故
中書令兼檢校太子左庶子户部尚書汾陰男贈光禄大夫使持節
都督秦成武渭四州諸軍事秦州刺史薛公(震)墓誌銘》(以下簡
稱"《墓誌》")於二十世紀七十年代在乾陵附近出土,據《墓誌

---

① 行狀有察舉選士、議謚等方面的功能,詳見俞樟華、蓋翠傑:《行狀職能考
辨》,《浙江師範大學學報》(社會科學版),2003 年第 2 期。日本學者中村裕
一也在《唐代官文書研究》中闢專節,從制度化層面論述了行狀的樣式和功
能,參中村裕一:《唐代官文書研究》,京都:中文出版社,1991 年版,第 350—
368 頁。

② 歐陽修著,洪本健校箋:《歐陽修詩文集校箋·外集》卷一九,第 1842 頁。

③ 楊炯:《楊炯集》,第 163 頁。

銘》記載，薛元超卒於光宅元年（684）十一月二日，垂拱元年四
月二十二日陪葬乾陵。將《墓誌銘》與《行狀》進行對比之後不
難看出，自楊炯撰寫《行狀》到薛元超入葬，僅間隔了十餘日，即
使刻石的預備工作可以事先完成，書丹、篆刻、檢校等諸多環節
却只能在墓誌銘撰寫完成之後才能進行。因此，爲確保薛元超
能夠在四月二十二日如期下葬，墓誌必須要在此之前鎸刻完
成。崔融纂輯完墓誌銘文本以後還要爲書丹、雕刻（包括篆蓋、
刻字和四殺的製作）等環節預留出一定時間，他能夠利用的時
間實際上是非常有限的。這就使他的纂輯工作變得極爲緊張，
從《墓誌銘》的題署中也能夠看出爲趕工期而儘量節省時間的
情形：“崔融纂，曜、駱、續書序，毅、俊書銘，萬三奴鎸，萬元抗
鎸。”不僅書丹和刻字者都要分工協作，崔融更是用了“纂”而非
“撰”“作”一類的字眼，不僅體現出了時間的短促，而且透露出
了《墓誌銘》是有所依憑而非原創的。

　　對比之後，我們發現《墓誌銘》誌文的主體完全源自《行
狀》，特別是其中有關人物言論的部分，《墓誌銘》幾乎是完全照
搬了《行狀》中的內容。① 只不過《行狀》先將薛元超的仕歷遷轉

---

① 　楊炯所撰《行狀》云：公襲封之年也，受《左傳》於同郡韓文汪，至天王狩河陽，
　　乃廢書而歎曰：“周朝豈無良相，何得以臣召君？”文汪異焉。神堯皇帝婕好
　　河東郡夫人，公之姑也，每侍高宗詞翰，高宗嘗顧曰：“不見婕好姪經數日，便
　　謂社稷不安。”其見重如此。上幸溫泉，射獵獸，公奏疏極諫，上深納焉。後
　　因閒居，謂公曰：“我昔在春宮，與卿俱少壯，光陰倏忽，已三十年。往日賢臣
　　良將，索然俱盡。我與卿白首相見，卿歷觀書傳，君臣共終白首者幾人？我
　　觀卿大憐我，我亦記卿深。”公嗚咽稽首謝曰：“先臣早參麾蓋，文皇委之以心
　　膂；臣又多幸，天皇任之以股肱。誓期殺身報國，致一人於堯、舜。伏願天皇
　　遵黃老之術，養生衛壽，則天下幸甚。”……每讀孝子忠臣傳，未嘗不慷慨流

作了整體介紹,然後又詳細記載傳主的言行,而《墓誌銘》則將薛元超的言論繫於相關年份之下,顯得更加條理而已。崔融與楊炯均爲薛元超晚年擢拔的崇文學士,兩人不僅年輩相當,崔融的文名亦不在楊炯之下,但他在創作《墓誌銘》時却大幅度襲用了《行狀》中的相關文字,正體現出了行狀可以作爲墓誌銘藍本的重要作用。

涕……客有譏之者,公曰:"寧有揚君父之過,而稱忠孝哉!"太夫人薨,公每哭嘔血,杖而後起。上見公柴毁,泣曰:"朕遂不識卿,卿事朕,君父一致,遂至於滅性,可謂孝子。"……上初覽萬機,公上疏論社稷安危、君臣得失,上大驚,即日召見,不覺膝之前席,歎曰:"覽卿疏,若暗室而照天光,臨明鏡而睹萬象。"此後寵遇日隆,每軍國大事,必參謀帷幄,在中書獨掌機務者五年,出納帝命,口占數首,上曰:"使卿長在中書,一夔足矣。"大駕東巡,詔公驂乘,上曰:"朕之留卿,若去一目,若斷一臂,關西事重,一以委卿。"(楊炯:《楊炯集》,第160—162頁)崔融所纂《墓誌銘》之相關部分云:六歲,襲汾陰男。受《左傳》於同郡韓文汪,便質大義。聞天王狩於河陽,乃歎曰:"周朝豈無良相,何得以臣召君!"文汪異焉。宰輔之器,基於此矣……公之姑河東夫人,神堯之婕妤也,博學知禮,常侍帝翰墨。帝每謂曰:"不見婕妤姪一日,即疑社稷不安。"……卅二,丁太夫人憂,哭輒歐血。有敕慰諭,起爲黃門侍郎,累表後拜。帝見公過禮,泣而言曰:"朕殆不識卿。"遂至於毀滅,曾是爲孝……五十四,拜守中書侍郎,尋同中書門下三品。此後得知國政者五年,詔敕日占數百。帝曰:"得卿一人足矣。"……帝嘗機務餘,語及人間盛衰事,不覺淒然,顧謂公曰:"憶昔我在春宮,髭猶未出;卿初事我,鬢亦未長。倏忽光陰卅餘載,疇日良臣名將,并成灰土,唯我與卿白首相見。卿歷觀書記,君臣偕老者幾人?我看卿事我大忠赤,我托卿亦甚厚。"公感咽稽首,謝曰:"先臣攀附,文帝委之心膂;微臣多幸,天皇任以股肱。父子承恩,榮被幽顯。誓期煞身奉國,致一人於堯舜。竊觀天儀貶損,良以旰食宵衣。唯願遵黃老之術,養生衛壽,則天下幸甚。"……五十九,加正議大夫、守中書令,餘如故。駕幸洛陽,詔公兼户部尚書,留侍太子居守。清警後丹鳳門外,傾都拜辭,特詔公驂乘,謂公曰:"朕留卿,若去一目,斷一臂,關西之事,悉以委卿。"兩相比較,《墓誌銘》承襲《行狀》的痕迹甚明。

　　撰寫墓誌銘之前先作行狀，幾乎成爲唐代墓誌銘創作的通例。李弘慶曾在《大慈恩寺大法師基公（尉遲基）塔銘》中交代撰文緣起："又明年十月，賫行狀請弘慶撰其銘。予熟聞師之本末，不能牢讓。"[①]新出土《大唐故張君（威）賈夫人墓誌銘》中也説張威："以總章二年四月三日卒於□，行狀□已詳之。"[②]尉遲基乃方外之人，張威亦非朝中重臣，他們的行狀自然並非爲"牒考功太常使議謚，或牒史館請編録"所作，而主要就是爲撰寫墓誌銘提供依據的。如果没有行狀，墓誌銘撰寫的難度將大大增加，如顧方蕭在撰寫《唐故趙氏夫人墓誌銘》時即云："祖殁年遠，子孫絶嗣，無人紀於後世之事，今難序焉。"[③]由此不僅可以看出行狀在撰寫墓誌銘中的重要性，亦可看到這一現象在唐代的普遍情況。因此吴曾才説："自唐以來，未爲墓誌銘，必先有行狀。"[④]

　　除了行狀以外，家狀也同樣具有爲撰寫墓碑文和墓誌銘提供原始資料的實用功能，這可從白居易撰寫的相關文章中得到集中體現。白居易曾爲其祖父白鍠、父親白季庚創作《太原白氏家狀二道》，並於題後加小注："元和六年，兵部郎中、知制誥李建按此二狀修撰銘誌。"[⑤]可知白鍠、白季庚二人的墓誌銘是李建根據白居易所提供的家狀撰寫而成的。據此二狀可知白鍠、白季庚分别卒於大曆八年（773）和貞元十年（794）。白居易

---

①　周紹良主編：《唐代墓誌彙編》，第 2187 頁。
②　周紹良主編：《唐代墓誌彙編》，第 580 頁。
③　周紹良主編：《唐代墓誌彙編》，第 2047 頁。
④　吴曾：《能改齋漫録》卷二，上海：上海古籍出版社，1979 年版，第 22 頁。
⑤　白居易著，朱金城箋校：《白居易集箋校》卷四六，第 2832 頁。

《太原白氏家狀二道》作於元和六年(811),距他們特別是白鍠去世的時間已久,撰寫家狀的目的也就自然不是爲二人請謚。且白鍠、白季庚分別官終鞏縣令和襄州別駕,官階亦遠未達到可以請謚的級別。① 據記載,此文乃是白居易在遷護二人靈柩回歸祖塋時所撰,可見白居易撰文之主要目的就是爲其祖、父撰寫墓誌銘作準備。家狀的這一功能還可以從白居易所撰的《唐故通議大夫和州刺史吳郡張公(無擇)神道碑銘》中得到印證。張無擇的墓碑文也是以其孫張平叔提供的家狀爲藍本的:"長慶二年某月某日,平叔奉祖德碣之,居易據家狀序而銘之。"②據碑文記載,張無擇早在天寶十三載(754)即去世並安葬,故張平叔寫作家狀的主要目的也是爲撰寫墓碑文提供資料。

相對於整塊墓誌的製作,據行狀或家狀改寫而成的墓誌銘文本,僅僅是完成了第一步。就載體而言,還停留在紙質階段;就形態而言,還呈現出寫本狀態。要想真正模勒上石,完成從寫到刻的過程,中間還要經歷諸多環節。

二、選石:石刻賴以不朽的基礎

寫本狀態的墓誌文本定稿以後,大致即可進入刻石階段。根據唐代墓誌銘中提供的信息,我們發現刻石的工序相當複

---

① 據《唐六典》記載,諸職事官三品已上、散官二品已上身亡者,方有資格請謚。見李林甫等:《唐六典》卷二,第 44 頁。由白居易祖、父的終官來看,顯然不能享受此等殊榮。

② 白居易著,朱金城箋校:《白居易集箋校》卷四一,第 2684 頁。

雜,在正式刻字之前,尚有選石、書丹(應該還包括撰文、書丹、篆額、刻字甚至排文檢校者的題署),篆刻完成之後也還有填諱、檢校等多個環節。需要在石上完成的工序,最爲重要者莫過於書丹和刻字。多數書丹者和刻工均會嚴格按照作者提供的文字進行書寫和刻字,墓誌銘的内容會得到較爲忠實地呈現,劉禹錫所書《崔沼墓誌》更是將此點凸顯到了極致①。書丹和刻字前人關注和討論得較多,故而此處不擬再作論述。除了書、刻,還有幾個對墓誌文本流傳的廣度和效度影響較大的環節,如選石和檢校,往往爲世人所忽略。選石實在是其中最爲重要的一環,是石刻賴以不朽的前提和基礎。

王芑孫的經歷對於我們認識石材的重要性有很大幫助,他曾自述:"騎行燕趙間,睹道旁碑漫漶無字,疑其古碑。下馬視之,乃乾隆間刻耳。遇有摩挲積久,光澤如鏡而筆劃仍在者,必唐以前物。若《攝山明僧紹碑》《虎丘經幢》是也。唐人亦重其事,故魯公至載石以行,今則其傳絶矣。雖精擇撰人、書人,匪久旋滅,所賴獨其人文集流行天地間耳。"②正如王芑孫所言,顏真卿的不少文章均靠刻石得以廣爲流傳,而縱然是名家撰書的

① 該文雖然名義上是郭行餘所撰,但文中叙事却多用第一人稱,與郭行餘身份不合。業師胡可先教授認爲:"唐代墓誌很多爲墓主人提供行狀等材料,再請當時文士撰著,這篇墓誌,則是由崔沼次子撰寫好墓誌的初稿,然後請郭行餘撰文,劉禹錫書丹。但對於崔沼次子已經提供的初稿,郭行餘並没有加以改動,就署上撰著者姓名和官職,致使出現墓誌行文語氣與撰文者身份完全不相合的現象。而劉禹錫又完全按照原文書寫,隨後由主家上石。"胡可先:《新出土劉禹錫書〈崔沼墓誌〉考論》,《劉禹錫研究》(第一輯),廣州:暨南大學出版社,2017 年版,第 277 頁。

② 王芑孫:《碑版文廣例》卷三,見朱記榮輯:《金石全例》下册,第 191 頁。

清代石刻,很快也會湮滅無存,其中一個重要原因就在於漢唐時代和宋代以後石刻的材質有著很大的差異。

古人埋設石刻,其中一個重要目的就是希望石頭上的文字能夠傳諸久遠,垂示將來。在印刷術尚未普及的時代,人們對石刻的這一記事功能似乎更加重視。眾所周知,許多石刻特別是碑文,大都立於地面上,不僅要經歷風吹雨淋,還不斷地被人摹勒、拓印,大大加快了碑石的磨損。故而材質的優劣,不僅直接關係到文字的書、刻效果,與碑石的生命力也有較大的關聯,進而直接影響到文章的保存和流傳。故而漢唐時期人們對石材的選擇極爲重視,王芑孫因此提出"古人重選石,故石能久存",他還舉例説漢代武梁祠中的碑文雖"累經桑海而所刻至今可辨"①。唐宋時期的儒家經典刻石至今仍有不少保存得較爲完整,亦與所選石材的質地精良有關。

宋代以後的情況則不容樂觀,印刷術的發明和版刻技術的發展,使得文學作品的傳播有了更爲便捷、高效的媒介。別集、總集的大規模刊行,也使文章變得更易於保存與流傳。要想使自己的文章或者先人事迹流傳千古,不一定非要通過刻石,後世碑文中出現"刻石記事,永將不易""勒諸金石,用彰不朽"的頻率也大爲下降,刻石傳播的必要性也遠不及以往,因此選石、刻工等環節均不如唐代受重視。葉昌熾曾將唐代與唐代以後石材之優劣作過一個對比:"余奉命度隴,道出西安,詣郡學碑林。見唐初刻石如廟堂、聖教諸碑,皆黝然作淡碧色,光如點漆,可鑑毫髮,扣之清越作磬聲,真良材也。吳越間古碑絶少,

---

① 王芑孫:《碑版文廣例》卷三,見朱記榮輯:《金石全例》下册,第191頁。

唐以後碑雖有存者，亦多淺蝕。若無屋覆，露處田野，其久也馴至漫漶無一字。燕趙間遼金幢多黃沙石，坳突不平。搨出之後，痕瘢遍體。石質尤脆者，歷年稍久，字面一層劃然蛇蛻，拂而去之，片片落如拉朽。"①明清時期，文章流佈的途徑更爲多樣和便捷，很多碑刻在石材的選擇上顯得有些隨意，甚至率爾從事，以致有的碑石豎立不久即殘漶嚴重。筆者在調查杭州遺留古代碑刻時發現，清代的碑石砂質者居多，較易風化漶蝕，因此即使有碑亭覆蓋，也多已剝落嚴重。如位於六和塔景區的龔佳育碑，爲康熙年間所立，但大多數文字已經難以辨認，雖沒到"片片落如拉朽"的程度，但也絲毫沒有"光如點漆，可鑑毫髮"的風神。

漢唐時期和宋代以後人們對於石材的重視程度之所以會有如此明顯的差異，應該歸因於傳播媒介的革新。印刷術的發達使得後世的碑文縱然漫漶甚至殘漶，上面的文字也能賴"文集流行天地間"。漢唐時期則不然，材質的優劣對文字的釋讀及文章的傳播有著重要影響，甚至直接影響到了文章傳播的廣度和效度。況且唐代以後，拓印風氣極爲流行，本身即會給碑石帶來一定程度的磨損，若其材質較爲低劣，則石刻設置的初衷也就難以實現。

三、檢校：文從字順的重要保障

除了模勒上石以前需要對石材進行甄別以外，刊刻過程中還有一個環節——檢校，也極易爲研究者忽視。如毛遠明在

---

① 　葉昌熾撰，柯昌泗評：《語石・語石異同評》卷六，第 418 頁。

《碑刻文獻學通論》中雖專列"碑碣的製作"一節,對刻石過程中石料的鑿製、書丹和鐫刻等流程進行了詳細論述,但對檢校程序的討論僅用寥寥數行帶過。① 實際上,檢校乃是唐人極爲重視的刻石環節,這可以從他們的一些言論中得到確認。如狄仁傑在爲虞世南校勘的《老子道德經》寫跋語時説:

> 大周神功元年五月初五日,我天聖神皇帝,出内府所藏秘書少監虞世南書老子道德經一卷……命仁傑等鉤摹勒石,以公天下。具此以嘉惠文生,意至渥也。告義之日,並墨迹石刻,上歸天府。臣等幸此校勘,獲睹琳琅,謹拜手稽首,排署于後……臣等亦庶幾永附寶刻,昭垂不朽歟。總理,納言婁師德。校對,鳳閣侍郎同鳳閣鸞臺平章事王方慶。復校,鳳閣舍人薛稷。監刻,地官侍郎鸞臺平章事狄仁傑。刻字,太常工人安金藏。②

狄仁傑、王方慶與薛稷等之所以不厭其煩地校勘、校對、復校等,固然是由於該石乃受武則天之命而立,故須慎之又慎,另一方面也與石刻自身較易產生訛誤有關。

狄仁傑等人對於鉤摹勒石的謹慎態度正代表了唐人對檢校工作的重視。由新出石刻的情況來看,即使是普通的墓誌銘,刻石完畢之後也要進行校勘,不過沒有奉敕撰書者那樣複

---

① 毛遠明:《碑刻文獻學通論》,北京:中華書局,2009 年版,第 32—39 頁。

② 丁巍:《老學文獻又一重要發現——路工先生訪得唐虞世南寫〈老子道德經〉石刻拓本》,《中州學刊》,1994 年第 6 期,第 67 頁。又見陳尚君輯校:《全唐文補編》卷二○,第 246 頁。按:因武周新字"人"作"𠄢",與"生"形近,故二文中的"鳳閣舍生"均應改作"鳳閣舍人"。

雜與嚴謹。如《唐故鄧州司戶參軍何府君（昌浩）墓誌銘》中説：
"無何，二京覆没，遂潛跡江表。"①在刻字過程中"江"字脱漏，只
好在"跡"和"表"之間用小字進行增補，原石拓片如下： 。又
如《大唐故左衛郎將檢校左武衛將軍上騎都尉于君（謙）墓誌
銘》銘文云："亨鮮摽令，霖恩逾廣。"②"亨"字漏刻，在"鮮"的右
上角用小字補出。再如，《唐故潞州潞城縣申屠君（行）墓誌
銘》："桂輪宵魄，仙娥之影不追。"③其中的"桂輪宵魄"四字却以
雙行小字形式擠佔兩個字的位置，原石拓片如下： 。因石刻
較寫本有一特殊優勢：若刻字過程中發現漏刻和誤刻現象，可
隨時將誤字鑱除或磨平，再將正確的文字刻入，不僅可以做到
不露痕迹，也可使石刻更爲簡潔和美觀。然而上述兩例顯係刻
石完畢後進行校對時方發現有漏刻和誤刻，爲了方便起見，僅
在原有文字的基礎上進行了增補和修正。類似的實例還有很
多，不僅體現了檢校工作的普遍性，也凸顯了其在匡謬正訛方
面的必要性。

　　唐人對於墓誌銘非常重視，有些較爲講究的家庭，在刻石
完畢後還會專門請人校字，這也可從當事人的題署中得到直觀

---

① 録文、拓片均見周劍曙、趙振華、王竹林：《偃師新出土唐代墓誌跋五題》，洛
　　陽歷史文物考古研究所編：《河洛文化論叢》第三輯，鄭州：中州古籍出版社，
　　2006 年版，第 323 頁。
② 録文、拓片分別見戴應新編著：《長安鳳栖原韋氏家族墓地墓誌輯考》，西安：
　　三秦出版社，2021 年版，第 223、232 頁。
③ 録文、拓片分別見毛漢光：《唐代墓誌銘彙編附考》第 15 册，臺北："中研院"
　　歷史語言研究所，1992 年版，第 419、422 頁。

的體現。如作於咸亨四年(673)的《唐故儀同三司董君(仁)墓誌銘》即有兩位"專檢校人",該文文末題署:"東都留守御史兼勑勾大使弘農楊再思撰文。故西臺侍郎息前岐州岐陽縣令孫徹書。專檢校人隋户部尚書孫逸士、京兆楊元珣。"①《唐工部尚書贈太子太師郭公(虚己)墓誌銘》亦於文末署:"劍南節度孔目官徵仕郎行太僕寺典廐署丞張庭訓檢校。"②《唐故陳公(守禮)夫人李氏合袝墓誌》更是分别由他們的三個兒子進行了三次校勘:"第十四男前弘文館明經鍊初校;第十五男朝議郎試肅王府户曹鈇校成;第十七男鉢檢校鐫磨。"③陳守禮的三個兒子之所以慎之再三,反復對其父母的墓誌銘進行校勘,自然是爲了徹底杜絶錯誤的出現。並且就題署情況來看,該墓誌銘在刻石過程中確實有錯誤,所以才會由陳鈇"鐫磨",即磨平錯字,重新刻上正確的文字。甚至一些由名家撰書的墓碑也要經過别人的"鑒定",以減少訛誤,由顔真卿撰寫與書丹的《漢太中大夫東方先生墓碑》文末題署:"朝散大夫檢校尚書都官郎中東海徐浩鑒定。"④其所謂"鑒定",應當包括對文字内容和形式兩個方面的校勘。這些現象都反映了唐人對刻石過程中檢校環節的重視。

雖然刻石工作的核心是書丹和刻字,但書丹之前的選石和刻字完畢之後的檢校也是必不可少的環節,可以説這兩道工序是決定石刻是否能夠傳諸久遠的保障。只有檢校完成以後,整

① 周紹良主編:《唐代墓誌彙編》,第 579 頁。
② 吴鋼主編:《全唐文補遺》第八輯,第 57—58 頁。
③ 胡戟、榮新江主編:《大唐西市博物館藏墓誌》,第 669 頁。
④ 吴鋼主編:《全唐文補遺》第六輯,西安:三秦出版社,1999 年版,第 13 頁。

個刻石工作才算結束,墓誌銘也完成了從寫本到石本的轉變,可以進入流通環節。

需要指出的是,經過選石、書丹、篆刻、檢校等一系列環節而完成的石刻墓誌,已與最初的寫本狀態有了很大不同。特別是在文本形式方面,多出了最初的寫本尚不具備的撰、書、篆、刻甚至排文、檢校者的題署。這些題署在補充史傳缺失、訂正史傳訛誤和考訂題署者事迹等方面都具有很高的價值。①

四、拓印:刻石流佈的有效途徑

印刷術尚未普及之前,文學作品的傳播主要靠手抄,墓誌銘亦然。敦煌藏經洞發現了不少唐代墓碑文和墓誌銘寫本,即是其通過抄本傳播的明證。這些寫本多數被伯希和劫走,現藏法國巴黎國家圖書館。其中不僅包括西州、沙州等當地官員的墓誌銘,也不乏中原地區官員的墓碑文和墓誌銘抄本(其中最爲著名者當屬李義府所撰《常何墓碑》,彩圖十)。② 雖然這些抄本文字訛奪之處亦比比皆是,對墓誌銘的流傳和接受均造成了一定的負面影響,但這多是由於書手的文化層次不高造成的。中原地區士人的墓碑文或墓誌銘以抄本形式流傳到西域,不能説没有作爲創作典範或樣本的意義。除了敦煌寫本以外,民間

---

① 詳參本書第四章第四節。

② 詳參鄧文寬:《〈常何墓碑〉校詮》,《敦煌吐魯番研究》第 11 卷,上海:上海古籍出版社,2008 年版,第 369—389 頁。榮新江《石碑的力量——從敦煌寫本看碑誌的抄寫與流傳》一文也對《常何墓碑》的寫本形態和抄寫目的作了説明,榮新江主編:《唐研究》第二十三卷,北京:北京大學出版社,2017 年版,第 308—309 頁。

還流傳著不少其他墓誌銘創作範本，應該也都是以抄本形式傳存的。

而在抄本盛行的同時，另外一種傳播形式——拓印，也正變得日益成熟，爲墓誌銘的流佈提供了新途徑。歐陽修不僅對自己撰文的墓誌銘拓片較爲關注，再三叮囑“刻石了，多乞數本”，還非常注重搜集古代遺留下來的石刻拓本，所獲甚豐，其中唐代的拓片佔據了大半。他曾集録前人的文章一千卷，“唐賢之文十居七八”①。僅以韓愈爲例，《集古録跋尾》中就列舉了《黃陵廟碑》《盤谷詩序》《南海神廟碑》《田弘正家廟碑》等數方碑刻拓片。

北宋時期，印刷術開始逐步推廣，歐陽修也屢稱《昌黎集》已流行於世，因此人們對韓愈文章刻石情況的關注漸少。歐陽修則不然，他認爲雖然“集本世已大行”，但“刻石乃當時物”，石刻拓本不僅能夠“存之以爲佳玩”②，還可以糾正集本的訛誤③。所以他樂此不疲地進行著搜集碑刻拓片的工作④，縱然是殘石，

---

① 歐陽修著，鄧寶劍、王怡琳注釋：《集古録跋尾》卷八，北京：人民美術出版社，2010 年版，第 184 頁。

② 歐陽修著，鄧寶劍、王怡琳注釋：《集古録跋尾》卷八，第 181 頁。

③ 他在爲《唐韓愈黃陵廟碑》所作的跋尾中云：“《昌黎集》今大行於世，而患本不真。余家所藏，最號善本，世多取以爲正，然時時得刻石校之，尤不勝其舛繆。”歐陽修著，鄧寶劍、王怡琳注釋：《集古録跋尾》卷八，第 187 頁。

④ 歐陽修經常自詡“集録古文，其求之既勤且博”，如他在跋《唐裴大智碑》時云：“右《裴大智碑》，李邕撰，蕭誠書。誠以書知名當時，今碑刻傳於世者頗少，余《集録》所得纔數本爾。以余之博采而得者止此，故知其不多也。”歐陽修著，鄧寶劍、王怡琳注釋：《集古録跋尾》卷六，第 144 頁。

他也較爲注意輯集①。爲了獲得某種石刻拓片，有時甚至需要
經過十餘年的等待。他曾在《唐竇叔蒙海濤誌》的題跋中説：
"余向在揚州得此誌，甚愛之，張於座右之壁，冀於朝夕見也。
已而夜爲風雨所壞，其後求之凡十五年，而復得斯本。以示京
師好事者，皆云未嘗見也。"②在跋《唐鄭澣陰符經序二》中又云：
"余自皇祐中得公權所書《陰符經序》，遂求其經，云石已亡矣。
常意必有藏於人間者，求之十餘年，莫可得。治平三年，有鐫工
張景儒忽以此遺余家小吏，遽録之。"③歐陽修致力於搜集石刻
拓本的精神，確非常人可比。他對自己因勤於收集而羅致繁富
的行爲亦頗爲自負，偶獲別人未見或心儀已久的拓本時的自得
與喜悦心情也躍然紙上。歐陽修能夠搜集到數量如此之巨的
唐碑與墓誌銘拓片，皆因石刻文獻具有可依靠拓本流傳的
優勢。

　　雖然製作拓本的方法興起於何時已不能確考，但由現存的
記載來看，北魏早期已有拓片流傳，唐初修《隋書》時，對前代的
石刻拓片已有較多參考。④ 唐人對石刻拓印更加重視，各項技
術均已較爲成熟。唐太宗和唐玄宗還專門設官員負責石刻的
拓印。據《唐六典》記載，貞觀二十三年(649)，崇文館即設揭書

---

① 歐陽修跋《唐干禄字樣》云："右《干禄字樣》，別有摹本，文注完全，可備檢用。
　此本刻石殘缺處多，直以魯公所書真本而録之爾……世俗多傳摹本，此以殘
　缺不傳，獨余家藏之。"歐陽修著，鄧寶劍、王怡琳注釋：《集古録跋尾》卷七，
　第165頁。
② 歐陽修著，鄧寶劍、王怡琳注釋：《集古録跋尾》卷六，第163頁。
③ 歐陽修著，鄧寶劍、王怡琳注釋：《集古録跋尾》卷九，第205頁。
④ 參王國維：《魏石經考四》，王國維：《觀堂集林》卷二〇，北京：中華書局，1959
　年版，第970—971頁。

手三人①,《舊唐書·職官二》記載開元六年(718),集賢殿書院置"拓書六人"②。唐中葉以後,拓印之風大爲盛行,很多著名石刻更是爲人競相傳拓,元結所撰之《大唐中興頌》即是顯例。《大唐中興頌》因石奇、文奇與字奇而負盛名,被稱爲"摩崖三絕"。因此其碑雖僻處永州,又刻於極高的摩崖之上,拓印難度較大,但依舊未能逃過"摹多而速損"的厄運。歐陽修對此不無感慨地説:"模打既多,石亦殘缺,今世人所傳字畫完好者,多是傳模補足,非其真者。此本……蓋四十年前崖石真本也,尤爲難得爾。"③不僅如此,唐代中後期甚至出現了專門以製作拓片爲生的工人,歐陽修在《唐干禄字樣摹本》的跋語中説:"右《干禄字樣》摹本,顏真卿書,楊漢公摹。真卿所書乃大曆九年刻石,至開成中遽已訛缺。漢公以謂一二工人用爲衣食之業,故摹多而速損者,非也。"④且不論《干禄字樣》速損的原因究竟爲何,楊漢公所説的"一二工人用爲衣食之業",卻透露出了當時拓印風氣流行的社會現實。

　　拓印技術的發展,使包括墓誌銘在内的石刻資料有了新的傳播媒介,極大地推動了唐文,特別是名家撰、書文章的傳播,歐陽詢書丹的《化度寺塔銘》、柳公權書丹的《金剛經》拓片都出現在敦煌藏經洞中,即是顯證。歐陽修也説顏真卿所書"《干禄字》《放生池碑》尚多見於人家""今世所行《昌黎集》類多訛舛,

① 李林甫等:《唐六典》卷八,第 255 頁。
② 劉昫等:《舊唐書》卷四三,第 1852 頁。《新唐書·百官二》也有相同的記載,見歐陽修、宋祁:《新唐書》卷四七,第 1213 頁。
③ 歐陽修著,鄧寶劍、王怡琳注釋:《集古録跋尾》卷七,第 161 頁。
④ 歐陽修著,鄧寶劍、王怡琳注釋:《集古録跋尾》卷七,第 165 頁。

惟《南海碑》不舛者,以此刻石人家多有故也"①。可見到北宋中葉,石刻拓本在更爲廣泛的空間内得到了傳播。凡此,均是石刻可以依靠拓本廣爲流傳的明證。

石刻拓本相對於抄本的優勢也是顯而易見的。抄本在流傳過程中往往存在著輾轉抄寫,文字失真的弊病,抄寫者的文化程度和抄寫態度對所抄内容的品質有著直接影響。由於主客觀原因,行文之中更是容易產生各種訛誤。拓印過程中雖然存在著"摹多速損"的缺陷,拓印時間的先後和拓書手技術的高低會影響到文字的清晰程度。但因拓印對象是唯一的,故而受到拓書手主觀因素影響而導致文字錯訛的概率遠低於抄本。所以即便是不同時代的拓書手所製作的拓本,其内容也是基本一致的(不排除有個别文字漏拓)。加之像歐陽修那樣,在刻石完畢之後立即製作墓誌銘拓片的情況也不在少數,這些都在很大程度上保證了墓誌銘流佈的效度,體現了拓本所獨有的學術價值。

無論是敦煌寫本、民間流行的創作範本還是石刻拓本,都使得墓誌銘最終完成了從石本到紙本的飛躍,原本具有唯一性且作爲隨葬品的墓誌銘也可以化身千萬,持續發揮它的影響力。杜甫之所以能將墓誌銘銘文中習見的對句"看花落淚,聽鳥心驚",點化成名句"感時花濺淚,恨别鳥驚心"②,與墓誌銘可以通過抄本或拓本流傳有著莫大的關聯。在考察唐人文集結

---

① 歐陽修著,鄧寶劍、王怡琳注釋:《集古録跋尾》卷八,第 186 頁。

② 類似的例子還有很多,如李清照《夏日絶句》中的名句"生當作人傑,死亦爲鬼雄"也化用了唐代墓誌銘中常見的成句。詳參拙文:《唐代墓誌銘創作的程式化模式及其文學意義》,《浙江大學學報》(人文社會科學版),2015 年第 5 期,第 31—43 頁。修訂後收入本書第六章。

集情況的基礎上，結合唐代墓誌銘通過抄本和拓本傳播的分析，我們也可以對石本、集本中大量存在的異文和作者的本意作出合理的判斷。

第二節　集本與石本異文的考察

印刷術尚未流行之前，手抄是文字傳播的主要途徑，很多文本在流傳過程中，極易產生異文，敦煌出土的寫卷中異文、俗字屢見不鮮，即是其明證。而新出墓誌却因長期深埋地下等原因，没有經過後人的妄改或删削，反倒能夠提供較爲可信的文本，有助於傳世文獻的校勘和整理。隨著唐代墓誌銘的大量出土和刊佈，許多本來就見諸傳世典籍記載的墓誌銘，出現了更早且更接近作者本意的文本。然而將兩者進行對比之後却可以發現，幾乎没有哪一篇墓誌銘的集本和石本能夠完全對應，有些集本和石本之間甚至存在明顯的差異。本節將在仔細比較這些差異的基礎上，對集本和石本間異文的類型及其成因進行歸納和總結。

一、集本與石本互見唐代墓誌銘叙録

已發現的集本、石本互見的唐代墓誌銘，共有十餘篇，多數都是由著名文士撰寫的，現將其互見情況簡述如下。

1. 魏徵《李密墓誌銘》

《文苑英華》卷九四八收有《唐故邢國公李密墓誌銘》（以下簡稱"集本"），叙事詳贍，不僅記載了李密的家世、反抗暴隋、兵

敗降唐又隨即叛唐的經過，並對他的性格及處事方式都有所透露，歷來爲研究當時史事和李密生平者所採用。巧合的是李密的墓誌銘於 1969 年在河南浚縣出土，題作《唐上柱國邢國公李君之墓銘》（以下簡稱"石本"），與集本有極大的差異。集本不僅比石本多了五百餘字，兩者在内容上也有較大區別。將它們進行仔細對比後可以發現，二文在文字上的差異多達上百條，且在許多關鍵問題上，具體的遣詞用語也有雲泥之別。綜合來看，集本與石本間的差異主要集中於以下四個方面：一是對李密家族與品行的贊美與誇飾之詞，集本比石本詳盡得多；二是集本對楊素的品德以及他對李密的賞識與提拔進行了大篇幅的描寫，而石本則隻字未提；三是集本對隋亡唐興歷史的記載比石本更爲詳細；四是在李密降唐與叛唐經過的叙述上，集本與石本之間有較大差異。自石本被發現之後，《隋唐五代墓誌匯編·河南卷》和《新中國出土墓誌·河南［壹］》先後刊佈了其拓片，《唐代墓誌彙編續集》則公佈了録文。此後許多中外學者從不同角度對這一現象進行了論述。①

---

① 　筆者所見即有任思義：《〈李密墓誌銘〉及其歷史價值》，《中原文物》，1986 年第 1 期；王興亞、任思義：《李密墓銘的發現及其學術價值》，《鄭州大學學報》（哲學社會科學版），1986 年第 4 期；劉健明：《李密死事考析——兼釋〈李密墓誌銘〉及〈李密墓銘〉有關記載》，《出土文獻研究》第四輯，北京：中華書局，1998 年版；礪波護：《魏徵撰の李密墓誌銘—石刻と文集との間—》，《東方學》第百三輯，東京都：株式會社精興社，2002 年版；姚美玲：《〈李密墓誌銘〉録文輯校》，《古籍整理研究學刊》，2003 年第 5 期；蘇小華：《傳世本〈李密墓誌銘〉與出土〈李密墓銘〉的先後關係辨證》，《古籍整理研究學刊》，2009 年第 4 期。

2. 獨孤及《李濤墓誌銘》

《李濤墓誌》出土於河南洛陽,誌題作《皇五從叔祖故衢州司士參軍府君墓誌銘》,錄文見《唐代墓誌彙編》第 1783 頁;拓本見《北京圖書館藏中國歷代石刻拓本彙編》第二十七冊,第 136 頁和《隋唐五代墓誌匯編·洛陽卷》第十二冊,第 54 頁。《全唐文》卷三九一、《毗陵集校注》卷一二所收《唐故衢州司士參軍李府君墓誌銘》即是該文。據筆者統計,集本、石本異文共有 18 處,大多集中於誌題和對李濤壽年還有卒葬時地的記載上。

3. 韓愈《苗蕃墓誌銘》

《苗蕃墓誌銘》出土於洛陽市郊,石現藏西安碑林博物館。誌題作《唐故太原府參軍事苗君墓誌銘》,錄文見《唐代墓誌彙編》第 1964 頁;拓本見《北京圖書館藏中國歷代石刻拓本彙編》第二十九冊,第 29 頁和《隋唐五代墓誌匯編·陝西卷》第二冊,第 27 頁。《韓昌黎文集校注》卷六、宋蜀刻本《昌黎先生文集》卷二五所收《太原府參軍苗君墓誌銘》即是該文。集本、石本總共有異文 16 處,主要集中於對苗蕃和其父親姓名、字號的記載和少數虛詞上。

4. 韓愈《李虛中墓誌銘》

《李虛中墓誌銘》1929 年夏於洛陽出土,誌題作《大唐故殿中侍御史隴西李府君墓誌銘》,錄文見《唐代墓誌彙編》第 1993 頁;拓本見《隋唐五代墓誌匯編·洛陽卷》第十三冊,第 13 頁。《韓昌黎文集校注》卷六、宋蜀刻本《韓昌黎文集》卷二八收錄的《殿中侍御史李君墓誌銘》即是該文。集本與石本共有異文 14

處,集中表現在一些數量詞與術語上。

5. 韓愈《竇牟墓誌銘》

《竇牟墓誌銘》2005 年於洛陽偃師市首陽山出土,誌題作《唐故朝散大夫守國子司業上柱國扶風竇公墓誌銘》,拓本載《河洛墓刻拾零》第 514 頁。《韓昌黎文集校注》卷七收錄的《唐故國子司業竇公墓誌銘》即是該文。據筆者統計,集本、石本共有異文 17 處,集中出現於對誌主與其子嗣的姓名字號的記載、卒葬信息和個別虛詞上。

6. 韓愈《裴復墓誌銘》

《裴復墓誌銘》出土於洛陽,誌題作《唐故河南少尹裴君墓誌銘》,錄文見《唐代墓誌彙編》第 1965 頁;拓本載《北京圖書館藏中國歷代石刻拓本彙編》第二十九冊,第 36 頁。《韓昌黎文集校注》卷六、宋蜀刻本《韓昌黎文集》卷二八收錄的《河南少尹裴君墓誌銘》即是該文。集本與石本共有異文 5 處,主要由石本的文字錯訛引起。

7. 柳宗元《崔蹈規墓誌》

《崔蹈規墓誌》1987 年於河南省鞏縣田官莊村出土,崔雍所撰《唐故鄂州員外司戶薛君(巽)墓誌銘》亦同時出土。崔蹈規乃柳宗元的外甥女,後嫁與薛巽爲妻。崔氏墓誌蓋篆書"大唐故崔夫人墓誌銘",誌題爲《唐朗州員外司戶薛君妻崔氏墓誌》,錄文見《唐代墓誌彙編續集》第 853 頁;拓片見《新中國出土墓誌·河南[壹]》第 287 頁和《隋唐五代墓誌匯編·河南卷》第一冊,第 96 頁。《全唐文》卷五八九、《柳河東集》卷一三收錄的《朗州員外司户薛君妻崔氏墓誌》即是該文。然兩相比較即可發現,石本與集本之間存在的異文多達 26 處,多集中於一些數字、人名和官名上。

8. 柳宗元《獨孤申叔墓誌銘》

《獨孤申叔墓誌銘》2000 年於陝西省長安縣大兆鄉三益村出土,誌題作《故秘書省校書郎獨孤君墓誌》。拓片和錄文分別見《西安碑林博物館新藏墓誌彙編》第 602、603 頁。《柳宗元集》卷一一、宋蜀刻本《新刊增廣百家詳補注唐柳先生文》卷一一所收《亡友故秘書省校書郎獨孤君墓碣》即是該文。集本與石本的異文共有 19 處,主要體現在誌主的卒葬時地與相關人名及地名的記載上,具體可參周曉薇《新出土柳宗元撰〈獨孤申叔墓誌銘〉勘證》。①

9. 白居易《李繟墓誌銘》

《李繟墓誌銘》於西安市長安縣席王村出土,誌題作《唐故會王墓誌銘》。錄文見《唐代墓誌彙編》第 1980 頁;拓本見《隋唐五代墓誌匯編·陝西卷》第二册,第 38 頁。《白居易集箋校》卷四二收錄本文,誌題與石本同。此墓誌銘原本不長,僅有二百餘字,但將集本與石本進行比較,我們却發現異文多達 18 處,主要體現在某類同義詞的替換和個別修飾性語句上。朱金城在《白居易集箋校》中做過部分校勘,但遺漏之處仍有不少。

10. 權德輿《韋渠牟墓誌銘》

《韋渠牟墓誌銘》近年於陝西西安出土,誌石藏西安碑林博物館,拓片和錄文見《西安碑林博物館新藏墓誌續編》,第 429—

---

① 《中國典籍與文化》,2002 年第 3 期,第 36 頁。

431 頁。《全唐文》卷五〇六和《權德輿詩文集》卷二三所收《唐故太常卿贈刑部尚書韋公墓誌銘》即是該文。兩者共有異文 21 處，集中體現於對誌主以及其父韋冰姓名、字號的記載以及某些數量詞上。

11. 元稹《韋珮母段氏墓誌銘》

《段氏墓誌銘》於河南洛陽出土，誌題作《有唐武威段夫人墓誌銘》。録文見程章燦《從〈有唐武威段夫人墓誌銘〉看元稹爲人》[①]；拓本見《邙洛碑誌三百種》第 266 頁。《元氏長慶集》卷五八、《全唐文》卷六五五收録的《唐左千牛韋珮母段氏墓誌銘》即是該文。程文備列集本、石本異文 12 處，主要集中於對誌主的稱謂、誌主家世的記載和少數字句的增删上，可參看。

二、集本與石本異文的類型

綜合上述諸文可以看出，有些異文在集本、石本間出現的概率相當高，主要可歸納爲以下四類。

（一）同義替换或少量虛詞的增删

對於不少墓誌銘來説，集本與石本或者寫本之間雖然有許多異文，它們的含義却極爲接近，不少都是同義替换，到底哪種説法更符合作者的意圖，讓人難以判斷。如《李密墓誌銘》集本中説他"交必一時之俊"，石本則作"交則一時俊茂"。《崔蹈規墓誌》集本云"巫醫不能已"，石本則云"巫醫莫能已"。《李繶墓誌銘》中的"陛下之弟"，石本作"皇帝之弟"；"遣奠之儀"，石本

作“哀榮之儀”;“王之葬也”,石本作“其葬也”。因該種異文不關乎文意的理解,大多數詞語均爲同義替换,這或許正是朱金城没有對《李繡墓誌銘》中所有的異文進行校勘的原因。

不影響文意的副詞、連詞或語氣詞的增删也是促使集本與石本之間産生異文的重要原因。《李濤墓誌銘》集本云:“痛仁兄生不登公侯卿大夫之位。”[①]石本作“痛仁兄之生不登公侯卿大夫之位”,僅多一“之”字。雖然從語法角度來看,兩者略有不同,但絲毫不影響讀者對文意的理解。《李虚中墓誌銘》集本載虚中被“詔爲真御史”[②],石本作“詔以爲真御史”,僅多一“以”字。《苗蕃墓誌銘》集本云“四室之孤男女凡廿人”,石本無“凡”字。《崔蹈規墓誌》集本中所説的“簡以文雅清秀重於當世”,石本無“當”字。集本和石本之間的這些差異僅限於一些虚詞和極少數不影響文意的實詞上,極有可能是寫手、刻工或者文集的編集者不經意間隨手增删所致。

(二)有關姓名、字號的記載

集本與石本在對誌主及其親屬姓名、字號的記載上往往會産生差異。或石本有載而集本殘闕,或集本有載但石本殘闕,或兩者雖然都有記載,説法却不一致。如石本並未記載李密的表字,但集本云:“李密,字玄邃。”又與《隋書》《北史》記載的“法主”相齟齬。這或許與李密曾經改過表字有關。[③] 筆者以爲,李

① 獨孤及撰,劉鵬、李桃校注:《毗陵集校注》卷一二,第275頁。

② 韓愈著,劉真倫、岳珍校注:《韓愈文集彙校箋注》卷一八,第2021頁。

③ 改名或更换表字的情况在古代較爲普遍,且一直持續到近代,如著名史學家羅繼祖原字“奉高”,後來却改爲“甘孺”。

密稱帝以後曾將其字改爲"玄邃"，但他最終因叛唐而被殺，所以魏徵在爲其撰寫墓誌銘時故意將此事避而不書。《隋書》《北史》所記應該是李密稱帝之前的表字，集本所記之"玄邃"則爲後人添補。還有的文章雖記載誌主之名，却遺漏其字。比如《李繡墓誌銘》，石本作"王諱繡，字繡"，集本却僅作"字某"；《韋渠牟墓誌銘》，石本明確記載其表字爲"元均"，集本却作"公字某"。其字號皆應據石本補全。

石本與集本對苗蕃父親姓名的記載也不一致。石本記其父名爲"穎"，集本却記作"穎"。新出《唐故上黨苗君（景符）墓中哀詞》載："唐揚州録事參軍諱穎，即君曾大父也。太原參軍贈禮部尚書諱蕃，即君大父也。"①據《苗含液墓誌銘》記載："有子四人，曰顔，曰穎、曰顗、曰願。"②以此觀之，應依集本作"穎"爲是。《崔蹈規墓誌》集本云："巽之他姬子，丈夫子曰老，女子曰張婆。妻之子，女子曰陀羅尼，丈夫子曰某。"新出石本却作"巽之他姬子，丈夫子曰老老，女子子曰張婆。妻之子，女子子曰陀羅尼，丈夫子曰那羅延"。據《薛巽墓誌銘》載："君之子凡四人，諸姬生。長男子曰老老，長女子曰張婆。"可見《崔蹈規墓誌》石本將薛巽長子的名字刻爲"老老"是正確的，而集本却遺漏一"老"字。實際上"女子子"作爲女兒的稱謂很早即已出現，《禮記》中就有例證，故此處没必要刪減，集本與《唐代墓誌彙編

---

① 録文見周紹良主編：《唐代墓誌彙編》，第 2456 頁；拓片見北京圖書館金石組編：《北京圖書館藏中國歷代石刻拓本彙編》第 33 册，第 115 頁。

② 録文見周紹良主編：《唐代墓誌彙編》，第 2572 頁；拓片見陳長安主編：《隋唐五代墓誌匯編·洛陽卷》第 15 册，第 22 頁。

續集》錄文均有疏失。

（三）關於數字的記載

舉凡唐人的世系、行第、卒年、壽年等跟數字密切相關之處，集本與石本間也極易產生差異。

1. 日期與壽年

絕大多數手抄資料和石刻文獻中，用於記錄日期和壽年的數字多採取縮寫形式，如二十寫作"廿"，三十寫作"卅"，四十寫作"卌"。而集本則一般不用縮寫。石本《李繼墓誌銘》記載李繼："廿一而薨。"集本作"二十一而終"。另外，墓誌銘作者撰文時，亡者確切的下葬時間往往還未確定，故誌主的葬日大多留白或以"×年×月×日"帶過，並多照此版本收入個人文集，終未填補。但誌主的葬日却是墓誌銘必備的"十三事"之一，絕大多數墓誌銘對此都有確切記載。數字縮寫和留白待填所造成的文字差異在集本與石本之間最爲常見。如《崔蹈規墓誌》石本記載："元和十三年五月廿八日……期月之日，潔服飾容而終，享年三十一；歸於薛凡七歲也。十月甲子，遷柩於路。其明年二月癸酉，祔於墓。"集本則作："元和十二年五月二十八日……期月之日，潔服飾容而終，年若干。某月日，遷柩於洛。某月日，祔於墓。"《薛巽墓誌銘》云："（薛巽）以元和十五年後正月三日，享年卌五，積疾而終……夫人博陵崔氏，先君二歲，棄二子於武陵。"由這兩方墓誌銘的記載可證，崔蹈規當於元和十三年（818）去世，集本記作"元和十二年"，亦誤。

石刻文獻中的數字多採用縮寫形式，前人大多認爲是由於誌石空間的有限造成的，採用縮寫可以節約空間，以便容納更多文字。但是細審原石及拓片以後，我們發現此説並不一定符合實際情況。白居易所撰《李紳墓誌銘》字數原本不多，誌石又較其他墓誌爲大，爲 77 釐米見方（據拓片）的青石。全文用行書寫成，餘白之處甚多，字與字的間距亦相當開闊，將"二十一"刻成"廿一"也僅僅少刻了一個字。再如《崔蹈規墓誌》原石餘白之處亦較多，並無絲毫擁擠，但仍將"二十八"刻成"廿八"，恐怕也並非僅僅爲了節省一個字的空間。筆者以爲，石刻文獻中之所以經常使用縮寫形式，應該與長期延續下來的書寫習慣有關。寫本時代的日常書寫，人們往往採用縮寫甚至合文等形式，如將菩薩寫成"卉"、將涅槃寫成"〓"等，碑刻的書丹者們應是受日常書寫習慣的影響，從而導致了縮寫的産生，這也與現存的寫本文獻大量存在縮寫或合文適相一致。當然，也不排除個別刻工爲減少刻字數量而將文字進行改動的可能。

2. 世系

對於誌主世系的記載，新出石刻與傳世文獻之間也經常産生差異。不過有的差異可以通過與其他史料或相關石刻資料的參證來確定其是非。

《崔蹈規墓誌》集本云："中書令仁師議刑不孥，其二世大父也。""二世"，石本作"五世"。今按：大父即祖父，"二世大父"的説法令人費解，亦未見諸其他文獻。更何況墓誌已云崔簡之祖乃崔鯤。此外，柳子厚在《故永州刺史流配驩州崔君（簡）權厝誌》①之銘辭中又説：“鯢爲祖，曅爲父。”②蜀刻本《新刊增廣百家詳補注唐柳先生文》與《柳河東集》都於“其二世大父也”後加小注云：“仁師生挹，挹生液，液生鯢，鯢生曅。”根據這些記載很容易看出，崔仁師就是崔簡的五世祖。柳氏還有《祭姊夫崔使君簡文》，題下注云：“簡……中書令仁師五世孫。”③故此處當以石本作“五世大父”爲正。

《李虚中墓誌銘》石本記載李沖爲其七世祖，集本却記爲十一世祖，兩者所記差異較大。祝充的《音注韓文公文集》引録《元和姓纂》説：“李沖生休纂，六代孫�，文州刺史，堂孫虚中。”④並據此定虚中爲李沖之八代孫。宋代晁公武《郡齋讀書志》也記載：“《姓纂》云：‘沖之八代孫。’……韓愈言沖爲虚中十一世祖，誤也。”⑤劉真倫、岳珍《韓愈文集彙校箋注》也據此推定李沖爲虚中的八世祖。

“十一”與“七”的手寫版字形有點接近，兩者混淆的可能性較大，“八”與“七”和“十一”字形相去較遠，不太容易混淆，上述結論頗有可商之處。據《北史》載：“（李沖）子延寔……延寔弟休纂，小字鍾葵，頗有父風……子昂襲。昂，魏末爲廣平郡太

---

① 柳宗元：《柳河東集》卷九，第 145 頁。
② 按：“曅”，《全唐文》誤作“煜”。宋蜀刻本《新刊增廣百家詳補注唐柳先生文》和《柳河東集》均作“曅”。並有小注云：“簡五世祖太師。子挹，國子祭酒。挹子湜，爲平章事。湜子鯢。鯢子曅，司直。曅子簡。”
③ 柳宗元：《柳河東集》卷四一，第 669 頁。
④ 按：祝充所引文字爲今本《元和姓纂》所不載，此轉引自韓愈著，劉真倫、岳珍校注：《韓愈文集彙校箋注》卷一八，第 2023 頁。
⑤ 晁公武撰，孫猛校證：《郡齋讀書志校證》卷一四，上海：上海古籍出版社，1990 年版，第 620 頁。

守，齊天保中，卒於光禄卿。昂子道隆，有才識，明剖斷。仕齊，位并省尚書左丞。隋開皇中，爲尚書比部侍郎。"①《大唐故李君（嗣本）墓誌之銘》記載："府君諱嗣本，隴西成紀人也。粤若稽古，乃聖乃神，乃武乃文，顓頊有焉；臣哉鄰哉，鄰哉臣哉，庭堅有焉。智周萬物，道濟天下，伯陽有焉；克明克類，克長克君，凉武有焉。在北齊時，則有若我曾祖光禄少卿昂；在隋初時，則有若我王父工部侍郎道丘；在隋季時，則有若我烈考殷州司馬宗默。"②而其子延禎墓誌銘亦云："君諱延禎，隴西成紀人，隋工部侍郎道丘之曾孫，殷州司馬宗默之孫，唐寧州録事參軍嗣本之第四子也。"③《李延禎墓誌銘》還記載延禎二兄、三兄的名字分別爲延祖、延祥。延禎於垂拱元年（685）去世，享壽二十七，由此逆推，其當生於顯慶四年（659），則其二兄和三兄的生年還要在此之前。另據上述記載，李昂尚有一子，名道丘，生宗默。宗默生嗣本，嗣本生延禎。自李沖至此，已歷七世。

再來看李虚中的情況。《李虚中墓誌銘》並未詳細記載他的世系，僅云："其七世祖沖，貴顯拓跋世。父惲，河南温縣尉。"權德輿撰寫的《唐故使持節郴州諸軍事權知郴州刺史賜緋魚袋李君（伯康）墓誌銘》記載："君諱伯康，字士豐，隴西成紀人。自凉武昭王元孫文穆公沖，爲元魏僕射司空……文穆公二子，長曰廷實，次曰休纂。論道追命，皆至司徒，蟬聯茂盛，冠於百族。

① 李延壽：《北史》卷一〇〇，第 3335—3336 頁。
② 録文見周紹良、趙超主編：《唐代墓誌彙編續集》，第 439 頁；拓片見陳長安主編：《隋唐五代墓誌匯編·洛陽卷》第 8 册，第 136 頁。
③ 周紹良、趙超主編：《唐代墓誌彙編續集》，第 438 頁。

君即叔氏司徒之後也。曾祖仲進,皇宣州司馬。祖僑,皇河南府澠池縣令。父愔,皇朝議大夫、宗正丞,贈濮州刺史。"①權德輿在《唐故長安主簿李君(少安)墓誌銘》中又説:"君諱少安,字公和,隴西成紀人。自元魏僕射文穆公沖而下,爲西州冠族。或位不充者,必以令德聞。曾祖仲進,皇宣州司馬。祖僑,河南府澠池縣令。父愔,朝議大夫、宗正丞,贈濮州刺史。"②《李虛中墓誌銘》也説他:"葬河南洛陽縣,距其祖澠池令府君僑墓。"李虛中的父親名惲,伯康父名愔,與惲相近,可證定惲、愔二人乃親兄弟,虛中與伯康則爲堂兄弟,故伯康曾祖李仲進亦爲虛中曾祖。

據《李虛中墓誌銘》記載,虛中卒於元和八年(813),享壽五十二,逆推可知他生於寶應元年(762)。根據二十年爲一世的常理推斷,其曾祖李仲進當生於公元700年前後,此時距李延祖、李延祥的出生尚有50年左右,也就是説李仲進乃李延祖、李延祥的孫輩,而並非子侄輩,當然更不可能與他們同輩。由此計算,李沖剛好爲虛中的十一世祖,集本不誤而石本記載不確。

3. 數量、行第與方位

集本與石本中記録數量和方位的詞彙也較易出現異文。如韋渠牟的仕歷,兩者的記載即略有出入,《韋渠牟墓誌銘》集本記載:"起儒官博士,十三四年,踐文石,登玉堂……"③"十三

---

① 權德輿:《權德輿詩文集》卷二六,第400頁。
② 權德輿:《權德輿詩文集》卷二六,第403頁。
③ 權德輿:《權德輿詩文集》卷二三,第346頁。

四年",石本作"不四三年"。結合文中所記"(貞元)八年……遷四門博士。十二年夏,承詔與近臣名儒、緇黃大士講議於麟德殿,上以爲能,拜秘書郎。歲中歷右補闕、左諫議大夫……",可知"十"字乃"不"字之誤,當以石本爲準。

至於韋渠牟的行第,集本僅用"若干"帶過:"公即第若干子也。"石本則云:"公即次子也。"可知他在兄弟間的排行。上海博物館所藏虞世南書《大唐故汝南公主墓誌銘》(彩圖十一)記載:"公主諱,字,隴西狄道人,皇帝之第三女也。"《新唐書》諸帝公主列傳却載其排行爲第二,並云:"汝南公主,蚤薨。"[1]汪慶正認爲:"現在所見《汝南公主墓誌銘并序》,則稱是唐太宗第三女,似乎應以當時的墓誌銘爲準。"[2]也是記錄行第的數字易產生異文的實例。

此外,方位詞也極易出現異文,如《崔蹈規墓誌》石本云:"巽之……祖曰太子左贊善大夫。""左",集本作"右"。而《薛巽墓誌銘》云:"薛君……大父太子左贊善大夫。"可見石本《崔蹈規墓誌》所記不誤,集本却誤"左"爲"右"。

(四)術語

集本與石本在一些術語方面的記載往往也會有差異甚至倒乙,多因淺人不明其意而妄改。集本《李虛中墓誌銘》記載虛中:"以人之始生年月日所直日辰支干,相生勝衰死王相。"[3]"王相",石本作"相王"。"王相"乃古代術數中的術語,陰陽家以王

---

① 歐陽修、宋祁:《新唐書》卷八三,第 3645 頁。
② 汪慶正:《錢幣學與碑帖文獻學》,第 246 頁。
③ 韓愈著,劉真倫、岳珍校注:《韓愈文集彙校箋注》卷一八,第 2021 頁。

（旺盛）、相（强壯）、胎（孕育）、没（没落）、死（死亡）、囚（禁錮）、廢（廢棄）、休（休退）等字與五行、四時、八卦等遞相配合，用來指代事物的增長更替。五行用事者爲王，王所生爲相，表示物得其時。"王相"一詞在傳世文獻中習見，如《論衡·難歲》云："王之衝死，相之衝囚，王相衝位，有死囚之氣。"①《潛夫論·夢列》："風雨寒暑謂之感，五行王相謂之時。"②白居易《詠家醖十韻》云："井泉王相資重九，麹蘖精靈用上寅。"③都用"王相"來表達事物的盛衰消亡，此處當依集本所記爲準。

石本《李虚中墓誌銘》在褒揚他的學術淹博精深時云："學無所不通，最深於五行書……其説汪洋奥美。""奥美"，宋代文讜詳注本作"奥義"，並加注云："一作美，非。"按："奥義"多用於探求經義之時，此處乃韓愈對李虚中學説的評價，當作"奥美"。類似的用例很多，如王安石《起居舍人直祕閣同修起居注司馬光知制誥制》云："先王誥命之文，何其雅馴而奥美。"④杜瓊《王半軒傳》有"（王行）爲詞章汪洋奥美，關節開解……"⑤之説。王之望《漢濱集》中也有相關用法："汪洋奥雅，無所不備。"⑥"美"

① 王充著，張宗祥校注：《論衡校注》卷二四，上海：上海古籍出版社，2010 年版，第 493 頁。
② 王符著，汪繼培箋，彭鐸校正：《潛夫論箋校正》卷七，北京：中華書局，1985 年版，第 317 頁。
③ 白居易著，朱金城箋校：《白居易集箋校》卷二六，第 1839 頁。
④ 王安石：《王安石文集》卷四九，北京：中華書局，2021 年版，第 813 頁。
⑤ 王行：《半軒集·王半軒傳》，影印《文淵閣四庫全書》第 1231 册，上海：上海古籍出版社，1987 年版，第 468 頁。
⑥ 王之望：《漢濱集》卷三，影印《文淵閣四庫全書》第 1139 册，上海：上海古籍出版社，1987 年版，第 700 頁。

與"雅"含義接近。由以上例證可知此處當作"奧美",石本記載
不誤。

三、集本與石本異文的成因

集本與石本間之所以會存在大量異文,原因是多種多樣
的,從大的方面來説,主要有以下幾個。

1. 政治因素的左右

《李密墓誌銘》集本、石本間之所以有如此重大的差異,筆
者認爲魏徵在撰完《墓誌銘》後又對其進行過較大的删改,最終
形成了石本上的文字。這也可從石本與《隋書·李密傳》的記
載更爲接近得到印證,因此可以認爲《墓銘》乃《墓誌銘》的删
改版。

至於删改的原因,礪波護認爲是"避諱",蘇小華則推測説:
"魏徵寫好之後,經過他本人或者其他人的删削。"李密下葬前,
魏徵之所以又對《墓誌銘》進行删改和潤色,應與當時的政治局
勢有關。《墓誌銘》作於武德二年(619),李唐政權的統一大業
尚未完成,王世充、竇建德都是李淵父子强有力的競爭對手。
李密新敗,其部將對各個政權均持觀望態度,即使已歸降李唐
王朝者,如常何等人,也未必會死心塌地。《墓誌銘》將李密歸
降後的不受重視和他的反叛經過都進行了詳細記録,一旦作爲
定本流傳開來,自然會對李密舊部造成較大衝擊。李密本人尚
難逃脱"敵國猶梗,謀臣已喪"的厄運,其舊部也很可能産生朝
不保夕之感,這極易引起他們的再度反叛,甚至直接逃往其他
反隋勢力帳下。不管何種結局,都會給李唐政權帶來較大損

失,更不利於其一統天下的大業。以魏徵之深謀遠慮,對其中的利害自然會有所洞察,這或許正是促使他最終對《墓誌銘》進行較大幅度删改的原因。

由避諱引起的異文也可歸於此類,《韋渠牟墓誌銘》集本引《洪範》云:"俊民用章。"石本爲避李世民的諱,徑直將"民"改爲"人"。唐五代寫卷與碑刻中的"世"字常缺末筆作"卅",也有直接將"世"改爲"代","淵"改爲"泉"者,皆是因避諱而做的變通。

2. 因缺字而形成的異文

這是新出墓誌與傳世文獻產生異文的重要原因,本節所列墓誌銘中的異文接近半數是因闕文而產生的。總體來看,這一現象多出現在誌主的壽年、卒葬時地與某些虛詞中。虛詞的缺失,如副詞、連詞、語氣詞等,雖然造成了新出墓誌與傳世文本的差異,但多數情況下不會影響文意。壽年和卒葬時地的缺失則不然,墓誌銘必備的"十三事"即包含這些內容,關鍵信息的缺失,會帶來文意的不暢,也爲讀者解讀墓誌銘造成困難。《李濤墓誌銘》集本中説:"乾元二年某月日,寢疾終於揚州,春秋若干。某月日,權窆於衢州。"《崔蹈規墓誌》集本亦云:"年若干。某月日,遷柩於洛。"這就損傷了語意的連貫性。石本對誌主壽年和喪葬、遷葬日期都有明確記載,此乃新出石刻優於傳世文獻之處。《李虛中墓誌銘》集本云:"(虛中)葬河南洛陽縣,距其祖澠池令府君僑墓十里。"[①]但石本無"十里"二字,文意明顯不通。這是傳世文獻長於石刻文本之處。"距(去)×地××距

---

① 韓愈著,劉真倫、岳珍校注:《韓愈文集彙校箋注》卷一八,第 2022 頁。

離"是墓誌銘的常見用法,《唐故張君(山象)墓誌銘》載張氏夫婦:"合葬於龍門縣北原下,禮也。去縣二里。"①《大唐故駱府君(明珣)墓誌銘》云:"以大和二年十一月二十日卜葬於京兆府萬年縣長樂鄉張壽里,安其神,禮也。公之大塋次東十里。"②故須將集本、石本合觀,方能還原《李虛中墓誌銘》的本來面貌。

3. 形近而訛

在印刷術尚未普及的寫本時代,墓誌銘的流傳在很大程度上依靠手抄,輾轉抄寫過程中,某類字形接近的文字難免會出現混亂,終成"魯魚亥豕"之訛,爲後人研讀造成較大困擾。石本《李密墓銘》銘文云"始開楚霸","開",集本誤作"聞",即是顯例。姚美玲曾指出:"繁體'聞'與'開'形近,《全》作'聞'實屬形誤。"③《韋渠牟墓誌銘》石本"不四三年"一句中,"不"集本訛作"十",也是因爲兩者字形接近,但"十"顯然與文章所要表達的意思並不一致。

4. 不明詞義而誤

上文曾提及,《李虛中墓誌銘》集本與石本中的重要異文"王相""相王"條,就是因石本的書寫者與刻字人均不懂"王相"的具體含義而誤寫作"相王"。而庾信文集中的《周車騎大將軍

---

① 周紹良、趙超主編:《唐代墓誌彙編續集》,第494頁。
② 周紹良、趙超主編:《唐代墓誌彙編續集》,第891頁。
③ 姚美玲:《〈李密墓誌銘〉錄文輯校》,第89頁。

贈小司空宇文顯和墓誌銘》記載其父宇文金殿"並控鶴兵"①。
原石"鶴兵"作"佳兵"。"佳兵"乃"堅甲利兵或好用兵之義",古
人詩句中多有用例,庾信之父庾肩吾的《被使從渡江》中即有
"八陣引佳兵,三河總艫舳"②的用例。陳子昂《送著作佐郎崔融
等從梁王東征》中也説:"王師非樂戰,之子慎佳兵。"③可見這一
説法在六朝隋唐時期習見,只不過庾信文集的編者不明"佳兵"
之義而誤作"鶴兵",使得詞義愈加隱晦難解。

第三節　石刻文獻的優勢與缺陷

新出石刻雖然較少經過後人刪改,但文中所載録的信息也
不一定均確鑿無誤,我們在運用石刻資料進行研究時,有兩個
問題尤其值得注意:一要充分認識到石刻文獻的獨特優勢;二
要儘量避免爲其中的訛奪所誤導。

一、石刻文獻獨特的優勢

新出石刻資料,特別是名家撰、書、篆、刻的墓誌銘,本身就

---

① 庾信撰,倪璠注:《庾子山集注》卷一五,北京:中華書局,1980 年版,第 953
　　頁。按:該誌原石 2005 年出土於陝西省咸陽市,拓片、釋文分別見毛遠明編
　　著:《漢魏六朝碑刻校注》第 10 册,第 267、268 頁。
② 逯欽立輯校:《先秦漢魏晉南北朝詩·梁詩》卷二三,北京:中華書局,1983
　　年版,第 2001 頁。
③ 陳子昂:《陳子昂集》卷二,第 36 頁。

具備較高的文學和藝術價值,對此趙君平先生早已有精彩的論述。① 相對於傳世文獻來説,作者名、書法佳的石刻文獻,通常會有獨特的優勝之處和較高的校勘價值,我們在運用石刻文獻時應當充分予以吸收。

歐陽修在《田弘正家廟碑》的跋語中對此亦有獨到的見解,②雖然歐陽修再三強調不要因爲傳世諸本文字與石本有所不同即對其中的異文妄加改動,但也客觀上指出了石刻文獻優於傳世文獻之處。他還在《柳州羅池廟碑》的跋語中説:"今世傳《昌黎先生集》載此碑文多同,惟集本以'步有新船'爲'涉',

---

① 趙君平:《十年磨劍寸心知——關於〈邙洛碑誌三百種〉》:"夫墓誌之佳者,貴在三名,即誌主名,撰文名,書丹名。余新獲之《張説墓誌》拓本,即此之佳者。張説爲有唐一代之名相,一生歷四帝,三任宰輔,擅文字有助於文治之功,與許國公並稱'燕許大手筆'。撰文者爲工部侍書郎集賢院學士張九齡,文字爲一時之冠,人皆欽以其文之重。書寫者爲'朝散大夫中書舍人梁昇卿,爲有唐一代著名之八分名家。'……今以該誌觀之,不僅誌主名,誌載史迹于史可補,而且撰文名,文章可校《全唐文》之訛;書法精,該誌與傳世梁書《御史臺精舍記》堪稱爲梁書雙璧。"載趙君平編:《邙洛碑誌三百種》,第2—3頁。
② 歐陽修云:"右《田弘正家廟碑》,昌黎先生撰。余家所藏書萬卷,惟《昌黎集》是余爲進士時所有,最爲舊物。自天聖以來,古學漸盛,學者多讀韓文,而患集本訛舛。惟余家本屢更校正,時人共傳,號爲善本。及後集録古文,得韓文之刻石者如《羅池神》《黄陵廟碑》之類,以校集本,舛繆猶多,若《田弘正碑》則又尤甚。蓋由諸本不同,往往妄加改易。以碑校集印本,與刻石多同,當以爲正。乃知文字之傳久而轉失其真者多矣。則校讎之際,決於取捨,不可不慎也。印本云'銜訓事嗣,朝夕不怠',往時用他本改云'銜訓嗣事'。今碑文云'銜訓事嗣',與印本同,知其妄改也。印本云'以降命書',用他本改爲'降以命書'。今碑文云'以降命書',與印本同,知爲妄改也。印本云'奉我天明',用他本改云'奉我王明'。今碑文云'奉我天明',與印本同,知爲妄改也。此類甚多,略舉三事,要知改字當慎也。"歐陽修著,鄧寶劍、王怡琳注釋:《集古録跋尾》卷八,第185—186頁。

'荔子丹兮蕉黄','蕉'下加'子',當以碑爲是。"①類似的説法早在任昉的《述異記》即有記載:"吳楚間謂'浦'爲'步',語之訛耳。"②可見文集中所謂的"涉有新船"不確,當以石刻爲準。

　　僅就本章第二節涉及的異文而論,新出墓誌銘優於傳世文獻之處也非常明顯。集本《李密墓誌銘》銘文中説:"野戰群龍,馳走原鹿。"石本録作:"野戰群龍,原馳走鹿。"初唐時期的銘文多講求偶對,"原"與"野"對舉,與當時的文風契合,此處應以石本爲正。集本《李濤墓誌銘》記載李濤曾祖李道立"嘗典陝、濟、陳三州刺史"③,石本却作"嘗典隰、齊、陳三州"。"典"本來就有"掌管、任職"之義,這在史籍中多有用例。《三國志·魏書》卷四考證記載:"陳泰正始中爲并州刺史,嘉平初代郭淮爲雍州刺史,未嘗典新城,何有與王基同破吳之事?"④司馬光《蘇騏驥墓碣銘序》中也説:"以公素善武事,加習邊務,遂改供備庫副使、知威勝軍事。繼典嵐、莫、石、鳳、夔五州,皆著聲績。"⑤這兩處"典"字的含義和用法均與《李濤墓誌銘》相同,故集本中附加的"刺史"二字,實屬蛇足。此外,集本與石本對李道立仕歷的記

①　歐陽修著,鄧寶劍、王怡琳注釋:《集古録跋尾》卷八,第 187 頁。

②　任昉《述異記》卷下:"水際謂之步。瓜步在吳中,吳人賣瓜於江畔,用以名焉。吳江中又有魚步、龜步,湘中有靈妃步。"光緒元年(1875)湖北崇文書局刊本,第 4—5 頁。

③　獨孤及撰,劉鵬、李桃校注:《毗陵集校注》卷一二,第 275 頁。

④　陳壽撰,裴松之注,李龍官等考證:《三國志》卷四,影印《文淵閣四庫全書》第 254 册,上海:上海古籍出版社,1987 年版,第 103 頁。

⑤　司馬光撰,李之亮箋注:《司馬溫公集編年箋注》第 5 册,成都:巴蜀書社,2008 年版,第 478 頁。

載也不一致,郁賢皓先生認爲當以石本爲準。① 徐無聞先生在《元微之撰段夫人墓誌跋》中也曾舉出集本與石本的異文多處,並説:"皆當以此石本爲正,而集本文義窒塞不可通。區區不滿四百字之文,原石之大有益於校勘也甚明矣。"②以上所論都是石刻文獻所獨有的優勝之處,值得重視。

二、石刻文獻自身的缺陷

雖然較之傳世文獻,新出土的石刻資料有著獨特的優勢,但其中仍存在不少問題,也是不爭的事實。因此,我們在運用新出石刻,特別是墓誌銘時應當加以考辨,不可盲從。石本的缺陷可從如下兩個方面加以認識。

(一)集本與石本共同存在的問題

《新唐書·岑文本傳》記載:"(文本)常自以興孤生,居處卑,室無茵褥幃帟。事母以孝顯,撫弟姪篤恩義。生平故人,雖羈賤必鈞禮。"③後又力辭兼攝宫官、拒營産業。加之他素以謙遜、沉敏、恪盡職守和嚴於律己等美德見稱於時,我們恐怕很難將這樣一位兩袖清風的宰相與諛墓現象聯繫起來。然而他所作的《唐故特進尚書右僕射上柱國虞恭公温公(彥博)碑》④,却不乏對温彥博的褒揚之詞。這讓很多學者心生困

----

① 分別見郁賢皓:《唐刺史考全編》,合肥:安徽大學出版社,2000 年版,第1046、1198 頁。

② 白立獻編:《唐段氏墓誌》,鄭州:河南美術出版社,2010 年版,第 10 頁。

③ 歐陽修、宋祁:《新唐書》卷一〇二,第 3966 頁。

④ 董誥等編:《全唐文》卷一五〇,第 673 頁。

惑,認爲岑文本亦未能免俗,也沾染了諛墓習氣。如翁方綱在《平津讀碑記序》中即説:"有如唐温彦博,史稱其褊急,好争論是非;而碑特著其宏量,不與人争,其相反乃若是。岑江陵固不應作諛墓文,此當表出之,以資論世者。"①翁方綱雖認爲岑文本不應該作諛墓文,却没有對這種現象作出令人信服的解釋。

岑仲勉先生認爲政治因素才是促使岑文本大肆對温彦博進行褒美的主要原因。首先,該文乃岑文本奉敕所撰。其次,與温彦博對唐王朝的貢獻有關:"憲公固未必諛墓,然《温彦博碑》是奉敕撰,朝廷方隆飾終之典,詞臣遽爲身後之譏,可乎?江陵而果有不滿彦博者,則唯如蕭俛辭撰《王士真神道碑》所對,'臣器褊狹,此不能强,王承宗先朝阻命,事無可觀,如臣秉筆,不能溢美……臣不願爲之秉筆'斯可矣。然彦博之功績,不與承宗等倫,翁氏之言,唯出以主觀,初未嘗就撰人設身處地作想也。"②温彦博爲李唐王朝立下了不世之功,因此他去世後,皇帝不僅親自指定專人爲其撰寫碑文,還獲得了陪葬昭陵的殊榮。故而岑文本下筆時就不能不考慮皇家的尊嚴,文中存在溢

① 載洪頤煊:《平津讀碑記》卷首,洪頤煊:《洪頤煊集》,上海:上海古籍出版社,2018年版,第1015頁。
② 岑仲勉:《貞石證史》,岑仲勉:《金石論叢》,第79頁。

美之詞也就不難理解了，政治因素干擾文學創作的情況可見一斑。①

　　若誌主的生平事迹無可圈可點處，墓誌銘的作者也不願作違心之論，即便請托或命令來自皇帝，很多人也會拒絕爲誌主撰寫墓誌銘，如上文所提到的蕭俛。② 甚至有人因此丟官去職，如郭行餘即因拒絕爲烏重胤先人撰寫墓誌銘而被解職："郭行餘者，元和時擢進士。河陽烏重胤表掌書記。重胤葬其先，使誌冢，辭不爲，重胤怒，即解去。"③而郭行餘並非不願爲他人撰寫此類文字者，新出土的石刻文獻中即有他撰寫的《崔迢墓誌

---

① 晚唐至宋代，政治因素干擾碑誌文創作的情況還突出表現在黨爭方面。歐陽修在撰寫《范仲淹神道碑》之前，即意識到此舉會有一定的風險，正如王水照先生所言："要總結范仲淹的一生活動，無異於要梳理一部近三十年的政治史，尤其是黨爭的歷史；而黨爭的另一方當時仍然人衆勢大，擁有不可輕視的政治能量，稍有不慎，極易引發事端。"（王水照：《歐陽修所作范〈碑〉尹〈誌〉被拒之因發覆》，《江西社會科學》，2007 年第 9 期，第 176 頁）因此歐陽修採取了較爲謹慎的態度，他在《與孫威敏公書》中說："昨日范公宅得書，以埋銘見託。哀苦中無心緒作文字，然范公之德之才，豈易稱述？至於辨讒謗，判忠邪，上不損朝廷事體，下不避怨仇側目，如此下筆，抑又艱哉！某平生孤拙，荷范公知獎最深，適此哀迷，别無展力，將此文字，是其職業，當勉力爲之。更須諸公共力商榷，須要穩當。"（歐陽修：《歐陽修全集》卷一四五，第 2362 頁）但即便如此，該文一出，還是引起了范氏後人的不滿，范純仁徑自"刊去二十餘字乃入石"。
② 與蕭俛類似，宋代蘇軾、周必大等人均曾拒絕皇帝這方面的請求，蘇軾有《辭免撰趙瞻神道碑狀》（蘇軾：《蘇軾文集》卷三三，北京：中華書局，1986 年版，第 929 頁），周必大有《辭免書吴璘碑奏狀》（曾棗莊、劉琳主編：《全宋文》第 227 册，第 228—229 頁）等，可看看。
③ 歐陽修、宋祁：《新唐書》卷一七九，第 5324 頁。

銘》①。可見他之所以拒絕爲烏重胤先人撰寫墓誌銘,原因與蕭
俛類似,也是由於烏重胤先人確實"事無可觀"。

絕大多數人並没有蕭俛那樣的勇氣,縱然誌主没有豐功偉
績值得書寫,作者們本著亡者爲尊的原則,依然會在墓誌銘中
寫滿稱頌之詞。墓誌銘文體的這一弱點,在集本與石本中都體
現得非常明顯。石刻文獻中佔比最大的墓碑文與墓誌銘,特别
是其中的銘辭,從産生時起就被賦予了"稱揚其先祖之美,而明
著之後世",又"稱美而不稱惡"的使命,並且逐漸成爲社會的共
識,甚至成爲一種定制,白居易就有這樣的看法。②《楊氏墓誌
銘》載其孤子苗讓等雖"力微於朝,財薄於家",却認爲"須存製
度,抑哀盡禮"③,仍堅持爲其母楊氏撰寫、製作墓誌銘。受到這
種觀念的影響,誌主去世後,子嗣大都要爲其埋設墓誌銘,而隱
惡揚善的風習更是導致了很多墓誌銘被當作"諛墓"的樣本而
遭到譏諷。

"諛墓"風氣的盛行、政治因素的左右,都導致了石刻文獻
中存在一定的虛浮不實之詞。北宋時期的金石學家已經注意
對石刻中的信息進行甄別,歐陽修在《集古録跋尾》卷九中就對

---

① 拓本見張乃翥:《洛陽新輯石刻所見唐代中原之佛教》,《中原文物》,2008 年
第 5 期,第 89 頁。
② 他認爲:"王建侯,侯建廟,廟有器,器有銘。所以論譔先德,明著後代,或書
于鼎,或文于碑。古今之通制也。"白居易著,朱金城箋校:《白居易集箋校》
卷七一,第 3790 頁。
③ 周紹良主編:《唐代墓誌彙編》,第 1970 頁。誌題原闕,此據内容擬。

白敏中墓碑文裏的溢美之詞提出了批評①。他在對比石刻與傳世文獻之後，發現石刻中存在著許多虛誇不實之詞，因此對這些"毀譽難信"的文字一概不取，只採信"世次、官、壽、鄉里"等不牽涉人物評騭的、也不易出現誇飾情況的信息。

（二）石刻文獻自身的訛誤

歐陽修能夠看出《白敏中碑》的失實之處，固然是他博聞廣記的結果："良由歐陽所見既博，故能抒爲明達之論。"②然而事實證明，即便"世次、官、壽、鄉里"等信息也不是確鑿無疑的，如上節所論李虛中的世次，就是石本誤植的實例。此外，石刻文獻中還有其他方面的問題，如官謚誤、朝代誤、官歷誤、年壽誤等，岑仲勉先生在《貞石證史》一文中曾舉例説明，可參看。③ 因此，過於相信石刻，有時也會對學術研究造成損害。岑先生曾論及清代金石學家運用石刻文獻之弊病，將其總結爲兩條：一是過信石刻，二是千篇一律。

> 清代金石家不可屈指數，然專金石而兼史者居多，專史而兼金石如錢大昕輩，寥落如晨星也，取塗不同，其最常見者凡有二蔽：

---

① "右《白敏中碑》，畢誠撰。其事與《唐書》列傳多同，而傳載'敏中由李德裕薦進以獲用，及德裕貶，抵之甚力'，以此爲甚惡。而碑云'會昌中，德裕起刑獄，陷五宰相，竄之嶺外。公承是之後一年，冤者皆復其位'，以此爲能。其爲毀譽信蓋如此，故余於功誌，惟取其世次、官、壽、鄉里爲正，至於功過善惡，未嘗爲據者以此也。"歐陽修著，鄧寶劍、王怡琳注釋：《集古錄跋尾》卷九，第 212 頁。

② 岑仲勉：《貞石證史》，岑仲勉：《金石論叢》，第 80 頁。

③ 岑仲勉：《貞石證史》，岑仲勉：《金石論叢》，第 80—81 頁。

一過信石刻。石刻之可貴,在一經刊上後,難以挖改,視書本之傳鈔,翻印易於轉訛者不同。然此係就碑誌已成時觀之,若碑誌之撰述有誤,正與史傳之撰述有誤,同一可能也。矧碑誌之太半,皆假手於學術寡陋之士,修史者大都爲世之通人,長短乘除,未易軒輊。顧專金石者每遇異同之處,輒曰,"自當以碑爲正",千篇一律,膠固弗通,則未知須斟酌而後成定論也。①

清代學者之所以會犯上述錯誤,與石刻文獻本身存在的諸多缺陷是分不開的。多數石刻雖然長期深埋地下,未經後人擅改,其可信程度應該高於傳世典籍。然而,因石刻文獻從開始撰寫到最終上石也需要經過很多工序,輾轉多人之手,任何一個環節出現紕漏,都會致使石刻中出現錯誤。再加上文章作者來自社會各個階層,其中也不乏下層文士,大多數書丹者以及篆刻者的文化修養則更低,故而石刻中的訛奪與誤植亦在所難免。

不僅如此,即便是大文學家所撰之文章,也不能完全杜絶訛誤的出現。早在嘉祐八年(1063),歐陽修即以韓愈《柳州羅池廟碑》爲例,對石本、集本的優劣進行過比較,他指出該石存在著許多問題:"右《羅池廟碑》,唐尚書吏部侍郎韓愈撰,中書舍人、史館修撰沈傳師書。碑後題云'長慶元年正月建'……碑言柳侯死後三年廟成,明年愈爲柳人書羅池事。子厚以元和十四年卒,至愈作碑時,當是長慶三年。考二君官與此碑亦同,但不應在元年正月,蓋後人傳模者誤刻之爾……碑云'春與猿吟

---

① 岑仲勉:《貞石證史》,岑仲勉:《金石論叢》,第76頁。

而秋鶴與飛’，則疑碑之誤也。”①檢蜀刻《韓昌黎文集》本《柳州羅池廟碑》，“春與猿吟而秋鶴與飛”一句作“春與猿吟兮秋與鶴飛”②，石本誤將“鶴”“與”位置顛倒。

　　歐陽修具體指出石本可能存在兩處疏漏——傳模者的誤刻與文字順序的誤置。然而歐陽修自己所撰的文章也存在記載失實之弊，正如他在《范仲淹神道碑》中所言：“當太后臨朝聽政，時以至日大會前殿，上將率百官爲壽。有司已具，公上疏言天子無北面，且開後世弱人主以强母后之漸，其事遂已。”③後來蘇洵“奉詔修太常因革禮……考其始末，無諫止之事，而有已行之明驗”，因此質之於歐陽修。歐陽修云：“文正公實諫而卒不從，《墓碑》誤也，當以案牘爲正耳。”④並不諱言自己的過失。

　　更有同一人在其所撰的不同文章中自相矛盾的案例。新出土《唐故試太常寺奉禮郎趙郡李府君（繼）墓誌文》記載李繼“以元和四年三月□日終于常州無錫縣寓居……至十一年秋七月廿有□日，弟紳啓奉歸於長安白鹿原……”⑤而同爲其所撰的《唐故博陵崔氏夫人□□李府君墳所誌文》則云：“府君以元和庚寅歲終於無錫縣私第，以元和丙申歲歸祔于白鹿原。”⑥二文分別於題下署：“親弟前守大學助教紳撰”；“宣武軍節度使檢校□□尚書兼御史大夫李紳撰”。實際上是李紳分別爲其兄與嫂

---

① 歐陽修著，鄧寶劍、王怡琳注釋：《集古録跋尾》卷八，第 186—187 頁。
② 韓愈：《昌黎先生文集》卷三一，宋蜀刻本，第 5a 頁。
③ 歐陽修著，洪本健校箋：《歐陽修詩文集校箋·居士集》卷二〇，第 588 頁。
④ 蘇軾：《蘇軾文集》卷七二，第 2284 頁。
⑤ 周紹良主編：《唐代墓誌彙編》，第 2015 頁。
⑥ 周紹良主編：《唐代墓誌彙編》，第 2179 頁。

撰寫的墓誌銘，但兩者對李繼去世時間的記載却不一致。《崔氏壙所誌文》所謂之"元和庚寅歲"，爲元和五年（810）；而《李繼墓誌文》則記載李繼去世於元和四年（809）。

李紳是唐代的著名文人，《唐才子傳》盛贊他"爲人短小精悍，於詩特有名，號'短李'。與李德裕、元稹同時，稱'三俊'"①。他曾兩度出任淮南節度使，又曾任兵部侍郎、同平章事，改中書侍郎，累遷守右僕射、門下侍郎等職。然而，即便是這樣一位位高權重且文采出衆的作者，爲其兄、嫂所撰的墓誌銘中，竟然也會犯自相矛盾的錯誤，其他墓誌銘中的情況可想而知。故而岑仲勉云："幸而兩誌俱出，否則世有不執一以信其必真者乎。"②

石刻文獻的問題尚遠不止於此。從前人的論述以及新出石刻中存在的諸多刪改痕迹來看，誤刻、漏刻現象也不在少數。朱熹云："《柳州羅池廟碑》石本'團團'字，初誤刻作'團圓'，後鐫改之，今尚可見，則亦石本不能無誤之一證也。"③此種情況，在新出墓誌中也經常出現，甚至還有直接在原字上增添筆劃或者改刻，而未將誤字剜除者。如《大唐故度支郎中彭君夫人安定鄉君侯氏墓誌銘》對侯氏葬日的處理就是如此："（咸亨）四年歲次癸酉三月丁亥朔 月四十七 日 庚寅癸卯 。"這爲後人釋讀此方墓誌銘造成了困惑，以至於衆人各執一詞。《唐代墓誌彙編》在文前加了小注："葬日原刻'十七日癸卯'，後改爲'月四日庚寅'。"④《唐代

---

① 傅璇琮主編：《唐才子傳校箋》第 3 册，北京：中華書局，1990 年版，第 49—50 頁。
② 岑仲勉：《貞石證史》，岑仲勉：《金石論叢》，第 81 頁。
③ 朱熹：《昌黎先生集考異》卷八，上海：上海古籍出版，1985 年版，第 304 頁。
④ 周紹良主編：《唐代墓誌彙編》，第 569 頁。

墓誌銘彙編附考》則解釋如下："葬日處有重刻現象，無法確認；今觀其干支，似先刻癸酉，後改刻庚寅，如以後者來推算，三月庚寅日爲四日，則該行字六當爲先刻十，後改刻四，而字五則爲誤刻而作廢者。"①按照這種説法，侯氏的葬日就應當録作"（咸亨）四年歲次癸酉三月丁亥朔四十日庚寅癸卯"。雖然咸亨四年三月四日的確是庚寅日，癸卯日却應該爲三月十七日，而非三月十日，《附考》所論不確。由此益可見在運用石刻資料時不可盲從，需仔細辨別其中的闕誤，"斟酌而後成定論"。

　　雖然石刻文獻與傳世典籍中的多數異文，參證相關資料以後，可以判定其優劣，但仍有部分語句，特別是集本同石本、寫本差異較大者，在没有内證或其他旁證的情況下，確實難以判斷究竟哪種説法更切合作者本意。歐陽修跋《唐白敏中碑》即云："碑又言桑道茂事，云'桑道慕'，不知孰是？"②再如石本《李繚墓誌銘》"銘曰"之前，就有"仍詔掌文之臣居易爲其墓銘"一句，集本却無這段文字，而是在卒葬時地之後、姓名世系之前有所交代："是日又詔翰林學士白居易爲之銘誌，故事也。"③石本《李虚中墓誌銘》謂李虚中"娶尚書左丞薛邕妹"，集本却作"娶陳留太守薛江童女"④。這些異文只能暫時存疑。

　　總之，傳世典籍與新出墓誌銘都可能存在記載失實之處，當遇到兩者記載不一致時，不能偏信其一，須知石本未必一定

---

① 毛漢光：《唐代墓誌銘彙編附考》第 8 册，臺北："中研院"歷史語言研究所，1989 年版，第 307 頁。

② 歐陽修著，鄧寶劍、王怡琳注釋：《集古録跋尾》卷九，第 212 頁。

③ 白居易著，朱金城箋校：《白居易集箋校》卷四二，第 2709 頁。

④ 韓愈撰，馬其昶校注：《韓昌黎文集校注·韓昌黎文集外集》上卷，第 666 頁。

是、集本亦未必一定非。再加上墓誌銘中確實也存在虛誇不
實、爲亡者諱等弊端。政治因素的左右,也會造成異文的產生。
因此在閱讀墓碑文和墓誌銘等石刻文獻時,"先須知其立場與
史傳有別,要多從客觀著想"①,廣泛參證其他典籍或相關石刻,
方能將石本的價值發掘得淋漓盡致。

---

① 岑仲勉:《貞石證史》,岑仲勉:《金石論叢》,第 81 頁。

結　語

　　著名金石學家葉國良先生曾慨歎:"近人研究古典文學,很
少注意到其與金石學的關係,這是奇怪的學術脱節現象。古人
重視金石文字,金石文字往往佔了文集中的最大篇幅,所以研
究文學,而不涉獵金石學,是有點奇怪的;清代以前的學者並不
如此。石刻釋例的起源,正是從研究韓、柳、歐、王的古文來的,
其後的研究雖然範疇不限於文學,但與文學研究與創作關係密
切。個人建議古典文學研究者應當將石刻釋例的著作納入參
考的範圍。"①葉先生的這段話,揭示出古典文學界應該將金石
學納入研究範疇,但這不是任何個人能夠在短時間內完成和解
決的。本書也僅僅關注到新出土的墓誌銘與唐代文學特別是
唐文研究的關係,希望能對新時期古典文學研究如何利用金石
學的成果起到一定的推動作用。但由於筆者的功力和識見有
限,對全書的總體把握和各章之間融會貫通的論述仍覺心有餘

---

① 葉國良:《石學的展望》,原刊《中國文哲的回顧與展望論文集》,臺北:"中研
　院"中國文哲研究所,1992年版,第573—579頁。後收入氏著《石學續探》,
　臺北:大安出版社,1999年版,第262頁。

而力不足,加强理論的穿透力與文獻的敏感性,都還有很長的路要走。筆者對於金石學,尤其是新出土的石刻文獻如何推動唐代文學研究,也曾做過一番思考,並希望能在今後的研究中不斷付諸實踐。

(一)通過材料的拓展,擴大唐代文學的研究範圍

本書以新出土石刻文獻中佔比最大的墓誌銘作爲主要研究對象,意在通過一個側面展示近年來新出石刻對唐代文學研究的重要作用。實際上僅就研究材料而言,唐代文學研究仍有極大的拓展空間,具體來説,以下幾個方面尤其值得注意:第一,墓誌銘僅僅是石刻文獻中的一個門類,故而以新出土墓誌銘爲基礎,拓展至全部的石刻文獻,是今後唐代文學研究的必經之路。第二,石刻存放地雖然異常複雜,但大體上可以分爲兩類:一是可移動石刻,如出土的墓誌銘和墓碑等;二是不可移動石刻,比如摩崖石刻。後者因爲不可移動,研究難度就更大。本書所利用的材料,以可移動的墓誌銘爲主,獲得一定程度的研究進展後,就可將其與不可移動之石刻進行打通式的綜合研究,以便更系統地展現出石刻資料與唐代文學研究的整體風貌。第三,石刻文獻所能提供的信息是多元的,不僅是唐代詩文研究的範疇,還關涉到唐代的政治、經濟、宗教、藝術、文化等各個層面,因而全面搜集現存的唐代石刻文獻以展開多元化的立體研究,也有助於推進唐代文學史的整體研究進程。

(二)立足文體分類,探討唐代石刻文的沿襲和創新機制

石刻文獻涉及多種文體類型,傳、記、誌、狀、銘、箴、頌、贊,乃至各種題記、題名等。然而,"五四"運動以後,對石刻文獻的

分體研究，成果極少。各類文體往往有其自身的發展規律，唐代又是文體發展的關鍵時期，這方面的研究仍將是大有可爲的。爲了使研究課題集中而不發散，本書定位於以點帶面的研究，對新出墓誌銘文體的挖掘和探討尚能自成體系，但未能旁及其他。對傳世墓誌銘和其他石刻門類的研究將成爲筆者下一個階段的主要目標，集中於以下幾個方面。

第一，比較蘇、張、韓、柳等大家的傳世墓碑文、墓誌銘與新出石刻文的異同。蘇頲、張説、顏真卿、李邕、韓愈、柳宗元等人都是墓碑文和墓誌銘創作方面的名家，傳世作品既多，新出石刻也不斷涌現，通過兩者的對比以研究其立意、體制和義法，不失爲研究唐代文章學的新途徑。

第二，墓誌銘以外的唐代石刻文研究，迄今幾乎一片空白，若能在本書的基礎上進一步展開研究，也將是唐文研究領域的拓荒之舉。例如"記"這種文體，應用廣泛，傳世典籍與新出石刻中都留存較多。現在的研究者大多注目於傳世文獻，尤其是那些收録於大散文家文集的"記"體作品，而對石刻文獻中的"記"體關注不足。從這個角度上説，石刻文獻的文體研究意義就顯得較爲重大。比如褒斜道的石門題刻，其實留下了很多記體文學，我們如果將傳世文獻和石刻文本進行對比研究，比單純的文本研究，更能揭示這些記體文學的深層次内涵。再如"題名"因爲文字簡短而常爲研究者忽視，有的題名却具有很高的研究價值。如《隱山李渤等題名》即載："寶曆元年，給事隴西公以直出，廉察於此。□和年既豐，乃以泉石爲娯。搜□訪異，獨得兹山。山有四洞，斯爲最，水石清拔，幽然有真趣，可以遊目,可以永日,愚以爲天作以遺公也。不然,何前人之盡遺耶!明日,與諸生游,因紀名氏。武陵奉命操筆,倚石叙題之。"①是一篇絕好的山水遊記,後面還有一連串題名,也提供了足資考證的文獻信息。

第三,文體和書體相結合的研究路徑。要想充分發掘新出土石刻文字的研究價值,最好是將文體和書體研究結合起來。新出墓誌銘中研究價值最高的應當是"三名"——誌主名、撰文名、書丹名兼備的作品,《張説墓誌》就是這樣,誌主張説爲一代名相,撰者張九齡爲文章之冠,書者梁昇卿爲八分名家。② 從多個角度綜合研究此類墓誌銘,往往比單純研究墓誌文本收效更大。自初盛唐之際開始,不僅文章創作中的復古思潮漸趨興盛,書法亦有復古思潮,這兩種思潮有時會同時體現在一篇墓碑文或墓誌銘之中,如唐玄宗時期流行的八分書,其實與當時盛行的復古觀念是一致的。這方面的新出土墓誌銘較多,綜合研究視角的運用,當會對文學與書法研究都具有多重的啓發。

(三)利用釋例等研究成果觀照唐代石刻文之演變

北宋中葉以後,金石學漸趨興盛,金石釋例一類的著作也隨之大量涌現。元潘昂霄著有《金石例》十卷,使得這一學問逐漸系統化。到了明清時期,則更加完善,王行有《墓銘舉例》四卷,黃宗羲有《金石要例》,梁玉繩有《誌銘廣例》,郭麐有《金石例補》二卷,馮登府有《金石綜例》四卷,梁廷枏有《金石稱例》四

---

① 陸增祥:《八瓊室金石補正》卷七一,《續修四庫全書》第 897 册,上海:上海古籍出版社,2002 年版,第 461 頁。

② 參趙君平編:《邙洛碑誌三百種》,第 2—3 頁。

卷續一卷,王芑孫有《碑版文廣例》十卷,鮑振方有《金石訂例》四卷等。此外,還有很多專門研究石刻的著作,如葉昌熾所著《語石》,對石刻義例就有很多精闢的見解。對於墓誌銘的體例,清人章學誠也有精到的論述,其《墓銘辨例》等文將石刻文體與韓柳文章、史書列傳對比,爲我們研究唐文的發展和流變提供了可資依憑的理論依據:"自西京以還,文漸繁富,銘金刻石,多取韻言,往往有序文銘頌,通體用韻,前後皆一例者,古人不過取其易於誦識,無他義也。六朝駢麗,爲人誌銘,鋪排郡望,藻飾官階,殆於以人爲賦,更無質實之意。是以韓、柳諸公,力追《史》《漢》叙事,開闢蓁蕪,其事本爲變古,而光昌博大,轉爲後世宗師,文家稱爲韓碑杜律,良有以也。"①利用這些成果以展開唐文發生和演變的研究,也能爲唐代文學研究開拓新的視野。

① 章學誠:《墓銘辨例》,章學誠著,倉修良編:《文史通義新編·外篇一》,上海:上海古籍出版社,1993 年版,第 368 頁。

徵引文獻
按作者音序排列

一、石刻文獻

白立獻、梁德水編：《唐元蘋墓誌》，鄭州：河南美術出版社，2011 年。

北京圖書館金石組編：《北京圖書館藏中國歷代石刻拓本匯編》，鄭州：中州古籍出版社，1989 年。

畢沅：《中州金石記》，《叢書集成初編》本，北京：中華書局，1985 年。

陳長安主編：《隋唐五代墓誌匯編·洛陽卷》，天津：天津古籍出版社，1991 年。

陳思纂次：《寶刻叢編》，《叢書集成初編》本，北京：中華書局，1985 年。

慈溪市文物管理委員會辦公室、寧波市江北區文物管理所編：《慈溪碑碣墓誌彙編》，杭州：浙江古籍出版社，2017 年。

戴應新編著：《長安鳳栖原韋氏家族墓地墓誌輯考》，西安：三秦出版社，2021 年。

都穆：《金薤琳琅》，影印《文淵閣四庫全書》本，上海：上海古籍出版社，1987 年。

高文：《漢碑集釋》，開封：河南大學出版社，1997 年。

高文、高成剛編：《四川歷代碑刻》，成都：四川大學出版社，1990 年。

國家圖書館善本金石組編:《隋唐五代石刻文獻全編》,北京:北京圖書館出版社,2003 年。

郝本性主編:《隋唐五代墓誌匯編・河南卷》,天津:天津古籍出版社,1991 年。

河南省文物研究所、河南省洛陽地區文管處編:《千唐誌齋藏誌》,北京:文物出版社,1984 年。

侯燦、吳美琳:《吐魯番出土磚誌集注》,成都:巴蜀書社,2003 年。

胡戟、榮新江主編:《大唐西市博物館藏墓誌》,北京:北京大學出版社,2012 年。

胡戟主編:《珍稀墓誌百品》,西安:陝西師範大學出版總社有限公司,2016 年。

胡聘之:《山右石刻叢編》,太原:山西人民出版社,1988 年。

黃明蘭、朱亮編著:《洛陽名碑集釋》,北京:朝華出版社,2003 年。

李調元:《蜀碑記補》,《叢書集成初編》本,北京:中華書局,1985 年。

李希泌編:《曲石精廬藏唐墓誌》,濟南:齊魯書社,1986 年。

李獻奇、郭引强編著:《洛陽新獲墓誌》,北京:文物出版社,1996 年。

厲祖浩編著:《越窑瓷墓誌》,上海:上海古籍出版社,2013 年。

歷代碑帖法書選編輯組編:《唐顏真卿書郭虛己墓誌》,北京:文物出版社,2001 年。

劉聲木:《再續寰宇訪碑録校勘記》,《石刻史料新編》本,臺北:新文豐出版公司,1977 年。

陸繼煇:《八瓊室金石補正續編》,《續修四庫全書》本,上海:上海古籍出版社,2002 年。

陸耀遹:《金石續編》,《續修四庫全書》本,上海:上海古籍出版社,2002 年。

陸增祥:《八瓊室金石補正》,《續修四庫全書》本,上海:上海古籍出版社,

2002 年。

羅新、葉煒:《新出魏晋南北朝墓誌疏證》,北京:中華書局,2005 年(初版),2016 年(修訂版)。

洛陽市第二文物工作隊、喬棟、李獻奇、史家珍編著:《洛陽新獲墓誌續編》,北京:科學出版社,2008 年。

洛陽市文物局編:《洛陽出土北魏墓誌選編》,北京:科學出版社,2001 年。

毛漢光:《唐代墓誌銘彙編附考》第一一十八冊,臺北:"中研院"歷史語言研究所,1984—1994 年陸續出版。

毛陽光主編:《洛陽流散唐代墓誌彙編續集》,北京:國家圖書館出版社,2018 年。

毛遠明編著:《漢魏六朝碑刻校注》,北京:綫裝書局,2008 年。

毛遠明編著:《西南大學新藏墓誌集釋》,南京:鳳凰出版社,2018 年。

歐陽棐:《集古録目》,《雲自在龕叢書》本,光緒二十五年(1899)刊本。

歐陽修著,鄧寶劍、王怡琳注釋:《集古録跋尾》,北京:人民美術出版社,2010 年。

齊淵編:《洛陽新見墓誌》,上海:上海古籍出版社,2011 年。

齊運通、楊建鋒編:《洛陽新獲墓誌·二〇一五》,北京:中華書局,2017 年。

錢大昕:《潛研堂金石文跋尾》,《嘉定錢大昕全集》本,南京:江蘇古籍出版社,1997 年。

饒宗頤編著:《唐宋墓誌:遠東學院藏拓片圖録》,香港:香港中文大學出版社,1981 年。

阮元:《兩浙金石志》,杭州:浙江古籍出版社,2012 年。

陝西省考古研究院編,李明、劉呆運、李舉綱主編:《長安高陽原新出土隋唐墓誌》,北京:文物出版社,2016 年。

陝西省社會科學院、陝西省文物局編:《陝西碑石精華》,西安:三秦出版社,2006 年。

施蟄存編著:《唐碑百選》,上海:上海教育出版社,2001 年。

孫蘭風、胡海帆主編:《隋唐五代墓誌匯編・北京大學卷》,天津:天津古籍出版社,1991 年。

孫星衍、邢澍:《寰宇訪碑錄》,《叢書集成初編》本,北京:中華書局,1985 年。

王昶輯:《金石萃編》,北京:北京市中國書店,1985 年。

王其禕、王慶衛、王祺整理:《唐韋應物暨妻元蘋墓誌銘》,西安:陝西人民出版社,2009 年。

王其禕、周曉薇編著:《隋代墓誌銘匯考》,北京:綫裝書局,2007 年。

王仁波主編:《隋唐五代墓誌匯編・陝西卷》第一、二册,天津:天津古籍出版社,1991 年。

王象之:《輿地碑記目》,《叢書集成初編》本,北京:中華書局,1985 年。

吳鋼主編:《全唐文補遺・千唐誌齋新藏專輯》,西安:三秦出版社,2006 年。

吳鋼主編:《全唐文補遺》第一—九輯,西安:三秦出版社,1994—2007 年陸續出版。

吳鋼主編:《隋唐五代墓誌匯編・陝西卷》第三、四册,天津:天津古籍出版社,1991 年。

武億:《授堂金石跋》,鄭州:中州古籍出版社,1993 年。

西安碑林博物館編:《西安碑林博物館新藏墓誌彙編》,北京:綫裝書局,2007 年。

西安市長安博物館編:《長安新出墓誌》,北京:文物出版社,2011 年。

嘯滄編:《北齊朱岱林墓誌》,北京:人民美術出版社,2004 年。

新文豐出版公司編輯部編:《石刻史料新編》第一—四輯,臺北:新文豐出版公司,1977—2006 年陸續出版。

楊作龍、趙水森等編著:《洛陽新出土墓誌釋録》,北京:北京圖書館出版社,2004 年。

葉昌熾撰,柯昌泗評:《語石・語石異同評》,北京:中華書局,1994 年。

葉煒、劉秀峰主編:《墨香閣藏北朝墓誌》,上海:上海古籍出版社,2016 年。

葉奕苞:《金石録補》,《續修四庫全書》本,上海:上海古籍出版社,2002 年。

葉奕苞:《金石録補續跋》,《續修四庫全書》本,上海:上海古籍出版社,2002 年。

章國慶編著:《寧波歷代碑碣墓誌彙編》,上海:上海古籍出版社,2012 年。

張寧等主編:《隋唐五代墓誌匯編・北京卷》,天津:天津古籍出版社,1991 年。

張沛編著:《安康碑石》,西安:三秦出版社,1991 年。

張沛編著:《昭陵碑石》,西安:三秦出版社,1995 年。

張永華、趙文成、趙君平編:《秦晋豫新出墓誌蒐佚三編》,北京:國家圖書館出版社,2020 年。

張永强:《蓬萊金石録》,濟南:黄河出版社,2007 年。

趙超:《漢魏南北朝墓誌彙編》,天津:天津古籍出版社,1992 年。

趙君平、趙文成編:《河洛墓刻拾零》,北京:北京圖書館出版社,2007 年。

趙君平、趙文成編:《秦晋豫新出墓誌蒐佚》,北京:國家圖書館出版社,2012 年。

趙君平編:《邙洛碑誌三百種》,北京:中華書局,2004 年。

趙力光編:《鴛鴦七誌齋藏石》,西安:三秦出版社,1995 年。

趙力光主編:《西安碑林博物館新藏墓誌續編》,西安:陝西師範大學出版總社有限公司,2014 年。

趙明誠:《金石録》,《四部叢刊續編》本,上海:上海書店,1984 年。

趙明誠撰,金文明校證:《金石録校證》,桂林:廣西師範大學出版社,
　2005 年。

趙紹祖輯:《涇川金石記》,《叢書集成初編》本,北京:中華書局,1985 年。

趙文成、趙君平編:《秦晉豫新出墓誌蒐佚續編》,北京:國家圖書館出版
　社,2015 年版。

中國文物研究所等編:《新中國出土墓誌·北京[壹]》,北京:文物出版
　社,2003 年。

中國文物研究所等編:《新中國出土墓誌·河北[壹]》,北京:文物出版
　社,2004 年。

中國文物研究所等編:《新中國出土墓誌·河南[貳]》,北京:文物出版
　社,2002 年。

中國文物研究所等編:《新中國出土墓誌·河南[叁]千唐誌齋[壹]》,北
　京:文物出版社,2008 年。

中國文物研究所等編:《新中國出土墓誌·河南[壹]》,北京:文物出版
　社,1994 年。

中國文物研究所等編:《新中國出土墓誌·江蘇[貳]南京》,北京:文物出
　版社,2014 年。

中國文物研究所等編:《新中國出土墓誌·陝西[貳]》,北京:文物出版
　社,2003 年。

中國文物研究所等編:《新中國出土墓誌·陝西[叁]》,北京:文物出版
　社,2015 年。

中國文物研究所等編:《新中國出土墓誌·陝西[壹]》,北京:文物出版
　社,2000 年。

周劍曙、郭宏濤編著:《偃師碑誌精選》,武漢:湖北美術出版社,2004 年。

周紹良主編:《唐代墓誌彙編》,上海:上海古籍出版社,1992 年。

周紹良、趙超主編:《唐代墓誌彙編續集》,上海:上海古籍出版社,
　　2001 年。

周曉薇、王其禕:《貞石可憑:新見隋代墓誌銘疏證》,北京:科學出版社,
　　2019 年。

朱楓:《雍州金石記》,《叢書集成初編》本,北京:中華書局,1985 年。

朱記榮輯:《金石全例》,北京:北京圖書館出版社,2008 年。

二、基本典籍

白居易著,謝思煒校注:《白居易文集校注》,北京:中華書局,2011 年。

白居易著,朱金城箋校:《白居易集箋校》,上海:上海古籍出版社,
　　1988 年。

蔡正孫:《詩林廣記》,北京:中華書局,1982 年。

曹寅等編:《全唐詩》,北京:中華書局,1960 年。

岑參撰,廖立箋注:《岑嘉州詩箋注》,北京:中華書局,2004 年。

岑參撰,劉開揚箋注:《岑參詩集編年箋注》,成都:巴蜀書社,1995 年。

晁公武撰,孫猛校證:《郡齋讀書志校證》,上海:上海古籍出版社,
　　1990 年。

陳尚君輯校:《全唐詩補編》,北京:中華書局,1992 年。

陳尚君輯校:《全唐文補編》,北京:中華書局,2005 年。

陳壽撰,裴松之注:《三國志》,北京:中華書局,1982 年。

陳衍撰,陳步編:《陳石遺集》,福州:福建人民出版社,2001 年。

陳振孫:《直齋書録解題》,上海:上海古籍出版社,1987 年。

陳子昂:《陳伯玉文集》,《四部叢刊初編》本,上海:上海書店,1989 年。

陳子昂:《陳子昂集》,北京:中華書局,1960 年。

程俊英、蔣見元:《詩經注析》,北京:中華書局,1991 年。

鄧名世:《古今姓氏書辯證》,南昌:江西人民出版社,2006 年。

董誥等編:《全唐文》,上海:上海古籍出版社,1990 年。

獨孤及撰,劉鵬、李桃校注:《毗陵集校注》,瀋陽:遼海出版社,2006 年。

杜甫著,仇兆鰲注:《杜詩詳注》,北京:中華書局,2015 年。

杜甫著,楊倫箋注:《杜詩鏡銓》,上海:上海古籍出版社,1998 年。

杜牧:《樊川文集》,上海:上海古籍出版社,1978 年。

杜牧著,馮集梧注:《樊川詩集注》,上海:上海古籍出版社,1978 年。

杜牧撰,吳在慶校注:《杜牧集繫年校注》,北京:中華書局,2008 年。

杜佑:《通典》,北京:中華書局,1988 年。

范曄撰,李賢等注:《後漢書》,北京:中華書局,1965 年。

方崧卿著,劉真倫彙校:《韓集舉正彙校》,南京:鳳凰出版社,2007 年。

房玄齡等:《晋書》,北京:中華書局,1974 年。

封演撰,趙貞信校注:《封氏聞見記校注》,北京:中華書局,2005 年。

鳳凰出版社編選:《中國地方志集成·山西府縣志輯》,南京:鳳凰出版
　　社,2005 年。

傅璇琮編撰:《唐人選唐詩新編》,西安:陝西人民教育出版社,1996 年。

傅璇琮主編:《唐才子傳校箋》,北京:中華書局,1987—1995 年陸續
　　出版。

高步瀛選注:《唐宋文舉要》,上海:上海古籍出版社,1982 年。

葛立方:《韻語陽秋》,上海:上海古籍出版社,1984 年。

顧炎武著,黃汝成集釋:《日知錄集釋》,上海:上海古籍出版社,2006 年。

郭茂倩編:《樂府詩集》,北京:中華書局,1979 年。

韓理洲等輯校編年:《全北齊北周文補遺》,西安:三秦出版社,2008 年。

韓理洲輯校編年:《全隋文補遺》,西安:三秦出版社,2004 年。

韓愈:《韓昌黎文集》,上海:上海古籍出版社,1994 年。

韓愈著,劉真倫、岳珍校注:《韓愈文集彙校箋注》,北京:中華書局,

2010 年。

韓愈撰，馬其昶校注：《韓昌黎文集校注》，上海：上海古籍出版社，
　　1986 年。

韓愈撰，文讜注，王儔補注：《新刊經進詳注昌黎先生文》，上海：上海古籍
　　出版社，1994 年。

何文煥輯：《歷代詩話》，北京：中華書局，1981 年。

洪邁：《容齋隨筆》，上海：上海古籍出版社，1978 年。

洪興祖：《楚辭補注》，北京：中華書局，1983 年。

洪頤煊：《洪頤煊集》，上海：上海古籍出版社，2018 年。

胡仔：《苕溪漁隱叢話》，北京：人民文學出版社，1962 年。

計有功輯撰：《唐詩紀事》，上海：上海古籍出版社，2008 年。

計有功撰，王仲鏞校箋：《唐詩紀事校箋》，北京：中華書局，2007 年。

賈島著，李嘉言新校：《長江集新校》，開封：河南大學出版社，2008 年。

賈誼著，王洲明、徐超校注：《賈誼集校注》，北京：人民文學出版社，
　　1996 年。

江淹撰，胡之驥注：《江文通集彙注》，北京：中華書局，1984 年。

靜、筠二禪師編撰：《祖堂集》，北京：中華書局，2007 年。

勞格、趙鉞：《唐尚書省郎官石柱題名考》，北京：中華書局，1992 年。

樂史：《太平寰宇記》，北京：中華書局，2007 年。

李白著，瞿蛻園、朱金城校注：《李白集校注》，上海：上海古籍出版社，
　　1980 年。

李白著，王琦注：《李太白全集》，北京：中華書局，1977 年。

李百藥：《北齊書》，北京：中華書局，1972 年。

李德裕撰，傅璇琮、周建國校箋：《李德裕文集校箋》，石家莊：河北教育出
　　版社，2000 年。

李昉等：《太平御覽》，北京：中華書局，1960 年。

李昉等編:《太平廣記》,北京:中華書局,1961 年。

李昉等編:《文苑英華》,北京:中華書局,1966 年。

李吉甫:《元和郡縣圖志》,北京:中華書局,1983 年。

李林甫等:《唐六典》,北京:中華書局,1992 年。

李商隱著,馮浩箋注:《玉谿生詩集箋注》,上海:上海古籍出版社,
　　1979 年。

李商隱著,馮浩詳注,錢振倫、錢振常箋注:《樊南文集》,上海:上海古籍
　　出版社,1988 年。

李延壽:《北史》,北京:中華書局,1974 年。

林寶撰,岑仲勉校記:《元和姓纂(附四校記)》,北京:中華書局,1994 年。

令狐德棻等:《周書》,北京:中華書局,1971 年。

劉肅:《大唐新語》,北京:中華書局,1984 年。

劉餗:《隋唐嘉話》,北京:中華書局,1979 年。

劉歆:《西京雜記》,《漢魏六朝筆記小說大觀》本,上海:上海古籍出版社,
　　1999 年。

劉昫等:《舊唐書》,北京:中華書局,1975 年。

劉學鍇、余恕誠:《李商隱詩歌集解》,北京:中華書局,2004 年。

劉學鍇、余恕誠:《李商隱文編年校注》,北京:中華書局,2002 年。

劉義慶撰,徐震堮校箋:《世說新語校箋》,北京:中華書局,1984 年。

劉禹錫:《劉禹錫集》,北京:中華書局,1990 年。

柳宗元:《柳河東集》,上海:上海古籍出版社,2008 年。

柳宗元:《柳宗元集》,北京:中華書局,1979 年。

柳宗元撰,童宗說等注釋:《新刊增廣百家詳補注唐柳先生文》,上海:上
　　海古籍出版社,1994 年。

盧文弨:《抱經堂文集》,北京:中華書局,1990 年。

盧照鄰著,李雲逸校注:《盧照鄰集校注》,北京:中華書局,1998 年。

盧照鄰著,祝尚書箋注:《盧照鄰集箋注》,上海:上海古籍出版社,
　　1994 年。

魯迅輯録:《魯迅輯録古籍叢編》,北京:人民文學出版社,1999 年。

陸機著,張少康集釋:《文賦集釋》,北京:人民文學出版社,2002 年。

陸心源編:《唐文拾遺》,上海:上海古籍出版社,1990 年。

逯欽立輯校:《先秦漢魏晉南北朝詩》,北京:中華書局,1983 年。

駱賓王著,陳熙晋箋注:《駱臨海集箋注》,上海:上海古籍出版社,
　　1985 年。

倪濤:《六藝之一録》,影印《文淵閣四庫全書》本,上海:上海古籍出版社,
　　1987 年。

歐陽修:《歐陽修全集》,北京:中華書局,2001 年。

歐陽修、宋祁:《新唐書》,北京:中華書局,1975 年。

歐陽修著,洪本健校箋:《歐陽修詩文集校箋》,上海:上海古籍出版社,
　　2009 年。

歐陽詢:《藝文類聚》,上海:上海古籍出版社,1982 年。

乾隆官修:《續通志》,影印《文淵閣四庫全書》本,上海:上海古籍出版社,
　　1987 年。

錢大昕:《廿二史考異》,上海:上海古籍出版社,2004 年。

錢易:《南部新書》,北京:中華書局,2002 年。

權德輿:《權德輿詩文集》,上海:上海古籍出版社,2008 年。

任昉:《述異記》,光緒元年(1875)湖北崇文書局刊本。

沈亞之著,肖占鵬、李勃洋校注:《沈下賢集校注》,天津:南開大學出版
　　社,2003 年。

沈約:《宋書》,北京:中華書局,1974 年。

司馬光編著:《資治通鑑》,北京:中華書局,1956 年。

司馬光撰,李之亮箋注:《司馬温公集編年箋注》,成都:巴蜀書社,

2008 年。

司馬遷:《史記》,北京:中華書局,2014 年。

宋敏求:《春明退朝錄》,北京:中華書局,1980 年。

宋敏求編:《唐大詔令集》,北京:中華書局,2008 年。

蘇軾:《蘇軾文集》,北京:中華書局,1986 年。

孫光憲:《北夢瑣言》,北京:中華書局,2002 年。

孫梅:《四六叢話》,北京:人民文學出版社,2010 年。

陶淵明撰,袁行霈箋注:《陶淵明集箋注》,北京:中華書局,2003 年。

陶宗儀:《書史會要》,上海:上海書店,1984 年。

王安石:《王安石文集》,北京:中華書局,2021 年。

王充著,張宗祥校注:《論衡校注》,上海:上海古籍出版社,2010 年。

王讜撰,周勛初校證:《唐語林校證》,北京:中華書局,1987 年。

王定保:《唐摭言》,上海:古典文學出版社,1957 年。

王符著,汪繼培箋,彭鐸校正:《潛夫論箋校正》,北京:中華書局,
    1985 年。

王績:《王無功文集》,上海:上海古籍出版社,1987 年。

王溥:《唐會要》,上海:上海古籍出版社,2006 年。

王欽若等編:《冊府元龜》,北京:中華書局,1960 年。

王仁裕:《開元天寶遺事》,《開元天寶遺事十種》本,上海:上海古籍出版
    社,1985 年。

王水照編:《歷代文話》,上海:復旦大學出版社,2007 年。

王維撰,陳鐵民校注:《王維集校注》,北京:中華書局,1997 年。

王象之:《輿地紀勝》,北京:中華書局,1992 年。

王行:《半軒集》,影印《文淵閣四庫全書》本,上海:上海古籍出版社,
    1987 年。

王之望:《漢濱集》,影印《文淵閣四庫全書》本,上海:上海古籍出版社,

1987 年。

魏了翁：《鶴山集》，影印《文淵閣四庫全書》本，上海：上海古籍出版社，
　　1987 年。

魏收：《魏書》，北京：中華書局，1974 年。

魏徵、令狐德棻：《隋書》，北京：中華書局，1973 年。

吳訥：《文章辨體序説》，北京：人民文學出版社，1962 年。

吳文治主編：《宋詩話全編》，南京：江蘇古籍出版社，1998 年。

吳曾：《能改齋漫録》，上海：上海古籍出版社，1979 年。

蕭統編，李善注：《文選》，上海：上海古籍出版社，1986 年。

謝稚柳主編：《中國歷代法書墨跡大觀》（二一四），上海：上海書店，
　　1987 年。

徐師曾：《文體明辨序説》，北京：人民文學出版社，1962 年。

徐松：《登科記考》，北京：中華書局，1984 年。

徐松撰，李健超增訂：《增訂唐兩京城坊考（修訂版）》，西安：三秦出版社，
　　2006 年。

徐松撰，孟二冬補正：《登科記考補正》，北京：北京燕山出版社，2003 年。

顏師古撰，劉曉東平議：《匡謬正俗平議》，濟南：山東大學出版社，
　　1999 年。

顏真卿：《顏魯公集》，影印《文淵閣四庫全書》本，上海：上海古籍出版社，
　　1987 年。

嚴可均輯：《全上古三代秦漢三國六朝文》，北京：中華書局，1958 年。

楊炯：《楊炯集》，北京：中華書局，1980 年。

楊衒之撰，周祖謨校釋：《洛陽伽藍記校釋》，北京：中華書局，2010 年。

姚合：《姚少監詩集》，上海：上海古籍出版社，1994 年。

姚汝能：《安禄山事迹》，上海：上海古籍出版社，1983 年。

葉夢得：《避暑録話》，宣統元年（1909）葉氏觀古堂刊本。

永瑢等:《四庫全書總目》,北京:中華書局,1965 年。

庾信撰,倪璠注:《庾子山集注》,北京:中華書局,1980 年。

元稹:《元稹集》,北京:中華書局,1982 年。

岳珂:《寶真齋法書贊》,《叢書集成初編》本,北京:中華書局,1985 年。

贊寧:《宋高僧傳》,北京:中華書局,1987 年。

曾鞏:《曾鞏集》,北京:中華書局,1984 年。

曾棗莊、劉琳主編:《全宋文》,上海、合肥:上海辭書出版社、安徽教育出版社,2006 年。

曾慥編:《類說》,上海:上海古籍出版社,1993 年。

章學誠著,倉修良編:《文史通義新編》,上海:上海古籍出版社,1993 年。

張九齡撰,熊飛校注:《張九齡集校注》,北京:中華書局,2008 年。

張說:《張說之集》,《四部叢刊初編》本,上海:上海書店,1989 年。

張說著,熊飛校注:《張說集校注》,北京:中華書局,2013 年。

張彥遠:《歷代名畫記》,北京:人民美術出版社,1963 年。

張鷟:《朝野僉載》,北京:中華書局,1979 年。

趙璘:《因話錄》,上海:上海古籍出版社,1979 年。

趙令畤:《侯鯖錄》,北京:中華書局,2002 年。

趙彥衛:《雲麓漫鈔》,北京:中華書局,1996 年。

鄭玄注,孔穎達正義:《禮記正義》,上海:上海古籍出版社,2008 年。

周密:《齊東野語》,北京:中華書局,1983 年。

周紹良主編:《全唐文新編》,長春:吉林文史出版社,1999—2000 年陸續出版。

朱熹:《昌黎先生集考異》,上海:上海古籍出版社,1985 年。

朱彝尊:《曝書亭全集》,長春:吉林文史出版社,2009 年。

三、今人著述

岑仲勉:《金石論叢》,北京:中華書局,2004 年。

岑仲勉:《郎官石柱題名新考訂》,北京:中華書局,2004 年。

岑仲勉:《唐人行第錄(外三種)》,北京:中華書局,2004 年。

陳尚君:《唐代文學叢考》,北京:中國社會科學出版社,1997 年。

陳尚君:《貞石詮唐》,上海:復旦大學出版社,2016 年。

陳尚君編:《唐五代文作者索引》,北京:中華書局,2010 年。

陳寅恪:《金明館叢稿二編》,北京:生活・讀書・新知三聯書店,
　　2001 年。

陳寅恪:《元白詩箋證稿》,北京:生活・讀書・新知三聯書店,2001 年。

程章燦:《古刻新詮》,北京:中華書局,2009 年。

程章燦:《石刻刻工研究》,上海:上海古籍出版社,2008 年。

程章燦:《石學論叢》,臺北:大安出版社,1999 年。

丁政:《碑帖書畫與詩歌文獻研究》,天津:天津人民美術出版社,
　　2007 年。

杜曉勤:《六朝聲律與唐詩體格》,北京:北京大學出版社,2017 年。

杜曉勤:《隋唐五代文學研究》,北京:北京出版社,2001 年。

敦煌研究院編:《敦煌遺書總目索引新編》,北京:中華書局,2000 年。

逢甲大學中國文學系主編:《六朝隋唐學術研討會論文集》,臺北:文史哲
　　出版社,2004 年。

傅璇琮:《唐代詩人叢考》,北京:中華書局,1980 年。

傅璇琮、張忱石、許逸民編撰:《唐五代人物傳記資料綜合索引》,北京:中
　　華書局,1982 年。

葛曉音:《漢唐文學的嬗變》,北京:北京大學出版社,1990 年。

葛曉音:《詩國高潮與盛唐文化》,北京:北京大學出版社,1998 年。

顧建國:《張九齡年譜》,北京:中國社會科學出版社,2005 年。

河南省文物局編:《河南碑誌叙錄》,鄭州:中州古籍出版社,1992 年。

胡可先:《出土文獻與唐代詩學研究》,北京:中華書局,2012 年。

胡可先:《杜牧研究叢稿》,北京:人民文學出版社,1993 年。

胡可先、孟國棟、武曉紅:《考古發現與唐代文學研究》,杭州:浙江大學出版社,2014 年。

黃金明:《漢魏晉南北朝誄碑文研究》,北京:人民文學出版社,2005 年。

黃永年:《文史存稿》,西安:三秦出版社,2004 年。

黃永年:《文史探微》,北京:中華書局,2000 年。

姜亮夫編著:《楚辭書目五種》,上海:上海古籍出版社,1993 年。

瞿兌之:《駢文概論》,海口:海南出版社,1994 年。

賴非:《齊魯碑刻墓誌研究》,濟南:齊魯書社,2004 年。

賴瑞和:《唐代中層文官》,臺北:聯經出版事業股份有限公司,2008 年。

李零:《簡帛古書與學術源流》,北京:生活·讀書·新知三聯書店,2008 年。

李獻奇、黃明蘭主編:《畫像磚石刻墓誌研究》,鄭州:中州古籍出版社,1994 年。

廖彩樑:《乾陵稽古》,合肥:黃山書社,1986 年。

林大志:《蘇頲張說研究》,濟南:齊魯書社,2007 年。

劉真倫:《韓愈集宋元傳本研究》,北京:中國社會科學出版社,2004 年。

羅振玉:《羅振玉學術論著集》,上海:上海古籍出版社,2010 年。

羅宗真:《魏晉南北朝考古》,北京:文物出版社,2001 年。

馬衡:《凡將齋金石叢稿》,北京:中華書局,1977 年。

馬立軍:《北朝墓誌文體與北朝文化》,北京:中國社會科學出版社,2015 年。

毛漢光:《中國中古社會史論》,上海:上海書店出版社,2002 年。

毛遠明:《碑刻文獻學通論》,北京:中華書局,2009 年。

孟國棟:《石上人生:傳記文學視域下的唐代墓誌銘研究》,杭州:浙江古籍出版社,2020 年。

乜小紅:《中國古代契約發展簡史》,北京:中華書局,2017 年。

牛致功:《唐代碑石與文化研究》,西安:三秦出版社,2002 年。

錢穆:《中國學術思想史論叢》,北京:生活・讀書・新知三聯書店,
　2009 年。

錢鍾書:《管錐編》,北京:生活・讀書・新知三聯書店,2001 年。

喬象鍾、陳鐵民主編:《唐代文學史》,北京:人民文學出版社,1995 年。

邵磊:《冶山存稿》,南京:鳳凰出版社,2004 年。

孫昌武:《唐代文學與佛教》,西安:陝西人民出版社,1985 年。

陶敏:《全唐詩人名彙考》,瀋陽:遼海出版社,2006 年。

陶敏、傅璇琮:《唐五代文學編年史(初盛唐卷)》,瀋陽:遼海出版社,
　1998 年。

陶敏、李一飛:《隋唐五代文學史料學》,北京:中華書局,2001 年。

汪籛:《汪籛隋唐史論稿》,北京:中國社會科學出版社,1981 年。

汪慶正:《錢幣學與碑帖文獻學》,上海:上海人民出版社,2008 年。

王達津:《唐詩叢考》,上海:上海古籍出版社,1986 年。

王國維:《觀堂集林》,北京:中華書局,1959 年。

王運熙、楊明:《隋唐五代文學批評史》,上海:上海古籍出版社,1994 年。

王壯弘、馬成名編著:《六朝墓誌檢要》,上海:上海書店出版社,2008 年。

聞一多:《唐詩雜論》,上海:上海古籍出版社,1997 年。

聞一多:《聞一多全集》,武漢:湖北人民出版社,1993 年。

吳麗娛:《唐禮摭遺》,北京:商務印書館,2002 年。

吳廷燮:《唐方鎮年表》,北京:中華書局,1980 年。

西安碑林博物館編:《碑林集刊》第六輯,西安:陝西人民美術出版社,
　2000 年。

西安碑林博物館編:《碑林集刊》第十輯,西安:陝西人民美術出版社,
　2004 年。

西安碑林博物館編:《碑林集刊》第十二輯,西安:陝西人民美術出版社,
　2007年。

西安碑林博物館編:《紀念西安碑林九百二十周年華誕國際學術研討會
　論文集》,北京:文物出版社,2008年。

肖瑞峰、方堅銘、彭萬隆:《晚唐政治與文學》,北京:中國社會科學出版
　社,2011年。

謝無量:《駢文指南》,上海:中華書局,1918年。

邢義田:《畫爲心聲:畫像石、畫像磚與壁畫》,北京:中華書局,2011年。

嚴耕望:《唐代交通圖考》,上海:上海古籍出版社,2007年。

嚴耕望:《唐僕尚丞郎表》,上海:上海古籍出版社,2007年。

楊向奎:《唐代墓誌義例研究》,長沙:岳麓書社,2013年。

楊鴻年:《隋唐兩京坊里譜》,上海:上海古籍出版社,1999年。

葉國良:《石學蠡探》,臺北:大安出版社,1989年。

葉國良:《石學續探》,臺北:大安出版社,1999年。

郁賢皓:《李白與唐代文史考論》,南京:南京師範大學出版社,2009年。

郁賢皓:《唐刺史考全編》,合肥:安徽大學出版社,2000年。

郁賢皓:《唐風館雜稿》,瀋陽:遼寧大學出版社,1999年。

郁賢皓、胡可先:《唐九卿考》,北京:中國社會科學出版社,2003年。

曾良:《隋唐出土墓誌文字研究及整理》,濟南:齊魯書社,2007年。

曾毅公輯:《石刻考工錄》,北京:書目文獻出版社,1987年。

翟景運:《晚唐駢文研究》,北京:商務印書館,2010年。

章士釗:《柳文指要》,上海:文匯出版社,2000年。

張忱石:《全唐詩作者索引》,北京:中華書局,1983年。

張仁青:《中國駢文發展史》,杭州:浙江大學出版社,2009年。

張同印:《隋唐墓誌書迹研究》,北京:文物出版社,2003年。

張彥生:《善本碑帖錄》,北京:中華書局,1984年。

張涌泉:《張涌泉敦煌文獻論叢》,上海:上海古籍出版社,2011年。

張志烈:《初唐四傑年譜》,成都:巴蜀書社,1993年。

趙超:《古代墓誌通論》,北京:紫禁城出版社,2003年。

趙超編著:《新唐書宰相世系表集校》,北京:中華書局,1998年。

趙振華主編:《洛陽出土墓誌研究文集》,北京:朝華出版社,2002年。

中國社會科學院考古研究所編著:《偃師杏園唐墓》,北京:科學出版社,
    2001年。

中原石刻藝術館編:《河南碑誌叙録(二)》,鄭州:河南美術出版社,
    1997年。

鍾濤:《六朝駢文形式及其文化意蘊》,北京:東方出版社,1997年。

朱關田:《初果集》,北京:榮寶齋出版社,2008年。

朱關田:《唐代書法家年譜》,南京:江蘇教育出版社,2001年。

朱金城:《白居易年譜》,上海:上海古籍出版社,1982年。

四、期刊論文

鮑虎欣:《河南偃師市出土郭虛己曾孫郭偁墓誌》,《華夏考古》2008年第
    2期。

陳根遠:《唐〈韓秀實墓誌〉及其他》,《文博》2010年第4期。

陳忠凱:《唐韋承慶及繼母王婉兩方墓誌銘文釋讀》,中國文物研究所編:
    《出土文獻研究》第七輯,上海:上海古籍出版社,2005年。

程章燦:《"填寫"出來的人生——由〈亡宮墓誌〉談唐代宮女的命運》,《中
    國典籍與文化》1996年第1期。

程章燦:《墓誌銘的結構與名目》,《古籍整理研究學刊》1997年第6期。

程章燦:《墓誌文體起源新論》,《學術研究》2005年第6期。

丁巍:《老學文獻又一重要發現——路工先生訪得唐虞世南校寫〈老子道
    德經〉石刻拓本》,《中州學刊》1994年第6期。

樊波、李舉綱:《西安新出土唐徐浩楷書〈李峴墓誌〉及〈李峴妻獨孤峻墓誌〉》,《書法叢刊》2005 年第 4 期。

葛曉音:《從〈離騷〉和〈九歌〉的節奏結構看楚辭體的成因》,《學術研究》2004 年第 12 期。

葛曉音:《論漢魏三言體的發展及其與七言的關係》,《上海大學學報》(社會科學版)2006 年第 3 期。

郭文鎬:《姚合仕履考略》,《浙江學刊》1988 年第 3 期。

胡可先:《出土文獻與唐代文學史新視野》,《文學遺產》2005 年第 1 期。

胡可先:《出土文獻與中古文學研究》,《浙江大學學報》(人文社會科學版)2012 年第 4 期。

胡可先:《杜甫叔父杜并墓誌銘箋證》,《杜甫研究學刊》2001 年第 2 期。

胡可先:《新世紀中國大陸出土文獻與唐代文學研究概述》,臺灣中國唐代學會:《中國唐代學會會刊》第 18 期,臺北:樂學書局,2011 年。

胡可先、魏娜:《唐代詩人事迹新證》,《浙江大學學報》(人文社會科學版)2010 年第 5 期。

胡明曌:《内容有涉大明宫的三方唐代墓誌》,《考古與文物》2010 年第 5 期。

胡玉蘭:《唐代亡宫墓誌銘文的程式化演變及原因》,《浙江大學學報》(人文社會科學版)2006 年第 2 期。

黃士斌:《漢魏洛陽城刑徒墳場調查記》,《考古通訊》1958 年第 6 期。

鞠巖:《賈至中書制誥與唐代古文運動》,《北京大學學報》(哲學社會科學版)2010 年第 4 期。

李慧:《唐左羽林軍大將軍臧懷亮墓誌考釋》,《文博》1996 年第 1 期。

李舉綱、王亮亮:《西安新見〈唐第五琦墓誌〉考疏》,《書法叢刊》2010 年第 5 期。

劉鳳君:《南北朝石刻墓誌形制探源》,《中原文物》1988 年第 2 期。

劉天琪:《挽歌、鋪首、八卦符號與墓誌蓋題銘——以新發現的晉東南地區唐代墓誌紋飾爲研究重點》,《美術學報》2011 年第 5 期。

陸揚:《從墓誌的史料分析走向墓誌的史學分析:以〈新出魏晋南北朝墓誌疏證〉爲中心》,《中華文史論叢》2006 年第 4 期。

羅新:《跋北魏鄭平城妻李暉儀墓誌》,《中國歷史文物》2005 年第 6 期。

孟國棟:《墓誌的起源與墓誌文體的成立》,《浙江大學學報》(人文社會科學版)2013 年第 5 期。

孟國棟:《唐代墓誌銘創作的程式化模式及其文學意義》,《浙江大學學報》(人文社會科學版)2015 年第 5 期。

任思義:《〈李密墓誌銘〉及其歷史價值》,《中原文物》1986 年第 1 期。

榮新江:《石碑的力量——從敦煌寫本看碑誌的抄寫與流傳》,榮新江主編:《唐研究》第二十三卷,北京:北京大學出版社,2017 年。

蘇小華:《傳世本〈李密墓誌銘〉與出土〈李密墓銘〉的先後關係辨證》,《古籍整理研究學刊》2009 年第 4 期。

譚家健:《陸機散文略論》,《中州學刊》1999 年第 5 期。

陶鈞:《北魏〈慕容蘷墓誌銘〉考釋》,《東方藝術》2006 年第 8 期。

陶敏:《姚合年譜》,《文史》2008 年第 2 輯。

王德華:《騷體"兮"字表徵作用及限度》,《浙江大學學報》(人文社會科學版)2008 年第 5 期。

王慶衛、韓釗、傅清音:《唐代墓誌誌蓋鋪首紋飾之文化意蘊探析——以碑林新藏墓誌爲例》,《文博》2012 年第 5 期。

王勝明、李天道:《李益佚文及其文獻價值》,《文獻》2009 年第 4 期。

王水照:《歐陽修所作范〈碑〉尹〈誌〉被拒之因發覆》,《江西社會科學》2007 年第 9 期。

王水照、朱剛:《三個遮蔽:中國古代文章學遭遇"五四"》,《文學評論》2010 年第 4 期。

王興亞、任思義:《李密墓銘的發現及其學術價值》,《鄭州大學學報》(哲學社會科學版)1986 年第 4 期。

王運熙:《關於唐代駢文、古文的幾個問題》,《南陽師範學院學報》2004年第 1 期。

熊基權:《墓誌起源新説》,《文物春秋》1994 年第 1 期。

姚美玲:《〈李密墓誌銘〉録文輯校》,《古籍整理研究學刊》2003 年第 5 期。

姚美玲:《唐代墓誌中的"禮也"釋證》,《語言科學》2007 年第 2 期。

姚聖良:《試論陳子昂對〈楚辭〉的認識和繼承》,《阜陽師範學院學報》(社會科學版)2002 年第 5 期。

張采民:《論陳子昂的詩歌革新主張與詩歌創作》,《南京師範大學學報》(社會科學版)1998 年第 4 期。

張乃翥:《洛陽新輯石刻所見唐代中原之佛教》,《中原文物》2008 年第5 期。

張小慰:《唐代古文運動衰落芻議》,《太原師範專科學校學報》2000 年第1 期。

趙力光:《新出唐丁元裕墓誌研究》,榮新江主編:《唐研究》第十九卷,北京:北京大學出版社,2013 年。

趙振華:《洛陽新出唐代墓誌研究三題》,中國文物研究所編:《出土文獻研究》第八輯,上海:上海古籍出版社,2007 年。

周劍曙、趙振華、王竹林:《偃師新出土唐代墓誌跋五題》,洛陽歷史文物考古研究所編:《河洛文化論叢》第三輯,鄭州:中州古籍出版社,2006 年。

朱關田:《唐名士三誌文小識》,《書法叢刊》2008 年第 3 期。

朱關田:《姚合、盧綺夫婦墓誌題記》,《書法叢刊》2009 年第 1 期。

朱智武:《中國古代墓誌起源新論》,《安徽史學》2008 年第 3 期。

五、外文資料

［英］崔瑞德編，中國社會科學院歷史研究所西方漢學研究課題組譯：《劍橋中國隋唐史》，北京：中國社會科學出版社，1990年。

［日］福原啓郎：《西晉の墓誌の意義》，礪波護編：《中國中世の文物》，京都：京都大學人文科學研究所，1993年。

［日］戶崎哲彥：《桂林唐代石刻の研究》，東京都：白帝社，2005年。

［日］戶崎哲彥：《唐代嶺南文學與石刻考》，北京：中華書局，2014年。

［日］礪波護：《魏徵撰の李密墓誌銘—石刻と文集との間—》，東方學會編：《東方學》第百三輯，東京都：株式會社精興社，2002年。

［日］氣賀澤保規編：《新編唐代墓誌所在總合目録》，東京都：汲古書院，2017年。

［日］日比野丈夫：《墓誌の起源について》，江上波夫先生古稀紀念事業會編：《江上波夫先生古稀紀念論集·民族文化篇》，東京都：山川出版社，1977年。

［日］水野清一：《墓誌について》，平凡社編：《書道全集》第6卷《中國6南北朝Ⅱ》，東京：平凡社，1954年。

［日］松本肇、川合康三編：《中唐文學の視角》，東京都：創文社，1998年。

［日］松浦友久撰，劉維治、尚永亮、劉崇德譯：《李白的客寓意識及其詩思》，北京：中華書局，2001年。

［美］伊沛霞著，范兆飛譯：《早期中華帝國的貴族家庭》，上海：上海古籍出版社，2011年。

［日］伊藤敏雄主編，中村圭爾、室山留美子編：《魏晉南北朝墓誌人名地名索引》，柏原：大阪教育大學，2008年。

［日］中村不折著，李德範譯：《禹域出土墨寶書法源流考》，北京：中華書局，2003年。

［日］中村裕一:《唐代官文書研究》,京都:中文出版社,1991 年。

［日］中村裕一:《唐代公文書研究》,東京都:汲古書院,1996 年。

［日］中田勇次郎:《中国の墓誌》,中田勇次郎編:《中國墓誌精華》,東京都:中央公論社,1975 年。

［日］佐藤一郎著,趙善嘉譯:《中國文章論》,上海:上海古籍出版社,1996 年。

圖版目録

後　記

　　2012年6月，筆者憑本書的前身《新出石刻與唐文創作研究》於浙江大學獲文學博士學位，迄今已十年有餘，前人常說十年磨一劍，但對我而言，這十年堪稱是"鏽劍"的十年。

　　博士畢業後，我隨即進入復旦大學隨陳尚君教授進行博士後研究，陳師希望我能夠延續朱東潤先生的路數，嘗試傳記文學方面的研究，此後一段時間我便將主要精力投入到史傳文學領域，後來又將研究興趣下延至明清時期的唐詩接受史，博士論文的修訂與出版一直未能提上日程。2016年，在浙江大學出版社的邀請下，筆者申報了當年度的國家社科基金後期資助項目，方著手對博士論文進行修改。但當時筆者尚承擔了教育部人文社會科學研究項目、貴州省哲學社會科學國學單列課題、浙江省哲學社會科學規劃課題、全國高校古委會項目等一系列課題。有些課題從立項到結項的時間很短，本書稿的進程又被拖延了下來。直到2020年6月才提交結項材料，加之疫情困擾、本人工作單位變動以及屢屢收到質疑墓誌銘真偽問題的郵件，更是使我提不起出版的興致。這不僅與當下多出成果、快出成果的考評機制背道而馳，也辜負了很多師友的期待，在此一併致歉。友人曾笑謂：畢業十年了，博士論文再不出版就用處不大了，信然。

自博士畢業以來，我在論文中探討的一些問題，陸續得到了學界的響應。雖然本書的體量較博士論文有了較大幅度的擴充，但很多問題還基本停留在博士階段的思考上，未作進一步深化，的確令人有"鏽劍"之感，也希望能夠得到讀者的諒解。

從讀書至今，得到過師長們太多的關懷，無法一一羅列，在此僅能做掛一漏萬式的致謝。從博士論文選題的確定到具體章節的安排，一直得到業師胡可先教授的指導，陶然教授也曾以其敏捷的思維對本書的寫作思路予以點撥。感謝陳尚君、劉石、朱玉麒等博士論文匿名審稿人（五位審稿人至今僅知其三）給予的好評與鼓勵，也感謝課題立項和結項時評審專家們的支持及建議。本書第五章中的部分內容曾提交 2011 年 4 月在南開大學舉辦的兩岸三地博士生論壇，得到了盧盛江教授的肯定，後經修改發表在《唐研究》第十七卷上，成爲我發表的第一篇萬字以上長文。彼時博士論文進展不順，家中又發生諸多變故，正是盧老師的鼓勵和這次會議上結識的衆多同道，才使我重新樹立起從事學術研究的信心。多年以來，肖瑞峰教授更是給予了我持續的關懷和支持，我學業和人生的關鍵節點，都離不開肖老師的幫助，是我需要特別道謝的！陳尚君師不辭辛苦，蒞臨杭州主持我的博士論文答辯會，這次又與胡老師聯袂給拙著作序予以指導，也是我終生銘感的。

本人有幸成爲浙江大學人文高等研究院 2018—2019 年度

的駐訪學者,在之江校區度過了一段美好的時光。疫情期間,
查訪資料不便,我又申請到高研院回訪,以便利用數據庫和校
內的圖書資料。本書的修訂和校改工作都是在高研院完成的。
以李菁爲首的行政團隊溫和而高效,爲學者們提供了無私的幫
助,書中的大多數圖片即由行政團隊的陳彧婷幫忙翻拍。本人
的工作調動也得到了高研院歷屆駐訪學者的大力支持,魯西奇
老師還將其在珞珈山腳下的房子借給我容身,特此致謝! 雖然
高研院暫時遇到了麻煩,但其特有的回訪制度一直正常運轉,
每學期都有往屆學者前來回訪,每週照常開展學術活動。希望
高研院早日走出困厄,迎來光明。

　　本書的部分章節曾在《唐研究》《浙江大學學報》《浙江社會
科學》《中國文學研究》《華中學術》《漢語言文學研究》等刊物上
發表,部分文章還被《新華文摘》《人大複印資料》全文轉摘或轉
載。本書在結項和出版過程中,一直得到國家哲學社會科學規
劃辦和浙江大學出版社的支持,責編蔡帆兄更是承擔了大量瑣
碎的工作,我的研究生劉嘉欣、賈慧敏幫忙校對了部分書稿,統
致謝忱。

癸卯初秋,記於武漢大學文學院

圖書在版編目（CIP）數據

墓誌的生成及其在唐代的衍變研究 / 孟國棟著.
杭州 ：浙江大學出版社，2025. 1. -- ISBN 978-7-308-
25697-1

Ⅰ. K877.454

中國國家版本館 CIP 數據核字第 20244ZF833 號

墓誌的生成及其在唐代的衍變研究

孟國棟　著

責任編輯	蔡　帆
責任校對	徐凱凱
封面設計	周　靈
出版發行	浙江大學出版社
	（杭州市天目山路 148 號　郵政編碼 310007）
	（網址：http://www.zjupress.com）
排　　版	浙江大千時代文化傳媒有限公司
印　　刷	杭州宏雅印刷有限公司
開　　本	880mm×1230mm　1/32
印　　張	13.125
插　　頁	3
字　　數	376 千
版 印 次	2025 年 1 月第 1 版　2025 年 1 月第 1 次印刷
書　　號	ISBN 978-7-308-25697-1
定　　價	98.00 元